Kooperationsmanagement

Schriften der Katholischen Hochschule
Nordrhein-Westfalen

Band 9

KatHO NRW

Aachen I Köln I Münster I Paderborn

Katholische Hochschule Nordrhein-Westfalen
Catholic University of Applied Sciences

Ulrich Deller (Hrsg.)

Kooperationsmanagement
Ein Lehr- und Arbeitsbuch für Sozial- und Gesundheitsdienste

Verlag Barbara Budrich
Opladen & Farmington Hills, MI 2009

Bibliografische Informationen der Deutschen Nationalbibliothek
Die Deutsche Nationalbibliothek verzeichnet diese Publikation in der Deutschen
Nationalbibliografie; detaillierte bibliografische Daten sind im Internet über
http://dnb.d-nb.de abrufbar.

Gedruckt auf säurefreiem und alterungsbeständigem Papier.

ISBN   978-3-938094-74-7

Satz: Satz & Medien Wieser, Stolberg, Germany
Umschlaggestaltung: disegno visuelle kommunikation, Wuppertal – www.disenjo.de
Druck: paper & tinta, Warschau
Printed in Europe

Inhaltsverzeichnis

I. Vorwort

Die Sammlung der vorliegenden Beiträge entstand aus dem Diskussions-zusammenhang des Masterstudienganges »Kooperationsmanagement« am Fachbereich Sozialwesen der Katholischen Hochschule Nordrhein-Westfalen, am Standort Aachen. Schon seit mehreren Jahren werden in diesem Studiengang Führungskräfte für Sozial- und Gesundheitsdienste mit dem Schwerpunkt Kooperation ausgebildet. Ganz gleich, von welchen Begriffen man ausgehen mag, Diversity, Netzwerk, Multikulturalität, Führung von unten etc., grundlegend für die Bewältigung der mit diesen Begriffen angezielten Aufgaben ist die Fähigkeit zur Kooperation über Grenzen hinweg. Ausgehend von der Tatsache, dass in diesem Arbeitsfeld in besonderer Weise die Zusammenarbeit unterschiedlicher Professionen zur Erbringung der gewünschten Dienstleistung im Vordergrund steht, – dies zeigt sich vor allem an der zunehmenden Verschränkung von Sozialen Diensten mit Gesundheitsdiensten – ist ein Managementverständnis gefragt, das diesen Aufgaben gerecht wird, ohne die bisherigen Erkenntnisse der Wirtschaftswissenschaften ignorieren zu wollen. Zugleich müssen Erkenntnisse aus unterschiedlichen Disziplinen integriert werden. So sind die Beiträge ein Ausdruck der thematischen Breite. Sie folgen der Philosophie des Studienganges »Kooperationsmanagement«, dass es nicht eines eigenen, gleichsam domestizierten Managementverständnisses für die Sozial- und Gesundheitsdienste bedarf.

Management in Sozial- und Gesundheitsdiensten stellt sich den Managementaufgaben generell und ist zugleich in der Lage eine Antwort auf die Besonderheiten zu geben, die sich in diesem Bereich stellen: 1. es handelt sich durchgehend um »unechte« Marktbeziehungen. Die Nutznießer sind nicht die Käufer, und letztere sind eigentlich »nur« Finanzierer. Und die Anbieter sind nicht wirklich frei in der Gestaltung der Dienstleistung angepasst an den Markt. 2. Besonderes Kennzeichen der Erbringung der Dienstleistung ist die Tatsache, dass sie nur realisiert werden kann, wenn die persönliche Beziehung zwischen Nutznießer und Anbieter die Grundlage für ihre Erbringung ist. Die naturwüchsige Praxis der sozialen Interaktion ist konstitutiv. 3. Controlling setzt voraus, dass die Effekte wirklich beschrieben und an einem realistisch erreichbaren Ideal messbar sind. Die Prüfung der wirtschaftlichen Verwendung der Mittel ist eine virtuelle.

Die vorliegenden Texte sind zunächst an Studierende gerichtet, um sie in die Diskussion zu verwickeln und so die Basis zu legen für die Ausbildung kritischer Urteilsfähigkeit. Dass die Texte grundlegenden Charakter wie in einem Lehrbuch haben, ergibt sich aus zwei Perspektiven. Zum einen tragen sie grundlegende Erkenntnisse zusammen, die in diese Urteilsbildung einbezogen werden müssen. Zum anderen diskutieren sie grundlegende Fragestellungen vor dem Hintergrund aktueller Entwicklungen. Sie verbinden dabei Managementausbildung mit Managemententwicklung.

Die Beiträge nähern sich dem Thema Kooperationsmanagement aus vier Richtungen. Als erstes erscheint ein Beitrag, der die Managementliteratur daraufhin befragt, welche Erkenntnisse zum kooperativen Management bereits vorliegen und was sich daraus ergibt. Letztlich ergibt sich so auch eine Antwort auf die Frage, ob und in wieweit Kooperationsmanagement ein Modebegriff ist. (Deller, Kooperationsmanagement).

In einem zweiten Bereich folgen Beiträge, die die Handelnden in den Blick nehmen. Was muss über die Persönlichkeit der Manager gesagt werden, welche Anforderungen sind zu formulieren? (Baur). Über die handelnden Personen zu sprechen heißt auch, über sie als Frauen und Männer zu sprechen. Wie stark ist die Männerdomäne Management ein »Gender-Problem« für Kooperationsmanagement und was ist zu tun? (Schirra-Weirich). Kooperation in Gesundheits- und Sozialdiensten stößt relativ bald an die Grenzen der Professionen. Was lässt sich an Erkenntnissen aus den professionstheoretischen Überlegungen für Kooperationsmanagement gewinnen (Deller, Professions- und Handlungslogiken). Die Betrachtung kommunikativer Phänomene der Handelnden im Kooperationsmanagement wird diesen Teil abschließend auf ein Phänomen zugespitzt, das die individuelle mit der organisatorischen Ebene verbindet: das Gerücht. (Gärtner).

Der dritte Teil fokussiert die Strukturen. Am Beginn des dritten Teils steht ein Beitrag, der ebenso wie der vorherige eine Verbindung herstellt zwischen der individuellen und der organisatorischen Ebene: was ist zu beachten, wenn zwei Organisationen mit unterschiedlichen Kulturen zusammen kommen sollen? (Jungbauer). Diese Frage organisatorischer Kooperation gewinnt vor dem Hintergrund der oft erzwungenen Kooperation von Gesundheitseinrichtungen eine erweiterte Dimension. Wie gelingt die Vernetzung von kommunalen Krankenhäusern? (Fränkel). Eine Strukturfrage besonderer Art wird gemeinhin gar nicht als Aufgabe des kooperativen Managements begriffen: die arbeitsrechtlich verankerte Kooperation zwischen Arbeitgebern und Arbeitnehmern. (Brust). Die weitest gehende Strukturierung betrifft die Frage, welche Rechtsform man für die Kooperation wählt. (Delheid). Strukturen und Individuen zusammenzubringen war die zentrale Idee der Netzwerkbildung. Aber mit dem Begriff Netzwerk werden viele unterschiedliche Aspekte verbunden, und man kann leicht in Untiefen geraten. Sind Netzwerke steuerbare Einheiten? (Deller, Netzwerk).

Vorwort

Der vierte Teil der Beiträge zum Kooperationsmanagement in Gesundheits- und Sozialdiensten ist auf eine Frage ausgerichtet, die zunehmend für Management generell gestellt wird, sich aber im Bereich der Gesundheits- und Sozialdienste in besonderer Weise stellt: dem Verhältnis von Ökonomie und Ethik. In einem ersten Beitrag in diesem Teil geht es um eine eher volkswirtschaftlich gestellte, für Gesundheits- und Sozialdienste bedeutsame Frage. Gibt es eine Wertschöpfung des Sozialen? Ist der Homo Oeconomicus die angemessene Leitfigur? (Welter) Dann wird überlegt, dass in den Gesundheits- und Sozialdiensten besondere Bedingungen gegeben sind, die zu einer besonderen Komplexität und damit zu erhöhten Anforderungen führen. (Borges) Stärker polarisierend fragt sich zunehmend, welche grundlegende Ausrichtung Ökonomie und Soziale Arbeit von einander trennt oder verbindet. (Kutscher). Abschließend wird die aufgerissene Problematik konkret auf die Caritas-Organisationen bezogen: kann ihnen die Versöhnung von Ökonomie und Ethik wirklich gelingen? (Krockauer).

Mit diesem Band verbinde ich auch den Dank an die Studierenden, die mit ihren Fragen und Statements wesentlich zur Entwicklung unseres Managementverständnisses beigetragen haben, und an die Kolleginnen und Kollegen in der Dozentenschaft, in der wir uns zusammen auf diesen Weg eines neuen Verständnisses von Kooperationsmanagement in Sozial- und Gesundheitsdiensten gemacht haben. Besonderer Dank gilt meiner Frau Ulla Wessels, die mit ihrem Ansatz der Kooperation und den Fragen des oft kleinteiligen Alltags sehr zum Realismus dieses Managementverständnisses beigetragen hat.

Ulrich Deller

1. Teil
»Kooperationsmanagement – eine allgemeine Perspektive«

Kooperation managen – kooperativ managen. Ein aktuelles Konzept auf alten Wurzeln

Ulrich Deller

1. Einleitung
»Kooperation« – ein Modethema?

Von Kooperation in Zusammenhang mit Management zu sprechen, ist ein Modethema und erscheint auf den ersten Blick in mehrfacher Hinsicht überflüssig. Zunächst ist Kooperation ein selbstverständliches, alltägliches Phänomen, das grundlegend für die Entwicklung jeglicher Lebewesen ist (Dawkins 1978). Ohne soziale Abstimmung der Handlungen der Individuen lässt sich der Überlebenskampf nirgendwo gewinnen. Sodann zeigt sich, dass menschliches Verhalten in allen Bereichen alltäglichen menschlichen Lebens Kooperation sowohl voraussetzt wie auch bedingt (Argyle 1991). In diesem ganz allgemeinen Sinn von Kooperation ist letztlich jede soziale Handlung als Kooperation zu verstehen, weil sie menschliche Verständigung voraussetzt und zugleich bewirkt. Dies ist unter dem Gesichtspunkt steuernden Managements bedeutsam. Denn je alltäglicher Kooperation ist, desto weniger soll und kann sie vielleicht »inszeniert« werden. Und drittens erscheint das Thema schon insofern als Modethema, als es den Gehalt mehr aus der aktuellen, besonderen Betonung betrieblicher Zusammenhänge gewinnt, als dass es wirklich eine Neuorientierung des Managements nach sich ziehen würde. Schon in den sog. Ohio-Untersuchungen von Fleishman u. a. wird in den sechziger Jahren herausgearbeitet, dass die alleinige Orientierung des Managementstils an der Aufgabenerfüllung einen schlechteren Erfolg bewirkt als die Integration des Konzepts der Orientierung an den Mitarbeitern in die an den Aufgaben (Fleishman 1972).

Gerade in Bezug auf ein stark modern gehandeltes Thema ist es sinnvoll, sich solcher (geschichtlichen) Hintergründe zu erinnern und sie als Basis wert zu schätzen. Auf ihrer Kenntnis beruhend ist es möglich, die Bedeutung der Veränderung und damit die Bedeutung der aktuellen Diskussion um Kooperation als Managementaufgabe einzuschätzen. An wenigstens vier Stellen lassen sich bedeutende Veränderungen ausmachen, die die o. g. Einwände relativieren.

Zunächst der Begriff »Kooperation«: er meint etwas grundlegend anderes als (nur) Mitarbeiterorientierung. Er meint die geplante, organisierte

Zusammenführung von Handlungsabläufen, die so einen höheren Gewinn bringt als ohne.

Dann gilt zweitens kooperative Führung nach wie vor als Widerspruch in sich. Unternehmens-Führung (sic!) wird eng mit der sachlichen, fachlichen und persönlichen Autorität verbunden, die als Gegensatz zum kooperativen Verhalten verstanden wird. (Staehle 1999, 865) Diesen Widerspruch gilt es aufzulösen. Er beruht zu großen Teilen auf dem Mythos, mit dem Führung im Unternehmen umgeben wird. Neuberger deckt die mit der Mythologisierung von Führung verbundene Irrationalität auf und zeigt, wie wenig sie wirklich wissenschaftlicher Überprüfung standhält. (Neuberger 2002, 57 – 140)[1]. Neuberger bezieht die Auseinandersetzung auch auf Konzepte charismatischer Führung und weist nach, dass es letztlich um einfache (gegen die Komplexität der Unternehmen gerichtete) Konzepte geht, die mit einem stark emotionalisierten Erlösungsversprechen die heldenhafte Überwindung von Krisen versprechen. Dabei ist die Systematik selbst entscheidend, sie wird immer wieder neu bedient und für wahr gehalten. Dagegen steht, dass die Bedingungen der Organisation ausgeblendet werden. (Neuberger 2002, 141-221) »Das feiern charismatischer Führung stützt eine Zeitdiagnose, die das Aufbäumen eines ›stellvertretenden Individualismus‹ angesichts totaler Vereinnahmung ersehnt.« (Neuberger 2002, 216). Andererseits gilt es aber auch, die Mythologisierung des kooperativen Managementstils zu vermeiden.

Drittens erfährt u. a. im Zuge der Globalisierung Konkurrenz eine besondere Betonung und Förderung. Dies macht eine verständliche und notwendige Ausgleichsbewegung in Richtung Kooperation nachvollziehbar. Kooperation und Konkurrenz sind zwei Seiten der gleichen Medaille. (Simmel 1903). Man hat immer beides. Dass Konkurrenz vom Recht des Stärkeren regiert wird, wird zwar häufig mit Darwin begründet, ist aber in seiner Evolutionstheorie gar nicht gemeint. »Die Prozesse der Selektion auf der Ebene der Spezies oder Population sind ganz im Gegenteil schwach.« (Axelrod 1997, 80). Zudem zeigen die Ausführungen von Richard Dawkins, dass gerade in der natürlichen Evolution die Durchsetzung nur gelingt, wenn sie auf Kooperation gründet: »Der wahre Egoist kooperiert.« (Dawkins 1978)

Viertens ergibt sich in den letzten Jahren ein enorm stark gestiegener Druck, Kosten zu reduzieren. Viele Einrichtungen und Unternehmen kön-

---

1   Es handelt sich hier um eine lesenswerte ernsthafte Darstellung von und Auseinandersetzung mit modernistischen Management»theorien«, die deutlich macht, wie sehr solche Literatur von einer mehr oder weniger unkritischen Leserschaft lebt.

nen diesem Druck nur standhalten, wenn sie sich mit anderen zusammenschließen, um als größere Einheiten eine entsprechende und angemessene
Position am Markt zu bewahren bzw. so Defizite oder Veränderungen in
kleineren Bereichen auszugleichen.

U. a. für die Sozial- und Gesundheitsdienste kommt als weiterer
Grund für die Beschäftigung mit kooperativem Management das Ringen
um Managementkonzepte hinzu, die der Dienstleistung entsprechen und
dieser förderlich sind.

2. Begriff »Kooperation« in der Übersetzung auf betriebswirtschaftliche Zusammenhänge

Vor diesem Hintergrund ist es sinnvoll zunächst zu fragen, was das Besondere am Begriff Kooperation ist. Aus sozio-biologischer Perspektive ergibt
sich, dass (auch) Tiere dann reziproken Altruismus entwickeln, also kooperativ vorgehen, wenn folgende Bedingungen gegeben sind:
• häufige Treffen,
• fähig sich zu erinnern,
• der gemeinsam erzielte Gewinn ist größer als die Kosten für den Geber.
(Anzenberger 1991, 12)
Diese drei Minimalaspekte gelten ebenso für menschliches Verhalten,
müssen aber erweitert werden. Da kooperatives Verhalten von Menschen
nicht über Instinkte abgesichert ist, entstehen die Notwendigkeit und die
Chance, differenzierter auf die Gestaltung und Sicherung menschlicher
Kooperation einzuwirken. Dabei kommen Aspekte des allgemeinen gesellschaftlichen Zusammenlebens in den Blick, die helfen, dass der gesellschaftliche Zusammenhalt gewahrt bleibt:
1. Belohnung kooperativen und Sanktionierung unkooperativen Verhaltens;
2. Soziale Beziehungen, Sorge um den anderen (gegenseitiges Vertrauen,
   sich um einander zu kümmern);
3. Soziale Normen (wann Wettbewerb und wann Kooperation angemessen sind);
4. Kommunikation (zur Vermittlung von sozialen Normen, zur Verständigung über kooperatives Verhalten);
5. Gruppengröße (je größer und je anonymer desto unkooperativer);
6. Individuelle Unterschiede (in den Fähigkeiten und Interessen zu kooperieren). (Argyle 1991, 34 f.)
Wenn mit Kooperation mehr gemeint sein soll, als an Mitarbeitern orientiertes Führen oder die Realisierung von Ansprüchen der Humanisierung

des Arbeitsplatzes (vgl. Wunderer/Grunwald 1980, 55f.), dann erweist es sich als unverzichtbar, vor dem Hintergrund dieser Tatsache weitere präzisierende Aspekte zu betonen. Will man vermeiden, dass der Begriff Kooperation mit sich selbst erklärt wird und so leicht Pleonasmen (»kooperative Zusammenarbeit«) entstehen, ist eine Präzision unerlässlich. Wir greifen hierzu auf Untersuchungen von Marwell und Schmitt (1975) zurück. Diese nennen zur näheren Bestimmung kooperativen Verhaltens fünf Elemente: 1. zielorientiertes Verhalten; 2. Belohnungen für jeden Teilnehmer; 3. Arbeitsteilung; 4. sachliche Koordination; 5. soziale Koordination. Gerade um die Präzisierung gegenüber Konzepten der Humanisierung der Arbeit oder gegenüber der Orientierung des Führungsstils an der Beziehung zu den Mitarbeitern zu leisten, gilt es aus dieser Liste besonders auf die ersten drei Elemente hinzuweisen. Die Ziele des Arbeitsprozesses werden nicht von einem Kooperationspartner alleine definiert. Je stärker die Ziele gemeinsam entwickelt werden, umso leichter werden sie auch gemeinsam getragen. Das aber setzt zudem voraus, dass die Partner entsprechend am Gewinn beteiligt werden, und dass dieser Gewinn größer als der je allein erwirtschaftete ist, weil die Partner sich die Arbeit teilen. Arbeitsteilung sind zugleich die Voraussetzung und der Effekt, dass der größere Gewinn erzielt wird. Wäre dies nicht der Fall, lohnte sich die Kooperation nicht. Kooperationskosten ebenso wie -gewinne können nicht immer präzise kalkuliert werden; je präziser jedoch die kalkulierbaren Kosten und Gewinne erfasst sind, umso leichter lassen sich die Effekte *Koste* und Aufwendungen einschätzen. Auf ihrer Basis kann dann eine Entscheidung für oder gegen die Kooperation gefällt werden.

Für den hier zugrunde liegenden Begriff von Kooperation ist weiterhin bedeutend, dass die Kooperation überlegt gesteuert ist. Die einfachste Regel mit der man die Kooperation der Partner steuern kann, ist die des »Tit for Tat!« (Axelrod, 1997): Jede nicht-kooperative Aktion wird ebenso unkooperativ beantwortet, wie jede kooperative kooperativ beantwortet wird. So simpel sich dieses »Wie du mir so ich dir!« anhört, so sehr lässt sich auf lange Sicht gesehen Kooperation so sicher etablieren und absichern. Diese Strategie setzt allerdings voraus, dass eine ergänzende Strategie vorhanden ist, eine eventuelle Spirale von Wettbewerbsinteraktionen zu durchbrechen.

Bezieht man die allgemeinen Erkenntnisse zur menschlichen Kooperation auf die Verhältnisse im Unternehmen, zeigt sich, dass es notwendig ist, auf Einschränkungen einzugehen. Staehle nennt Hinweise, anhand derer diese Übertragung überprüft werden muss: 1. Die Absicherung des Erfolgs durch Kooperation ist stark abhängig von den jeweiligen Bedingungen. 2. Oft wird Kooperation mehr proklamiert als praktisch realisiert. 3. Kooperation setzt Führung nicht außer Kraft und darf nicht zum Instrument der leichteren Durchsetzung von Machtinteressen gemacht werden (Staehle 1999, 538).[2]

Gleichsam als Erinnerungsfolie liegt den nachfolgenden Abschnitten die Vorstellung zu Grunde, dass sie eine Aussage zu den klassischen Managementfunktionen (planning, staffing, organizing, directing, controlling) machen sollen. Diese Einteilung geht zurück auf Henri Fayol (1929), die u. a. von Steinmann/Schreyögg (2005) aktualisiert wurde. Dabei werden diese Funktionen folgendermaßen verstanden:

1. Planung als Nachdenken über Ziele, Maßnahmen
2. Organisation als (erste) Umsetzungsschritte, als Schaffung von Stellen und Abteilungen
3. Personaleinsatz als Beschaffung und Erhaltung der Humanressourcen
4. Führung als Motivation, Kommunikation und Konfliktbereinigung
5. Kontrolle als Soll/Ist-Vergleich.

Diese Einteilung erscheint als eine praktische, die den zeitlichen Ablauf des Managementprozesses wiedergibt, aber in Wirklichkeit hebt diese Einteilung auf das reflektorische Potential des Managers ab. Sie liefert Kategorien Managementhandeln zu durchdringen und so Kenntnisse für weiteres Handeln zu gewinnen. So werden sie im Folgenden verwendet.

3. Führen und Kooperationsmanagement

Greifen wir auf die obige Strukturierung zurück, dann wird dieser Abschnitt von der Frage geleitet, wie die Führungskräfte durch Kooperation die Managementprozesse so absichern können, dass die unternehmerischen Erfolge sich einstellen. Gutenberg geht davon aus, dass Führungsentscheidungen sich durch die Ausrichtung auf folgende Elemente beschreiben lassen: die Festlegung der Unternehmenspolitik, die Koordinierung großer Teilbereiche, Beseitigung von bedeutsamen Störungen, geschäftliche Maßnahmen mit außergewöhnlicher Bedeutung und die Besetzung von Führungsstellen (Gutenberg 1962). Kooperatives Management bezieht in diese Entscheidungen die Mitarbeiter mit ein bzw. die Entscheidungen werden je nach Tragweite an die Mitarbeiter delegiert (vgl. Wunderer 2001, 229).

---

2   Staehles forschungsmethodische Bedenken, dass der empirische Nachweis des größeren Erfolgs aufgrund von Kooperation schwierig sei, weil die Erforschung von Kooperation dieselbe schon fördere, lassen sich gerade forschungsmethodisch nicht halten. Der sog. Hawthorne-Effekt, auf den Staehle abhebt, lässt sich methodisch ausgleichen.

Ulrich Deller

Am Anfang des Managementprozesses steht die Planung des Unternehmens. Unabhängig davon, ob diese Platzierung eine eher analytische oder empirisch nachvollziehbare ist, ist der Managementprozess ohne die initiale Steuerung, die auf in unterschiedlicher Weise zustande gebrachten Plänen aufbaut, nicht denkbar. Vor dem Hintergrund dieses Primats der Planung suggerieren viele klassische Führungstheorien und vor allem weite Teile der aus dem Boden gestampften Ratgeber-Literatur ein Managementbild, in dem der Manager als einsamer Entscheider gezeichnet wird. Aus unterschiedlichen Perspektiven erweist sich dieses Bild als irreführend. Es blendet die mit dieser Vorstellung von Plan-determinierter Unternehmensführung verbundenen Probleme der Realisierung der Pläne auf mehreren Ebenen aus. Zunächst hängt der Effekt unterschiedlicher Führungsstile in besonderer Weise davon ab, ob nicht andere Einflüsse (Kollegialität, Professionalität, Aufgabenstrukturierung) das Führungsverhalten entkräften oder unterstützen (vgl. Kerr/Jermier 1978). Darüber hinaus ist der Erfolg des Unternehmens nicht empirisch nachweisbar auf eine bestimmte Art der Ausübung der Rolle als Chef zurückzuführen, wenn nicht der Zusammenhang zwischen Führungsverhalten und Situation hergestellt wird. Ein bestimmtes Führungsverhalten ist nicht aus sich heraus effektiv, sondern nur in Bezug auf eine gegebene Situation (vgl. Reddin 1970). Diese Tatsache wird auch von Vroom/Yetton (1973) zur Bewertung von Managementhandeln in den Vordergrund gerückt. Anhand der Filterfragen dieses Modells gelangt ein Manager dazu, sich situativ angemessen auf einen eher direktiven oder partizipativen Stil hin zu orientieren.

Zur Effektivität des Managementhandelns gehört eine Fülle weiterer Aspekte dazu, ohne dass wirklich schon zwingend nachgewiesen wäre, welcher Faktor welchen Anteil hat (vgl. Neuberger 1972). Jung führt dies auf die Fülle der in einem Unternehmen zu berücksichtigenden Sachverhalte, auf ihre Komplexität und auf die Selbstbestimmungsmöglichkeiten der Mitarbeiter zurück, die selbst bei einem direktiven Führungsstil immer gegeben sind (Jung 1985, 46 ff.). Staehle erklärt die Tatsache, dass Umfeldbedingungen in den Führungstheorien vielfach ausgeblendet werden, mit ihrem Entstehungshintergrund in der Kleingruppenforschung (Staehle 1999, 383).

Für kooperatives Management ist es vor diesem Hintergrund sinnvoll, weniger von einer bestimmten Art der Führung als Erfolg sicherndem Vorgehen auszugehen, sondern von Funktionen, die erfüllt werden müssen, damit das Unternehmen Erfolg haben kann. Diese Funktionen sind dann nicht Aufgabe eines Einzelnen oder einer kleinen Gruppe von Führenden, sondern bestimmen das Handeln aller im Unternehmen. Da letztlich alle Mitarbeiter des Unternehmens für die Folgen gerade stehen müssen, müssen sie auch in die Absicherung der Managementrollen eingebunden sein (vgl. Wunderer/Grunwald 1980, 100 und am Beispiel einer Klinik erläutert 257 f.). Mintzberg identifiziert ein »set of ten roles« (Mintzberg 1973). Er unterscheidet dabei in interpersonale, informatorische und Entscheidungs-Rollen. Diese werden im Sinne des »role-taking« und »role-making« (Mead, Goffman) individuell je unterschiedlich ausgefüllt, sind aber generell für den Managementprozess kennzeichnend. 1. Interpersonale Rollen: »figurehead« (Galionsfigur), leader (Anführer), Liaison (horizontale Vernetzung nach außen); 2. Informatorische Rollen: »monitor« (Suchen und erhalten einer großen Fülle von dokumentierten und nicht dokumentierten Informationen), »disseminator« (Informationen im Unternehmen ›verstreuen‹), »Spokesman« (Sprachrohr nach außen); 3. Entscheidungsrollen: »entrepreneur« (Unternehmerisch systematisch Entwicklung von Problemen und Chancen gestalten), »disturbance handler« (Unvorhersehbares, Störungen und Ratlosigkeit handhaben), »resource allocation« (Ressourcen verteilen), »negotiator« (Verhandler). (Mintzberg 1973, 55-99). Mintzberg versteht dieses Set of Roles als »Gestalt« (S.58), als ein »zusammengefügtes Ganzes«. Für den modernen Managementprozess ergibt sich eine normale Aufspaltung der Funktionen aus drei Gründen: ab einer bestimmten Größe, kann die Aufgabe nicht mehr von einer Kraft alleine wahrgenommen werden; die Beteiligung der Mitarbeiter ist ohne Einbindung in die Erfüllung der Funktionen undenkbar; aufgrund der Tiefendimensionen der einzelnen Rollen sind Manager eigentlich keine Generalisten, sondern Spezialisten für die einzelnen Funktionen. (Mintzberg 1973, 99). Für kooperatives Management erwachsen daraus zwei Aufgaben. Zum einen muss dafür gesorgt werden, dass die Spezialisten ihre je eigenen Rollen zu einander in Bezug setzen. Aufteilung von Funktionen kann nur gelingen, wenn gleichzeitig das Zusammenführen wieder gesichert ist. Zum anderen ist die Wahrnehmung der Funktionen im kooperativen Management daran gebunden, sie als »funktionale Autorität auszufüllen, an der die Mitarbeiter Anteil haben[4] (vgl. Wunderer/Grunwald 1980, 257).

Vor diesem Hintergrund ist die scharfe Kritik Mintzberg's an solchen Managementvorstellungen zu verstehen, die den Unternehmer als Chief Executive Officer (CEO=Vorstandsvorsitzender) beschreiben, »der mit dem Fallschirm in ein etabliertes Unternehmen einschwebt, ohne vorher jemals Verantwortung getragen zu haben.« (Mintzberg 2004, 157). Darüber hinaus liegt diesem Bild des einsamen Entscheiders und Machers eine sehr stark vereinfachte Idee der Zusammenhänge zwischen System und Umwelt zugrunde, die nicht nur weit hinter den Erklärungsansätzen der Systemtheorie (vgl. Wilke 1995) zurück bleibt, sondern auch die interdependente Wirklichkeit in und zwischen Unternehmen ausblendet. »Das Kontrastprogramm zum Macher-Mythos sieht Veränderungen nicht linear, sondern *netzartig* oder *zirkulär* verursacht.« (Neuberger 2002, 611). Die bedeutende Unterscheidung ergibt sich in der Charakterisierung der Denkrichtungen. Nach Malik sind viele Managementansätze oft deswegen irrelevant, weil sie Kontextvoraussetzungen konstruieren, die in der realen Anwendung nicht wiederholbar sind (Malik 2003,117). Vor diesem Hintergrund kommt Malik zu einer Unterscheidung zwischen technomorphen und evolutionären Verständnissen, wobei erstere von der Beherrschung der konkreten Situation im Detail ausgeht, letztere sich wegen der »überaus großen Komplexität realer Situationen und der damit verbundenen, unvermeidlichen Begrenztheit des Wissens« (Malik 2003, 115) auf allgemeine Ordnung erzeugende Regeln beschränkt. Die Grundannahmen stellt Malik wie folgt einander gegenüber (Malik 2003, 119).

Konstruktivistisch-technomorph	Systemisch-evolutionär
Management...	Management...
...ist Menschenführung.	...ist Gestaltung und Lenkung ganzer Institutionen in ihrer Umwelt.
...ist Führung Weniger.	...ist Führung Vieler.
...ist Aufgabe Weniger.	...ist Aufgabe Vieler.
...ist direktes Einwirken.	...ist indirektes Einwirken.
...ist auf Optimierung ausgerichtet.	...ist auf Steuerbarkeit ausgerichtet.
...hat im Großen und Ganzen ausreichende Informationen.	...hat nie ausreichende Information.
...hat das Ziel der Gewinnmaximierung.	...hat das Ziel der Lebensfähigkeit.

Malik geht in seinen Überlegungen sogar so weit, nicht nur die Erkenntnisse aus unterschiedlichen Disziplinen zur Systemsteuerung zu integrieren, sondern erklärt die systemtheoretischen Ansätze in Gestalt der Kybernetik selbst zur eigentlichen Führungsdisziplin in der Gestaltung und Lenkung von Gesamtsystemen (Malik 1986, 50f). In diesem Sinn wird es also auch darum gehen, nicht Effekte im Nachhinein mit einem bestimmten Führungsverhalten zu verbinden und zu erklären (Kausalketten), sondern darum, »Einflussnetzwerke« aufzuzeigen. Führung im Unternehmen ist nicht vom Manager alleine abhängig und muss zudem als Prozess gedacht werden. Dies führt im Nachdenken über Management zu zweierlei Perspektiven. Zum einen werden in die Beschreibung der Funktionen von Managern die Mitarbeiter mit einbezogen werden müssen – Macht und Einfluss sind sinnvoll als relationale Begriffe gedacht (vgl. Weber 1956 und ebenso Hannah Arendt 2003). Macht ist als Beziehungskategorie zu verstehen. Zum anderen ist Management keine abgeschlossene, sondern eine stetig wiederkehrende Aufgabe, deren Ergebnis sich stetig verändert und weiterentwickelt. Vor diesem Hintergrund muss die Bedeutung von Entscheidungs- und Führungstheorien für individuelles Managementhandeln relativiert werden. Es kann nicht in erster Linie um den Versuch gehen, das Entscheidungsverhalten eines Einzelnen nachzuvollziehen bzw. strukturell vorherzusagen und damit anzuleiten, sondern um solche Theorien, die Management als Prozess und zwar als sozialen Prozess beschreiben. Dieser beginnt mit der Modellierung der Aufgabe oder des Problems, über die entschieden werden soll. Hier schon werden die entscheidenden Weichen gestellt. Unter Gesichtspunkten des kooperativen Managements aber werden Mitarbeiter schon in den Prozess der Modellierung der Entscheidung einbezogen. Für diesen Zusammenhang ist das bereits 1948 von Coch und French entworfene und durchgeführte Experiment bedeutsam (Coch/French 1948). Coch/French haben drei Gruppen von Mitarbeitern miteinander verglichen, wie sie unter verschiedenen Bedingungen der Partizipation Veränderungen im Unternehmen aufgegriffen haben und die Produktion steigernd tätig wurden. Die am weitesten einbezogenen waren letztlich die produktivsten Mitarbeiter. Dieses Projekt legt den Grundstock für eine Vielzahl von Untersuchungen, die den Zusammenhang zwischen der Beteiligung der Angestellten und dem Unternehmenserfolg überprüfen (kritisch dazu Locke/Schweiger 1979). Ebenso haben Kreikebaum und Grimm in der Folge in ihren Untersuchungen herausgefunden, dass sich bei den internen Einflussfaktoren auf die strategische Unternehmensplanung unter anderem kooperative Strategien positiv auswirken (Kreikebaum/Grimm 1986). Man mag zwar konstatieren, dass dieser Zusammenhang noch immer nicht wirklich empirisch nachgewiesen ist, aber letztlich ergeben sich strukturelle Bedingungen, die eine kooperative Art der Ausübung von Führung nahelegen. »Führungskräfte haben zwar eine überlegene *offizielle* Machtposition, die ihnen aber nur eine Machtquelle sichert (formale Autorität, Legitimation), aber durch Gegenmacht ausgehebelt werden kann (z. B. Expertise, Informationskontrolle, Koalitionen mit mächtigen höheren Verbündeten usw.). Genau diese Einsicht (dass die Geführten auch Macht aktivieren können), dass nie alle Informationen über die Lage verfügbar sind und/oder dass Informationen (absichtlich) verzerrt oder gefiltert sein können, zwingt zur Kooperationsbereitschaft.« (Neuberger 2002, S. 729).

Vor diesem Hintergrund wird Kooperationsmanagement in besonderer Weise darauf abheben, die unternehmerischen Analysen und Entscheidungen nicht alleine von den unterschiedlichen Möglichkeiten her zu begreifen, wie Markt und Produkt durch unterschiedliche Methoden der

Datenerhebung so erfasst werden, dass die richtigen unternehmerischen Entscheidungen gefällt werden (vgl. hierzu exemplarisch Hahn/Taylor 1990).
Wie Kooperationsmanagement diese Aufgabe sowohl als Prozess wie auch als soziales Phänomen betrachten kann, wird folgendermaßen deutlich. Ersteres ist ersichtlich aus den Ansätzen zur Integration von strategischer und operativer Planung, die das strategische Planen nicht nur mit dem operativen verbinden, sondern zugleich von einer wechselseitigen Beziehung zwischen beiden ausgehen (vgl. Gälweiler 1987). Beide Elemente kommen zusammen in den Überlegungen von Drucker und Odiorne, die schwierige Aufgabe der Übersetzung von strategischen Planungen in operative Planungen dadurch zu leisten, dass die Mitarbeiter in die Festlegung der konkreten Ziele prozesshaft eingebunden werden (Odiorne 1956). In diesem Verfahren des »Management by Objectives« werden Top-down-Strategien mit Bottom-up-Strategien im Sinne des Gegenstromverfahrens verbunden. Dieses »Konzept delegativer Mitarbeiter- und strategischer Unternehmensführung« (Wunderer 2001, S. 232) setzt ein hohes Maß an Kommunikationsfähigkeit, Selbstorganisation und Selbstmotivation voraus und führt zugleich dazu sie zu entwickeln. »Die Vorteile zielorientierter Führung liegen in einer wesentlich stärkeren Entlastung der Führenden von operativen Entscheiden, einer deutlich höheren Selbständigkeit der Geführten in der Zielsetzung, einer meist höheren Mitwirkung schon bei der Zielvereinbarung sowie einer ziel- und ergebnisorientierten Evaluation mit entsprechenden Konsequenzen (z. B. materielle Honorierung bei Zielerreichung, Förderung und Fortbildung bei unbefriedigendem Zielerreichungsgrad).« (Wunderer 2001, 233). Wunderer entwickelt Management by Objectives weiter zu einem Konzept delegativer Führung, indem er die Strategie der Zielvereinbarung in einen größeren Zusammenhang integriert.
Das Schaubild von Wunderer (2001, 35ff.) auf der nächsten Seite zeigt, wie hoch der Anspruch liegt, wenn man ein umfangreiches Konzept zur Steuerung im Unternehmen realisieren will. Hier wird einmal mehr deutlich, dass die Kritik von Neuberger an vereinfachenden Managementkonzepten berechtigt ist. Das komplexe System eines Unternehmens positiv zu beeinflussen, verlangt wesentlich mehr, als ein guter Manager sein zu wollen. Legt man dieses Verständnis von kooperativem Management zu Grunde, kommt man konsequent dazu, die Aufgaben und Rollen, die durch Managementhandeln abgesichert werden müssen, nicht bezogen auf eine einzelne Person des Managers zu konzentrieren, sondern sie als Funktionen zu begreifen, die unabhängig von Personen oder Situationen erfüllt werden müssen, damit das System Unternehmung Bestand haben kann (Neuberger 2002, 326 ff.) Das bedeutet dann, dass die sich aus dem

Schaubild delegativer Führung ergebenden Aufgaben allen Mitarbeitern auf allen Ebenen gestellt sind.

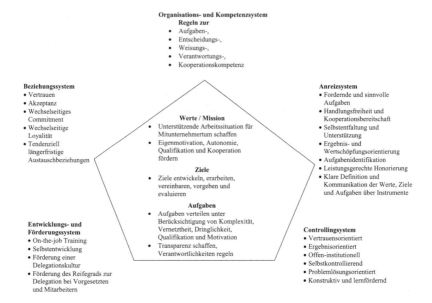

Organisations- und Kompetenzsystem
Regeln zur
- Aufgaben-,
- Entscheidungs-,
- Weisungs-,
- Verantwortungs-,
- Kooperationskompetenz

Beziehungssystem
- Vertrauen
- Akzeptanz
- Wechselseitiges Commitment
- Wechselseitige Loyalität
- Tendenziell längerfristige Austauschbeziehungen

Werte / Mission
- Unterstützende Arbeitssituation für Mitunternehmertum schaffen
- Eigenmotivation, Autonomie, Qualifikation und Kooperation fördern

Ziele
- Ziele entwickeln, erarbeiten, vereinbaren, vorgeben und evaluieren

Aufgaben
- Aufgaben verteilen unter Berücksichtigung von Komplexität, Vernetztheit, Dringlichkeit, Qualifikation und Motivation
- Transparenz schaffen, Verantwortlichkeiten regeln

Anreizsystem
- Fordernde und sinnvolle Aufgaben
- Handlungsfreiheit und Kooperationsbereitschaft
- Selbstentfaltung und Unterstützung
- Ergebnis- und Wertschöpfungsorientierung
- Aufgabenidentifikation
- Leistungsgerechte Honorierung
- Klare Definition und Kommunikation der Werte, Ziele und Aufgaben über Instrumente

Entwicklungs- und Förderungssystem
- On-the-job Training
- Selbstentwicklung
- Förderung einer Delegationskultur
- Förderung des Reifegrads zur Delegation bei Vorgesetzten und Mitarbeitern

Controllingsystem
- Vertrauensorientiert
- Ergebnisorientiert
- Offen-institutionell
- Selbstkontrollierend
- Problemlösungsorientiert
- Konstruktiv und lernfördernd

Außer den bisher im Vordergrund stehenden Managementfunktionen Planung und Führung ist Management im Unternehmen eng mit der Frage verbunden, was die Führungskräfte des Unternehmens tun müssen, um durch kooperative Steuerung von Auswahl, Beurteilung, Entwicklungsmaßnahmen und Entlohnung des Personals zur größeren Effektivität des Unternehmens beizutragen. Aus der Vielzahl der Aspekte, die Wunderer in sein Konzept integriert, wird deutlich, dass delegative Führung zu beschreiben, nicht gelingen kann, ohne über Personalmanagement zu schreiben. Das für kooperatives Management kennzeichnende Prinzip delegativer Führung setzt voraus, dass die Art der Auswahl und die Kompetenzen der Mitarbeiter entsprechend sind. Dies setzt eine ebenso auf Kooperation hin ausgelegte Beschaffung und Pflege der personellen Ressourcen voraus. Auswahl, Beurteilung und Entlohnung der Mitarbeiter beginnen aus der Perspektive der Manager mit der Abstimmung des benötigten Profils der (neuen) Mitarbeiter mit denen, die die zu erledigenden Aufgaben (mit-)geplant haben, sie derzeit auch erledigen bzw. von ihrer Erledigung in bedeutender Weise abhängen. Kooperatives Personalmanagement beginnt mit der Gewinnung von sachlichen, für die (internen) Kooperationspartner nachvollziehbaren Kriterien, anhand derer die Tätigkeitsprofile und die Fähigkeitsprofile bezogen auf die strategischen Planungen des Unternehmens formuliert werden. Es schließt die Bereitschaft ein, operative Planung vor dem Hintergrund individueller Kompetenzprofile der Mitarbeiter zu verändern (vgl. Schuler 1998).

Aus beiden Perspektiven ist allerdings davon auszugehen, dass der Zustand auf den bezogen die Personalauswahl erfolgt, kein statischer ist. Daher wird ein erheblicher Teil der Kriterien auf die Fähigkeit ausgerichtet sein, sich in neue Aufgaben und Kooperationen hineinzufinden. Dies gilt gerade angesichts des demographischen Wandels. Je weniger Innovationsdruck durch junge Kollegen ausgeübt werden kann, weil sie zahlenmäßig stark abnehmen werden, wird die Fähigkeit zur Veränderung und Entwicklung zur Standardaufgabe aller. Die Auswahl auf der Basis von vorgegebenen Testverfahren kann nur gelingen, wenn entsprechende Vorstellungen zu Grunde liegen, was ein zukünftiger Mitarbeiter tun und können soll. Dass solche Kriterien gefunden und berücksichtigt werden, ist vornehme Aufgabe des kooperativen Personalmanagements (vgl. Schuler 1998, 154). Wer Personal für kooperative geführte Unternehmungen auswählen will, darf nicht den Fehler machen, das Verfahren der Auswahl selbst als Kampf aller gegen alle zu gestalten. Die Bewerber müssen nicht nur per Deklamation, sondern konkret real die Chance erhalten, ihre Kooperationsfähigkeit und -willigkeit unter Beweis zu stellen. Zu diesem Zweck werden häufiger Assessment-Center angeführt, weil hier mehrere Personen ihre Erkenntnisse zusammentragen. Als empfehlenswert erweisen sich biographische Fragebögen, die in besonderer Weise auf kooperativ zu bewältigende Aufgaben und Situationen hin ausgerichtet sind (vgl. Schuler 1998, 95 ff.). Für die Bewertung der Effekte von unterschiedlichen Personalauswahlinstrumenten ist für kooperatives Management die Gestaltung der Auswahlsituation selbst bedeutsam. Schuler führt »Aspekte der ›sozialen Validität‹« ein, die er an vier Aspekten erläutert: Information, Partizipation/Kontrolle, Transparenz, Urteilskommunikation/Feedback (Schuler 1998, 181 ff.).

Die zum Personalmanagement notwendig hinzu gehörende Beurteilung von Arbeitsleistungen von Mitarbeitern gelingt im kooperativen Management am besten, wenn zwei Bedingungen erfüllt sind. Zum einen geschehen sie auf der Basis einer längerfristig gestalteten Beziehung zwischen Vorgesetzten und Mitarbeitern. Am besten werden die Vorgesetzten schon mit der Bekanntgabe und Anwendung entsprechender Kriterien in das Auswahlverfahren einbezogen; zum andern werden die Mitarbeiter in die Lage versetzt, ihre eigenen Leistungen anhand vorgegebener und abgesprochener Kriterien mit zu beurteilen. Die Bewertungen des Managers werden in zweifacher Hinsicht zur (Mit-)Angelegenheit des Mitarbeiters, zum einen, indem die Kriterien der Bewertung nicht das Chef-Geheimnis sind, sondern transparent kommuniziert und am besten zusammen mit Mitarbeitern erstellt werden; zum anderen indem die Mitarbeiter auch selbst die Bewertung ihrer Arbeitsleistung vornehmen, in der Regel bevor sie diese mit den Vorgesetzten besprechen. Das für die Realisierung dieser Vorgaben am besten geeignete Instrument sind Zielvereinbarungen und -kontrollen z. B. im Rahmen des »Management by Objectives«. (Odiorne 1967). Im Wesentlichen sind folgende Effekte angezielt: Identifikation und Motivation durch Kenntnis der Ziele; Akzeptanz durch Partizipation; Kenntnis der Leistungsbeurteilung schafft Transparenz; Selbstkontrolle erhöht die Leistung; Zufriedenheit durch objektivierte Entlohnung; statt Strafe Fortbildung. Gerade für Sozial- und Gesundheitsdienste wird im Rahmen des MbO die am Ergebnis orientierte Beurteilung durch eine solche ergänzt, die die Tätigkeit selbst in den Blick nimmt. Eine besondere Herausforderung für das Management ergibt sich dadurch, dass Zielvereinbarungen nur dann die Kooperation im Unternehmen stärken, wenn sie nicht nur auf der Ebene von Einzelleistungen vorgenommen werden, sondern auch Bedeutung gewinnen, indem die Einzelleistungen zu Gruppenleistungen und umgekehrt in einem angemessenen Verhältnis stehen, und wenn sie strukturell gestützt sind.

Gerade vor dem Hintergrund der demographischen Entwicklung und den sich daraus ergebenden Anforderungen und in Verbindung mit der z. T. schnellen Entwicklung von Wissensbeständen spielt in der Entwicklung des Personals Wissensmanagement eine große Rolle. D. h., dass Lernprozesse nicht mehr nur individuelle Aufgabe bezogen auf die Veränderungen im beruflichen Alltag sind, sondern institutionell so abgesichert sein müssen, dass die Entstehung, Vermittlung und Verwertung von Wissensbeständen strukturell abgesichert ist.

4. Mitarbeiter

Manager und Mitarbeiter sind in besonderer Weise auf einander verwiesen. Kooperativ ausgerichtetes Management stellt diese Beziehung, aber auch die der Mitarbeiter untereinander in den Vordergrund. Während es im vorigen Abschnitt um die Frage ging, wie Kooperationsmanagement aus der Führungsperspektive gestaltet wird, geht es hier um die Perspektive der Mitarbeiter. Ein Konzept delegativer Führung ist alleine denkbar und realisierbar, wenn es in der gleichen Weise aus der Perspektive der Mitarbeiter wie aus der der Führenden gedacht wird. Kooperationsmanagement ist nicht alleine oder vordringlich von der Frage geleitet, wie die Humanressourcen des Unternehmens gepflegt werden müssen, damit sie am effektivsten für den Unternehmensgewinn eingesetzt werden können. Außer den Beziehungen und ihrer direkten und strukturellen Gestaltung spielen die Aspekte Partizipation und Autonomie eine besondere Rolle im Konzept des kooperativen Managements.

Natürlich hängt Kooperation im Unternehmen zunächst einmal stark vom individuellen Verhalten und der Gestaltung der sozialen Beziehungen ab. Spätestens seit den sog. Hawthorne-Experimenten in den zwanziger und dreißiger Jahren des vorigen Jahrhunderts gilt es als erwiesen und selbstverständlich, dass der Arbeitserfolg nicht nur von der sachlichen Vorgabe und Erfüllung bestimmter Aufgaben (scientific management, industrial engineering), sondern ebenso stark von der Gestaltung der sozialen Beziehungen im Unternehmen abhängig ist. Die Hawthorne-Experimente werden immer wieder kritischen Prüfungen unterzogen und man sagt ihnen nach, dass sie eher auf die Bestätigung der hohen Bedeutung der an der Persönlichkeit orientierten Führung angelegt waren, als auf die unvoreingenommene kritische Prüfung dieser Art von Führung (Kieser 1999, 113 ff). Ungeachtet dieser Kritik ist die Anzahl der Untersuchungen und Theorien der persönlichkeitsorientierten Führung seit dieser Zeit enorm gestiegen. In der Folge wurde eine Fülle von verhaltenswissenschaftlich orientierten Managementtheorien entwickelt (vgl. Steinmann/ Schreyögg 2005, 64), allerdings mehrheitlich auf das Handeln der Führenden gerichtet. Im Folgenden sollen daher besonders aus der Perspektive der Mitarbeiter Erkenntnisse zum kooperativen Management zusammengetragen werden. Hier zeigt sich, dass viele sozialwissenschaftliche Untersuchungen auf hohem Abstraktionsniveau herangezogen werden, ohne dass sich daraus zwingend und empirisch nachweisbar Managementhandeln ableiten ließe. Exemplarisch sei hier auf den Umgang mit dem Modell der Hierarchisierung von Bedürfnissen nach Abraham H. Maslow (1954) verwiesen. Trotz der zum Teil heftigen Kritik an diesem Modell bestimmt es viele Ausführungen zur Motivation von Mitarbeitern. Es wird suggeriert, man könne aus den abstrakten Aussagen konkrete Hinweise für Managementhandeln gewinnen (Hoffman 1988; Bogaschewski/Rollberg 1998, 41; Bergemann/Sourisseaux 2002, 90 sprechen von einer »universellen Gültigkeit der Maslow-Kategorien«). Zugleich sind die motivationstheoretisch orientierten Managementkonzepte eher darauf ausgerichtet, die Aufgabe der Motivierung den Managern zuzuschieben und die Mitarbeiter zum Objekt der Maßnahmen zu machen. Am weitesten fortgeschritten ist dies im Konzept der »O.B.Mod.«, der an Skinner's Lerntheorien orientierten »Organizational Behavior Modification«. (Neuberger 2002, 567 ff.) Neuberger kritisiert zu Recht aus einer ethischen und theoretisch-technischen Perspektive, die Begrenztheit solcher Ansätze. Dennoch lassen sich Hinweise für Manager aus ihnen gewinnen, wie Wunderer zeigt (vgl. Wunderer 2001, 130 f.). Diese können aber nur dann wirklich fruchtbar werden, wenn die Mitarbeiter durch die Manager als eigenständig handelnde Personen wahrgenommen und behandelt werden.

Für kooperatives Management sind solche »OBM«-Ansätze aber darüber hinaus nur eingeschränkt brauchbar, weil sie nicht aus der Perspektive der Mitarbeiter ansetzen. In der Konsequenz dieser Anlage legen die motivationstheoretischen Managementüberlegungen ein Verständnis von zweck-rationalem Handeln zugrunde und blenden irrationale, möglicherweise von der Arbeitssituation unabhängige Handlungsbedingungen aus. Es ist gerade vor diesem Hintergrund sinnvoll, weniger die Veränderung der Mitarbeiter als persönliche Aufgabe der Manger zu suggerieren – was angesichts der Psychologisierung der Managementkonzepte verstehbar erscheint, als vielmehr Konzepte der Selbstregulation, der Partizipation und der symbolischen Führung für kooperatives Management in den Vordergrund zu rücken. Dies erweist sich aus zwei Gründen als sinnvoll. Zum einen ist der Arbeitskontrakt generell keine Grundlage für Verhaltensänderungen, sofern sie nicht vom Mitarbeiter selbst gewollt und realisiert werden. Selbst wenn die Manager solche Prozesse anstoßen wollten, entziehen diese sich ihren Entscheidungen. Mitarbeiterentwicklung ist letztlich eine Aufgabe des Mitarbeiters, die ein Manager lediglich anstoßen und fördern kann. Diese Grenze zu wahren ist für in Gesundheits- und Sozialdiensten erbrachte Dienstleistungen besonders wichtig. Die in der direkten Beziehung zu den Nutznießern der Dienstleistung tätigen Mitarbeiter können die für die Erhaltung oder die Wiederherstellung von Gesundheit und/oder sozialer Integration notwendigen Aktivitäten (u. a. Verhaltensveränderungen) letztlich weder anstatt unternehmen noch sie den Nutznießern aufzwingen. Die Dienstleistungen in den Sozial- und Gesundheitsdiensten setzen in herausragender Weise die Eigenaktivität der Nutznießer voraus bzw. haben sie zum Ziel. Eine Managementbeziehung zwischen Mitarbeitern und Managern, die die Mitarbeiter nicht in einer solchen Position wahrnimmt, verhindert bei den Mitarbeitern entsprechend mit den Nutznießern der Dienstleistungen zu arbeiten und erzeugt kognitive Dissonanzen, die relativ schnell zum Burn-out führen. Gerade kooperatives Management weiß diese Grenze genau einzuhalten (vgl. Spieß 1998). Zum anderen existiert eine ethische Grenze. Kooperatives Management kann nicht gelingen, wenn es auf einem negativen Menschenbild beruht. Die Grundannahmen eines Managers über seine Mitarbeiter stimulieren ihr Verhalten. Im Vordergrund muss daher eine positive Spiegelung der Person des Mitarbeiters stehen. Im Zuge der Entwicklung der Orientierung des Managements (auch) an den Mitarbeitern veränderte sich ebenfalls die Sichtweise, auf welchen Menschenbildern das Management-Denken aufruht. In der Human-Relations-Bewegung kommt zu der Frage der Gestaltung der Arbeitsbeziehung unter technischen Aspekten die unter sozialen Gesichtspunkten hinzu. Dieser Prozess und die im Zuge der Entstehung des Human-Ressource-Ansatzes geführte Kritik am Human-Relations-Ansatz zeigen, dass zu einer gelungenen Kooperation in Arbeitszusammenhängen immer beide Aspekte gehören und gelungen integriert werden müssen: die sachlich-fachlichen Anforderungen und die sozialen. Es wäre von daher falsch, kooperatives Management auf die sozialen Aspekte zu konzentrieren oder gar zu verkürzen. Gerade in Sozial- und Gesundheitsdiensten besteht hierzu eine besondere Gefahr, weil die »naturwüchsige« soziale Interaktion mit den Nutznießern der Dienstleistungen und damit auch die soziale Interaktion zwischen Mitarbeitern und Führung eine besondere Bedeutung haben (Oevermann 1996, 142).

Um den Wechsel vom Human-Relations- zum Human-Ressource-Ansatz zu beschreiben, charakterisiert Miles das Bild vom Mitarbeiter in diesem Wechsel (Miles 1975). Die so entstandene Tabelle gibt eine gute Möglichkeit, die Entwicklung hin zu einer kooperativen Betriebsführung zu verstehen.

Das Mitarbeiterbild nach Miles (1975)

Traditionelles Modell	Human Relations Modell	Human Resources Modell
Annahmen		
1. Die meisten Menschen empfinden Abscheu vor der Arbeit	Menschen wollen sich als bedeutend und nützlich empfinden	Menschen wollen zu sinnvollen Zielen beitragen, bei deren Formulierung sie mitgewirkt haben
2. Lohn ist wichtiger als die Arbeit selbst.	Menschen benötigen Zuneigung und Anerkennung. Dies ist im Rahmen der Arbeitsmotivation wichtiger als Geld.	Die meisten Menschen können viel kreativere und verantwortungsvollere Aufgaben übernehmen, als sie es die gegenwärtige Arbeit verlangt.
3. Nur wenige können oder wollen Aufgaben übernehmen, die Kreativität, Selbstbestimmung und Selbstkontrolle erfordern.		

Traditionelles Modell	Human Relations Modell	Human Resources Modell
Empfehlungen		
1. Der Manager hat seine Untergebenen eng zu überwachen und zu kontrollieren.	Der Manager sollte jedem Arbeiter ein Gefühl der Nützlichkeit und Wichtigkeit geben.	Der Manager sollte verborgene anlagen und Qualitäten der Mitarbeiter nutzen.
2. Er soll Aufgaben in einfache, repetitive, einfach zu lernende Schritte aufteilen.	Er soll seine Mitarbeiter gut informieren, auf ihre Einwände hören.	Er soll eine Atmosphäre schaffen, in der die Mitarbeiter sich voll entfalten können.
3. Er soll detaillierte Arbeitsanweisungen entwickeln und durchsetzen.	Er soll den Mitarbeitern Gelegenheit zur Selbstkontrolle bieten.	Er soll Mitbestimmung praktizieren und dabei die Fähigkeit zur Selbstbestimmung und Selbstkontrolle entwickeln.
Erwartungen		
1. Menschen ertragen die Arbeit, wenn der Lohn stimmt und der Vorgesetzte fair ist.	Informationen und Mitsprache befriedigen die Bedürfnisse nach Anerkennung und Wertschätzung	Mitbestimmung, Selbstbestimmung und Selbstkontrolle führen zu Produktivitätssteigerungen.
2. Wenn die Aufgaben einfach genug sind und die Arbeiter eng kontrolliert werden, erreichen sie das Soll	Die Befriedigung dieser Bedürfnisse führt zur Zufriedenheit und baut Widerstände gegen die formale Autorität ab.	Als Nebenprodukt kann auch die Zufriedenheit steigen, da die Mitarbeiter all ihre Fähigkeiten nutzen.

Diese Tabelle spiegelt idealtypische Zuordnungen wieder. Sie hilft den eigenen Managementstil zu reflektieren und dokumentiert die Entwicklung in der Sicht des Mitarbeiters. Aber sie kann nicht dazu dienen, kooperatives Management auf einem angenommen Kontinuum zu verorten: je mehr HRM desto kooperativer der Managementstil. Viele der Aspekte, die Miles dem klassisch-traditionellen Managementstil zuordnet, haben auch im kooperativen Management eine Bedeutung. Und weiter sind Aspekte, die die HRM zugeschrieben werden, vielfach eher eine Entwicklungsaufgabe oder sind in dieser Absolutheit nicht haltbar und nicht zuletzt daher kein Kennzeichen für Kooperationsmanagement.

In besonderer Weise hat sich dieser Wechsel der Sichtweisen in den Überlegungen zu Managementtheorien von Douglas McGregor niedergeschlagen. Seine 1960 formulierte grobe Unterscheidung in Theorie x (Führung durch Kontrolle) und Theorie y (Führung durch Motivation) basiert auf Annahmen über die Mitarbeiter, aus denen sich nach seinen Ausführungen ein kooperativer Führungsstil ergibt (McGregor 1973, 141 ff). Seine Theorie y, die die neue Perspektive darstellt, fußt u. a. auf folgenden Annahmen: 1. Anstrengendes Arbeiten ist Menschen genauso wichtig, wie ruhen und spielen. 2. Innere Verpflichtung führt eher zu Selbstkontrolle als Strafe. 3. Das Ausmaß der Verpflichtung korreliert vor allem mit den durch Befriedigung persönlicher Bedürfnisse gewonnenen Belohnungen. 4. Verantwortung zu suchen wird auch von Durchschnittsmenschen gelernt. 5. Organisatorische Probleme kreativ lösen zu können ist in der Bevölkerung weit verbreitet. 6. Das intellektuelle Potential des Durchschnittsmenschen ist nicht ausgeschöpft (McGregor 1973, 62 f.).

Ausgehend von diesen Annahmen betont Schein die hohe Bedeutung des »psychologischen Vertrags« (Schein 1980, 103). »Ob eine Person effizient arbeitet, innere Beteiligung, Loyalität und Enthusiasmus für die Organisation entwickelt, das ... hängt weitgehend von zwei Bedingungen ab: (1) dem Maß, in dem die Erwartungen des Individuums darüber, was die Organisation ihm zu bieten hat und was es selbst der Organisation schuldig ist, mit den Erwartungen übereinstimmt, die die Organisation in sein Geben und Nehmen setzt; (2) die zweite Bedingung – sofern die Erwartungen übereinstimmen – ist das, was ausgetauscht werden muss, nämlich Geld gegen Zeit und Arbeit, die Befriedigung sozialer und Sicherheitsbedürfnisse im Austausch gegen Arbeit und Loyalität, das Angebot der Selbstverwirklichung und anspruchsvoller Arbeit gegen hohe Produktivität und Kreativität im Dienste der Organisationsziele oder verschiedene Kombinationen dieser und anderer Faktoren.« (Schein 1980, S. 103). Schein greift eine idealtypische Einordnung von Organisationen von Amitai Etzioni auf, die Organisationen danach kategorisiert, wie in ihnen über Macht und Autorität Beziehungen gestaltet werden. Die persönliche Beteiligung in einer Organisation kann entfremdet, berechnend oder moralisch sein. Diese treffen auf drei Organisationstypen: auf Zwang beruhend, utilitaristisch oder normativ.

	zwangsweise	utilitaristisch	Normativ
entfremdet	*		
berechnend		*	
moralisch			*

Die Sterne markieren die stimmigen Beziehungen, bei denen die gegenseitigen Erwartungen übereinkommen. Vor diesem Hintergrund stellt Schein fest, dass Organisationen »›gerechte‹ psychologische Verträge mit ihren Mitgliedern« (Schein 1980, S. 75) brauchen, und konstatiert, dass sich im Wandel des dem Management zu Grunde liegenden Menschenbildes auch diese Art der Beziehungsgestaltung verändert. Arbeitszufriedenheit hängt in diesem Sinne nicht von einer in besonderer Weise an den Mitarbeitern orientierten Führungsart ab, sondern davon, dass die Mitarbeiter die Beziehung als gerecht erleben. Dass dies nicht nur im Interesse der Mitarbeiter liegt, zeigen Huselid/Jackson/Schuler (1997). Sie haben die HRM-Strategien amerikanischer Firmen untersucht und herausgefunden, dass HRM zum einen deutliche Auswirkungen auf den wirtschaftlichen Erfolg der Unternehmen hat und zum anderen viel zu wenig beachtet wird (Huselid/Jackson/Schuler 1997, S. 184ff.)

Kooperationsmanagement setzt auf die Eigentätigkeit der Mitarbeiter und diese ist eng mit der positiven Sicht der Mitarbeiter verbunden, und diese wiederum ist eng mit Arbeitszufriedenheit verbunden (Steinmann/ Schreyöck 2005, S. 564). Die Ausführungen von Organ belegen den Zusammenhang zwischen der von der Beziehungsgestaltung abhängigen Arbeitzufriedenheit und der Bereitschaft des Mitarbeiters nicht direkt materiell vergoltene Verantwortung für und im Unternehmen zu übernehmen und führen ihn in ein Konzept der Selbstverantwortung, auf dem kooperatives Management aufbauen kann: »organizational citizenship behavior« (Organ 1990). Organ zeigt, dass die Forschungsbasis noch nicht ausreichend ist, um sichere Voraussagen treffen zu können. Lediglich die Tatsache, dass bestimmte Persönlichkeitsmerkmale »organizational citizenship behavior« bedingen: kooperativ, beherrscht, zuverlässig... (Organ 1990, 52). Die Bedeutung motivationaler Dispositionen lässt sich auch im Unternehmenserfolg nachweisen. Müller/Bierhoff beschreiben für Einzelhandelsketten »unabhängige signifikante Korrelate«: Gruppenzusammenhalt, positive Stimmung des Managers und Betonung prosozialer Werte bei der Einstellung von Mitarbeitern (Müller/Bierhoff 1994, 372f) die enge Korrelation zwischen prosozialem Verhalten und dem Umsatz. Dass diese Korrelation in Sozial- und Gesundheitsdiensten aufgrund der hohen Bedeutung der persönlichen Beziehung für die Erbringung der Dienstleistung wesentlich höher sein wird, ist evident. Daraus lässt sich nicht ableiten, dass während der Tätigkeit im Unternehmen diese Persönlichkeitsmerkmale entscheidend beeinflussbar sind, wohl aber, dass sie über entsprechende Diagnoseinstrumente als Einstellungsvoraussetzung erhebbar sind. Müller/Bierhoff verweisen darauf, dass weniger die Disposition als vielmehr die erlebte Situation »mit dem freiwilligen Arbeitsengagement zusammenhängen« (Müller/Bierhoff 1994, 374). Der enge Zusammenhang zwischen dem »organzational citizenship behavior« führt konsequent über den weiteren Zusammenhang zur Arbeitszufriedenheit zur Frage nach der Verbesserung der Arbeitssituation durch »job enrichment« (vgl. Steinmann/Schreyögg 2005, 564). Hierzu haben Hackman, Oldham, Janson und Purdy ein Konzept zur Diagnose und Implementierung erstellt (Hackman u. a. 1975). Sie prüfen anhand der Aspekte »erlebte Bedeutsamkeit der Tätigkeit, erlebte Verantwortlichkeit, Kenntnis der Ergebnisse, Motivationspotential des Mitarbeiters« die verrichteten Tätigkeiten. Auf dieser Basis entwickeln sie dann (bei entsprechend festgestelltem Bedarf) ein verändertes Konzept der Tätigkeiten des Mitarbeiters: Bildung natürlicher Arbeitseinheiten, Verbindung einzelner Aufgaben, vertikale Ladung und Öffnung von Feedback-Kanälen. Dennoch sei für gelungene Realisierung des Kooperationsmanagements vor falschem Enthusiasmus und vor Euphorie gewarnt. Es kann sehr leicht geschehen, dass von Mitarbeitern Motivationsinstrumente, die die Mitarbeiter ihrer eigenen Entscheidung zu berauben scheinen, abgewehrt werden (Müller/Bierhoff 1994, 375, vgl. auch Sprenger 2007). Neben den Grenzen, die die Mitarbeiter je individuell den Motivierungsbestrebungen der Manager setzen, ergeben sich auch strukturelle Grenzen, die allzu leicht außer Acht gelassen werden und dadurch auf den einzelnen Mitarbeiter gerichtete Bemühungen konterkarieren. Die Überlegungen zum Human-Ressource Management zeigen, dass Kooperation im Unternehmen wesentlich von strukturellen Bedingungen und nicht alleine von pro-sozialem Verhalten bestimmt wird. Bedeutende Anstöße gewinnt die Human-Relations-Bewegung aus den Überlegungen von Kurt Lewin und seiner Feldtheorie, die davon ausgeht, dass das Verhalten einer Person durch ihren Lebensraum bestimmt ist, dieser aber selbst wird bestimmt durch die psychologische Umwelt und die Person (Lewin 1963, 31 und 99). Gerade für das hier zu entwickelnde Verständnis von Kooperationsmanagement ist es bedeutsam, das Verhalten von Mitarbeitern nicht losgelöst vom Umfeld zu betrachten. Dies vor allem aus dem Grund, weil die Steuerung des Verhaltens von Mitarbeitern oft weniger über die direkte persönliche Beziehung als über die Veränderung von Rahmenbedingungen gelingt (Neuberger 2002, 578ff). Neuberger weist unter Bezug auf Klaus Türk auf die hohe Bedeutung der organisatorischen Rahmenbedingungen hin, da sonst Management-Theorien zu Hollywood-Phantasien verkommen würden (Neuberger 2002, 436). In diesem Sinn kann man mit Wunderer/Grunwald festhalten, dass auf Interaktion ausgerichtetes Management nicht« ohne die Gestaltung der Struktur wirksam werden kann (Wunderer/Grunwald 1980, 280f).

5. Organisation

Kooperativ gestaltete Unternehmensstrukturen werden gemein hin in erster Linie mit der Idee der Gruppenarbeit verbunden. Auf der Basis der
Veränderung der Arbeitsprozesse (Humanisierung, Internationale Konkurrenz; s. o.) hat die gruppenorientierte Erstellung von Produkten/Er-
bringung von Dienstleistungen zunehmend Bedeutung erhalten.[3] »Die
ausgeprägte Eignung von Gruppen, Koordinations- und Motivationseffek-
te zu realisieren, erklärt, warum sich ein beträchtlicher Teil der Unterneh-
mensaktivitäten in Gruppen vollzieht.« (Freese 2005, S. 385). Die BWL-Li-
teratur bezieht sich dabei in der Regel auf die gängigen Erkenntnisse aus
der Gruppensoziologie und Sozialpsychologie (Sader 1991; Mills 1974;
Schütz 1989). Diese für alle Gruppen zutreffenden Aussagen werden auf
den Spezialfall »Arbeitsgruppe« in einem unternehmerischen Kontext angewendet. Insofern kann man mit Antoni eingrenzen: »Arbeitsgruppen
sind darüber hinaus durch eine gemeinsame Aufgabenstellung gekennzeichnet, die von den Gruppenmitgliedern gemeinsam bearbeitet wird
und damit den Kristallisationspunkt der Gruppe und der Kooperationsprozesse bildet.« (Antoni 1998, S. 159). Die Funktion von Arbeits-Gruppen
in Unternehmen ist wesentlich dadurch gekennzeichnet, dass sie eine
Zwitterstellung einnehmen: zum einen sind sie durch Interaktion und Beziehung gekennzeichnet (wie alle Gruppen), zum anderen sind sie durch
die Einbindung in die organisatorische Struktur des Unternehmens gekennzeichnet (wie alle Arbeitsvorgänge). Auf der einen Seite stehen
Aspekte wie Vertrauen und Emotionalität im Vordergrund. Sie signalisieren, dass es um die Personen geht, die miteinander kooperieren. Auf der
anderen Seite stehen formale Regelungen und die Einbindung in Strukturen im Vordergrund. Sie signalisieren die Austauschbarkeit von Personen
(vgl. Esser 1992). In Arbeitsgruppen bestehen die Chance und das Problem zugleich, beide Aspekte miteinander zu verbinden und gleichzeitig
nutzbar zu machen. Es gibt eine Fülle von Erkenntnissen, wie Arbeitsgruppen zu steuern sind (vgl. Steinmann/Schreyögg 2002, S. 527-569).[4]
Je nachdem wie nun die einzelnen Aspekte gewichtet, ausgestaltet und
mit den anderen zusammengebracht werden, verändert sich die Arbeitsgruppe, möglicherweise entscheidend. Es wird deutlich, dass die Fülle der
möglichen Kombinationen unüberschaubar ist. Entscheidend ist, den Fix-
punkt zu finden oder auszuwählen, von dem ausgehend die anderen Variablen bestimmt werden können bzw. müssen. Vor dem Hintergrund der

---

3   Einen interessanten Einblick in die europäische Diskussion um die Bewertung der Ein-
     führung der Gruppenarbeit liefert Heidenreich (1994).
4   Steinmann/Schreyögg liefern eine prägnante Darstellung der relevanten Erkenntnisse.

Vielzahl der Erkenntnisse und Veröffentlichungen, wie diese Variablen zu gestalten sind, empfiehlt es sich, auf die Effizienzkriterien von Hackmann zurückzugreifen (Hackmann 1987). Die Arbeitsgruppe ist dann erfolgreich, wenn sie: 1. mit dem Gruppenergebnis die Erwartungen der Abnehmer/Nutznießer übertrifft; 2. die Gruppenarbeit so gestaltet, dass sie auch in Zukunft gelungen funktionieren kann; 3. die persönlichen Bedürfnisse der Mitglieder der Gruppe bedient. Will man wissen, wovon der Effekt abhängig zustande gebracht wird, schlägt Hackmann drei Prüfaspekte vor: 1. ausreichendes Engagement bezogen auf Qualitäts- und Zeitvorgaben. 2. Einbringen erforderlicher Erfahrung, Fähigkeiten und Kenntnisse. 3. Angemessener Einsatz einer (Gruppen-)Strategie zur Lösung des Problems(vgl. Freese 2005, S. 386f).

Mit Blick auf die sich verändernde Organisation der Unternehmen ist unter dem Gesichtspunkt kooperativen Managements aber festzuhalten, dass im Zuge der Umsetzung von Ideen des HRM die strukturellen Konsequenzen in den Unternehmen in der Regel nicht gezogen wurden. Dies ist u. a. darauf zurückzuführen, dass das Verständnis des Mitarbeiters als in die Betriebsabläufe zu integrierender Faktor leichter mit einer bestimmten Idee des Unternehmertums zu verbinden war als das Verständnis von Prozess und Gruppe. Letzteres entzieht sich eo ipso tendenziell der Kontrolle und muss daher in diesem Denken strukturell vermieden werden. Im Prinzip, so Erika Spieß, ist trotz des lauten Rufens nach mehr Gruppenarbeit alles beim Alten geblieben. Zwar wurde mehr Gruppenarbeit gefordert, aber die alten Mechanismen (z. B. Personalrekrutierung und Beförderung) begünstigten das Einzelkämpfertum. »Gruppenarbeit erfordert jedoch grundsätzlich einen eher partizipativen Führungsstil.« (Spieß 1996, 166). Letztlich führten drei Entwicklungen zu einer Umorientierung: 1. Der Wandel der Bewertung von Einzelkämpfertum und Teamgeist; 2. Die Einführung von neuen Technologien, die Gruppenarbeit funktional notwendig machen. 3. Internationale Konkurrenz. Die Einführung verstärkt Gruppen orientierter Arbeitsweisen wurde weniger mit den Ideen der Humanisierung des Arbeitslebens aus den 70er Jahren verbunden als mit den Überlegungen durch schlanke Organisationsgestaltung erhebliche Kosten einzusparen, wie man es sich von japanischen Erfolgskonzepten in den 90er Jahren versuchte abzuschauen. Oft wird dabei vergessen, dass die japanische Art der Gruppenarbeit durch eine ganz eigene Verbindung von Beteiligung aller Mitarbeiter einerseits und klarer Autorität des Gruppenführers (des Hancho, der der direkte Vorgesetzte der Mitglieder der Gruppe ist) andererseits gekennzeichnet ist. Die deutsche Diskussion vor allem in den Sozial- und Gesundheitsdiensten spiegelt diese Eigenart nicht wieder, sondern stellt eine enge Verbindung zwischen Gruppenarbeit und ent-hierarchisierter Teamstruktur her. Es zeigt sich, dass Gruppenarbeit zwar ein bedeutendes Element kooperativen Management ist, damit aber nicht die gesamten Überlegungen zur Organisation kooperativen Managements in den Blick kommen. Andererseits kann es mit Blick auf kooperatives Management hier nicht allgemein darum gehen, eine der ältesten Fragen der Organisation von Unternehmen zu beantworten: Wie lassen sich angesichts der hohen Arbeitsteilung Regeln schaffen, die die Zusammenarbeit sichern? (Steinmann/Schreyögg 2002, S. 403). D. h., dass wir in diesem Abschnitt nach Möglichkeiten suchen, den Ansprüchen kooperativen Managements in der Organisationsstruktur nachzukommen.

Klassischerweise kommen in der betriebswirtschaftlichen Diskussion zunächst die Elemente in den Blick, anhand derer ein dauerhaftes Abbild der Struktur der Unternehmen gezeichnet werden kann. Im Vordergrund stehen dabei Verlässlichkeit und Klarheit für die Mitglieder des Unternehmens. Spätestens seit Mitte der 90er Jahre stellt sich eine Veränderung ein, die die Organisation nicht von ihrer statischen Seite her sieht (»a body of persons organized for some end or work«) (Roussau 1997, 519), sondern als Verlauf begreift. Dies markiert den Unterschied zwischen Organisation und dem Prozess des Organisierens.»The shift from organization to organizing translates into activities that were once predominately repetitive becoming predominately novel, networks formerly based on roles now performing around knowledge, careers once firm-based now depending more on personal resources, and work structures once rule-centered now constructed by the people doing the work.« (Rousseau 1997, 518). Gerade hier ergibt sich eine bedeutende Veränderung im Hinblick auf Kooperationsmanagement. Denn sobald stärker der Prozess des Organisierens im Vordergrund steht, gehen folgende Phänomene mit dieser Entwicklung einher: die geringere Bedeutung der Hierarchie, die Verlagerung von Verantwortung nach unten, der höhere Bedarf der selbstorganisierten Abstimmung unter Gleichgestellten und die größere Bedeutung von alternativen Elementen von Kontrolle und Motivation als über enge Führung. Dies erweist sich einerseits für Gesundheits- und Sozialdienste als großes Problem, weil die über persönliche Beziehungen zwischen Mitarbeitern und Vorgesetzten gesicherte Führung abnimmt, da die Mitarbeiter zunehmend selbst Rechenschaft ablegen sollen. Aufgrund der diese Bereiche kennzeichnenden unechten Marktbeziehung[5] muss besonders darauf geachtet werden, diese Rechenschaft in angemessener Weise zu sichern.

---

5   Die Nutznießer der Dienstleistung bezahlen diese in der Regel nicht, und die Kunden sonst eigenen Mechanismen der Marktbeeinflussung sind den Leistungsträgern nicht verfügbar, und die Leistungserbringer sind nicht wirklich frei in ihrer Beziehung zu den Kunden.

Ulrich Deller

Andererseits entspricht diese Art der Veränderung in erhöhtem Maß der Art Dienstleistung, die in diesen Diensten erbracht wird, weil sie das direkte Feedback der Nutznießer der Dienstleistung stärker in die Steuerung der Dienstleistung einbeziehen können.

Wer von einem Organisationsverständnis im Sinne des »organizing« ausgeht, darf daher nicht nur das Prozesshafte in den Vordergrund rücken, sondern muss die Balance zwischen fester Struktur und Wandel schaffen. »Gerade aus der Erkenntnis und Erfahrung heraus, dass die Stabilität einer Unternehmung für ihre Lebensfähigkeit absolut notwendig ist, sie aber gleichzeitig auch das entscheidende Hindernis für die Anpassung an sich verändernde Situationen darstellt, ergibt sich, dass Unternehmensführung stets einer Wanderung auf dem schmalen Grat zwischen Überstabilität (= mangelnde Anpassungsfähigkeit) und Instabilität (= Zerfall) gleichkommt.« (Malik 2003, 258). Malik setzt dieser Gefahr des Abrutschens zu einer der beiden Seiten das »St. Galler Konzept der Integrierten Management- und Unternehmensentwicklung« entgegen. Dieses Konzept beruht in ausdrücklicher Weise auf einer »evolutionären Weiterentwicklung der systemorientierten Managementlehre« (Malik 2003, 184). Damit sind die organisationssoziologischen Erkenntnisse zur Strukturierung eines Unternehmens nicht völlig obsolet (Vahs 2005, Olfert 2006).[6] Sie erhalten aber eine andere Bedeutung: zum einen, weil von vornherein der Charakter der Entwicklung der Unternehmung eine genau so große Rolle spielt wie die Notwendigkeit des Beharrens und Festigens; zum anderen aber auf einem völlig anderen Verständnis des Zusammenhangs zwischen Planung und realisierter Entwicklung der Unternehmung.

Unternehmerische Koordination ist weder allein über Hierarchie, noch allein über Programme sicherzustellen. Unabhängig von den Anweisungen und unabhängig von Vorgaben, wie Routinen zu bewältigen bzw. zu beachten sind, und welche Aufgaben zu erledigen sind, gibt es eine Fülle von Abstimmungs- und Integrationsaufgaben, die die Mitarbeiter selbst sicherstellen. »Selbstabstimmung zielt auf eine direkte Abstimmung der Aktivitäten zwischen den betroffenen Aufgabenträgern. Die Initiative zur Abstimmung soll von den Aufgabenträgern selbst ausgehen, sie stellen die notwendigen Verknüpfungen her.« (Steinmann/Schreyögg 2002, S. 425). Diese Selbstabstimmungen, die Steinmann/Schreyögg wie Wunderer »laterale Kooperation« nennen, können sowohl spontan wie auch organisiert sein. Gerade hoch formalisierte Behörden sind regelrecht

---

6 Unter organisationssoziologischen Aspekten betrachtet blenden die BWL-Überlegungen ganz oft die Mitglieder einer Organisation aus und konzentrieren sich auf die Struktur und allenfalls auf die Ziele. Das ist vor allem wegen der Bedeutung, die die Mitglieder für die Entwicklung des Unternehmens haben, ein bedeutsames Manko.

darauf angewiesen, dass die formalen Strukturen durch informelle Kooperation ergänzt werden. Organisierte Selbstabstimmung lässt sich unterschiedlich realisieren. Am stärksten ausgeprägt findet man organisierte Selbstabstimmung in der Matrixorganisation. Hier werden zwei Organisationsprinzipien so übereinander gelegt, dass Funktions- und Produkt-/Projektorientierung gleichberechtigt sind. Wer z. B. für Personal zuständig ist, kann diese Funktion nur in enger Abstimmung mit denen wahrnehmen, die Verantwortung für die einzelnen Produkte/Projekte tragen. Wer Verantwortung für ein bestimmtes Projekt trägt, kann Personalauswahl z. B. nur in enger Abstimmung mit dem für Personal zuständigen Mitarbeiter tun. Dieses Angewiesensein aufeinander in der Matrixorganisation ist dadurch gekennzeichnet,»dass bei Konflikten keine organisatorisch bestimmte Dominanzlösung zugunsten der einen oder anderen Achse geschaffen wird. Man vertraut auf die Argumentation und die Bereitschaft zur Kooperation.« (Steinmann/Schreyögg 2002, S. 429. und vgl. Freese 2005, S. 215ff). Neben der Gefahr, dass die Binnenstrukturen so komplex werden, dass die Mitarbeiter die Orientierung verlieren können, stellt die Matrixorganisation hohe Ansprüche an die persönlichen Kompetenzen der Mitarbeiter, z. B. mit Konflikten konstruktiv umgehen zu können.

Zugleich zeigt sich, dass bei zunehmendem Freiraum der Mitarbeiter eigenständige Problemlösungen zu finden und zu realisieren der Koordinationsaufwand nicht geringer wird, sondern oftmals erheblich steigt. Vor diesem Hintergrund beschreiben Steinmann/Schreyögg das Konzept des »Business Reengineering oder enger: Prozessintegration. Vereinfachend gesagt, stellt dieser Ansatz nicht darauf ab, die negativen Folgen einer im Zuge der fortschreitenden Arbeitsteilung unvermeidlich gewordenen Systemdifferenzierung durch Integrationsinstrumente abzumildern, sondern er will die Quelle des Problems beseitigen, d. h. die Differenzierung abbauen und die Arbeitsteilung rückgängig machen.« (Steinmann/Schreyögg 2002, S. 432f). Zuständigkeiten werden auf einzelne Fälle hin gebündelt, für die ein Mitarbeiter insgesamt in allen Belangen zuständig ist. Vor allem in Kontakt mit Kunden nach außen bewährt sich diese Organisation. Nach innen gerade in aufwendigen Vorgehensweisen, ein Produkt zu erstellen oder eine Dienstleistung zu erbringen, gerät das Modell schnell an seine Grenzen. Auch der »Caseworker« (Steinmann/Schreyögg 2002, S. 432)[7] muss unterschiedliche Prozesse und Personen zusammenbinden.[8]

---

7   Die Autoren operieren mit dem in der Sozialen Arbeit stärker ausgearbeiteten Begriff im Zusammenhang mit dem Konzept des Business Reengineering, ohne darauf Bezug zu nehmen.

Freese bringt die Überlegungen, wie Unvorhergesehenes in die unternehmerischen Integrations- und Kooperationsregeln eingeflochten werden kann, stärker in Richtung einer »dynamischen Organisationsgestaltung« (Freese 2005, S. 587ff). Freese spricht davon, dass bei aller Vorsicht – es handelt sich um ein noch wenig empirisch durchdrungenes Terrain – drei »Gestaltungsmodule« in besonderer Weise Innovation fördernde Wirkung entfalten können: »1. Kompetenz- und Steuerungssysteme, die auf Grund einer geringen Regelungsdichte und offener Kommunikationsstrukturen individuelle Handlungsspielräume eröffnen, 2. vorrangige Realisierung intrinsischer Motivationskonzepte und 3. Strukturen zur Förderung der Akquisition und des Transfers von Wissen«. (Freese 2005, S. 589). Diese drei Grundideen verbinden sich leicht mit an Kooperation im oben genannten qualifizierten Sinn orientierten Überlegungen zur Integration von Produktion und allgemeiner Steuerung.

Auf einer allgemeinen Ebene macht Kühl (1998) auf drei so entstehende Dilemmata in der Organisation der Unternehmen aufmerksam, die sich notwendig aus den veränderten Organisationsbedingungen ergeben: 1. Die Unternehmen sollen die sich verändernde Umwelt in ihre internen Abläufe integrieren, laufen aber so Gefahr, die Grenzen nach außen so stark aufzulösen, dass die Unternehmungen ihre Identität verlieren. 2. Die Verlagerung von Entscheidungskompetenz nach unten, u. a. um Innovationen schneller zu ermöglichen, führt unweigerlich dazu, dass die Unternehmensspitze entmachtet wird, und immer mehr über interne Machtkämpfe ausgehandelt werden muss. Das aber kostet Zeit. 3. Verfahrensabläufe in Unternehmen werden als zu komplex bezeichnet, die Bürokratie soll abgebaut werden. Aber am Beispiel der vereinfachten Arbeitsanweisungen, die ein mehr an Fehlern zulassen und wahrscheinlich machen, am Beispiel der Team-Fertigung, die ein mehr an Abstimmungsprozessen notwendig macht, und in Bezug zur systemtheoretischen Einsicht, dass Einfachheit den Grad an Komplexität und Kontingenz erhöht , wird deutlich, dass genau das Gegenteil bewirkt werden kann (Kühl 1998, 82-120). Der Ausweg aus diesen Dilemmata, den Kühl vorschlägt, heißt Selbstorganisation. Kühl geht unter Bezug auf Dirk Baecker davon aus, dass die entstehende Unklarheit in der unternehmerischen Struktur dazu führen, dass die Mitglieder der Organisation selbst Strukturen schaffen (Kühl 1998, 134f). Diese hochkomplexe Struktur sei aber nur realisierbar, wenn ein entsprechendes Maß an Rückkopplungen gesichert sei, um das Ganze wieder zu einer Einheit zu führen. Dann stehen nicht die Strukturen, sondern die Interaktionen im Vordergrund. Diese Organisierung über

---

8 Vgl. entsprechende Konzepte aus der Sozialen Arbeit: Moxley, David: The Practice of Case Management 1989.

die Interaktionen setzt ein hohes Maß an »innerer Kontrolle« durch die Mitarbeiter voraus. »›Innere Kontrolle‹ heißt, dass sich eine Person durch internalisierte Normen und Werte, durch Aneignung geltender Deutungsmuster oder Paradigmen und Entwicklung systemseitig geforderter Qualifikationen und Kompetenzen selbständig steuert, also externer Beeinflussungsmaßnahmen nicht (mehr) bedarf.« (Türk 1981, 133). Türk bringt wie viele Autoren im Umfeld kooperativen Managements diese Sichtweisen eng in einen Bezug zu systemischen Theorien.

Unternehmungen systemisch denken, geht u. a. auf Rensis Likert (1975, 136f) zurück. Likert hat schon 1967 ein kooperatives Organisationsmodell entwickelt, das zentrale Aspekte der heutigen Diskussion vorwegnimmt. Es wird von drei Prinzipien geleitet: »1. Anwendung des Prinzips der unterstützenden Beziehung durch den Manager, 2. Verwirklichung der Prinzipien der Gruppenentscheidung und Gruppenführung durch den Manager und 3. hohe Leistungsziele des Managers für die Organisation.« (Likert 1975, 57.) Likert entwirft eine Idee von Koordination im Unternehmen, die die »normale« Vorgesetztenentscheidung aus der »Weisung und Kontrolle von Mann zu Mann und von Vorgesetzten zu Untergebenen« herausholt und in ein »multiple überlappende Gruppenstruktur mit Gruppenentscheidungsbildung« bringt. Die Ein-Linien-Organisation wird ersetzt durch linking pins (vertikal überlappende Gruppen), cross function groups (horizontale Überlappung) und cross linking groups (Projektgruppen).

6. Schluss

Die Forschungsergebnisse sind zur Abklärung der Chancen kooperativen Managements nicht befriedigend (Staehle 1999, 537ff). Dennoch liegen genügend Belege vor, dass Kooperationsmanagement keine Frage moderner Strömungen ist. Kooperatives Management ist keine sozialromantische Angelegenheit und auch kein Versuch den Abbau von formal verankerten Mitbestimmungsrechten zu verschleiern oder sogar von beidem. Es zeigt sich, dass ein in sich geschlossenes Konzept Kooperationsmanagement über Führungsgrundsätze weit hinaus gehen muss und die Frage der Kooperationsfähigkeit der Manager und der Mitarbeiter ebenso thematisieren muss wie eine klare Vorstellung der notwendigen Veränderungen der Strukturen zu Grunde liegen haben muss. Likert schließt seine Ausführungen mit folgender Bemerkung: »Forschungsergebnisse wie allgemeine Erfahrung bestätigen zur Genüge, dass kein Manager zu fürchten braucht, die Einführung eines neuen Führungssystems werde sein Wissen und Können überflüssig machen.« (Likert 1975, 224). Und letztlich: Kooperation bringt Gewinn. Schon im sogenannten Schusterreport von 1986 wird dieser Nachweis bezogen auf über 1000 amerikanische Unternehmen geführt (Schuster 1986).

Weiterführende Literatur

Staehle, Wolfgang H.: Management – eine verhaltenswissenschaftliche Perspektive. 8. Aufl. / überarb. V. Peter Conrad u. Jörg Sydow. München 1999.
Wunderer, Rolf: Führung und Zusammenarbeit. 7. überarb. Aufl. Neuwied 2007.

Verwendete Literatur

Antoni, Conny H. (1998): Kooperationsförderliche Arbeitsstrukturen. In: Formen der Kooperation. Bedingungen und Perspektiven. Hrsg. V. Erika Spieß. Göttingen, S. 157 – 168.
Anzenberger, Gustl (1991): Kooperation und Altruismus: ihre stammesgeschichtlichen Wurzeln. In: Kooperation. Gestaltungsprinzipien und Steuerung der Zusammenarbeit zwischen Organisationseinheiten. Hrsg. v. Rolf Wunderer. Stuttgart.
Arendt, Hannah (2006): On Violence New York und London. Dt. Macht und Gewalt. München, 1970 (17. Aufl.)
Argyle, Michael (1991): Cooperation. The Basis of Sociability. London, New York.
Axelrod, Robert (2005): Die Evolution der Kooperation. München, Wien. 6. Aufl. (englisch: The Evolution of Co-operation. New York 1984).
Bergemann, Niels / Sourisseaux, Andreas L. J. (2002): Interkulturelles Management. Berlin 3., überarb. u. erw. Aufl.
Bogaschewsky, Ronald / Rollberg, Roland (1998): Prozessorientiertes Management,. Berlin.
Coch, L. / French, J.R.P. (1948): Overcoming Resistance to Change. In: Human Relations, S. 512 – 532.
Dawkins, Richard (1978): Das egoistische Gen. Berlin, Heidelberg, New York. (Neuauflage Spektrum-Verlag 2006)
Esser, U.(1992): Gruppenarbeit. Theorie und Praxis betrieblicher Problemlösegruppen. Opladen.

Fayol, Henri (1929): Allgemeine und industrielle Verwaltung. München, Berlin, Oldenburg. (Administration industrielle et generale) Aus d. Franz. Übers. v. Karl Reineke Hrsg. v. Internationalen Rationalisierungs-Institut.

Fleishman, E.A. / Harris, F.A. (1972): Muster des Führungsverhaltens. In: Führung, Theorie und Ergebnisse. Hrs. V. Kunczik. Wien Düsseldorf 1972, S.103 -119.

Freese, Erich (2005): Grundlagen der Organisation – Entscheidungsorientiertes Konzept der Organisationsgestaltung. 9. vollst. überarb. Aufl..

Gälweiler, A.(1987): Strategische Unternehmensführung. Frankfurt.

Gutenberg, Erich (1962): Unternehmensführung: Organisation und Entscheidung. Wiesbaden.

Hackman, Richard J. /Oldham, Greg / Janson, Robert / Purdy, Kenneth (1975): A New Strategy for Job Enrichment. In: California Management Review. S. 57 – 71.

Hackmann, J. Richard (1987): The Design of Work Teams. In: Handbook of Organizational Behaviour. Hrsg. V. Jay W. Lorsch. Englewood Cliffs, NJ 1987. S. 315-342.

Hahn, Dietger / Taylor, Bernard (Hrsg.) (2005): Strategische Unternehmensplanung – Strategische Unternehmensführung. Stand und Entwicklungstendenzen. 9. überarbeitete Auflage. Heidelberg.

Heidenreich, Martin (1994): Gruppenarbeit zwischen Toyotismus und Humanisierung: eine international vergleichende Perspektive. In: Soziale Welt 45 H. 1. S. 60 – 82.

Hoffman, Edward (1988): Abraham Maslow: Father of Enlightened Management. In: Training Magazine, September 1988, S. 79-82.

Huselid, Mark A. / Jackson, Susan E. / Schuler, Randall S. (1997): Technical and Strategic Human Resource Management Effectiveness as Determinants of Firm Performance. In: Academy of Management Journal. 1997, Vol. 40, No. 1, S. 171 – 188.

Jung, R. H. (1985): Mikroorganisation – Eine Untersuchung der Selbstsorganisationsleistungen in betrieblichen Führungssystemen. Bern/Stuttgart,.

Kerr, Steven / Jermier, John M.(1978): Substitutes for Leadership: Their Meaning and Measurement. In: Organizational Behavior and Human Performance. 22/1978, S. 375-403.

Kieser, Alfred (1999): Human-Relations-Bewegung und Organisationspsychologie. In: (ders. Organisationstheorien. 3. Aufl. Stuttgart 1999, S. 109 – 131.

Kreikebaum, H. / Grimm, U.(1986): Strategische Unternehmensplanung in der Bundesrepublik Deutschland – Ergebnisse einer Untersuchung.

Ulrich Deller

In: Hahn, D. / Taylor, B. (1986) S. Strategische Unternehmensplanung – Stand und Entwicklungstendenzen. S. 857-879.

Kühl, Stefan (1998): Wenn die Affen den Zoo regieren – Die Tücken der flachen Hierarchien. Frankfurt, New York.

Lewin, Kurt (1963): Feldtheorie in den Sozialwissenschaften. Stuttgart (original: Field Theory in Social Sciences New York 1951.)

Likert, Rensis (1975): Die integrierte Führungs- und Organisationsstruktur. (dt. The Human Organization: Ist Management and Value. 1967). Frankfurt, New York.

Locke, Edwin A. / Schweiger, David M.(1979): Participation in decision-making: One more look. In: Research in Organizational Behaviour. Vol 1 , S. 265-339.

Malik, Fredmund (1986): Strategie des Managements komplexer Systeme. 2. Aufl. Bern.

Malik, Fredmund (2003): Systemisches Management und Evolution, Selbstorganisation. 3. Aufl. Bern.

Marwell, G. / Schmitt, D.R.(1975): Cooperation: An experimental analysis. New York.

Maslow, Abraham H. (1954): Motivation and Personality. New York (deutsch: Motivation und Persönlichkeit, Olten 1977)

McGregor, Douglas (1973): Der Mensch im Unternehmen (The Human Side of Enterprise. Toronto 1960). 3. Aufl. Düsseldorf.

Miles, Raymond E. (1975): Theories of Management – Implications for organizational behavior and development. New York.

Mills, Theodore M.(1974): Soziologie der Gruppe. 4. Aufl., München

Mintzberg, Henry (1973): The Nature of Managerial Work. New York u. a.

Mintzberg, Henry (2004): Manager statt MBAs. Eine kritische Analyse. Frankfurt, New York..

Moxley, David (1989): The Practice of Case Management.

Müller, H.J. / Bierhoff, Hans Werner (1994): Arbeitsengagement aus freien Stücken – psychologische Aspekte eines sensiblen Phänomens. In: Zeitschrift für Personalforschung. 1994, Heft 8, S. 367-379.

Neuberger, Oswald (1972): Experimentelle Untersuchungen von Führungsstilen. In: Gruppendynamik. 1972, Heft 2, S. 192-219.

Neuberger, Oswald(2002): Führen und führen lassen. Ansätze, Ergebnisse und Kritik der Führungsforschung. 6., völlig neu bearbeitete und erweiterte Auflage, Stuttgart.

Odiorne, G.S. (1967): Management by objectives. A system of managerial leadership. New York 1965; deutsch: München 1967.

Oevermann, Ulrich (1996): Theoretische Skizzen einer revidierten Theorie professionellen Handelns. In: Arno Combe / Werner Helsper (Hrsg.) Pädagogische Professionalität. Frankfurt/Main, S. 70 – 182.

Olfert, Klaus (2006): Organisation. (Kompendium der praktischen Betriebswirtschaft. 14. überarb. u. aktualisierte Auflage, Ludwigshafen.

Organ, Dennis W. (1990): The Motivational Basis of Organizational Citizenship Behavior. In: Research in Organizational Behavior, Vol. 12, S. 43 – 72.

Reddin, William J. (1970): Managerial Effectiveness. New York.

Rousseau, Denise M. (1997): Organizational Behavior in the New Organizational Era. In: Annual Review of Psychology. 48/1997/, S. 515-546.

Sader, Manfred(1991): Psychologie der Gruppe. Völlige Neubearb. d. 2. Aufl. Weinheim; München

Schein, Edgar H. (1980): Organisationspsychologie. Wiesbaden. Orig.: Organizational Psychology. Englewood Cliffs N.J. 1972

Schuler, Heinz (1998): Psychologische Personalauswahl. Einführung in die Berufseignungsdiagnostik. 2. unveränd. Aufl. Göttingen.

Schuster, Frederick E. (1987): Menschenführung – ein Gewinn. (dt. The Schuster Report. The proven Connection between People and Profits. 1986) Hamburg.

Schütz, Klaus-Volker(1989): Gruppenforschung und Gruppenarbeit: theoretische Grundlagen und Praxismodelle, Mainz

Simmel, Georg (1995): Soziologie der Konkurrenz. In: ders.: Schriften zur Soziologie. Eine Auswahl. Hrsg. V. Heinz-Jürgen Dahme u. Otthein Rammstedt. Frankfurt/Main, 5. Aufl., S. 173 – 193.

Spieß, Erika (1998): Das Konzept der Empathie. In: Formen der Kooperation. Bedingungen und Per-spektiven. Hrsg. V. Erika Spieß. Göttingen, S. 53 – 61.

Spieß, Erika(1996): Kooperatives Handeln in Organisationen. Theoriestränge und empirische Studien. München, Mehring.

Sprenger, Reinhard K. (2007): Mythos Motivation. Wege aus einer Sackgasse. Frankfurt 18. Aufl.

Staehle, Wolfgang (1999): Management. Eine verhaltenswissenschaftliche Perspektive. 8. Aufl. überarb. V. Peter Conrad und Jörg Sydow. München.

Steinmann, Horst / Schreyögg (2005), Georg: Management. Grundlagen der Unternehmensführung. Konzepte – Funktionen – Fallstudien. Wiesbaden 6. überarb. Aufl.

Türk, Klaus (1981): Personalführung und soziale Kontrolle. Stuttgart.

Vahs, Dietmar (2005): Organisation – Einführung in die Organisationstheorie und –praxis. 5. Aufl. Stuttgart.

Vroom, Victor Harald / Yetton, Philip W. (1973): Leadership and decision-making. Pittsburgh.

Weber, Max(1956/1980): Wirtschaft und Gesellschaft. Grundriss der verstehenden Soziologie, 1. Halbband, Tübingen, S. 28.

Willke, Helmut (1995): Systemtheorie I: Stuttgart.

Wunderer, Rolf (2001): Führung und Zusammenarbeit. Eine unternehmerische Führungslehre. 4. vollst. Überarb. Aufl..

Wunderer, Rolf / Grunwald, Wolfgang (1980): Führungslehre Bd. II: Kooperative Führung. Berlin.

2. Teil
»Die Personen«

Kooperationsmanagement: Führungspersönlichkeit und kooperative Kompetenz in intra- und interorganisationalen Kooperationssystemen

Jörg Baur

1. Die Persönlichkeit von Leitungs- und Führungskräften im öffentlichen Fokus

Es ist nicht zu übersehen: Das Thema »Persönlichkeit von Leitungs- und Führungskräften« ist in den letzten Jahren stärker in den medialen und politischen Fokus geraten, aktuell auch unter dem Eindruck der globalen Finanz- und Wirtschaftskrise. Gerade bei der Frage der Verantwortlichkeit für diese folgenschwere Fehlentwicklung wird neben strukturellen, systemimmanenten Risikofaktoren immer wieder auf defizitäre Persönlichkeits- oder Charaktereigenschaften von Führungskräften hingewiesen. Einerseits werden Führungskräfte für Innovationen oder besonderes gesellschaftliches und unternehmerisches Engagement positiv hervorgehoben und öffentlich gewürdigt. Andererseits lassen unrühmliche Beispiele im Zusammenhang mit Fragen der persönlichen Vorteilsnahme, Steuerhinterziehung, Bestechung, des provokanten und unkooperativen Verhaltens einiger Top-Manager oder der Angemessenheit von Managergehältern insgesamt die breite Öffentlichkeit zunehmend verärgert aufhorchen. Auch deutsche Spitzenpolitiker wie die Bundeskanzlerin oder der Bundespräsident sehen dadurch mittlerweile eine Bedrohung des sozialen Zusammenhalts unserer Gesellschaft. Zu Recht werden Fragen gestellt, welche Persönlichkeiten maßgeblich die Wirtschaft unseres Landes steuern und damit die Arbeits- und Lebensbedingungen der Menschen determinieren, welche Werte sie vertreten, welche Motive, Eigenschaften und Kompetenzen ihr Handeln bestimmen. Sind es nur medial aufgebauschte kalte, geld- und machtgierige, eitle und an maßloser Selbstüberschätzung leidende Einzelfälle, oder haben wir es mit einem allgemeinen Trend zu tun, mit einer Art subtilem Selbstbedienungscodex einer global agierenden Führungselite? Wenn sich der unternehmerische Erfolg nur noch an kurzfristigen Börsenkursen, maximaler Kapitalverzinsung und an der ungezügelten Ausbeutung menschlicher und natürlicher Ressourcen orientiert und nicht mehr am langfristigen Wohl des Unternehmens und damit der Mitarbeiter und Kunden, ist deutliche Kritik berechtigt (vgl. Geisler 2004 in Bauer 2007). Dann darf die Definition von »Leistung« und des »unternehmerischen Erfolgs« nicht alleine der Management-Elite überlassen bleiben, sondern ist von grundsätzlichem öffentlichem Interesse einer in ihrer Funktionsfähigkeit bedrohten Demokratie. Insofern steht die »Führungspersönlichkeit« als solche zu Recht im Fokus volks- und betriebswirtschaftlicher sowie gesellschaftspolitischer Diskussionen. Denn wie in allen Berufsgruppen tummeln sich auch in den Chefetagen von Unternehmen ebenso wie in öffentlichen Institutionen neben ökonomisch hochkompetenten und sozial verantwortlichen Führungskräften »Nieten in Nadelstreifen« (Ogger 1992 in Weinert 2004, 533), »schlechte Manager« (Bösch 1996 in a.a.O.) und »pathologische Persönlichkeiten« (Babiak 2006).

2. Aktuelle Lebens- und Arbeitsbedingungen im Umbruch

Warum sind die genannten, auf die Führungspersönlichkeit bezogenen Phänomene für die Öffentlichkeit von so großer Bedeutung geworden? Schwer fassbare, ökonomische Wandlungsprozesse verändern die Lebens- und Arbeitsbedingungen von Menschen nachhaltig. Es findet eine Individualisierung der Risiken und Chancen sowohl auf der Seite der Arbeitnehmer als auch auf der Seite des Managements statt.

2.1 Kennzeichen gesellschaftlichen Wandels

Arbeitgeber wie Arbeitnehmer erleben sich heute in einer Situation des tief- und weitgreifenden Umbruchs, der die wichtigsten Bereiche menschlichen Seins gleichermaßen betrifft: Die Privat- bzw. Familiensphäre ebenso wie die Arbeitswelt. Deren Bedingungen befinden sich in allen gesellschaftlich relevanten Bereichen in fortwährender Veränderung, die sich nicht nur auf das Eigenerleben von Mitarbeitern und Führungskräften auswirkt, sondern ebenfalls auf deren Arbeitsbeziehungen und auf Organisationsstrukturen: »Aus der »Organisation« sind »organisierte Veränderungen« geworden« (Weinert 2004, 37). Dieser Wandel wird nach Weinert vollzogen durch die Wirkmechanismen »Informationstechnologie«, »Wissensexplosion« und »Globalisierung« (a.a.O., 38). Weitere Wirkmechanismen wie etwa die »Pluralisierung« und »Individualisierung« von Lebenslagen in der Postmoderne erklären die Bedeutungsabnahme normativ formierter und tradierter Lebens- und Karriereverläufe, die in den letzten Jahrzehnten ein gewisses Maß an sozialer und beruflicher Sicherheit gewährleisteten. Ein Medizinstudent etwa konnte sich vor 20 Jahren noch darauf verlassen, über den Weg der Anpassung an hierarchische Krankenhausstrukturen mit ziemlicher Sicherheit selbst einmal auf »der anderen Seite« zu stehen, d. h. sich niederlassen zu können und ein gutes Einkommen zu erzielen. Das ist heute so geradlinig nicht mehr der Fall. Selbst in bislang sehr sicheren Dienstleistungsberufen wie im Banken- und Versicherungswesen besteht keine Arbeitsplatzsicherheit mehr. Orthey vertritt in diesem Zusammenhang die These, dass sich die heutige Arbeitswelt durch eine größere »Komplexität«, »Uneindeutigkeit«, »Einzigartigkeit«, durch ein hohes »Unsicherheitsniveau« und durch »Werte- und Interessenskonflikte« auszeichnet (vgl. Orthey 2002, 8). Auch für Weinert bringt das neue Arbeitsleben mehr an Destabilisierung: Es ist »komplexer und diversifizierter« geworden und durch ein »Mehr an temporären Partnerschaften« gekennzeichnet (vgl. Weinert 2004, 38). Weinert spricht sogar von einer »generellen Unsicherheit« und »Angst« der Menschen, denn die Zukunft biete keine Garantien mehr: Organisationen würden weniger feste Bindungen eingehen, unterstützten nicht mehr in dem Maße die Karriereentwicklung der Mitarbeiter, sondern erwarteten multiple fachliche Fähigkeiten, soziale Kompetenzen und psychische Stabilität (vgl. a.a.O.).

2.2 Flexible multiple Kompetenzen statt/neben beruflicher Qualifikation

Aber wie können multiple fachliche Fähigkeiten und soziale Kompetenzen gelernt und gelehrt werden? Die gesamte europäische Bildungslandschaft stellt heute die lebenslange Lernfähigkeit und -notwendigkeit des Individuums in den Vordergrund. Es reicht oft nicht mehr aus, nur auf bestimmte Berufe mit genau beschriebenem Anforderungsprofil hin zu qualifizieren. Diese verlieren im Zuge andauernder und sich schnell verändernder Erwartungen und Anforderungen immer mehr an Profil und Bedeutung, was wiederum mit einem verunsichernden Verlust an beruflicher Orientierung verbunden ist. Was heute von einem Ingenieur, einem Sozialarbeiter oder einem Arzt erwartet wird, kann sich in 5, 7 oder 10 Jahren drastisch verändert haben. Das bedeutet für die Bildungs- und Berufspolitik ebenso wie für den Einzelnen, sich nicht nur auf eine berufliche Qualifikation auszurichten, sondern vielmehr ebenso auf die Herausbildung eines flexiblen und multiplen Kompetenzprofils, das den jeweils aktuellen Arbeitsmarkterfordernissen gerecht wird (vgl. Arnold 1997).

Der Begriff Kompetenz umschreibt im Allgemeinen eine alleine an das handelnde Subjekt gebundene und daher individuelle Kombination von Haltungen, Fähigkeiten und Kenntnissen zur Erreichung bestimmter Ziele (Kadishi in Orthey 2002, 8). Mit dieser Umschreibung ist die externe

Zweckbestimmung beruflichen Handelns damit zumindest vordergründig ausgeklammert und auf eine subtile, individuelle Ebene projiziert, auf der dann der »kompetente Arbeitnehmer« für sich entscheiden muss, welchen aktuellen oder zukünftigen beruflichen Zwecken sein Kompetenzprofil dienen soll. Er muss für sich selbst die Frage klären, ob sein Kompetenzprofil zu den Arbeits- und Berufsanforderungen passt, die er sich gegenwärtig und zukünftig vorstellt bzw. wünscht. Unter dieser subjektiven Kompetenzperspektive ist der Mensch selbst verantwortlich für die Entwicklung passender Kompetenzen zur Bewältigung uneindeutiger, komplexer, oft nicht reproduzierbarer, schnell veränderbarer Tätigkeitsanforderungen oder Problemlagen. Orthey spricht hier von einer »Individualisierung« gesellschaftlicher und ökonomischer Poblemlagen (a.a.O.).

2.3 Individuelle Chancen und Risiken

Die beschriebenen Entwicklungen sind allesamt Anzeichen eines krisenhaften Umbruchs, der sowohl Chancen als auch Risiken birgt. Eher flexible, anpassungsfähige Menschen, die sowohl in vertrauten als auch in unerwartet neuen, uneindeutigen und komplexen Arbeitssituationen all ihre Potenziale aktivieren können, um die ihnen gestellten Aufgaben eigenständig effektiv und effizient zu bewältigen, werden von dieser Individualisierungstendenz profitieren (vgl. Gorz 2004, 11). Sie verfügen über eine »Pluralitätskompetenz« (Orthey 2002, 10) und können daher aus einer Vielzahl unterschiedlicher Arbeits- und Lebensstile denjenigen wählen, der zu ihrer Persönlichkeit passt, z. B. Elternzeit, Teilzeit, Jobsharing usw.. Sie haben Zugang zu Wissenspools, entwickeln Eigeninitiative und Selbstverantwortlichkeit und nutzen ihr Einflusspotenzial für ihre berufliche Karriere. Nicht anpassungsfähige oder anpassungsunwillige sowie leistungsschwache Personen hingegen werden mit diesen Entwicklungen nicht Schritt halten können. Sie stehen unter permanentem Stress und sind gesundheitlich gefährdet, nehmen doch die psychosozialen Belastungen und psychischen Störungen auch im Arbeitskontext zu. Solche Überforderungen, erkennbar an Symptomen wie Motivationsverlust, Frustration, Herz-Kreislauf-Erkrankungen, Depression oder Suchtverhalten können zur inneren Kündigung oder zum Arbeitsplatzverlust führen, verbunden mit der Gefahr des sozialen Abstiegs (vgl. u. a. DAK 2005; Zok 2006, Ertel 2002).

3. Die »Wiederentdeckung« der Persönlichkeit

Bedeutet die Konsequenz aus diesen gesellschaftlichen Wandlungsprozessen, dass der »Faktor Mensch«, seine individuelle Persönlichkeit und damit etwa seine Selbstbewusstheit, Selbstwirksamkeit, seine Problembewältigungsstrategien und insbesondere seine fachlichen und sozialen Kompetenzen - sowohl auf Seiten des Managements, als auch auf Seiten der Mitarbeiter - wieder bedeutsamer werden? Vieles spricht dafür. In aktuellen Stellenanzeigen für leitende Mitarbeiter etwa im Gesundheitswesen wird neben multiplen Kompetenzen eine »kooperative Persönlichkeit« erwartet. Hierzu ein Beispiel des Klinikums Duisburg (2007):

»Im Sinne einer umfassenden Patientenbetreuung suchen wir eine engagierte kooperative Persönlichkeit mit ausgeprägter sozialer Kompetenz, die die Abteilung wirtschaftlich und organisatorisch führen kann. Selbstverständlich sein sollte die Bereitschaft zur engen Zusammenarbeit mit den niedergelassenen Kollegen, allen Abteilungen des Hauses und der Geschäftsführung ...«.

Wie können jedoch solche Persönlichkeitsmerkmale wie Engagement, soziale, wirtschaftliche, organisatorische und kooperative Kompetenz identifiziert werden? Ausgehend von der persönlichkeitspsychologischen Grundannahme des Konstrukts »Persönlichkeit« als einem »einzigartigen und relativ stabilen Muster von Verhaltensstilen, Denkprozessen und Emotionen einer Person« (Weinert 2004, 131) stellt sich die Frage, ob es messbare Persönlichkeitseigenschaften gibt, aufgrund derer vorhersagbar ist, ob sich ein Bewerber, Mitarbeiter oder eine Führungskraft bezogen auf eine bestimmte Arbeitstätigkeit in einem bestimmten organisationalen Zusammenhang als geeignet erweisen wird oder nicht. Dass solche Fragestellungen immer bedeutsamer werden, zeigen etwa neuere Forschungsergebnisse des New Yorker Wirtschaftspsychologen Paul Babiak, der amerikanische Führungskräfte unter persönlichkeitspsychologischen Gesichtspunkten untersucht hat. Nach seinen Erkenntnissen ist unter Managern der Anteil von Führungspersonen mit einer dissozialen Persönlichkeitsstörung besonders hoch (Babiak 2006). Solche Führungspersönlichkeiten bezeichnet Babiak als »corporate psychopaths«, die sich jedoch weniger durch Gewalttätigkeit und Delinquenz als vielmehr durch Verhaltensweisen wie Unberechenbarkeit, Freude am Schikanieren und ausschließliche Selbstbezogenheit hervorheben und nicht nur die Mitarbeiter schädigten, sondern darüber hinaus ganze Konzerne in den Abgrund reißen könnten. Babiak zufolge würden solche Führungspersonen durch drei Hauptmotive angetrieben: Sie suchten den Nervenkitzel, seien Spielernaturen und verletzten gerne andere Menschen. Wenn Führungspersönlichkeiten nun rechtzeitig auf ihre Kompetenzen und Persönlichkeitsdispositionen hin überprüft worden wären, hätten sich aus der Sicht von Babiak so mancher Bilanzskandal und damit die Gefährdung Tausender von Arbeitsplätzen sowie die Vernichtung gigantischen Kapitals vermeiden lassen (a.a.O.).

3.1 Personale Risiko- und Erfolgsfaktoren im Führungsverhalten

Der Ansatz von van Velsor/Leslie (1995) fasst die Risikofaktoren im Führungsverhalten, die in einer Längsschnittstudie mit amerikanischen und europäischen Führungskräften gefunden wurden, in folgenden vier Kategorien zusammen: »1. Probleme mit persönlichen Beziehungen, z. B. Unempfindsamkeit, Kälte, Arroganz usw., 2. Versagen im Erreichen von Geschäftszielen, 3. Unfähigkeit zur Teambildung und -führung und 4. Entwicklungs- und Anpassungsunfähigkeit« (in Weinert 2004, 535).

Das Forschungsprogramm »Globe« identifizierte neben universell geltenden positiven Führungsmerkmalen wie »Vertrauenswürdigkeit, Win-Win-Problemlöser, Teamentwickler usw.« auch universelle negative Attribute. Zu diesen gehören Eigenschaften wie »Ungeselligkeit, Unkooperativität, Rücksichtslosigkeit, Egozentrismus usw.« (vgl. House 2002 in a.a.O., 529f.).

Die wichtigsten Fähigkeiten einer Führungskraft besteht im Ansatz von Hogan (2003) darin, »1. in der Organisation voranzukommen«, was fachliche und Führungsfähigkeiten impliziert und »2. mit anderen Menschen zurechtzukommen« – hier sind zwischenmenschliche und intrapersonale Kompetenzen angesprochen (a.a.O., 532).

In einer zusammenfassenden Übersicht stellt Weinert (2004, 537) die wichtigsten Fähigkeiten von Führungskräften im 21. Jahrhundert auf fünf Dimensionen dar. Neben der »Verwaltungskompetenz«, der »kognitiven Kompetenz« und der »Motivation« werden die »persönliche und soziale Kompetenz« (wie Coaching, Empowerment, Networking, Konfliktfähigkeit, Zuhören können, Kooperations- und Kommunikationsvermögen, Teamfähigkeit) sowie die psychische »Stabilität und Coping« (z. B. starkes Selbstvertrauen, Aushalten von Widersprüchen oder Anpassungsfähigkeit) hervorgehoben.

Bei allen Ansätzen fällt auf, wie viele beziehungsrelevante Persönlichkeitsvariablen als bedeutsam ausgewiesen werden. Offenbar besteht ein großes Risikopotenzial bei Führungskräften in der mangelnden Ausbildung dessen, was im Begriff der »sozialen Kompetenz« subsummierbar ist.

3.2 Testverfahren zur Identifikation von Potenzialen und Risikofaktoren

Spielt die Persönlichkeit von Leitungs- und Führungskräften eine zentrale Rolle, stellt sich die führungspsychologische Frage, wie geeignete bzw. ungeeignete Führungspersönlichkeiten bereits frühzeitig durch ein Personalauswahlverfahren identifiziert werden können. Im Kontext dieses Phänomens der Frühidentifikation des »Derailments« i.S.v. Führungsinkompetenz besteht noch ein großer Forschungsbedarf (vgl. a.a.O., 377ff.). Allerdings wurden bereits einige Testverfahren entwickelt, die Eigenschaften von Führungspersönlichkeiten relativ reliabel und valide messen.

Der »Hogan Development Survey« identifiziert elf Risikofaktoren und potenzielle Gefahren, die insbesondere bei längerer Belastung und Stress auftreten und die den beruflichen Erfolg und damit auch die Karriere behindern: »Sprunghaftigkeit«, »Skepsis«, »Vorsicht«, »Reserviertheit«, »Gemächlichkeit/Trägheit«, »Anmaßung«, »Mutwillen«, »Buntschillerndheit«, »Verträumtheit«, »Pedanterie« und »Dienstbeflissenheit«. In einem dazu gehörenden Report wird darüber hinaus erläutert, wie die individuelle Führungsfähigkeit verbessert werden kann (vgl. Hogan/Hogan 1997).

Das »revidierte deutsche CPI« (California Psychological Inventory) liefert berufsbezogene Persönlichkeitsbeschreibungen zur Identifikation von Führungs- und Managementpotenzialen. Es sind sehr präzise berufsgruppenspezifische Aussagen zu folgenden vier Bereichen möglich: »Interpersonaler Bereich« (z. B. Durchsetzungskraft, Führungsmotivation, Ehrgeiz), »Intrapersonaler Bereich« (z. B. Verantwortungsbewusstsein, Risikoverhalten, Selbstdisziplin), »Leistungspotenzial« (z. B. Leistungsmotivation, Unternehmungsgeist, eigener Leistungsanspruch) und »Ausdrucksformen des Intellekts und der Interessen« (z. B. Beharrlichkeit und Durchhaltevermögen, Originalität, Kreativität, Konkurrenzorientierung) (vgl. Weinert 2004, 353; Weinert/Scheffer 1999).

Das »Bochumer Inventar zur berufsbezogenen Persönlichkeitsdiagnostik« (BIP) erfasst 17 Persönlichkeitseigenschaften, die sich neben der fachlichen Qualifikation im Berufsleben als bedeutsam erwiesen haben. Sie werden den vier Persönlichkeitsbereichen: »Berufliche Orientierung« (Leistungs-, Gestaltungs-, Führungsmotivation, Wettbewerbsorientierung), »Arbeitsverhalten« (Gewissenhaftigkeit, Flexibilität, Handlungsorientierung, Analyseorientierung), »Soziale Kompetenzen« (Sensitivität, Kontaktfähigkeit, Soziabilität, Teamorientierung, Durchsetzungsstärke, Begeisterungsfähigkeit) und »psychische Konstitution« (emotionale Stabilität, Belastbarkeit, Selbstbewusstsein) zugeordnet (Hossiep/Paschen 2003).

Jörg Baur

4. Kooperationsmanagement kooperativer Systeme

4.1 Kooperationssysteme als innovative Organisationsform

Wenn nun Persönlichkeitsmerkmale wie soziale Kompetenzen von Mitarbeitern und Führungskräften für den Erfolg bzw. Misserfolg von Unternehmen eine bedeutsame Rolle spielen, dann um so mehr in organisationalen Strukturen, die eine intra- und/oder interinstitutionelle Kooperation vorsehen. Durch die reale und virtuelle Vernetzung einer globalisierten, komplexer und undurchschaubarer gewordenen Arbeitswelt auf der einen Seite und durch die Bedeutungszunahme regionaler Marktpräsenz andererseits ergab sich in den letzten Jahren zunehmend die Situation, bestimmte institutionelle oder unternehmerische Ziele nur durch die Mitwirkung verschiedener regionaler oder überregionaler Partner effizient erreichen zu können. Dafür mussten Kooperationssysteme wie etwa Allianzen, strategische Wertschöpfungspartnerschaften oder Netzwerke implementiert werden (Zentes et al. 2005; Hillig 1997, Schuh et al. 2005). Mittlerweile existieren solche Kooperationssysteme nicht nur auf globaler Ebene zwischen großen Organisationen, sondern auch auf regionaler Ebene beispielsweise zwischen handwerklichen Betrieben oder zwischen Institutionen des Sozial- und Gesundheitswesens (z. B. Baur 1997, 2000, 2004). Sie werden häufig im Zusammenhang mit Ressourcenaktivierung und -wertschöpfung, Innovationsmanagement oder mit Kompetenzmanagement thematisiert (vgl. Harland 2002), gerade weil sie neuere Entwicklungen darstellen, in denen sich die Kennzeichen des gesellschaftlichen Wandels, insbesondere das Mehr an Komplexität und Uneindeutigkeit widerspiegeln. Hillig (1997) spricht in diesem Zusammenhang von der Kooperation »als Lernarena in Prozessen fundamentalen Wandels«.

Es liegt auf der Hand, dass Kooperationssysteme ohne ein spezielles Kooperations-Know-how und ohne spezielle Kooperationskompetenzen der Mitarbeiter und Führungskräfte nicht effizient und effektiv zu managen sind (vgl. Dyer/Singh in Oelsnitz/Graf 2006, 86). Sie sind hochdynamische und emergente, d. h. nur zum Teil steuerbare Systeme, in denen Aushandlungs- und Konfliktbewältigungsprozesse zum Alltag gehören (vgl. Regnet 2007). Oelsnitz/Graf betonen in diesem Zusammenhang, dass neben formalen Kooperationssteuerungsprozessen meist weniger beachtete informale Prozesse wie das »sensemaking«, »understanding« und »committing« kooperationsfördernde Wirkung zeigten. Daher würden für die Steuerung von Kooperationssystemen v.a. sozio-emotionale Managementfähigkeiten und ein Mindestmaß an Beziehungsqualität benötigt. Aus ihrer Sicht lassen sich Kooperationsbeziehungen verstehen als eine ineinander verwobene Doppelhelix, deren beiden Stränge: »business« und »relationship« vom »alliance spirit« zusammengehalten werden (Oelsnitz/Graf 2006, 87). In diesem Sinne würden Kooperationen neben einer ökonomischen auch eine soziale Transaktionsdimension aufweisen. Neben dem formalen Kooperationsvertrag bestünde folglich immer auch ein mindestens ebenso wichtiger psychologischer Vertrag. Weiche Faktoren wie »partnerbezogene Empathie«, »emotionale Nähe« und »Kompromissfähigkeit« würden häufig als unökonomisch diskreditiert oder vernachlässigt, was mit den vorherrschenden »Einzelkämpfer-Naturen« vieler Manager zusammenhinge, die sich mit einer kooperativen Entscheidungsfindung per se schwer tun würden (vgl. a.a.O., 109f.).

4.2 Kooperationsmanagement zur Steuerung komplexer Kooperationssysteme

Die Erfahrung und das spezifische Wissen um die Bedeutung von Komplexität, Vernetzung, zirkulärer Interaktion zwischen und innerhalb von Organisationen, Arbeitsgruppen oder Teams weisen auf die Notwendigkeit eines fundierten Kooperationsmanagements hin, das »organisationales Lernen« ermöglicht und fördert (Hillig 1997) und mit dem kooperative Verfahren und Organisationsstrukturen effizient initiiert, implementiert und gesteuert werden können. Dabei kann sich Kooperationsmanagement auf folgende Grundannahmen stützen:

1. Zwischenmenschliche Kooperation ist wirksamer als Konkurrenz.

Kooperation ist weitaus wirksamer zur Förderung von Leistung und Produktivität als Konkurrenz oder individuelle Bemühungen, so auch die Ergebnisse einer von Johnson et al. (1981) durchgeführten Metaanalyse von 122 diesbezüglichen Studien (vgl. Johnson et al. 1981 und Grunwald/Lilge 1982 in Weinert 2004, 74f.). Eine aktuelle Bestätigung dieser Aussage kommt aus einer gänzlich unerwarteten Perspektive. Für den Neurowissenschaftler J. Bauer (2007) lassen die in den vergangenen Jahren gewonnen Erkenntnisse der Neurobiologie den Schluss zu, dass der Mensch grundsätzlich ein auf »soziale Resonanz und Kooperation« und nicht ein »auf Kampf und Konkurrenz angelegtes Wesen« sei. Der Kern aller menschlichen Motivation bestünde darin, »zwischenmenschliche Anerkennung, Wertschätzung, Zuwendung oder Zuneigung zu finden und zu geben« (Bauer 2007, 21).

2. *Individuelle und organisationale Kooperationskompetenz sind erlernbar bzw. aufbaubar.*

Wenn zwischenmenschliche Kooperation »der Normalfall« und nicht die Ausnahme ist (Spitzer 2002, 317ff.), muss Kooperation erlernbar sein. Dafür stellt die genetische Ausstattung dem Menschen ein auf Beziehung und Kooperation ausgelegtes motivations- und emotionsbezogenes Belohnungs- und Bestrafungssystem bereit. Die Nutzung dieser Systeme, also das Erlernen kooperativen Verhaltens ist jedoch abhängig von den Beziehungserfahrungen, die der Mensch in seiner Biografie gemacht hat. Frühe konstruktive und destruktive Beziehungserfahrungen hinterlassen biologische Spuren im Kortex (Bauer 2007, 53) und wirken sich damit positiv oder negativ auf die spätere Beziehungsfähigkeit aus. Wer nun Menschen etwa im Arbeitsleben nachhaltig motivieren möchte, muss ihnen aus neurobiologischer Sicht die Möglichkeit geben, positive Beziehungen zu leben und mit anderen zu kooperieren. Für Bauer hat »dies weit reichende Konsequenzen für die Arbeitwelt, für das Führungsverhalten von Vorgesetzten und Managern ... und für die Pädagogik«. Dort, wo Menschen z. B. als Führungspersonen Verantwortung für andere tragen, sollte die Fähigkeit, Beziehungen zu gestalten, zur Meisterschaft entwickelt sein (a.a.O., 61).

Individuelle Lernprozesse von Kooperationskompetenzen sind notwendige Voraussetzungen für den Aufbau organisationaler Kooperationsstrukturen und damit auch organisationaler Kooperationskompetenzen. Letztere sind jedoch nicht das implizite Ergebnis der intuitiven Umsetzung allgemeiner individueller, gruppenbezogener und organisationaler Kompetenzen und ergeben sich nicht von selbst (vgl. Oelsnitz/Graf 2006; Hinsch/Pfingsten 2007; Hinsch/Wittmann 2003). Erfolgreiche Kooperationen sind vielmehr das Ergebnis innovativer Organisationsentwicklungsprozesse, die von dafür geeigneten, d. h. biografisch mit zumindest positiven Beziehungserfahrungen ausgestatteten Kooperationsmanagern in einer für Kooperation offenen »Lernarena« (Hillig, 1997) initiiert und gesteuert werden.

3. *Kooperation schafft etwas Neues.*

Oft erweisen sich unterschiedliche Professions- und damit verbunden Handlungslogiken, unterschiedliche personale Eigenschaften, Ziele und Interessen, rigide Organisations- und Interaktionsstrukturen sowie verschiedenartige institutionelle Identitäten als Kooperationshemmnisse, die teure Effekte mit sich bringen, insbesondere Zeit-, Energie-, Motivations- und Innovationsverluste. Kooperationsmanagement hat nun die Aufgabe, solche Unterschiede wahrzunehmen, zunächst zu würdigen und sie dann im Sinne einer diversifizierenden Ressourcenwertschöpfung zu einer neuen Gestalt zu integrieren, deren Fundament die Ausrichtung auf das Erreichen eines gemeinsamen Ziels ist. Kooperationen schaffen somit etwas Neues: Kooperations- und Innovationsmanagement gehen daher Hand in Hand (vgl. Harland 2002).»Eine Kooperation ist eine sehr intensive Form des Lernens, sofern es die Führung versteht, die Kollektivierung und Integration neuen organisationalen Wissens zu fördern« (Hillig 1997, 1).

4. Kooperation benötigt einen demokratischen Führungsstil.

Zum Kooperationsmanagement gehört – auch aus betriebswirtschaftlicher Sicht – ein situationsangemessener, demokratischer bzw. kooperativer Führungsstil (vgl. Wunderer 2003; Hentze et al. 2005). Kooperationsmanagement kann nicht autokratisch erfolgen – eine nur verordnete Kooperation wird mit vielen Widerständen zu rechnen haben und wahrscheinlich scheitern. Ein kooperativer Führungsstil hingegen bezieht die Mitarbeiter in die betrieblichen Abläufe und Entscheidungsprozesse ein, motiviert sie zur Zusammenarbeit und zur Entfaltung ihrer Kompetenzen. »Führung wird dann ein kollektives Phänomen, bei dem einzelne Rollen von verschiedenen Aktoren übernommen werden« (Hillig 1997, 74). Allerdings müssen kurzfristige Zeit- und Reibungsverluste in Kauf genommen werden, die in kooperativen Abläufen und Entscheidungsprozessen konflikthaft auftreten können, insbesondere dann, wenn die angesprochenen Unterschiede der Kooperationspartner zum Tragen kommen, etwa bei der Aushandlung des gemeinsamen Ziels unter Berücksichtigung der jeweils unterschiedlichen Interessen. Letztlich steht die Sache der Arbeit an einem gemeinsamen Ziel im Vordergrund, der Weg dorthin ist personen- bzw. beziehungsorientiert zu gestalten. Kooperationsmanager sehen die Zusammenarbeit als partnerschaftliches Unterfangen und suchen daher ein möglichst gutes, auf Anerkennung beruhendes Verhältnis zu allen Beteiligten. Das setzt auf der einen Seite Empathie und Loyalität, auf der anderen aber auch Distanz und Neutralität voraus.

4.3 Erfolgsfaktoren im Kooperationsmanagement

Die Bedingungen erfolgreicher Kooperation bzw. eines erfolgreichen Kooperationsmanagements hängen mit den verschiedenen Faktoren des jeweiligen Kooperationssystems zusammen, etwa deren Zielsetzung, Komplexität, Form, Ausstattung usw. Sie können daher nur bedingt verallgemeinert werden. Daher beziehen sich die Ergebnisse entsprechender Kooperationsforschungsprojekte auf je spezifische Organisationsformen und -kontexte von Kooperation (u. a. Baur 1997, 2000, 2004; Schuh et. al. 2005; Spieß 2003; Schweitzer 1998; Hillig 1997;).

Schuh et al. (2005) haben die Erfolgsfaktoren ihrer umfangreichen Kooperationsprojekterfahrungen in einem Überblick zusammengefasst. Für sie sind folgende elf Faktoren entscheidend: »1. Kenntnis der eigenen wettbewerbsdifferenzierenden Stärken, 2. Integration von Kooperation in das strategische Management zur zielorientierten Erweiterung der eigenen Handlungsspielräume in einem umfassenden Wertschöpfungsnetzwerk, 3. Ganzheitliche, strategische und operative Betrachtung von Kooperation, 4. Professionalisierung im Kooperationsmanagement durch eine Kombination aus Standardisierung von Abläufen und einer Offenheit und Flexibilität in Interaktionsphasen mit den Kooperationspartnern, 5. Intensive Vorbereitung und Antizipation von Konfliktpotenzialen zur Vermeidung von »Win-Lose-Konfliktkonstellationen« etwa durch eine empathische Perspektivenübernahme der Kooperationspartner, 6. Systematische Planung und Nutzung von Begegnungsräumen durch Aufbau von Vertrauen in und Verständnis für die Partner, 7. Parallelisierung von »Design« (Konzeptionierung) und »Operations« (Betrieb) von Kooperation, was eine vertrauensaufbauende Wechselwirkungsdynamik ermöglicht, 8. Explizite Thematisierung des »social contract«, also der informellen Ebene der Kooperation etwa über den genauen Sinn, Zweck, Ziel der Kooperation, 9. Review-Struktur zur Schaffung institutionalisierter Begegnungsräume und zum gemeinsamen Kooperationscontrolling z. B. im Rahmen von Review-Meetings, 10. Stufenweiser Eskalationsprozess bei Entscheidungsprozessen zur Vermeidung einer Verschleppung oder Verheimlichung von Problemen und Konflikten, 11. Fundiertes Projektmanagement, das Transparenz im Hinblick auf Zeitplanung, Meilensteine usw. schafft« (Schuh et al. 2005, 147ff.).

Die genannten Erfolgsfaktoren machen deutlich, dass ein erfolgreiches Kooperationsmanagement an Voraussetzungen gebunden ist, die ein spezielles Managementprofil begründen, das auf der Ebene der Führungspersönlichkeit neben fachlichen insbesondere soziale und kooperative Kompetenzen integriert (vgl. Freiling 1998 und Duschek 1998 in Harland 2002, 99).

5. Kooperationskompetenz als Kernkompetenz

5.1 Soziale Kompetenzen auf Subjekt-, Gruppen- und Organisationsebene

Erpenbeck/Rosenstiel (2003, XVI) unterscheiden vier grundlegende subjektbezogene Kompetenzklassen: »Personale« Kompetenzen, »aktivitäts- und umsetzungsorientierte« Kompetenzen, »fachlich-methodische« Kompetenzen und »sozial-kommunikative« Kompetenzen. Auch die vielfältigen Kompetenzanforderungen an Führungspersönlichkeiten und Kooperationsmanager ließen sich in dieser Struktur einordnen. Besonders bedeutsam für das Kooperationsmanagement sind die sozial-kommunikativen Kompetenzen. Sie können als »Selbstorganisationsdispositionen« aufgefasst werden, kommunikativ und kooperativ selbstorganisiert zu handeln, d. h. sich mit anderen kreativ auseinander- und zusammenzusetzen, sich gruppen- und beziehungsorientiert zu verhalten, und neue Pläne, Aufgaben und Ziele zu entwickeln« (a.a.O.). In betriebswirtschaftlichen Zusammenhängen wird der Begriff »soziale Kompetenz« bezogen auf das mittlere Management häufig synonym mit den Begriffen »Schlüsselqualifikation« und »soft skills« insbesondere im Zusammenhang mit Team- und Motivationsorientierung verwendet (Deutscher Manager-Verband 2003). Nach Asendorpf (2007) setzt sich die soziale Kompetenz aus den beiden Komponenten »Konfliktfähigkeit« und »Kooperationsbereitschaft« zusammen, was zunächst paradox erscheint. Allerdings ist aus praktischen Erfahrungen bekannt, wie selbstverständlich Konflikte und Konfliktmanagement natürlicher Bestandteil kooperativen Geschehens sind, da soziale Interaktionen bei unterschiedlichen Ziel- und Wertvorstellungen häufig zu Konflikten führen. Das bedeutet, dass sozial kompetente Kooperationsmanager sowohl kooperationsorientiert und –unterstützend, als auch konfliktfähig im positiven Sinn sein müssen (Hillig 1997, 102, 204ff.). Darauf verweisen auch Erpenbeck/Rosenstiel, wenn sie kooperatives und kommunikatives Handeln im Zusammenhang bringen mit einem »kreativen Auseinander- und Zusammensetzen innerhalb beziehungsorientierten Handelns« (Erpenbeck/Rosenstiel 2003, XVI).

Der Begriff soziale Kompetenz wird üblicherweise auf einer personalen Ebene verwendet. In der Managementliteratur findet nun zunehmend eine Ausweitung des subjektbezogenen Kompetenzbegriffs auf die Gruppen- und Organisationsebene statt (Schreyögg/Conrad 2006; Hillig 1997). Unter dieser Perspektive können »organisationale« Kompetenzen als effiziente Wertschöpfung unterschiedlicher, intra- und interorganisationaler Ressourcen zur Problemlösung verstanden werden (Hillig 1997, 91f.). Organisationale Handlungsprozesse sind wiederum das Ergebnis vielschichtiger sozialer Interaktionsprozesse, die sich zu kollektiv geteilten Handlungsmustern auf Gruppen- und Individuumsebene verdichten. Sind diese erfolgreich, verstärken sie sich in einem rekursiven Prozess selbst. Erfolgreiche, dauerhaft wettbewerbsfähige Unternehmen verfügen über solche speziellen Kernkompetenzen, die sich allerdings nicht als Ergebnis strategischer Planungen, sondern quasi emergent entwickeln, d. h. rekursiv über positive Feedback-Schleifen (Schreyögg/Conrad 2006, VIIf.). Insofern ist es bedeutsam, Kooperationsmanagement sowohl auf persönlichkeits-, als auch auf gruppen- und organisationsbezogener Ebene zu verstehen und damit die individuelle und organisationale Kooperationskompetenz und deren Wechselwirkungen zu fokussieren. Unter der Perspektive des Kooperationsmanagements im Kontext der Führungspersönlichkeit wird nun im Weiteren die personale Ebene stärker fokussiert.

5.2 Kooperationskompetenz – bedeutsamer Wirkfaktor im Kooperationsmanagement

Harland (2002) versteht die individuelle Kooperationskompetenz als eine ausgeprägte Fähigkeit, »Kooperationen erfolgreich einzugehen, durchzuführen und zu beenden. Sie ist ein Bündel von technischen, sozialen und konzeptionellen Kompetenzen, die Voraussetzung für ein erfolgreiches Kooperationsmanagement sind« (Harland 2002, 99). In dieser subjektbezogenen Perspektive wird der Terminus »Kooperationskompetenz« in der Literatur jedoch mit unterschiedlichen Akzentuierungen und Begrifflichkeiten umschrieben. Es finden sich analoge Begriffe wie »relational capability«, »collaborative know-how«, »Kooperationsfähigkeit«, »Komplementaritätskompetenz« oder »Beziehungs-, Vernetzungs- oder Netzwerkkompetenz« (Oelsnitz 2005, 201). Oelsnitz/Graf (2006, 88ff.) haben die Unterschiede und Gemeinsamkeiten der verschiedenen Begriffe und Definitionen zur Präzisierung und Validierung des Konstrukts Kooperationskompetenz zusammengestellt. Konsens besteht offenbar im Verständnis von Kooperationskompetenz als einem Sammelbegriff für eine Vielzahl von Einzelfähigkeiten, die in ihrer Bedeutsamkeit situativ variieren und die auf die drei Systemebenen: Person, Gruppe und Organisation bezogen werden können (a.a.O., 90). Auf der »Mikroebene« lassen sich »individuelle« Voraussetzungen, auf der »Mesoebene« »gruppen- oder teambezogene« und auf der »Makroebene« »gesamtorganisationale« Voraussetzungen von Kooperationskompetenz beschreiben, die jeweils miteinander in Wechselwirkungszusammenhängen stehen (a.a.O., 92ff.). Damit weisen Oelsnitz/Graf über die subjektbezogene Kompetenzperspektive hinaus.

Auch Hillig (1997) konkretisiert den Kooperationskompetenzbegriff im subjektübergreifenden, organisationalen Sinne. Er stellt beispielsweise ein Modell von »organisationaler Kooperationskompetenz« als ein Set der fünf Fähigkeiten: »Selbstorganisation, Beobachtung, shared-understanding, Vertrauen und Konflikt« vor (a.a.O., 183ff.). Die »Selbstorganisationsfähigkeit« meint dabei einen »kreativen und aktiven Vorgang, die eigenen Zwecke, Ziele, Werte und Normen thematisieren und verändern zu können«. Dabei geht es um die »Selbständigkeit beim Gestalten und Koordinieren von Prozessen und Strukturen« und um das »Erzeugen einer bestimmten Ordnung« durch die Herausbildung neuer Verhaltensregeln zur Steuerung kooperativer Systeme (a.a.O., 184). Die »Beobachtungsfähigkeit« versteht Hillig im Sinne einer »Erkenntnis- und »Transformationsfähigkeit«. Das bedeutet, dass die Wahrnehmungsleistungen innerhalb einer Organisation auf deren kooperative Kontexte transformiert und damit durch zusätzliche Wahrnehmungsbereiche (z. B. die Beobachtung der Kooperationsdynamik) erweitert werden (a.a.O., 190). »Shared understanding-Fähigkeit«: Bei der Implementation von Kooperationssystemen muss mit einer »sinn- und verständnisbezogenen Destabilisierung« der beteiligten Organisationen gerechnet werden. Zur Überbrückung dieser instabilen Phasen ist es nützlich, den übergreifenden gemeinsamen Sinn und Nutzen der Kooperation zu vermitteln und erkennbar zu machen, damit sich eine für die Partner integrierende Kooperationssystemidentität herausbilden kann (a.a.O., 193f.). Auch die »Vertrauensfähigkeit ermöglicht die Kompensation von Ungewissheiten und temporären Ungleichgewichten und gewährt tiefenstrukturelle Integrationsspielräume« (a.a.O., 201). Die »Konfliktfähigkeit« als fünftes Element des Kooperationskompetenzsets »erhöht die Lernfähigkeit und schafft Potenziale für Offenheit und Akzeptanz ...« (a.a.O., 204).

Individuelle Voraussetzungen von Kooperationskompetenz:

Zur Präzisierung individueller Voraussetzungen von Kooperationskompetenz schlagen Oelsnitz/Graf (2006, 100ff.) eine sehr brauchbare Systematisierung und Einteilung personaler Einzelkomponenten von Kooperationskompetenz in »behaviorale« (kooperationsspezifische Verhaltensweisen), »emotionale« (kooperationsspezifische gefühlsmäßige Einstellungen und Werthaltung) und »kognitive« Komponenten (kooperationsrelevantes Wissen) vor. Dabei spielen die behavioralen Komponenten, also das kooperative Verhalten selbst, eine wesentliche Rolle, da es von den Interaktionspartnern direkt beobachtet werden kann. Die emotionalen und kognitiven Komponenten sind hingegen nur aus dem beobachteten Verhalten erschließbar.

Behaviorale Komponenten personaler Kooperationskompetenz:

Oelsnitz/Graf zählen zu den zentralen Einzelfähigkeiten auf der behavioralen Ebene a) die (verbale und nonverbale) Kommunikationsfähigkeit und b) die Konfliktfähigkeit sowie die Ambiguitätstoleranz. Letztere markiert die Fähigkeit, Widersprüchliches nebeneinander gelten lassen und sich dem Kooperationspartner gegenüber offen und vorurteilsfrei verhalten, d. h. auch mit der Parallelität von Kooperation und Konkurrenz umgehen zu können (a.a.O., 100f.).

Emotionale Komponenten personaler Kooperationskompetenz:

Auf emotionaler Ebene bedeutsam ist auf den einen Seite das Kooperations-Mindset/Motivation, d. h. die Bereitschaft und der Wille, eine Bündnisverbindung einzugehen. Eine Kooperation muss auch gefühlsmäßig gewollt sein, und zwar nicht nur auf Entscheider-, sondern auch auf Mitarbeiterebene. Auf der anderen Seite ist die Vertrauensfähigkeit als Voraussetzung für eine gedeihliche Zusammenarbeit wichtig. Sie ermöglicht den Partnern, kooperationsspezifische Ungewissheiten und temporäre Ungleichgewichte zu kompensieren. Darüber hinaus reduziert das Vertrauen sowohl in die fachlichen Kompetenzen als auch in die soziale Kooperations- und Konsensbereitschaft der Kollegen Reibungsverluste und senkt Kontrollkosten (a.a.O., 101f.).

Kognitive Komponenten personaler Kooperationskompetenz:

Zentrale Einzelfähigkeiten auf der kognitiven Ebene sind a) das Knowhow bzgl. Initiierung, Konstituierung, Aufrechterhaltung und Nutzung von Kooperationsbeziehungen, b) das Bewusstsein der eigenen Stärken und Ressourcen, c) die Auswahl des richtigen Kooperationspartners unter Beachtung finanzieller, rechtlicher Aspekte und weicher Faktoren wie Empathie und Kompromissfähigkeit sowie d) die Beobachtungsfähigkeit zur Wahrnehmung des Handlungskontextes der Partner und der Kooperationsdynamik, um angemessen handeln zu können. Diese Fähigkeiten basieren auf einem überwiegend impliziten Wissen, das stärker an den subjektiven Erfahrungshintergrund gebunden ist (a.a.O., 102ff.).

5.3 Einschätzung personaler Kooperationskompetenz

Die genannten Einzelkompetenzen sind in jüngeren Studien meist über qualitative Interviews erforscht worden (vgl. Phan et al. 2005 und Haytko 2004 in a.a.O., 99). Die Ergebnisse spielen für die Potenzialanalyse im Rahmen von Personalführung und -auswahl eine wichtige Rolle. Oelsnitz/ Graf (2006) weisen beispielsweise auf einen recht eindeutigen Forschungsbefund hin, der im Hinblick auf interorganisationale Kooperationen den »persönlichen Beziehungen« zwischen den verantwortlichen Managern sowohl auf geschäftlicher, als auch auf privater Ebene eine Schlüsselrolle für den Kooperationserfolg zuweist (Spakman et al. 1996, 351f.; Aino et al., 2001; Ring 2000, 155f.; Phan et al. 2005 in a.a.O.). Wenn die individuelle Beziehungsfähigkeit ein so wichtiger Erfolgsfaktor ist, sollte eine effektive Personalselektion auf organisationaler Ebene Führungskräfte mit entsprechenden Beziehungskompetenzen als Kooperationsmanager rekrutieren können. Dafür sind qualitative Interviews jedoch zu aufwändig. Oelsnitz/Graf schlagen daher folgende Schritte vor: Zunächst sollte die Motivation eines für die Kooperation vorgesehenen Mitarbeiters fokussiert werden, da das emotionale Kooperations-Mindset die Grundlage kooperativen Verhaltens darstellt. Im nächsten Schritt lässt sich die behaviorale Dimension, also das konkret beobachtbare kooperative Verhalten meist gut durch Vorgesetzte einschätzen. Bei Führungskräften in Schlüsselpositionen sollten die persönlichen Verhaltenstendenzen in einem Kurz-Assessment-Center zusätzlich erfasst werden z. B. durch Präsentations- oder Gesprächssimulationsaufgaben. Hier könnten etwa durch Vorgabe einer Konfliktsituation Empathie und Konfliktlösungsstrategien beobachtet werden. Auf der Ebene der kognitiven Fähigkeiten spielt natürlich der Erfahrungshintergrund des Mitarbeiters eine große Rolle, d. h. sein subjektives, ureigenes Wissen, das sich auch aus der beruflichen Biografie und dem Erfahrungshorizont erschließen lässt (a.a.O., 103f.).

5.4 Aufbau und Management von Kooperationskompetenz

1. Mikro- und Mesoebene:

Kooperationsmanagement umfasst die Planung, Implementation und Steuerung intra- und interorganisationaler Strukturen und Prozesse in auf Kooperation ausgerichteten Systemen. Damit ist Kooperationsmanagement immer auch Komplexitätsmanagement, wenn dabei alle relevanten Systemebenen berücksichtigt werden.

Ausgehend von der Grundannahme der grundsätzlichen Erlernbarkeit kooperativer Kompetenzen zeigen Oelsnitz/Graf (2006, 104f.) zwei Wege des Aufbaus von Kooperationskompetenz auf. Der erste Weg besteht im impliziten, spontanen Erfahrungslernen, im »learning by doing«. Die Alternative besteht in einem »organisationalen bzw. interorganisationalen Kompetenzmanagement«, das die Entwicklung von Kooperationskompetenz in und zwischen Organisationen stärker explizit steuert. Dazu gehört nach Oelsnitz/Graf auf der »individuumsbezogenen Mikroebene« insbesondere die bewusste Personalauswahl und -entwicklung, denn der Aufbau individueller Kooperationskompetenzen sei ein langfristiger Prozess. Dabei könne die individuelle Kommunikations- und Konfliktfähigkeit insbesondere durch Rollenspiele mit anschließendem Feedback gefördert werden (a.a.O., 108). Auf der »Mesoebene«, d. h. der gruppenbezogenen Kooperationskompetenzen betonen Oelsnitz/Graf (2006, 107) die Notwendigkeit der Stimulierung eines »transaktiven Gedächtnissystems« in Gruppen durch vertrauens- und motivationsfördernde Maßnahmen und die Schaffung von formellen und informellen Begegnungsmöglichkeiten, z. B. Kick-off-Meetings, Pausenräume, Feedback-Gespräche. Darüber hinaus sei die »Kodifizierung von Kooperationswissen«, d. h. eine konsequente Dokumentation z. B. über eine Team-Homepage, Kooperationshandbücher, Groupware usw. nützlich, damit Wissen und Erfahrung nicht verloren gehe, wenn die an der Kooperation maßgeblich beteiligten Personen oder Gruppen aus der Kooperation ausscheiden. Die Vermittlung teambezogener Kompetenzen könne über Teamentwicklungsprozesse erfolgen mit dem Ziel der Stärkung des »Team-Empowerments« durch persönliches Kennenlernen, was ein positives Gemeinschaftserlebnis ermöglichen würde (a.a.O., 108).

2. Makroebene:

Unter dem Blickwinkel des Aufbaus »organisationaler Kooperationskompetenzen«, die die individuelle Ebene implizit integriert, schlägt Hillig verschiedene Strategien vor, die in seinem Modell im Vordergrund stehenden Einzelfähigkeiten zu entwickeln (Hillig 1997, 215f.). Zum Aufbau der »Selbstorganisationskompetenz« sollen insbesondere »Autonomiespielräume« ermöglicht werden, die Beziehung, Interaktion und Partizipation an Entscheidungsprozessen fördern und extrinsische Anreize zu mehr Verantwortung und Selbstständigkeit bieten. So könnten kooperationserfahrene Mitarbeiter in »Start-up-Teams« entsendet werden, die die Anfangsphase der Kooperation begleiten. Dabei müsse jedoch die Wahrnehmung der »Koordinationsverantwortung« durch die Führungsebene gewährleistet bleiben, um Fehlentwicklungen durch zu starke Autonomisierungstendenzen frühzeitig zu verhindern (a.a.O., 216ff.). Zur Weiterentwicklung und Erweiterung der »Beobachtungsfähigkeit« schlägt Hillig die Durchführung von »Szenarien« vor. Beispielsweise könnten in einem Workshop verschiedene Zukunftsszenarien der (inter-)organisationalen Kooperation entwickelt und so über das Vorhersagbare hinausgedacht werden. Auch in »Lern-Laboratorien« könnten verschiedene individuelle Wahrnehmungskanäle und unterschiedliche Sichtweisen durch Simulation von Kooperationsszenarien »live« erlebt und geschult werden (a.a.O., 218ff.). Zur Entwicklung des Bewusstseins zu einem geteilten Kooperationsverständnis (»shared-understanding«) können nach Hillig »qualitative Interviews und Analysen« der Eigenheiten der je verschiedenen Subkulturen im Kooperationssystem beitragen. Das Ziel bestünde darin, Gemeinsamkeiten und Unterschiede der Subgruppen durch »verfahrens-, ziel- und sinnbezogene Koppelungsmuster zu einem Ganzen zu integrieren. Das könne beispielsweise unterstützt werden durch die gemeinsame »Formulierung einer Vision« oder eines »Leitbildes«, ebenso durch die Herausgabe einer »Kooperationszeitung« oder von »Gelben Seiten«, in denen Informationen über Interessens- und Aufgabenschwerpunkte sowie Projekt- oder Teamzugehörigkeiten der Mitarbeiter aufgeführt sind (a.a.O., 220ff.). Das Management von »Vertrauensfähigkeit« setzt nach Ansicht von Hillig eine Offenlegung der Machtverhältnisse und eine Verringerung des funktionalen Machtgefälles durch die Entwicklung eines »dynamischen Machtverständnisses« voraus. Er plädiert für die Ermöglichung von »Aufwärmphasen« in der Anfangsphase der Kooperation, um eine langsame, Vertrauen aufbauende Steigerung der Kooperationsintensität zu erreichen. Des Weiteren rät Hillig zum »Abbau von zu komplexen Kontrollmechanismen« und zum gleichzeitigen Aufbau »integrierter, teilautonomer Teams«, die die Vertrauensfähigkeit der Führung symbolisieren. Auch ein »offenes, interessiertes Kommunikationsverhalten« von Führung und Management durch persönliche, informelle Gespräche mit den Mitarbeitern über fachliche oder soziale Fragen (z. B. »wandering around«) stärke das Vertrauen in die Führung, insbesondere, wenn die Gesprächsergebnisse aufgegriffen und in Initiativen weitergeführt werden (a.a.O., 223ff.). Zur Förderung der »Konfliktfähigkeit« trägt eine frühzeitige Thematisierung kontextbezogener Konflikte zu einem verbesserten kulturellen Verständnis der jeweiligen Partner bei. Sachliche Konflikte könnten z. B. in »interkulturellen Seminaren« mit Mitarbeitern der jeweiligen Partnerorganisationen evtl. mit Unterstützung eines neutralen Mediators thematisiert und gelöst werden. Individuelle Konflikt- und Problemlösefähigkeiten ließen sich auch durch geeignete »Action-learning«Workshops fördern.

Jörg Baur

3. Kooperationskompetenz und Innovationsbereitschaft

Bei der Betrachtung der unterschiedlichen Strategien und Zielrichtungen des Aufbaus kooperativer Kompetenzen wird deutlich, wie sehr diese von der Innovationskraft und -bereitschaft der Führungs- und Mitarbeiterebene abhängt. Innovative Prozesse lassen sich jedoch in vielen Fällen nur über eine konsensorientierte Vorgehensweise erreichen (Harland 2002, 209). Denn allein durch die Führung vorgegebene, d. h. machtbasierte Verfahrenswege und Lösungsstrategien rufen erfahrungsgemäß eher Reaktanzen und Verweigerungshaltungen hervor und widersprechen immanent dem Ansatz von Kooperation als einem alternativen Modell zu Markt und Hierarchie. Unter einer kooperativen Perspektive geht es daher ebenso um die Förderung personaler kooperativer Kompetenzen von Mitarbeitern, Führungskräften und Teams, wie um die Entwicklung der an der Kooperation beteiligten Organisationen zu einem flexiblen, intelligenten, lernfähigen Kooperationssystem. Dafür müssen gezielt Bildungsressourcen zur Verfügung gestellt werden, um Mitarbeiter stärker mit den so dringend benötigten sozialen und kooperativen Kompetenzen auszustatten. Über den Weg der Qualifikation und Nachqualifikation v.a. von Führungskräften etwa durch postgraduale Masterstudiengänge in Kooperationsmanagement (z. B. KatHO NRW 2008) kann es gelingen, den fundamentalen gesellschaftlichen Wandel in einer auf Kooperation angelegten Weise mitzugestalten. Dadurch erleben sich Mitarbeiter in ihren Bedürfnissen nach sozialer Interaktion ernst genommen und motiviert, selbst in progressiver Weise an den angesprochenen Wandelungsprozessen angstfreier, zufriedener und effektiver mitzuarbeiten.

Leseempfehlung

Schreyögg, Georg/Conrad, Peter (Hg.), Management von Kompetenz. Managementforschung 16. Wiesbaden 2006.
Weinert, Ansfried B., Organisations- und Personalpsychologie. Weinheim, Basel 2004.

Literaturverzeichnis

Arnold, Rolf, Von der Weiterbildung zur Kompetenzentwicklung: Neue Denkmodelle und Gestaltungsansätze in einem in sich verändernden Handlungsfeld. In: Kompetenzentwicklung 1997, Arbeitsgemeinschaft Qualifikations-Entwicklungs-Management. Berlin 1997.

Asendorpf, Jens B., Psychologie der Persönlichkeit. 4. Aufl., Berlin 2007.

Babiak, Paul, From Darkness into the light: Psychopathy in industrial and organizational psychology. In: Hervé, Hugues/Willis, Arlette Ingram/Yuille, John C. (Edt.), The Psychopath: Theory, Research, and Practice. Routledge 2006, 411-428.

Bauer, Joachim, Prinzip Menschlichkeit. Warum wir von Natur aus kooperieren. Hamburg 2007.

Baur, Jörg, Kooperation Jugendhilfe und Schule – Ein Lehrerberatungskonzept zur Integration verhaltensauffälliger Schülerinnen und Schüler in Grund- und Hauptschulen. Heidelberg 1997.

Baur, Jörg, Kooperation als Entwicklungsaufgabe – Wege zur Verbesserung der Kooperation zwischen Jugendhilfe und Kinder- und Jugendpsychiatrie in Freiburg«. Jugendhilfe 2 (2000) 92 – 98.

Baur, Jörg/Käsehagen-Schwehn, Georg, Jenseits von »Sonntagsreden«: Wie kooperative Prozesse gemeinsam initiiert werden können. In: Fegert, Jörg Michael/Schrapper, Christian (Hg.), Kooperation Jugendhilfe Jugendpsychiatrie. Weinheim 2004, 577-582.

Deutsche Angestelltenkrankenkasse (Hg.), DAK-Gesundheitsreport 2005. Schwerpunkt Angst und Depression. Hamburg 2005.

Deutscher Manager-Verband e. V., Handbuch Soft Skills 1. Soziale Kompetenz. Zürich 2003.

Erpenbeck, John/v. Rosenstiel, Lutz, Handbuch Kompetenzmessung. Erkennen, Verstehen und Bewerten von Kompetenzen in der betrieblichen, pädagogischen und psychologischen Praxis. Stuttgart 2003.

Ertel, Michael, Trotz Psychostress weiter zur Arbeit – verheerend für Gesundheit und Produktivität. Arbeit & Ökologie-Briefe 4 (2002) 24-25.

Gorz, Andre, Wissen, Wert und Kapital. Zürich 2004.

Harland, Peter E., Kooperationsmanagement. Der Aufbau von Kooperationskompetenz für das Innovationsmanagement. Fischbachtal 2002.

Hentze, Joachim/Graf, Andrea/Kammel, Andreas/Lindert, Klaus, Personalführungslehre, 4. Aufl., Bern, Stuttgart, Wien 2005.

Hillig, Andreas, Die Kooperation als Lernarena in Prozessen fundamentalen Wandels. Ein Ansatz zum Management von Kooperationskompetenz. Bern, Stuttgart, Wien 1997.

Hinsch, Rüdiger/Pfingsten, Ulrich, Das Gruppentraining sozialer Kompetenzen (GSK). Grundlagen, Durchführung, Materialien. 5. Auflage. Weinheim 2007.

Hinsch, Rüdiger/Wittmann, Simone, Soziale Kompetenz kann man lernen. Weinheim 2003.

Hogan, Robert/Hogan, Joyce, Hogan Development Survey. Tulsa 1997.

Hossiep, Rüdiger/Paschen, Michael, Das Bochumer Inventar zur berufsbezogenen Persönlichkeitsbeschreibung: BIP. Göttingen 2003.

Katholische Hochschule Nordrhein-Westfalen (KatHO NRW), Masterstudiengang Kooperationsmanagement. Leitung in multiprofessionellen Sozial- und Gesundheitsdiensten. Zugriff am 14.10.2008 unter http://www.katho-nrw.de/aachen/studium-lehre/fachbereich-sozialwesen/kooperationsmanagement/.

Klinikum Duisburg. Stellenangebot. Zugriff am 30.11.2007 unter http://www.klinikum-duisburg.de/sonstiges/stellenangebote.htm.

Oelsnitz, Dietrich, Kooperation: Entwicklung und Verknüpfung von Kernkompetenzen. In: Zentes, Joachim/Swoboda, Bernhard/Morschett, Dirk (Hg.), Kooperationen, Allianzen und Netzwerke. 2. Aufl., Wiesbaden 2005, 183 – 210.

Oelsnitz, Dietrich/Graf, Andrea, Inhalt und Aufbau interorganisationaler Kooperationskompetenz: Eine Konstruktbestimmung. In: Schreyögg, Georg/Conrad, Peter (Hg.), Management von Kompetenz. Managementforschung, Bd. 16. Wiesbaden 2006, 83-120.

Orthey, Frank Michael, Der Trend zur Kompetenz. Begriffsentwicklung und Perspektiven: Supervision 1 (2002) 7-14.

Regnet, Erika, Konflikt und Kooperation: Konflikthandhabung in Führungs- und Teamsituationen. Göttingen 2007.

Schreyögg, Georg/Conrad, Peter (Hg.), Management von Kompetenz. Managementforschung, Bd. 16. Wiesbaden 2006.

Schuh, Günther/Friedli, Thomas/Kurr, Michael, Kooperationsmanagement. München, Wien 2005.

Schweitzer, Jochen, Gelingende Kooperation: systemische Weiterbildung in Gesundheits- und Sozialberufen. Weinheim, München 1998.

Spiess, Erika, Effektiv kooperieren. Weinheim, Basel, Berlin 2003.

Spitzer, Manfred, Lernen. Gehirnforschung und die Schule des Lebens. Heidelberg, Berlin 2002.

Weinert, Ansfried B., Organisations- und Personalpsychologie. Weinheim, Basel 2004.

Weinert, Ansfried B./Scheffer, David, Neue Wege zur Identifikation von Führungs- und Managementpotenzial. Führung und Organisation 4 (1999) 194-201.

Wunderer, Rolf, Führung und Zusammenarbeit, 5. Aufl., München, Neuwied 2003.

Zentes, Joachim/Swoboda, Bernhard/Morschett, Dirk (Hg.), Kooperationen, Allianzen und Netzwerke. 2. Aufl.,Wiesbaden 2005.

Zok, Klaus, Personalabbau, Arbeitplatzunsicherheit und Gesundheit. Ergebnisse einer repräsentativen Umfrage. In: Badura, Bernhard/Schellschmidt, Helmut/Vetter, Christian (Hg.), Fehlzeitenreport 2005 – Arbeitsplatzunsicherheit und Gesundheit. Berlin, Heidelberg 2006, 147-166.

Kooperation und Gender: Herausforderung für das Management

Liane Schirra-Weirich

1. Einleitung

Die Frage, warum Frauen – auch in den eher klassisch frauendominierten Bereichen des Gesundheits- und Sozialwesens – eher selten in Führungspositionen zu finden sind, ist bereits unter den verschiedensten Perspektiven diskutiert worden. Nichtsdestotrotz werden sich auch die folgenden Ausführungen mit diesem Faktum beschäftigen und unter einem in der wissenschaftlichen Diskussion bisher nicht da gewesenen Blickwinkel einen Beitrag zur Beantwortung der Gretchenfrage ›Frauen, Warum seid ihr nicht in den Führungsetagen zu finden?‹ liefern. Des Weiteren wird die Frage diskutiert, welche Konsequenzen sich hieraus u. a. für das strategische Management ergeben. Der hier gewählte Zugang stammt aus dem Ansatz des Kooperationsmanagements. Kooperationsmanagement wird als zentrale Aufgabe bei der Führung und Leitung einer Organisation angesiedelt und ist somit konstitutives Element für den zu realisierenden Umgang von Mitarbeiterinnen und Mitarbeitern auf gleichen wie auf unterschiedlichen Hierarchieebenen. Folglich gilt es zu analysieren, welche strukturellen und individuellen Rahmenbedingungen existieren, um kooperatives Handeln von Frauen und Männern zu ermöglichen und ggf. defizitäre Strukturen zu verändern. Der Fokus der folgenden Ausführungen liegt auf der Analyse der bestehenden Bedingungen, die dem Aufstieg von Frauen in Führungspositionen dienlich oder hinderlich sind und somit den Hintergrund für ein Gender-orientiertes Kooperationsmanagement bilden.

Als Ausgangspunkt dient ein sehr weit gefasster Kooperationsbegriff. Kooperation wird verstanden als die Zusammenarbeit bzw. das Zusammenwirken mehrerer Akteure. Konstitutionell ist dabei die Annahme, wonach das kooperative Verhalten dem Nutzen aller Beteiligten dient und somit ein Konsens hinsichtlich gemeinsam verfolgter Ziele besteht. Hiervon ausgehend ist es daher irrelevant, ob Kooperationsprozesse zwischen Individuen oder Organisationen zugrunde gelegt werden, denn der gemeinsame und verbindende Punkt ist ein auf einen Sinn ausgerichtetes planvolles Handeln der beteiligten Akteure. Unter dem Blickwinkel des strategischen Managements wird hier weiterhin der Frage nachgegangen, welchen Beitrag ein Gender-orientiertes Kooperationsmanagement im Hinblick auf eine Zukunft sichernde Platzierung des Unternehmens am Markt leisten kann.

2. Einige Daten zum Beleg, dass Führungspositionen nach wie vor männlich besetzt sind

Im volks- und betriebswirtschaftlichen Kontext dient vielfach die Kosten-Nutzen-Rechnung als probates Mittel der strategischen Planung und Kontrolle. Sie wird als Instrument der Entscheidungsfindung bei der Gestaltung wirtschaftlicher Prozesse genutzt und genießt unter rationaler Perspektive einen durchaus hohen Legitimationsgrad. Umso erstaunlicher ist es, dass exakt dieses Handwerkszeug nicht genutzt wird, eine Bewertung des Input-Output-Verhältnisses von schulischem sowie beruflichem Invest und dem karriereorientierten Aufstieg, differenziert nach Frauen und Männern, vorzunehmen.

Ein Ziel der Bildungsreform der 60iger und 70iger Jahre des vorigen Jahrhunderts konzentrierte darauf, allen gesellschaftlichen Gruppen, unabhängig von ihrer sozialen Herkunft, den Zugang zur Bildung zu ermöglichen. Bildung als Grundvoraussetzung für gesellschaftliche Partizipation und Platzierung sollte zu einem gemeingesellschaftlichen Gut werden und damit zu mehr Chancengleichheit beitragen. Wie verschiedene Studien aus den Bereichen der Sozialstrukturanalyse und der Bildungsforschung zeigen, ist es zwar gelungen, das Bildungsniveau innerhalb der Gesellschaft im Allgemeinen zu heben, aber das Ziel der gleichen Zugangschancen zu Bildung für alle gesellschaftliche Gruppen ist nicht erreicht worden. Die Voraussetzungen auf Chancengleichheit für Kinder und Jugendliche aus sozial benachteiligten und bildungsferneren Gruppierungen haben sich durch die Reformen im Bildungssystem nicht verbessert.

Dennoch ist ein großer Effekt der bildungspolitischen Reformbemühungen zu benennen und positiv zu bewerten: Die Mädchen und jungen Frauen sind die deutlichen GewinnerInnen dieses Reformprozesses. Die Zugangschancen zu Bildung für Mädchen und junge Frauen sind deutlich gestiegen und haben damit zu mehr bildungsbezogener Chancengleichheit zwischen den Geschlechtern geführt. Mittlerweile haben die Mädchen und jungen Frauen ihre männlichen Altersgenossen bildungstechnisch bereits ›überholt‹. So besuchen heute mehr Mädchen als Jungen ein Gymnasium und schließen dieses auch qualifiziert mit einem Abitur ab. Auch im Studium ist der Anteil der Frauen gestiegen, so dass gegenwärtig annähernd gleich viele Frauen wie Männer ein Studium beginnen. Im Bereich der beruflichen Ausbildung haben Frauen ebenfalls mit den Männern gleichgezogen und verfügen über vergleichbare Abschlüsse. Im Hinblick auf die jüngeren Kohorten (unter 30-Jährige) kann sogar festgestellt werden, dass die beruflichen Bildungsabschlüsse der Frauen höher sind als die der vergleichbaren männlichen Kohorten. So verfügen z. B. mehr Frauen als Männer über (Fach-)Hochschulabschlüsse.[1]

Ungeachtet aller Gewinne in der Aufholjagd bzgl. der schulischen und beruflichen Qualifikationen gelingt die Übersetzung dieser guten qualifikatorischen Ausgangsbedingungen von jungen Mädchen und Frauen nicht in entsprechende berufliche Hierarchieebenen. Damit muss eine negative Input-Output-Bilanz in diesem Bereich gezogen werden.

Trotz gleicher bzw. besserer Ausgangsbedingungen stellt sich die Situation für Frauen auf dem Arbeitsmarkt ungünstiger dar als die vergleichbare Situation der Männer. Dargestellt werden kann dies u. a. an Hand des Konzeptes der Segmentierung des Arbeitsmarktes[2]. Unter Segmentierung wird die Aufteilung bzw. Aufgliederung des Arbeitsmarktes in unterschiedliche Bereiche verstanden. Als Differenzierungskriterien dieser Aufteilung respektive Aufgliederung dienen einerseits inhaltliche, andererseits hierarchische Kriterien. Eine inhaltliche Segmentierung des Arbeitsmarktes läuft z. B. entlang der Kategorien ›Handwerklich/technisch‹, ›Kaufmännisch‹ oder ›Sozial/gesundheitlich‹. D. h. ohne eine Zuordnung in inhaltlich ›bedeutendere‹ bzw. ›weniger bedeutendere‹ Aufgaben und Tätigkeiten vorzunehmen, wird eine Kategorisierung auf der Basis von thematischen Schwerpunkten vorgenommen.

Strukturvariable Geschlecht		Inhalt		
Hierarchie	Horizontal	Handwerklich/ Technisch ♂	Kaufmännisch ♂ / ♀	Sozial/ gesundheitlich ♀
	Vertikal	Ausführend ♀		Leitend ♂

Tabelle 1: Dimensionen der Segmentierung des Arbeitsmarktes

---

1 Eine Vielzahl von Informationen zu Fragen der schulischen und beruflichen Qualifikation liefern:
Bundesministerium für Familie, Senioren, Frauen und Jugend: Gender-Datenreport 1. Datenreport zur Gleichstellung von Frauen und Männern in der Bundesrepublik. 2. Fassung. München. 2005. Seite 22-97.

2 Vielfach wird der Begriff der Segmentation auch synonym zu dem Begriff der Segregation genutzt. D. h. die Begriffe segregierter und segmentierter Arbeitsmarkt beschreiben identische Sachverhalte.

Der Blickwinkel der hierarchischen Segmentierung führt zur Differenzierung nach einem horizontal und einem vertikal segmentierten Arbeitsmarkt. Die horizontale Segmentierung korrespondiert mit der Zergliederung des Arbeitsmarktes in inhaltlich unterschiedliche Tätigkeitsbereiche – wie sie exemplarisch oben bereits angegeben sind. Damit beschreiben der inhaltliche und horizontal segmentierte Arbeitsmarkt einen identischen Sachverhalt unter Berücksichtigung eines je spezifischen Fokus ›Inhalt versus Hierarchie‹. Demgegenüber signalisiert die vertikale Segmentierung eine Differenzierung entlang einer Über- bzw. Unterordnung von Positionen entlang organisatorischer Verantwortlichkeiten. Dem entsprechend gilt: Je höher in der vertikalen Hierarchie die Position angesiedelt ist, desto umfassender ist der Verantwortungsbereich z. B. hinsichtlich Entscheidungs- oder Weisungsbefugnis. Im organisationssoziologischen Sinne handelt es sich bei Positionen mit Entscheidungs- und Weisungsbefugnis um Instanzen und bei Positionen mit ausschließlich ausführenden Tätigkeiten um Stellen. Abhängig von der Höhe der vertikalen Einstufung der Instanzen nimmt das Ausmaß an Entscheidungskompetenz zu.

Die bisher dargestellte Zergliederung des Arbeitsmarktes erfährt unter Berücksichtigung der Strukturvariablen Geschlecht eine weitere Dimension. Die horizontale und vertikale Segmentierung des Arbeitsmarktes bilden auch eine geschlechterbezogene Aufteilung des Arbeitsmarktes ab, wobei der Ursache-Wirkungszusammenhang nicht eindeutig geklärt werden kann. Bedingt die Geschlechtszugehörigkeit die Einordnung auf dem Arbeitsmarkt oder eröffnen bzw. verschließen spezifische Segmente die Zugangsmöglichkeiten für die Repräsentantinnen der Geschlechter?

Eine Analyse zeigt, dass entlang der Dimension ›Inhalt‹ wie auch der Dimension ›Hierarchie‹ eine geschlechterbezogene Gliederung des Arbeitsmarktes feststellbar ist. So sind in dem sozial/gesundheitlich ausgerichteten Arbeitsmarkt überproportional häufig Frauen zu finden, während in dem handwerklich/technischen Bereich überwiegend Männer vertreten sind. Dies führt auch zu der Etikettierung von so genannten Frauen- und Männerberufen. Weiterhin werden (stark) segmentierte bzw. segregierte Frauen- und Männerberufe sowie integrierte Berufe unterschieden. Bezugspunkt dieser Kategorisierung ist der Anteil von Frauen in den einzelnen Bereichen.

Liane Schirra-Weirich

	Frauenanteil
Frauenberufe	
Stark segregierte Frauenberufe	80% und mehr
Segregierte Frauenberufe	50 bis 79,9%
Integrierte Berufe	
	30 bis 49,9%
Männerberufe	
Segregierte Männerberufe	10 bis 29,9%
Stark segregierte Männerberufe	Unter 10%

Tabelle 2: Gender-berücksichtigende Berufstypologie (vgl. hierzu: Leitner 2001, 5)

Somit ist auf einer horizontalen Ebene eine Zergliederung des Arbeitsmarktes festzustellen, die eng mit der Geschlechtsvariablen korrespondiert.

Unter Management- und Kooperationsaspekten erscheint die Analyse der vertikalen Segmentierung unter der geschlechtsorientierten Perspektive ebenfalls von besonderem Interesse. Frauen sind nach wie vor nicht entsprechend ihrer proportionalen Beteiligung am Erwerbsleben in den mittleren und oberen Führungsebenen vertreten.

An dieser Stelle soll auf eine exakte empirische Betrachtung dieses Phänomens verzichtet werden, da es nicht um die detaillierten Prozentzahlen der Beteiligung oder Nicht-Beteiligung von Frauen in verantwortlichen Positionen des Managements geht[3]. Ausgangspunkt der weiteren Überlegungen ist das Faktum des abnehmenden Frauenanteils, je höher die Position bzw. Instanz in der hierarchischen Struktur angesiedelt ist.

---

3   Zahlreiche Genderanalysen sind in der Literatur zu finden und beleuchten unter verschiedenen Ansatzpunkten dieses Phänomen. Vergleichbar zur Analyse öffentlicher Daten können auch an dieser Stelle verschiedene Studien zur Untermauerung der These von der Unterrepräsentanz von Frauen in Führungspositionen angeführt werden. Ein Vergleich bzw. eine generelle Zusammenschau der Ergebnisse ist allerdings nur bedingt möglich, da in der Regel die gemeinsame und somit vergleichbare Ausgangsbasis der Datenerhebung fehlt.
Besonders ist in diesem Zusammenhang zu verweisen auf aktuelle Veröffentlichungen der Europäischen Union, die das Phänomen der fehlenden beruflichen Gleichstellung von Frauen und Männern im europäischen Vergleich beleuchten.

Dies ist ebenso in den klassischen Frauen dominierten Berufen des Gesundheits- und Sozialwesens zu betrachten. Es zeigt sich trotz des überproportionalen Anteils an Frauen in diesem Wirtschaftssegment eine deutliche Unterrepräsentanz von Frauen in Führungspositionen. Evident ist allerdings auch, dass Frauen, wenn sie in die erste oder zweite Führungsebene aufsteigen, am ehesten im Gesundheits- und Sozialbereich beschäftigt sind (vgl. hierzu IAB-Kurzbericht, 2006).

Es ist zwar von einem Einfluss des quantitativen Verhältnisses von Frauen und Männern auf den Anteil weiblicher Führungskräfte auszugehen, aber ein ausschließlicher Erklärungsansatz ergibt sich hieraus nicht. Die sich abbildenden Quantitätsverhältnisse zwischen den Geschlechtern auf den höheren und hohen Hierarchieebenen können nicht kausal aus dem existierenden Ungleichgewicht zwischen weiblichen und männlichen Mitgliedern der mittleren Führungsebenen abgeleitet werden.

3. Gesellschaftliche Konstrukte als handlungsleitende Grundlagen geschlechterbezogener Segmentation

Segmentationsprozesse, insbesondere vertikale Segmentierungen können neben den quantitativen Differenzen auch auf gesellschaftliche Konstrukte, die die Bewusstseinsbildung und die vorherrschenden Denkmodelle bestimmen, zurückgeführt werden. Gesellschaftliche Annahmen und Vorstellungen prägen die Handlungs- und Interpretationsmuster und determinieren die Spielräume gesellschaftlicher Entwicklungs- und Entfaltungsmöglichkeiten. Im Nachfolgenden wird ein Erklärungsansatz zugrunde gelegt, der seine Wurzeln in der ethnomethologischen Forschung hat und Geschlecht als eine soziale Konstruktion betrachtet.

Im angelsächsischen Sprachraum existieren für den Begriff ›Geschlecht‹, wie er in der deutschen Sprache verwendet wird, zwei unterschiedliche Begriffe, die je spezifische Aspekte der Geschlechtskategorie fokussieren. Das Individuum als ein biologisches Wesen und die damit verbundene Perspektive des biologischen Geschlechts zu betrachten wird durch den Begriff ›Sex‹ ausgedrückt. Die Differenzierung erfolgt auf der Basis der weiblichen und männlichen Geschlechtsmerkmale, die eine Zuordnung zu den Geschlechtern ›weiblich‹ und ›männlich‹ zulassen. Demgegenüber repräsentiert ›Gender‹ die soziale und somit gesellschaftlich konstruierte Komponente von Geschlecht. Gender bildet das Synonym für soziales Geschlecht und richtet das Augenmerk auf die gesellschaftlichen Ausformungen dessen, was als ›weiblich‹ und ›männlich‹ gilt. Oder anders ausgedrückt: Als soziales Geschlecht oder Gender gilt, wie und was Frau bzw. Mann nach gesellschaftlichen Kriterien ›zu sein‹ und ›zu tun‹ hat.

Die im biologischen Geschlecht grundgelegte natürliche Dichotomie der Geschlechter setzt sich in einer sozialen Dichotomie der Geschlechter fort. Die eindeutige Zuordnung der Individuen zu den Gruppen der Frauen und Männer (biologisch betrachtet) korrespondiert mit der Zuordnung eben dieser Personen zu den als äquivalent empfundenen weiblichen und männlichen Geschlechtsrollen (soziales Geschlecht). Damit führt die Ausstattung mit natürlichen Geschlechtsmerkmalen zur Ausbildung von sozialen Geschlechtsidentitäten, die sich u. a. in geschlechtsbezogenen Deutungs- und Handlungsmustern widerspiegeln.

Grundsätzlich kann diese kausale Gleichsetzung von natürlicher und sozialer Dichotomie in Frage und der biologischen Zweigeschlechtlichkeit eine soziale ›Mehrgeschlechtlichkeit‹ gegenüber gestellt werden. Gemeint ist damit, dass die sozialen Konstruktionen eine höhere Differenziertheit und Heterogenität zeigen und grundsätzlich ein breiteres Spektrum an Übersetzungsmöglichkeiten der biologischen Dichotomie in eine soziale Polytomie (Kant) denkbar machen. Der Gedankengang soll an dieser Stelle allerdings nicht weiter verfolgt werden, da somit eine vertiefte Auseinandersetzung mit sozialen Konstruktionsprozessen erforderlich wird, die an dieser Stelle nicht geführt werden kann. Vielmehr dient als Ausgangspunkt der weiteren Argumentation folgende Feststellung: Geschlecht und die damit verbundenen Vorstellungen über weibliche und männliche Geschlechterrollen und Geschlechtsrollenorientierungen leiten sich aus der Annahme der natürlichen Dichotomie der Geschlechter ab und setzen sich in der sozialen Dichotomie der Geschlechter fort. Konkretisiert bedeutet dies z. B., dass aus der biologischen Tatsache ›Ein Kind gebären und ggf. stillen zu können‹ die soziale Konstruktion folgt ›Frauen besitzen eine höhere – und auch natürliche – Affinität zu fürsorglichen, versorgenden, erziehenden sowie pflegenden und somit kooperativen Aufgaben‹. Im Umkehrschluss ist zu folgern, Frauen liegen technische, handwerkliche und eher auf Konkurrenz ausgelegte Aufgaben eher fern. Eine ähnliche Argumentation ergibt sich – basierend auf der Grundlage dieser Gleichsetzung von natürlich und sozial – für die Zuschreibungen bezogen auf Männer; allerdings in umgekehrter Richtung.

Die These von der natürlichen und sozialen Dichotomie der Geschlechter bildet den Ausgangspunkt für die These von der doppelten Vergesellschaftung der Frau, die auf den Hannoveraner Ansatz von Regina Becker-Schmidt und Gudrun-Alexi Knapp zurückgeht. Der Vergesellschaftungsansatz geht von mehreren Stufen der Vergesellschaftung aus. Beginnend mit der einfachen Vergesellschaftung (erste Ebene) wird das Individuum in die existierenden Produktionsbedingungen eingefügt. Der

Mensch lebt in einem gesellschaftlichen Zusammenhang, der in der gegenwärtigen Gesellschaft durch kapitalistische Produktionsbedingungen geprägt ist. Kapitalistische Produktionsbedingungen sind nach wie vor durch eine geringere Anzahl an Kapitalmittelbesitzern und eine große Gruppe an lohnabhängig Beschäftigten gekennzeichnet. Im Rahmen der einfachen Vergesellschaftung fügt sich das Individuum in den Produktionsprozess ein und nimmt seine Position im wirtschaftlichen System ein. Die Art und Weise, in der sich das Individuum in den Produktionsprozess einbringt – als ArbeiterIn, Angestellte oder KapitalgeberIn – beeinflusst also den Modus der Vergesellschaftung. Im Laufe der Vergesellschaftung wird das Individuum in die Gesellschaft integriert bzw. eingefügt. M. a. W. durchläuft das Individuum eine Sozialisation und wird in und für die Gesellschaft sozialisiert; somit sind Vergesellschaftung und Sozialisation identische Prozesse.

Im Hinblick auf die Vergesellschaftung der Frauen ist laut dem Hannoveraner Ansatz von einer doppelten Vergesellschaftung auszugehen. Frauen werden nach wie vor in unserer Gesellschaft für zwei Bereiche sozialisiert, einerseits für die Berufsarbeit und andererseits – aufgrund der vermeintlichen sozialen Dualität der Geschlechter – für die Familienarbeit. In Folge der Bildungsreform des 20. Jahrhunderts und aufgrund der zunehmenden Alterung der Gesellschaft sowie dem damit verbundenen Mangel an Fachkräften ist eine Beteiligung von Frauen an der Erwerbsarbeit zu einem basalen Element gesellschaftlicher Denkmodelle geworden. Die Folgen sind verstärkte und gezielte Vergesellschaftungsbestrebungen hinsichtlich einer stärkeren Integration der weiblichen Gesellschaftsmitglieder in den Erwerbsarbeitsmarkt. Demgegenüber übernehmen Frauen auch heute noch überwiegende Anteile an reproduktiven Aufgaben im Bereich der physischen und psychischen Versorgung der Familienmitglieder. Frauen sind gegenwärtig die tragende Säule und die hauptsächlich Verantwortlichen für Erziehung, Betreuung, Versorgung und Pflege von Kindern sowie hilfe- und unterstützungsbedürftigen älter und alt werdenden Familienmitgliedern wie eigene Eltern und Schwiegereltern.

Dies bedeutet im Umkehrschluss: Männer sind gegenwärtig in der Gesellschaft ›nur‹ einfach vergesellschaftet, wodurch sie gesellschaftlich auf die Ausübung beruflicher Aufgaben begrenzt sind. Gleichzeitig wird dadurch die Übernahme von familienbezogenen Aufgaben in einem gesellschaftlich relevanten Umfang erschwert, wodurch Geschlechter gleichgestellte Zugangsmöglichkeiten zur Berufs- und Familienarbeit nach wie vor für Frauen und Männer beeinträchtigt bzw. verhindert werden.

Der Aspekt der doppelten Vergesellschaftung umfasst eine zweite Ebene; diese bedingt eine inhaltliche Konzentration der Frauen auf Berufe und Tätigkeitsbereiche, die einen starken reproduktiven Charakter haben. Frauen befinden sich überproportional häufig in Berufen, die sich auf die physische und psychische Versorgung von Gesellschaftsmitgliedern beziehen. Hierzu gehören Berufe aus dem Bereich der Kranken- und Altenpflege, der Erziehung sowie der Betreuung, Unterstützung und Begleitung von Menschen mit besonderen Hilfe- und Unterstützungsbedarfen. Die private Allzuständigkeit für Aufgaben in der Familienarbeit setzt sich in einer inhaltlichen Eingrenzung auf thematische Erwerbstätigkeitsfelder fort, die ihren Schwerpunkt in Fürsorge und Versorgung haben.

Die beiden Ebenen der doppelten Vergesellschaftung von Frauen sind mit einer dritten Ebene – einer inneren – Vergesellschaftung verbunden, die allerdings in ihren Konsequenzen für Frauen und Männer von ausschlaggebender Relevanz sind. Während die bisher dargestellten Vergesellschaftungsformen in äußerlichen Formen der Segmentierung des Arbeitsmarktes nach Frauen- und Männerberufen sichtbar werden, wirkt die innere Vergesellschaftung auf einer tiefer liegenden Bewusstseinsebene. Die äußerlich erfahrenen Strukturen der gelebten sozialen Dichotomie der Geschlechter prägen die individuellen Bewusstseinsstrukturen und bedingen den Fortbestand kollektiver, dichotomer Persönlichkeitsstrukturen. Unter der Genderperspektive betrachtet zeigen sich für beide Geschlechter geschlechtsbezogene Schablonen sozial legitimierter Handlungs- und Entscheidungsmöglichkeiten. Mit anderen Worten sind beide Geschlechter in gesellschafts- und bewusstseinsstrukturelle Rahmenbedingungen eingebunden, die die Leitplanken des Doing Gender determinieren[4]. Doing Gender als der Prozess der Herstellung und Sichtbarmachung von Geschlecht erfolgt unter Rückbezug auf die existenten Denk- und Handlungsmodelle im interaktiven Prozess und ist das Resultat des Konstruktionsprozesses zwischen Herkömmlichem und Künftigem, das sich ggf. künftig in veränderten Geschlechterkonstruktionen zeigen kann. Die Herstellung von Geschlecht im Sinne von Gender erfolgt durch einen gegenseitigen Vergewisserungsprozess. Das Geschlecht wird erst existent, wenn das Individuum es für sein Gegenüber hat. Geschlecht ist eine Zuschreibung des Gegenübers und erhält Faktizität, in dem der Zuschreibungsprozess das Handeln und Denken des Geschlechtsträgers determiniert (vgl. Treibel 1997, 129-149).

---

4 Doing Gender im wörtlichen Sinne übersetzt ›machen bzw. herstellen von (sozialem) Geschlecht‹, symbolisiert den Prozess, in dem durch soziale Interaktionen die Vorstellungen darüber ›Was Frau und Mann ist, tut und zu sein hat‹ entwickelt, verfestigt und somit auch fortgeschrieben werden. Der Begriff des Doing Gender geht ursprünglich auf Cadane West und Don H. Zimmerman (1987) zurück und verweist auf den interaktionistischen Aushandlungsprozess, in dem es um die Herstellung von Geschlecht im sozialen Kontext geht.

4. Gender-typische Handlungsmuster im beruflichen Kontext

Die bereits an früherer Stelle diskutierte Segmentierung des Arbeitsmarktes ist das Resultat spezifischer Gender-typischer Verhaltensweisen und Entscheidungen im Hinblick auf die berufliche Positionierung der Geschlechter. Indikatoren dafür sind die getroffenen Berufswahlentscheidungen und die, aufgrund von Priorisierungen, die zwischen Berufs- und Familienanforderungen vorgenommen werden, gelebten Arbeitszeitmodelle.

Die Berufswahl als eine determinierende Größe für berufliche Entwicklungsoptionen im Hinblick auf Einkommens- und Karrieremöglichkeiten, die gegebenenfalls auch in Führungspositionen führen, ist ein Resultat eines deutlichen Gender-typischen Verhaltens. Diese Verhaltensmuster zeigen sich in mehrfacher Hinsicht. Mädchen und junge Frauen wählen seltener Berufe, die im dualen System betrieblicher Ausbildung angesiedelt sind. Sie nehmen in der Gruppe der BerufsschülerInnen einen Anteil von 40% ein. Weiterhin werden rd. 70% der Berufswahlen der Berufsschülerinnen von einer Gruppe von 20 Berufen abgedeckt. Der Vergleichswert bei den männlichen Berufsschülern liegt dagegen bei rd. 50%, d. h. um 20% niedriger.

Innerhalb der 20 am häufigsten gewählten Berufe von Frauen und Männern zeigt sich darüber hinaus, dass die Frauen deutlich häufiger in Dienstleistungsberufen und die Männer in industriellen Fertigungsberufen ausgebildet werden. Zu den ›weiblichen‹ Dienstleistungsberufen gehören z. B. Bürokauffrau, Arzthelferin, Zahnmedizinische Fachangestellte, Friseurin, während Kraftfahrzeugmechatroniker, Anlagenmechaniker für Sanitär-, Heizungs- und Klimatechnik sowie Metallbauer und Tischler zu den ›männlichen‹ Fertigungsberufen gezählt werden können.

Unter der Genderperspektive betrachtet zeigt sich in der schulischen Berufsausbildung ein umgekehrtes proportionales Verhältnis; rund 60% der Berufsfachschüler sind weiblich. Ein noch deutlicheres Ungleichgewicht zwischen den Geschlechtern zeigt sich in den Berufsfachschulen des Gesundheitswesens, hier liegt der Frauenanteil bei rund 80%. Die Genderdifferenzierungen setzen sich auch in der inhaltlichen Wahl der anzustrebenden Berufsabschlüsse fort. Frauen gehen vor allem in die so genannten personenbezogenen Dienstleistungsberufe wie Kinderpflegerin, Altenpflegerin, Erzieherin oder Krankenschwester. Sofern Männer die Angebote der Berufsfachschulen in Anspruch nehmen und in schulische Ausbildungsberufe gehen, wählen sie stärker technisch bzw. wirtschaftlich orientierte Berufe.

Folglich korrespondieren die Gender-differenten Entscheidungen bzgl. Berufswahl mit berufstypischen Tätigkeiten. Unter Frauenperspektive betrachtet bedeutet dies, dass die frauentypische Berufswahl die Auseinandersetzung und Anwendung so genannter weiblicher Zuständigkeiten wie Fürsorge, Betreuung und Erziehung in den beruflichen Bereich verlängert. Auch hier muss wieder die Frage gestellt werden, ob die Berufswahl durch das Geschlecht bestimmt wird oder Berufe spezifische VertreterInnen des Geschlechts erfordern. Unabhängig von einer potentiellen Antwort bleibt das Faktum bestehen, das auf die Existenz einer deutlichen horizontalen Segmentierung verweist, die auf der Strukturvariablen ›Geschlecht‹ basiert.

Die realisierten Arbeitszeitmodelle sind ebenfalls eine Quintessenz Gender-typischer Handlungsmuster, die zu erheblichen Unterschieden bezüglich der Arbeitsmarktintegration führen und damit die Rahmenbedingungen für kooperatives Verhalten der Geschlechter stecken.

Die weibliche Berufsbiografie unterscheidet sich noch heute überwiegend von der klassischen männlichen Berufsbiografie, an die die Norm der kontinuierlichen Vollzeiterwerbstätigkeit gekoppelt ist. Erwerbsverläufe von Frauen sind durch Diskontinuitäten in Folge von Versorgungs- und Betreuungsaufgaben von Kindern und versorgungsbedürftigen älteren Menschen geprägt und weisen häufig eine Teilzeitorientierung auf. Die Diskontinuitäten durch Unterbrechungen aufgrund familiärer Versorgungsaufgaben sind vielfach zeitlich begrenzt und in erheblichem Maße von wohlfahrtsstaatlichen Regelungen wie Elternzeit, Verfügbarkeit von Betreuungsplätzen für Kinder, Ganztagsbetreuungskonzepten und Versorgungsstrukturen pflegebedürftiger Menschen abhängig.

Die Struktur der diskontinuierlichen Erwerbsverläufe hat sich im Zuge zunehmender Erwerbsbeteiligung von Frauen leicht modifiziert. Während vorrangig in den 70iger und 80iger Jahren des 20. Jahrhunderts das so genannte Drei-Phasen-Modell in einer sehr strikten Form praktiziert wurde, hat bis heute eine Verschiebung zeitlicher Prioritäten stattgefunden. In der ›ursprünglichen‹ Form umfasst die erste Phase die Berufsausbildung und eine daran anschließende, kürzere Zeitspanne der Berufsausübung vor der Familiengründung. Mit der Geburt des ersten Kindes beginnt die zweite Phase, die mit einem Ausstieg aus der Erwerbstätigkeit und der ausschließlichen Übernahme von Familientätigkeiten korrespondiert. In der folgenden dritten Phase wird ein Wiedereinstieg in die Berufstätigkeit, in der Regel in Form von Teilzeit, vollzogen, der die Notwendigkeit der Vereinbarkeit von Berufs- und Familienarbeit erforderlich macht. Der Eintritt in diese dritte Phase erfolgt im ursprünglichen Modell zu einem Zeitpunkt, zu dem die Kinder und Jugendlichen eine weitgehende Selbstständigkeit erzielt haben und der unmittelbare Betreuungsumfang zunehmend reduziert ist. Diese letzte Phase kann allerdings durchaus eine Zeitspanne von 10-15 Jahren umfassen, wodurch sich das für den Erwerbsarbeitsmarkt vermeintlich relevante Humankapital der Frauen deutlich reduziert.

In der gegenwärtigen Zeit hat dieses Modell eine geringe strukturelle Wandlung erfahren. Die Veränderungen beziehen sich vorrangig auf die zweite Phase, die einerseits aufgrund geringerer Geburtenzahlen und andererseits verbesserter Kinderbetreuungsmöglichkeiten zeitlich kürzer gefasst wird und damit einen früheren Wiedereinstieg in die Erwerbstätigkeit verursacht. Die erneut aufgenommene Erwerbstätigkeit findet ebenfalls vielfach in Teilzeitform statt.

Daten belegen eine gegenüber den Männern wesentlich höhere Frauenquote an Teilzeitbeschäftigten. Während rd. 5 von 6 Männern einer Beschäftigung von 36 und mehr Stunden nachgehen, tun dies 3 von 6 Frauen. Folglich arbeitet die Hälfte der erwerbstätigen Frauen mit mehr oder weniger deutlich geringeren Stundenumfängen. Eine weitere Betrachtung der Daten zeigt, dass in der Gruppe der weiblichen Teilzeitbeschäftigten mehr als die Hälfte wöchentlich durchschnittlich ›20 und weniger Stunden‹ erwerbstätig ist. Dies entspricht einem knappen Drittel der Gesamtgruppe der erwerbsbeteiligten Frauen (29%).

Beschäftigungsumfang	Frauen n=14,8 Mio	Männer n=17,2 Mio
	Angaben in %	
20 und weniger Stunden	29	5
21 – 31 Stunden	14	2
32 – 35 Stunden	6	8
36 und mehr Stunden	51	85

Tabelle 3: Beschäftigungsumfang der abhängig Beschäftigten differenziert nach Frauen und Männer im Jahr 2004 (Gender-Datenreport. 2005, 122)[5]

In der Zusammenschau der Daten wird deutlich: Es bestehen ungleiche Beteiligungen von Frauen und Männern in den vorhandenen Berufsbereichen, die zur Ausbildung Gender-typischer Tätigkeitsfelder führen. Wei-

---

5 Als abhängig Erwerbstätige zählen alle Personen, die in einem Arbeitsverhältnis stehen wie Beamte/-innen, Angestellte, Arbeiter/-innen und Auszubildende, auch Personen in Elternzeit. Selbstständige, Freiberufler und mithelfende Familienangehörige zählen nicht zu den abhängig Erwerbstätigen. Vgl. Gender-Datenreport 2005, Seite 122. Erwerbsbeteiligungsquote Frauen: 62,2%; Männer: 72,8% (European Commission – Directorate-General for Employment, Social Affairs and Equal Opportunities, 2008, 24)

terhin sind Frauen zwischen 15 und 64 Jahre seltener in den Erwerbsarbeitsmarkt integriert. Sofern sich Frauen am Arbeitsmarkt beteiligen,
übernehmen sie darüber hinaus in der Regel geringere Stundenumfänge,
was wiederum als nicht kompatibel mit der Ausübung von Führungspositionen gesehen wird. Dies lässt sich pointiert dahingehend zusammenfassen: Frauen sind weniger präsent auf dem Arbeitsmarkt; dies bezieht sich
auf ihre absolute (Erwerbsquote) wie auch relative (Teilzeitquote) Beteiligung. Des Weiteren bedienen sie Tätigkeitsbereiche, die vielfach mit Fürsorge und Betreuung und damit mit der Sorge für Andere gekoppelt sind
und besetzen spezifisch inhaltliche Felder des Arbeitsmarktes.

5. Gender-orientiertes Kooperationsmanagement: Eine Herausforderung an zukünftiges manageriales Handeln

Die Ausführungen zeigen: Beruflich qualifizierte Frauen stellen ein bisher
zu wenig genutztes Potential als Humanressource dar, in dem ihre schulischen und beruflichen Qualifikationen keine adäquaten Übersetzungen
in berufliche Positionen finden. Eine Einflussgröße in diesem Ursachen-
Wirkungszusammenhang stellen die von beiden Geschlechtern gelebten
Geschlechtsrollenorientierungen bzw. sozialen Konstruktionen dar, die
ein Ausbrechen aus traditionalistischen Handlungsmustern erschweren.
Eine kritische Reflexion dieser zuvor dargestellten Ausgangsbedingungen unter kooperationstheoretischen Gesichtspunkten führt zu der
Erkenntnis, dass ohne grundlegende Veränderungen des kooperativen
Miteinanders der Geschlechter keine Veränderung in Bezug auf mehr
Geschlechtergerechtigkeit erzielt werden kann, sondern eine weitere Stabilisierung des Status Quo erfolgt. Nun stellt aber insbesondere der demografische Wandel, der eine nicht unerhebliche Erosion des Erwerbsper-
sonenpotentials verursacht, eine Herausforderung für das Management
dar, die Zukunftssicherheit des Unternehmens durch nachhaltige Personalentwicklung und Personalpolitik zu sichern. Dies kann u. a. durch
die Erschließung und Rekrutierung eines bis dahin nur anteilig integrierten Personenkreises erfolgen, nämlich der Gruppe der weiblichen Erwerbspersonen. Zu den Aufgaben des Managements gehört die Platzierung des Unternehmens am Markt einerseits unter inhaltlicher und
andererseits unter Personalentwicklungsperspektive. Die Absicherung
der Leistungsfähigkeit der Organisation durch angemessene Strategien
des Personalaufbaus, der Personalbindung wie auch der Personalentwicklung sind integraler Bestandteil des unternehmerischen Denkens und
Handelns der Führungsebene. Der demografische Wandel bedingt eine

Mangelsituation im Bereich qualifizierter Fach- und Führungskräfte, so dass die Notwendigkeit einer effektiveren Ansprache und einer gezielten Integration des vorhandenen Arbeitskräftepotentials erforderlich wird. Die demografischen Veränderungen im Bereich des Erwerbspersonen- potentials erzwingen ein Umdenken in Gesellschaft und Wirtschaft, das den Mangel an erforderlichen Arbeitskräften stärker in den Blick nimmt und die ›Humanressource MitarbeiterIn‹ in ihrer zentralen Funktion als Faktor des wirtschaftlichen Handelns fokussiert.

Weiterhin gehört das Diversity-Management zu den künftig zentralen Aufgaben der Leitung und Führung. Unter dem Ansatz des Managing Diversity sind die Handhabung und die produktive Gestaltung der Unter- schiedlichkeit der MitarbeiterInnen zu verstehen. Merkmale der Unter- schiedlichkeit sind Geschlecht, Alter, Ethnie und Behinderung sowie sexuelle Orientierung, Religion und Lebensstil. An dieser Stelle wird – wohl wissend, dass es sich damit um eine nicht notwendigerweise gerecht- fertigte, inhaltliche Verkürzung handelt – eine Fokussierung auf die Struk- turvariable Geschlecht vorgenommen. Das Managing Diversity unter dem Aspekt Geschlecht hat sich in Folge der bereits 1985 von der 3. Weltfrau- enkonferenz der Vereinten Nationen in Nairobi vorgestellten politischen Strategie des Gender Mainstreaming entwickelt.

Grundgedanke des Gender Mainstreaming ist die Annahme, dass je- de Entscheidung und jeder Prozess je spezifische Auswirkungen und Kon- sequenzen für die Mitglieder der Geschlechtsgruppen haben und somit die Realitäten für Frauen und Männer unterschiedlich bedingen. Dies übertragen auf eine organisationale Perspektive bedeutet: Frauen und Männer sind Mitglieder von Organisationen – auch wenn es auf verschie- denen Ebenen zu ungleichen Geschlechterverhältnissen kommt – und bei- de Geschlechtsgruppen sind Zielgruppen, Kunden oder Adressaten von organisationalem Handeln. Folglich muss auch im Sinne eines effektiven und effizienten Managements ein Gender-differenzierter Blick auf den kollegialen Umgang innerhalb der Organisation und den Umgang außer- halb der Organisation mit dem Umfeld (Zielgruppe, Kunden, Adressaten) gerichtet werden.

In organisationales Handeln übersetzt bedeutet dies: Frauen und Männer sind Mitarbeiterinnen und Mitarbeiter sowie Adressatinnen und Adressaten und stellen damit durch Diversität gekennzeichnete Gruppen dar, die in ihrer Einzigartigkeit und Vielfältigkeit konkret zu berücksichti- gen sind.

Zusammengefasst ist somit zu formulieren: Es besteht eine Ungleich- verteilung zwischen Frauen und Männern hinsichtlich der Arbeitsmarkt- integration, der demografische Wandel erfordert erhöhte Partizipations- anteile von Frauen am Erwerbsarbeitsmarkt und eine optimale Marktpositionierung der Organisation setzt die Berücksichtigung Gender-sensibler Strategien voraus. Ausgehend von dieser Analyse ergibt sich die Notwendigkeit eines Gender-bezogenen Kooperationsmanagements. Das Managen der Geschlechterkooperation vermindert Reibungsverluste auf der Mikroebene und schafft die strukturellen Rahmenbedingungen zur Schaffung der Gleichstellung der Geschlechter mit gleichzeitiger Sicherung der Marktposition der Organisation auf Makroebene.

6. Gender-orientiertes Kooperationsmanagement for Beginners

Im Folgenden wird der Blick auf bestehende strukturelle, organisatorische Rahmenbedingungen gelenkt, die unter kooperationstheoretischen Gesichtspunkten kritisch zu beleuchten sind und zur Realisierung eines Gender-sensiblen kooperativen Führungsverhaltens einer Revision bedürfen. Gleichzeitig werden Strategien aufgezeigt, die die Wege für Gender-orientiertes Kooperationsmanagement bereiten und die Kooperation der Geschlechter realisierbar machen.

Aufgrund des beschriebenen Arbeitsmarktverhaltens sind Frauen weniger in informelle Netzwerke eingebunden. Dies wiederum bedingt eine relevante Ausgrenzung von wesentlichen Kommunikationskanälen, die in nicht unerheblichem Maße die informellen Prozesse in einem Team oder einer Organisation bestimmen. Die Nicht-Beteiligung an Kommunikationskanälen verhindert oder erschwert die Einflussnahme auf Meinungsbildungsprozesse und somit auf entsprechende Schritte im Entscheidungsfindungsprozess. Konkret übersetzt: Durch die geringere Präsenz von Frauen auf dem Arbeitsmarkt und in oberen Hierarchieebenen kommt es weniger zu einem ausgewogenen Gender-sensiblen Meinungsbildungsprozess, da die Gender-bezogenen Sichtweisen ungleich vertreten sind.

Frauen werden nach wie vor als Trägerinnen spezifischer weiblicher Geschlechtsrollen wahrgenommen und ihnen werden auch spezifische ›weibliche‹ Qualifikationen wie Kommunikationsfähigkeit, Einfühlungsvermögen, Emotionalität und Sensibilität zugeschrieben (Höhler, 2000)[6]. Diese Eigenschaften sind aber nun weiterhin nicht mit den klassischen Anforderungen an Führung und Leitung verbunden, die stärker mit Eigen-

---

6   Ähnliche gender-typische Zuschreibungen sind auch im Hinblick auf Männer zu benennen, wonach der Mann unter Gender-Perspektive durch Eigenschaften wie durchsetzungsfähig, auf Konkurrenz orientiert, zielstrebig und Macht-orientiert gekennzeichnet wird.

schaften wie Rationalität, Distanz, Durchsetzungsfähigkeit und Entscheidungswilligkeit assoziiert sind. Inwieweit sich diese Eigenschaftsgruppen tatsächlich widersprechen müssen, soll an dieser Stelle nicht diskutiert werden. Vielmehr ist zu konstatieren, dass aufgrund dieser assoziativen Setzungen das soziale Geschlecht ›Frau‹ entkoppelt wird von – dem eventuell real existierenden – Wunsch nach beruflichen Leitungsansprüchen und -aufgaben. Somit greift wieder die Kennzeichnung von Regine Gildemeister, wonach ›man für Natur hält, was ›Gesellschaft‹ ist (Gildemeister 1992, Seite 228, vgl. hierzu Treibel 1997, 146) und es können erhebliche Widersprüche zwischen dem individuellen weiblichen Streben nach Führungs- und Leitungsaufgaben und den Wahrnehmungen des gesellschaftlichen Umfeldes resultieren, da dies als geschlechtsspezifisch[7] nicht stimmig und folglich nicht passend gilt.

Als eine wesentliche Grundvoraussetzung zur Realisierung eines Gender-orientierten bzw. Gender-sensiblen Kooperationsmanagements, das die Gleichstellung der Geschlechter insbesondere unter vertikaler Perspektive anstrebt, wird die Steigerung der Beteiligungsquote von Frauen auf allen hierarchischen Ebenen einer Organisation betrachtet. Um dies zu erreichen, ist der Blick auf die strukturellen Facetten zu richten, die zu mehr oder weniger starken Diskriminierungstendenzen führen. Insbesondere im Bereich von Führungs- und Leitungspositionen nehmen Frauen nach wie vor den Status eines Tokens (Günther/Gerstenmaier 2005, 5) ein, d. h. sie befinden sich in einem Minderheitenstatus. Dieser Minderheitenstatus stellt allerdings das Resultat sich wechselseitig bedingender Konstruktionsprozesse und struktureller organisatorischer Manifestationen dar, die die Grundlage differenzierter Handlungsansätze bilden. So besitzt, wie bereits gezeigt, die Geschlechterordnung durch soziale Konstruktionsprozesse eine hohe handlungsbezogene Faktizität, die zur Tradierung bestehender Denk- und Handlungsmuster beiträgt, wodurch konkrete Maßnahmen erforderlich werden, das Bestehende zu irritieren und Neues denkbar zu machen.

Die erforderlichen (Irritations- und Umgestaltungs-)Maßnahmen müssen auf verschiedenen Ebenen ansetzen, die sich gegenseitig bedingen. Als grundlegend erscheinen dabei zunächst der Abbau der Gender-bezogenen Fremdheit und die Reflexion der selbstbezogenen und der gegengeschlechtlichen Genderorientierungen. Die Gender-bezogene Fremdheit bezieht sich in diesem Zusammenhang auf die fehlende Kenntnis, wie das

---

7   Hier wird gezielt der Begriff ›geschlechtsspezifisch‹ genutzt, da er von einer real existierenden sozialen Differenz der Geschlechter ausgeht und die bestehende soziale Dichotomie der Geschlechter auf der Grundlage der natürlichen Dichotomie als reale Gegebenheit handhabt.

»andere« Geschlecht reagieren wird. Hier kann auf die Begriffsbeschreibung von Zygmunt Baumann zur Fremdheit Bezug genommen werden. Er charakterisiert das Fremde als »das Fehlen von Klarheit«. Weiterhin führt Baumann bezogen auf Fremde aus: »man kann nicht sicher sein, was sie tun werden, wie sie auf die eigenen Handlungen reagieren würden [...]«. (Bauman, 2000, 39). Übersetzt auf den beruflichen Hintergrund bedeutet dies: Im gegengeschlechtlichen Kontext fehlt die Sicherheit, welche Verhaltensweisen das Gegenüber anwenden wird. Dies wird noch pointiert durch die selbst (auf das eigene Geschlecht) bezogenen und die gegengeschlechtlichen (das ›fremde‹ Geschlecht betreffenden) Genderorientierungen, die aufgrund von Zuschreibungsprozessen berufliches Handeln und Entscheiden mit diametral entgegen gesetzten Assoziationen versehen.

Ein Mittel zur Überwindung der Gender-bezogenen Fremdheit stellen Gender Trainings dar. In diesen Trainings geht es um die Bewusstmachung und Sensibilisierung für die Unterschiedlichkeit der Lebenslagen und Strukturbedingungen der Lebensgestaltung von Frauen und Männern. Die Lebensrealitäten von Frauen und Männern unterscheiden sich hinsichtlich bestehender Anforderungen, Zielvorstellungen und Potenzialen sowie der Chancen der Realisierbarkeit von politischen, sozialen und ökonomischen Vorstellungen. Die Bewusstmachung dieser Unterschiedlichkeiten überwindet die Genderblindheit und eröffnet die Chance zur Wahrnehmung gegengeschlechtlicher Realitäten. Auf dieser Grundlage können neue Handlungs- und Denkmodelle entwickelt werden, die die bestehenden Genderkonstruktionen in Frage stellen und neue Formen der Kooperation ermöglichen.

Die Verbreitung Gender-sensiblen Denkens und Handelns ist eine notwendige, aber noch keine hinreichende Bedingung für ein geschlechtergerechtes Kooperationsmanagement. Demgegenüber müssen weitere strukturelle Voraussetzungen geschaffen werden. Hierzu zählen auch Maßnahmen zur Beseitigung des Minderheiten- oder Tokenstatus von Frauen in Leitungs- und Führungspositionen. Die Veränderung der bestehenden Quantitäten hin zu angepassten oder gleichgestellten Geschlechterrelationen gleichen die Chancen in Verhandlungs- und Aufstiegssituationen an.

Eine Betrachtung der Geschlechterverteilung in den Organisationen zeigt organisationsspezifische Auffälligkeiten hinsichtlich der Integration von Frauen und Männern in organisatorischen Strukturen. Durch gezielte Restrukturierungsmaßnahmen entsprechender Organisationsstrukturen können die Integrationschancen von Frauen erhöht und ausgebaut werden.

Die Ungleichheit zwischen den Geschlechtern ist am prägnantesten ausgeprägt in hierarchischen, statischen und stark bürokratischen Organisationen. Demgegenüber ist eine Gleichstellung zwischen Männern und Frauen eher möglich in wenig hierarchischen, dynamischen und kompetitiven Organisationen. Die Chancen der Integration von Frauen erhöhen sich in Organisationen, die aufgrund wettbewerbsorientierten Vorgehens die Kompetenzen aller Mitarbeiterinnen nutzen müssen. Weiterhin zeigt sich die zentrale Bedeutung von Kriterien wie Position, Hierarchie und Zugehörigkeitsprinzip. Diese begünstigen die Reproduktion männlicher Homosoziabilität und produzieren Exklusionsmechanismen.

Ebenfalls ist ein Zusammenhang zwischen dem bestehenden Formalisierungsgrad innerhalb der Organisation und der Integration der Geschlechter festzustellen. Je höher der Formalisierungsgrad ist, desto geringer erweist sich der Einfluss der Geschlechtsvariablen, stattdessen erhalten formale Kriterien wie Qualifikation und Know-how einen höheren Erklärungs- und Entscheidungswert. Objektivierbare Formalkriterien erschweren Diskriminierungen und bilden die Grundlage dafür, bestehende Rechte einzuklagen. Organisationsgrößen und Spezialisierungsgrade wirken sich ebenfalls beeinflussend auf die bestehenden Geschlechterverhältnisse in organisationalen Strukturen aus.

Christine Wimbauer fasst einige Aussagen zum Zusammenhang von Struktur und Integration zusammen, die Ausgangspunkte für managerieles Handeln im Hinblick auf Gender-sensible Personalentwicklung repräsentieren. Zu den Einflussfaktoren gehören die Größe, die Spezialisierung und die Marktposition des Unternehmens. Kleinere Organisationen weisen eine stärkere Segregation auf. Größere Organisationen beteiligen Frauen eher, da sie aufgrund der Marktsituation integriert organisiert sind und Frauen aufgrund der existierenden Angebotsseite stärker einbeziehen müssen. Spezialisierung bedingt eine höhere Segregation. D. h. je stärker die Spezialisierung, desto stärker ist die Segregation (horizontale Segregation). Dies findet sich auch bei integrierten Berufen, die zu annähernd gleichen Anteilen von Frauen und Männern ausgeübt werden, wieder. Auch hier findet eine Segregation in Abhängigkeit zur Spezialisierung statt, die in eine horizontale Segregation mündet. Weiter zeigen große Organisationen – mit zunehmender Spezialisierung – eine höhere horizontale und vertikale Segregation.

So genannte organische Organisationen oder auch dynamische Netze[8], die vorrangig in innovativen Wirtschaftszweigen im Profit-Bereich vorzufinden sind, integrieren Frauen eher bzw. besser. Demgegenüber wirken statische Hierarchien weniger integrativ und vorwiegend im NPO-

---

8   Vgl. zum Begriff der dynamische Netze: Steinmann, Horst; Schreyögg, Georg: Management. Grundlagen der Unternehmensführung. Konzepte – Funktionen – Fallstudien. 6. Auflage. Wiesbaden. 2005. Seite 470.

Bereich in den eher traditionellen Aufgabenbereichen finden horizontale und insbesondere vertikale Ausgrenzungsprozesse gegenüber Frauen statt. Die bestehenden sozialen Beziehungen in den Organisationsstrukturen transportieren die Geschlechterhierarchien weiter.

Neben der Beseitigung von Genderblindheit und Gender-bezogener Fremdheit durch entsprechende Bewusstseinsbildungsprozesse sind weitere proaktive Maßnahmen erforderlich, die auf institutioneller und individueller Ebene strukturelle Voraussetzungen schaffen, um Gender-sensibles und Gender-bezogenes Kooperationsmanagement zu ermöglichen. Zu diesen Strategien gehören Netzwerkbildung, Coaching sowie Mentoring. In erster Linie ist Sorge dafür zu tragen, dass ein ausgewogeneres Geschlechterverhältnis auf den horizontalen und vertikalen Ebenen des Arbeitsmarktes entstehen kann.

Netzwerke können sich gezielt im Hinblick auf Gender-sensible Kooperation geschlechtsheterogen konzipieren. Netzwerke sind soziale Geflechte und beeinflussen aufgrund der existierenden sozialen Beziehungen das Verhalten der beteiligten Personen. Die bestehenden Wechselwirkungen zwischen den beteiligten Personen gewährleisten Hilfe, Unterstützung und Rückhalt und sind auf das Erlangen eines gemeinsamen Zieles gerichtet. Eines der gemeinsam zu erreichenden Ziele eines Gender-orientierten Netzwerkes ist die Schaffung Geschlechter-gerechter Organisationsstrukturen. Hierzu zählen z. B. an die Lebenssituationen der beteiligten Mitglieder angepasste Arbeitsstruktur- und Arbeitszeitmodelle, die den Erfordernissen der Vereinbarkeit von Beruf und Familie Genüge tun und Erfordernisse der Versorgung und Betreuung von Kindern und Jugendlichen wie auch von älteren, hilfe- und pflegebedürftigen Personen entsprechen. Auch ein Besprechungsmanagement, das die unterschiedlichen Arbeitszeitmodelle berücksichtigt und verlässliche Zeitstrukturen schafft, entspricht einem am Gender Mainstreaming orientierten organisationalen Aufbau. Die Zugehörigkeit zu einem Netzwerk bietet sozioemotionalen Rückhalt (Siegrist) und schafft Sicherheit im sozialen Nahfeld. Aufgrund der Orientierung an gemeinsamen Netzwerkzielen resultiert ein kooperatives, immanent Gender-orientiertes Handeln, denn sowohl Entscheidungsfindung als auch die Konsequenzen der Entscheidungen sind nicht geschlechtsneutral, sondern repräsentieren die unterschiedlichen Denk- und Deutungsmuster der beteiligten Frauen und Männer.

Coaching und Mentoring sind Prozesse der Begleitung, mit dem Ziel weniger erfahrenen Personen Coaches oder MentorInnen an die Seite zu stellen, die sie auf ihren Entscheidungs- und Entwicklungswegen begleiten und unterstützen.

7. Fazit

Zum Schluss wird noch einmal die Ausgangsfrage aufgegriffen: ›Frauen ›Warum seid ihr nicht in den Führungsetagen zu finden?‹ und was bedeutet dies vor dem Hintergrund des Ansatzes des Kooperationsmanagements?

Ein kooperatives Verhalten, das den Genderansatz außer Acht lässt und ihn nicht zum konstitutiven Element der Bewertung der Sinnhaftigkeit des gemeinsam anzustrebenden Zweckes macht, dient lediglich der Verfestigung der bereits beschriebenen männlichen Homosoziabilität und tradiert die Negation der Diversität gesellschaftlicher Verhältnisse uneingeschränkt weiter. Die Nicht-Beachtung der Diversifizierung der Gesellschaft, insbesondere in Zeiten wirtschaftlicher Globalisierung, gefährdet die nachhaltige Verortung der Organisation im Wirtschaftsgefüge und verhindert fahrlässig die Nutzung vorhandener Ressourcen und Potentiale. Die Feststellung »Männer und Frauen als Team unschlagbar« (Höhler) bedroht die bestehende Geschlechterordnung, in dem die Zuordnung der Frauen zum Bereich der Privatheit und die der Männer zum Bereich der Öffentlichkeit in Frage gestellt wird. D. h. sie irritiert die Alleinstellungsansprüche der Frauen für den familiären und der Männer für den beruflichen Bereich, aber eröffnet auch Chancen für diejenigen, die sich nicht den klassischen Zuordnungen unterordnen und stattdessen aus den geschlechterbezogenen Grenzen ausbrechen wollen.

Gleichzeitig verweist sie auf die Notwendigkeit für ein Gender-sensibles Kooperationsmanagement im Sinne einer zukunftsorientierten Ausrichtung der Unternehmen.

Verwendete Literatur

Bauman, Zygmunt: Vereint in Verschiedenheit. In: Berghold, Josef; Menasse Elisabeth; Ottomeyer Klaus. (Hg.), Trennlinien. Klagenfurt. 2000.

Bundesministerium für Familie, Senioren, Frauen und Jugend: Gender-Datenreport 1. Datenreport zur Gleichstellung von Frauen und Männern in der Bundesrepublik. 2. Fassung. München. 2005.

European Commission – Directorate-General for Employment, Social Affairs and Equal Opportunities: Report in equality between women and men – 2008. http://ec.europa.eu/employment_social/emplweb/gender_equality/publications_de.cfm (30.05.2008).

Gildemeister, Regine: Die soziale Konstruktion von Geschlechtlichkeit. In: Ostner, Ilona; Lichtblau, Klaus; (Hg.): Feministische Vernunftkritik. Ansätze und Traditionen. Frankfurt/M. und New York 1992. Seite 220-239.

Günther, Susanne; Gerstenmaier, Jochen: Führungsfrauen im Management: Erfolgsmerkmale und Barrieren ihrer Berufslaufbahn (Forschungsbericht Nr. 175). München: Ludwig-Maximilians-Universität, Department Psychologie, Institut für Pädagogische Psychologie. 2005

Höhler, Gertrud: Männer und Frauen als Team unschlagbar. Aus Politik und Zeitgeschichte. B31-32/2000. Seite 3-4.

IAB-Kurzbericht: Frauen in Führungspositionen. An der Spitze ist die Luft dünn. Ausgabe Nr. 2 / 24.02.2006.

Kotthoff, Helga: Was heißt eigentlich »doing gender«? Zu Interaktion und Geschlecht. Erschienen 2002 in: Wiener Slawistischer Almanach, Sonderband 55, hrsg. von J. van Leeuwen-Turnovcová et al. 2002. Entnommen aus: http://www.projektwerkstatt.de/gender/download/Doing gender2002.pdf. 23.05.2008

Leitner, Andrea: Frauenberufe – Männerberufe. Zur Persistenz geschlechtshierarchischer Arbeitsmarktsegregation. In: Reihe Soziologie / Sociological Series 47. 2001. Seite 1-17.

Steinmann, Horst; Schreyögg, Georg: Management. Grundlagen der Unternehmensführung. Konzepte – Funktionen – Fallstudien. 6. Auflage. Wiesbaden. 2005.

Treibel, Annette: Geschlecht als soziale Konstruktion: Ethnomethodologie und Feminismus (Goffman, Garfinkel, Kessler/McKenna, Hagemann-White, Gildemeister. In: Treibel, Annette: Einführung in soziologische Theorien der Gegenwart. 4. Auflage. Opladen. 1997. Seite 129-149.

Wimbauer, Christine: Organisation und Geschlecht, Karriere. Fallstudien aus einem Forschungsinstitut. Opladen. 1999

Professions- und Handlungslogiken in ihrer Bedeutung für Kooperationsmanagement

Ulrich Deller

1. Einführung

In den folgenden Überlegungen geht es um die professionstheoretische Analyse von beruflicher Kooperation. Die Strukturierung der Berufe hat für die Strukturierung der Gesellschaft eine hohe Bedeutung. Besonders beeindruckend ist dies ablesbar an der Einteilung in die mittelalterlichen Zünfte, die sehr präzise und verlässlich regelten, wer in der Gesellschaft wo und wie seinen Platz einzunehmen hatte. Das lässt sich schon vom althochdeutschen Begriff her ablesen, der auf das abhebt, »was sich fügt oder geziemt«. Die Zunftordnungen finden ihre Fortsetzung in den heutigen Handwerksordnungen, die sich durch gesellschaftliche Entwicklungen immer mehr angefragt sehen. Die aktuellen Veränderungen der Handwerksordnungen spiegeln die Problematik der Professionalisierung unserer Gesellschaft wieder: die Absicherung von Zuständigkeiten als Absicherung von Qualität oder als Verhinderung von Wettbewerb. Wer darf was alles lernen, können und ausüben? Zugleich verändern sich die Berufe vor dem Hintergrund der gleichzeitigen, zunehmenden Spezialisierung und Verbreiterung des Wissens.

2. Gesellschaftliche Differenzierung

Grundlage für die zu bearbeitende Fragestellung ist die gesellschaftliche Arbeitsteilung und damit einhergehend die Frage, wie gesellschaftliche Differenzierung zu beschreiben ist, sowohl als soziale wie auch als ökonomische (König 1967, 31). D. h., dass die für uns selbstverständliche Differenzierung der Gesellschaft, die sich an der Vielfalt der Berufe und Professionen festmachen lässt, zweifach motiviert ist, zum einen – in besonderer Weise von Adam Smith beschrieben (Smith 1976) – ökonomisch: wie lassen sich durch Aufteilung der Arbeitsvorgänge die Produktivität (weil mehr Güter aufgrund der gestiegenen Bevölkerungszahlen benötigt werden) und damit natürlich auch der Gewinn (weil weniger der Stand und die Ehre als vielmehr andere Mittel des gesellschaftlichen

Aufstiegs nötig erscheinen) steigern. Mit dieser Entwicklung geht einher, dass sich die Berufe differenzieren, da sich die Arbeitsvorgänge zunehmend komplexer und damit zugleich auch komplizierter gestalten. Zum anderen erweisen sich Arbeitsteilung und Berufsdifferenzierung als Mittel und als Ergebnis von sozialer Differenzierung und Kohäsion. Vor dem Hintergrund der Überlegungen von Adam Smith wurden vielfältige Diskussionen über Arbeitsteilung im ökonomischen Sinn geführt. Erst mit Durkheim (1893) wird die Untersuchung der gesellschaftlichen Bedeutung der Arbeitsteilung in den Vordergrund gerückt. Bei Durkheim geht es dabei vor allem um die Frage, wie über Berufsgruppen eine Verbindung zwischen Individuum und Gesellschaft geschaffen werden kann. So seien die anomischen Tendenzen zu bekämpfen (vgl. Kurtz 2002, 18f).

Max Weber stellt in seinen Überlegungen wissenschaftliche Rationalität in den Vordergrund. Er geht von der rationalen Zuordnung von Mitteln zu gegebenen Zwecken aus. Vor diesem Hintergrund definiert er:»Beruf soll jene Spezifizierung, Spezialisierung und Kombination von Leistungen einer Person heißen, welche für diese die Grundlage für eine kontinuierliche Versorgungs- und Erwerbschance ist.« (Weber 1964, 104). Vor dem Hintergrund der deutschen Tradition der Professionalisierung untersucht er Professionalisierung vornehmlich im Bereich der öffentlichen Verwaltung.

3. Parsons: Struktur-funktionalistische Betrachtung

Talcott Parsons liefert 1939 eine erste bedeutsame Betrachtung von Berufen in der Form von Professionen. Die ersten akademischen Berufe, denen eine besondere Zuständigkeit zugestanden wurde, sind neben den Geistlichen die Mediziner und Juristen. Parsons geht wie Weber davon aus, dass Professionalisierung nicht ohne die Verbindung der Berufe zur Wissenschaft denkbar ist und damit in besonderer Weise mit Rationalität gegen Traditionalität verbunden ist. Eine berufliche Handlung gilt nicht mehr alleine deswegen als richtig, weil diese zunftgemäß ist und schon von den Vorfahren so gehandhabt wurde. »Die Bedeutung der Rationalität für alle modernen akademischen Berufe, insbesondere aber für jene wichtigen Zweige, die sich mit der Entwicklung und Anwendung der Naturwissenschaften befassen, unterstreicht ihre Rolle in der Gesellschaft als ganzer.« (Parsons 1964, 165). Professionalisierung gelingt am ehesten durch Abkehr vom Partikularismus. Der Status im Berufssystem ist unabhängig vom Status in Verwandtschafts- oder Nachbarschaftsgruppen. Fachliche Kompetenz ist der eigentliche Kern der akademischen Berufsrolle. Hinzu kommt die sachliche, unparteiische und uneigennützige Ausübung des Amtes.

Parsons greift das Problem der gesellschaftlichen Differenzierung auf und geht der Frage nach, wie das Sozialsystem Gesellschaft sich bzw. seine Struktur erhält und entwirft vier Grundfunktionen, anhand derer auch die berufliche Differenzierung und ihr Beitrag zur gesellschaftlichen Differenzierung und Kohäsion analysiert werden kann.

Sie ergeben das »AGIL-Schema«:

- A = adaptation: meint Anpassung an die äußere Situation (incl. der aktiven Veränderung der Umwelt).
- G = goal attainment: aktive Anpassung gelingt nur, wenn Ziele formuliert sind, und ihr Erreichen organisiert ist.
- I = integration: Das Sozialsystem braucht ein Mindestmaß an Zusammenhang (Solidarität und Kontrolle).
- L = latent pattern maintenance: Sozialsysteme müssen absichern, dass die normative Struktur und die Motivation der Handelnden in einem Mindestmaß gleich bleiben. (Vgl. Daheim 1977, 7f).

Dieses angelsächsische Modell der Analysierung von Professionalisierung ist in Deutschland längere Zeit unhinterfragt übernommen worden. Dabei ergaben sich zwei Probleme: zum einen spiegelt es nicht die deutsche Diskussion wieder. Für Max Weber spielen die »staatlichen Anstrengungen im 19. Jahrhundert zur Modernisierung von Verwaltung und Dienstleistung« eine große Rolle. Aufgrund der staatlichen Kontrolle von Ausbildung, von Berufszugängen und von Berufsausübung von Akademikern und der Tatsache, dass die Akademiker in der Regel Staatdiener sind, verbindet Weber die Professionalisierung nicht nur wie Parsons mit der Wissenschaft, sondern eng mit der Ausübung von Professionen in der öffentlichen Verwaltung. Demgegenüber entwickelt das funktionalistische Professionsmodell Profession »als für Klienten qualifizierte Dienste leistende Berufe«. (Daheim 1992, 22). Zum anderen wird am struktur-funktionalistischen Professionsmodel kritisiert, dass es den Aspekt Macht ausblendet.

4. Beruf und Profession

Um die Begriffe Beruf und Profession[1] gegeneinander abzugrenzen, kann man davon ausgehen, dass Professionen eine besondere Form der Berufe

---

1   Daheim versteht Arbeit als den Oberbegriff (Daheim 1977, 10)

allgemein sind. Profession setzt die Entwicklung der Berufsidee voraus, die gekennzeichnet ist durch: die Wählbarkeit des Berufs und die Erreichbarkeit sozialer Attribute durch einen Beruf (Stichweh 1996, 51). Die dem Beruf schon vom Wort her verbundene Idee der Berufung zu einer bestimmten Tätigkeit wird ersetzt durch die Ideen von Begabung und in heutigen Zusammenhängen von Neigung bzw. Verwertbarkeit. Daheim schlägt vor, von einem Kontinuum auszugehen, dessen einer Pol von den professionalisierten und dessen anderer von den nicht-professionalisierten Berufen gebildet werden. Der Grad der Professionalisierung kann fest gemacht werden am »Ausmaß des systematisierten technischen[2] Wissens..., wobei dieses Wissen sowohl empirische wie nicht-empirische Elemente enthalten kann und auf den einzelnen Fall hin und nicht routinemäßig und schematisiert angewendet wird.« (Daheim 1977, 12). Der besondere Unterschied liegt für Stichweh in der Fähigkeit der Professionen, sich selbst zum Thema zu machen:»Professionen sind dann Berufe eines besonderen Typs. Sie unterscheiden sich dadurch, dass sie die Berufsidee reflexiv handhaben, also das Wissen und das Ethos eines Berufs bewusst kultivieren, kodifizieren, vertexten und damit in die Form einer akademischen Lehrbarkeit überführen.« (Stichweh 1996, 51).

5. Profession und gelehrte Korporation

Historisch lassen sich Professionen auf die Korporationen von Professoren und Studenten in den Universitäten des 16. Jhts. Zurückführen (vgl. Daheim 1977, 12). Hier zeigt sich, dass sich die Nähe zum Wort Professor zweifach begründet, zum einen in der engen Verbindung zwischen Beruf(en) und dem durch die wissenschaftliche Arbeit in den Universitäten zur Verfügung stehenden Wissen. Zum anderen wegen der öffentlichen Bedeutung der Professionen – Arzt, Geistlicher und Juristen legten ein öffentliches Gelübde ab. Auch Stichweh beschreibt die Kernmerkmale »frühmoderner Professionen« anhand der Begriffe Korporation und Gelehrsamkeit. Korporationen ermöglichten den Wechsel von der ständischen Gesellschaft in die Moderne durch funktionale Spezialisierung und durch die Sicherung von Kontrolle. D. h. sie waren für bestimmte Sachfragen zuständig, die Zugehörigkeit ergab sich aus der Kenntnis der

---

2   Dass hier ein historisch bedingt auf Technik verengtes Verständnis zugrunde liegt, schmälert die generelle Idee nicht. Der Begriff reflektiert auch den Versuch, eine Brücke zu bilden zwischen dem die Routine kennzeichnenden Wissen und dem abstrakten erst noch auf einen Fall zu beziehenden Wissen.

Sache (und nicht aus Verwandtschaften o.ä.), und sie wurden über Regeln der Zulassung und Mitgliedschaft formal durch die Obrigkeit gesteuert (Stichweh 2000, 29f). Solche Korporationen konnte es für Berufe generell geben. Für die Professionen kam in besonderer Weise der Aspekt »Gelehrsamkeit« hinzu. In dem Moment, in dem von den gelehrten Kooperationen als solchen in der Öffentlichkeit in besonderer Weise die Rede war, wurden Professionen generell nach diesem Modell als lehrend/gelehrt verstanden (Stichweh 1992, 38). »Aus der Bindung an die Universität folgte dann unmittelbar der Bezug auf einen der großen Wissenskorpora der europäischen gelehrten Tradition: Recht, Theologie, Physik (d. h. das Wissen über die Körperwelt), und es war dieser Bezug auf gelehrtes Wissen, der die Professionen als Korporationen von den Berufen im Handel und den Handwerken trennte.« (Stichweh 2000, 30). Und aus dem Bezug zu an sachlicher Erkenntnis orientierten Wissenschaften wurden die Professionen mit der Vorstellung verbunden, sie dienen der Sache und nicht der Verfolgung persönlicher Interessen.

Mit dieser Form der Veränderung der Berufswelt in Gestalt von Professionen wurde eine bis heute bedeutsame Veränderung der Gesellschaft begleitet und z. T. erst ermöglicht. Über die Bezeichnung der Professionen als Berufsstände wurde zunehmend die ständische Gesellschaft mit ihrer partikularistischen Art der Vergabe von Privilegien abgelöst. Vor diesem Hintergrund kommt Stichweh zu der Überzeugung, »dass Professionen ein Phänomen des Übergangs von der ständischen Gesellschaft des alten Europa zur funktional differenzierten Gesellschaft der Moderne sind und dass sie vor allem darin ihre gesellschaftsgeschichtliche Bedeutung haben.« (Stichweh 1996, 50).

6. Profession als Reaktion auf eine Krise

Auf einem eher sozialphilosophischen Niveau analysiert Oevermann das Entstehen von Professionen als »Strukturort der systematischen, das heißt nichtzufälligen Erzeugung des Neuen durch Krisenbewältigung«. (Oevermann 1996, 81f). In dem Moment, in dem sich für die Bewältigung gesellschaftlicher Aufgaben die »Routine-Exekutionen« nicht mehr hilfreich und ausreichend erweisen, entstehen Professionen. »Auf einer zweiten Ableitungsstufe rechnen wir also das professionalisierte Handeln und seine historischen Vorläufer – gemeinsam mit dem politischen, unternehmerischen und intellektuellen Handeln – dem Komplex der systematischen Erneuerung durch Krisenbewältigung zu. Dazu bedarf es immer der Charismatisierung und in dieser Eigenschaft partizipiert es an der Außeralltäglichkeit der Innovation.« (Oevermann 1996, 82). Oevermann erkennt zwei Phasen, in denen (professionalisiert) auf die Krise reagiert wird. 1. Eine Situation präsentiert sich als unausweichlich und auf sie muss reagiert werden. Diese Reaktion setzt eine »aktiv-praktische Entscheidung zu einer Aktion« voraus, »die immer auch eine spontane, reflexartige, intuitiv von der Richtigkeit überzeugte Entschließung ist.« (Oevermann 1996, 82). Die zweite Phase der Krisenbewältigung ist gekennzeichnet durch die »Rekonstruktion dieser spontanen, selbst-charismatisierten ersten Entschließung«. (Oevermann 1996, 83). Professionalisierung entwickelt sich, indem diese beiden Phasen in unterschiedliche soziale Funktionen differenziert werden. Die erste Phase ist in sozialen Funktionen wie Herrscher, Unternehmensführer etc. verankert. Die zweite Phase konzentriert sich auf die »problematisierende Bearbeitung von Geltungsfragen ..., nicht so sehr die Verantwortung für eine praktische Entscheidung in einer Krisenkonstellation.« (Oevermann 1996, 84).

7. Kriterienansatz

Nach und neben den Überlegungen von Parsons haben zunächst Carr-Saunders und Wilson (1936) und später Millerson (1964) in Großbritannien Studien durchgeführt, welche Kriterien die als »professions« bezeichneten Berufe gemeinsam haben. Auch wenn diese Kriteriensammlung kritisiert wurde, greift Stichweh letztlich doch wieder auf sie zurück und führt sie zur Kennzeichnung von Professionen Kriterien an. 1. eine gewisse Autonomie gegenüber dem Staat, die ... über Privilegien und Exemtionen (Steuerfreiheit, Zensurfreiheit etc.) geregelt wird.« (Stichweh 1992, 36). 2. Der Professionelle ist sachlich orientiert und gebunden an das der Profession zu Grunde liegende vermittelte Wissen. 3. Der Professionelle steht öffentlich für diese sachliche Verankerung im jeweiligen Wissensbestand ein. (»professioneller Habitus«). 4. Die Professionellen sind zuständig für Ausbildung und Zugangsberechtigungen zur Profession. 5. Es gibt eine korporative Organisation der Professionellen, die als Ersatz der staatlichen Kontrolle berechtigt ist, in seinem Sinn intern Kontrolle auszuüben.

Bei Carr-Saunders/Wilson werden folgende Kriterien für Professionalität deutlich: Spezialisierte, intellektuelle Technik; Ausbildung; Technik: entweder wissenschaftlich (Medizin) oder institutionell (Kenntnis der sozialen Institutionen = Jura) orientiert; Verantwortung gegenüber Klient. In der Diskussion der Kriterien bemängelt Daheim die Trennung der Techniken in wissenschaftliche und institutionelle und schlägt vor die Unterscheidung »lediglich nach dem Ausmaß des zur Rollenausführung erforderlichen spezialisierten und systematisierten Wissens, das auf Wissenschaft oder Doktrin beruhen kann, zu klassifizieren.« (Daheim 1970, 42).

Bei Millerson (1964, 4) ergibt sich folgender Katalog: Fertigkeit, die auf theoretischem Wissen basiert; der Erwerb der Fertigkeit setzt Schulung und Ausbildung voraus; der Professionelle muss seine Kompetenz in einer erfolgreich abgeschlossenen Prüfung erweisen; die Rechtschaffenheit wird gewahrt durch Befolgen eines ethischen Kodex; die Dienstleistung ist im öffentlichen Interesse; die Profession hat eine eigene Organisation.

Je nachdem, welche gesellschaftliche Orientierung für Professionen das Interesse der Untersuchung leitet, ergeben sich unterschiedliche Kataloge.

Sie lassen sich in folgendem Katalog zusammenfügen, wobei dieser keine Bewertung der einzelnen Elemente vornimmt.

Eine Profession ließe sich demnach darüber identifizieren:
- Öffentliches Interesse oder Relevanz der zu bearbeitenden Aufgabe / des Problems
- Besondere Fertigkeiten
- Bezug der Fertigkeiten zu von Hochschulen verwalteten Wissensbeständen
- Ethischer Kodex, auf die Professionals verpflichtet werden
- Ausbildung, die der Erwerb der Fertigkeiten voraussetzt
- Examen, mit dem der erfolgreich Kompetenzerwerb nachgewiesen wird
- Begrenzung der Zuständigkeit gegenüber anderen
- Berufsverband, der die Belange der Profession verbindlich regelt
- Relative Autonomie von staatlicher Aufsicht und Einflussnahme
- Begrenzung des Zugangs zur Profession
- Verantwortung gegenüber dem Nutznießer / Kunden / Klienten
- Privilegien der Professionals
- Sachorientierung vor Eigeninteresse

8. Prozess der Professionalisierung

Wie auch immer solch ein Katalog zu bewerten bzw. in empirischen Untersuchungen zu belegen sein kann, er lässt sich leicht mit den Untersuchungen zum Prozess der Professionalisierung unterfüttern. Diese Überlegungen zum Prozess kann sozialgeschichtlich aufgreifen »wie haben die Professionen sich bis heute entwickelt?« und professionsgeschichtlich »Wie wird aus einem Beruf eine Profession?«.

Sozialgeschichtlich verbinden sich die entstehenden Professionen eng mit der Veränderung der Ständegesellschaft. Während Stand und Eigentum Indikatoren für die Platzierung in der sozialen Ordnung waren, übernehmen die Professionen zunehmend diese Funktion. »Indem Professionen (Lehrer, Richter, Ärzte) als Berufsstände aufgefasst werden, wird die ständische Klassifikation diversifiziert, vor allem aber wird sie enthierarchisiert.« Insofern dienen diese Professionen der an Funktionen orientierten Gliederung der Gesellschaft, wobei zugleich die hierarchische Stellung von der gesellschaftlichen Bedeutung der wahrgenommenen Aufgabe abhängt (Stichweh 1996, 52). Die Professionen stehen für diese gesellschaftlich bedeutsamen Aufgaben und gewinnen dadurch und nicht durch Eigentum gesellschaftliche Anerkennung. Im Unterschied zu Handel und Grundbesitz »liegt die Besonderheit der Professionen gerade darin, dass sie kein eigenes Interesse besitzen oder verkörpern und sich deshalb als Gegenstand der Vertrauensbildung einer nicht kleinen Zahl von Bürgern eignen.« (Stichweh 1996, 53). Von besonderer Bedeutung für die weitere Entwicklung zunächst in England und den USA (aber später auch in Deutschland und Europa) sieht Rüschemeyer die sozio-ökonomischen Bedingungen. »Man kann die Entwicklung der modernen Professions als Antwort auf die spezifischen Chancen und gleichzeitig Bedrohungen sehen, die sich aus der Ausdehnung von Marktbeziehungen ergaben.« (Rüschemeyer 1980, 323). Ähnlich bewertet Daheim die Entwicklung im Anschluss an Larson. »Professionen sind danach Ergebnis eines erfolgreich durchgeführten ›Mittelschichtprojektes‹ der Mitarbeiter von vermarktbarer Expertise. Durch Kontrolle der entsprechenden Märkte ist es ihnen gelungen, Einkommen, Prestige, Autonomie und Selbstverwirklichung in ihrer Tätigkeit zu erreichen. Professionalisierung ist das Gegenstück zu dem bislang üblichen Aufstiegsprojekt, Mittelschichtstatus zu gewinnen durch den Erwerb von Sacheigentum im Rahmen einer Geschäftgründung. ...Das gibt der ›Elite‹ der Praktiker eines Berufs die Chance, mittels Verbandsbildung samt Ideologie der gesellschaftlichen Verantwortlichkeit und unter Ausnutzung ihrer Verbindung zu ›den Herrschenden‹ Lizenz und Mandat zu erwerben und damit ihren Markt zu kontrollieren. Die gesellschaftliche Auswirkung ist eine technische Stabilisierung des Status quo der kapitalistischen Gesellschaft.« (Daheim 1992, 23f). Die Überlegungen von Oevermann über die historische Entwicklung setzen an der Interpretation des Prozesses als Geltungskrise an. Die durch Professionen mögliche und notwendige Innovation reagiert auf die Erschütterung der Gültigkeit von Prinzipien, Weltbildern, Wertprämissen und Praktiken (Oevermann 1996, 84ff). D. h., dass Professionalität eben nicht nur auf technische Probleme im engeren Sinne bezogen ist. Gesellschaftlich folgenreiche Geltungskrisen entstanden nach Oevermann zuerst in den Bereichen »Aufrechterhaltung und Gewährleistung einer kollektiven Praxis von Recht und Gerechtigkeit« und »Aufrechterhaltung und Gewährleistung von leiblicher und psychosozialer Integrität des einzelnen im Sinne eines geltenden Entwurfs der Würde des Menschen«. Je mehr sich nun die Gesellschaft differenziert und pluralisiert, desto mehr benötigt sie zur Lösung ihrer Geltungsfragen Professionalität als »methodisch explizite Überprüfung von Geltungsfragen und -ansprüchen unter der regulativen Idee der Wahrheit«. (Oevermann 1996, 88). Vor diesem Hintergrund entstehen die Universitäten.

9. Profession und Wissen(schaft)

Für die weitere Entwicklung spielen nicht nur berufspolitische Interessen eine wichtige Rolle (dazu vor allem Wilensky), sondern auch die Ausweitung des zur erfolgreichen Bewältigung beruflicher Aufgaben notwendigen Wissens. Die Verbindung zu bestimmten Wissenskorpora ist für die sich professionalisierenden Berufe von zentraler Bedeutung. Dies »wird unmittelbar einleuchtend, wenn man sich klar macht, dass eines der wichtigsten Momente dieser Gesellschaften eine erhöhte Rationalität in der Verfolgung pragmatischer Ziele ist.« (Rüschemeyer 1980, 311). Hierauf reagieren zuerst Weber und Parsons in ihren Überlegungen zur Professionalisierung. Nach Parsons ist die wissenschaftliche Vorgehensweise kennzeichnend für die Lösung der praktischen Fragen: »Die Fragen, die gestellt werden müssen, sind eher objektiver Natur: welche Tatsachen kennzeichnen die Situation, und welche Folgen werden verschiedene, alternative Verfahrensweisen nach sich ziehen... alle müssen ihre Funktion auf die ›beste‹, die ›wirksamste‹ Weise ausüben.« (Parsons 1968, 164). Dadurch, dass diese Form der Rationalität in den Professionen institutionalisiert ist, wird abgesichert, dass Wissen in einer bestimmten Weise generiert und weiter gegeben wird. Rüschemeyer erklärt den Aufstieg der Ärzte in den USA z. B. in besonderer Weise mit der »Entwicklung verlässlichen medizinischen Wissens«. (Rüschemeyer 1980, 321). Dabei kommt es darauf an, dass dieses Wissen sowohl wissenschaftlich überprüft als auch gleichzeitig pragmatisch relevant ist. Die Wissensbasis liefert den Hintergrund für die gesellschaftliche Differenzierung nach Sachgesichtspunkten, insofern sie »mit zentralen Dimensionen der gesellschaftlichen Wissensordnung korreliert«. (Stichweh 1996, 54). Wissen und Verantwortung erweisen sich als die herausragenden Kriterien, an denen beruflich Prestige verankert werden kann (Daheim 1970, 198).

Stichweh beschreibt den Prozess der Verbindung zwischen wissenschaftlich generiertem Wissen und der Professionspraxis als »Applikation«. (Stichweh 1996, S. 61f) Dieses Verständnis der Anwendung trifft auf technisches Wissen im engeren Sinn zu, für die eher geisteswissenschaftlich orientierten Disziplinen muss es bezogen auf den »Anwendungsfall« um kritische Urteilskraft gehen, die der Professionelle ausgebildet haben muss, um vor dem Hintergrund des erworbenen Wissens angemessene Entscheidungen über die zu ergreifenden Maßnahmen fällen zu können. Das gilt auch angesichts des Erfordernisses, dass das Wissen in irgendeiner Weise dogmatisiert werden muss, um als stabile Handlungsgrundlage dienen zu können. Daheim macht eine ähnliche Differenz, weist aber auf die Tendenz der Praxis hin, technisches Wissen zu bevorzugen. Gerade der dem sozialwissenschaftlichen Wissenszusammenhang inne wohnende Charakter des Aufklärens vertrage sich nicht mit dem bevorzugten sozio-technischen Wissen (Daheim 1992, 30). Diese Situation ändert sich völlig, wenn man mit Luhmann ein am Kausalitätsbegriff orientiertes Verständnis von Technik zu Grunde legt. Diese Überlegung allerdings muss dann auf die professionalisierten Dienstleistungen hin noch weiter übersetzt werden.[3] Das zweite Problem, auf das Daheim bei der Verwendung sozialwissenschaftlich generierten Wissens in die Praxis hinein feststellt, löst sich damit nicht auf. Sozialwissenschaftliches Wissen trifft in der Praxis auf Alltagswissen, das wesentliche Elemente sozialwissenschaftlichen Wissens integriert hat. Die Verbreiterung dieser Wissensbestände hat zwei Konsequenzen. Zum einen handhaben die Klienten wissenschaftliches Wissen und können es auch benutzen, um Expertise (»gegen besseres Wissen«) abzuwehren[4]. Zum anderen stellt die Verbreiterung wissenschaftlichen Wissens in den Alltag eine Gefährdung des Monopols der Experten dar (»do it yourself!«).

Mit Daheim können wir verschiedene Arten von Wissen, die professionell relevant sind unterscheiden und Expertise kennzeichnen: wissenschaftliches Wissen, berufliches Wissen und Alltagswissen (Daheim 1992, 28f). Das in Forschungsprozessen gewonnene Wissen über die konkrete Praxis steht in besonderer Weise unter dem Anspruch von Rationalität, kann diese aber genauso wenig wie die Generierung der anderen Wissensformen von nicht-rationalen Einflüssen frei halten. Je näher die Wissensformen der Praxis kommen, umso stärker wird diese beteiligt. Alle Ansätze zur Professionssoziologie zeigen, dass schon in der Kons-

---

3   Vgl. Halfmann (2005), S. 229: »Technik wird also nicht in erster Linie als ein Apparat oder als eine rationale Zweck-Mittel-Koppelung oder ein mittel- bzw. zieleffizientes Tun verstanden. Technik wird vielmehr als eine Form, als eine ›funktionierende Simplifikation‹ der Kommunikation behandelt, die auf einer sich im Medium Kausalität ausdrückenden Erwartung beruht: dass auf eine bestimmte Ursache (oder einen bestimmten Ursachenkomplex) eine bestimmte Wirkung (ein bestimmter Wirkungskomplex) folgt.«

4   Z. B.: »Ich kann nicht aufhören mit Rauchen, ich bin süchtig«...

truktion der Curricula und in der Ausbildung selbst die Praktiker der Profession beteiligt sein müssen.»In der praktischen Anwendung wird das in der Ausbildung erworbene wissenschaftliche Wissen durch die Verbindung mit dem Berufswissen und dem Alltagswissen transformiert: in komplexer Interaktion des Professionellen mit Klienten, Kollegen und Vorgesetzten entsteht eine praktische Theorie, die deutlich idiosynkratisch akzentuiert ist.« (Daheim 1992, 30).[5] Vor diesem Hintergrund kommt Oevermann dazu, Profession »wesentlich als den gesellschaftlichen Ort der Vermittlung von Theorie und Praxis unter Bedingungen der verwissenschaftlichten Rationalität, das heißt unter Bedingungen der wissenschaftlich zu begründenden Problemlösung in der Praxis« (Oevermann 1996, 80) zu verstehen. Dewe/Ferchhoff/Radtke bestimmen den Zusammenhang von Wissen und Können so, dass Wissenschaft und Praxis gleichermaßen an der Profession Anteil zu haben scheinen (Dewe, Ferchoff, Radtke 1992, 82):

Wissenschaft	Profession	Praxis
Wissen	Können	
Wahrheit	Wahrheit *und* Angemessenheit	Angemessenheit
Begründung	Entscheidung	

So wird die Profession für Wissenschaftler wie für Praktiker zum Vermittlungsgeschäft. Oevermann ist der Überzeugung, dass Vermittlung nicht innerhalb des Wissenschaftssystems möglich ist, sondern nur »als praktische Operation«. (Oevermann 1996, 79). Das aber bedeutet, dass Wissenschaft sich nicht direkt an der Produktion des beruflichen Wissens beteiligen darf. Einige Aspekte, an denen Oevermann diese Produktion wissenschaftlichen Wissens festmacht, sind folgende: 1. Die Praxisenthobenheit der Wissenschaft führt dazu, dass in einem idealisierten Verständnis vom ich des Forschers und dem Du des zu adressierenden Praktikers abstrahiert wird, und es nur noch um das Es des Sachverhaltes geht (Oevermann 1996, 98f). 2. Muss unterschieden werden zwischen methodischer Kritik, die sich auf den Prozess der Gewinnung der Erkenntnisse bezieht und der praktischen Kritik, die sich auf die bestehenden (praktischen) Lebensverhältnisse bezieht (Oevermann 1996, 99). 3. Die Forschung und das Gewinnen neuer Erkenntnisse hat keine Bedeutung für das Leben des Wissenschaftlers selbst. Es geht um »unbedingte Hingabe an die methodische Kritik«. (Oevermann 1996, 100). 4. Wissenschaftlich

---

5   Idiosynkratisch meint hier, dass sich Eigenheiten der Theorie nicht aus anderen allgemeinen Regeln, sondern eben nur aus ihr selbst ergeben.

an diesem Vorgehen sind »die Prüfung der argumentativen Kohärenz« und die »Konfrontation mit Erfahrungstatsachen und -daten«. (Oevermann 1996, 100). 5. Falsifikation muss gedankenexperimentell hergestellt, gleichsam »radikal konstruiert und maximal in einem Experiment zu simulieren versucht« werden (Oevermann 1996, 101). Das Konzept Oevermans ist so angelegt, dass es von einer gegenseitigen Autonomie von Theorie und Praxis ausgeht (Oevermann 1996, 104). Diese Trennung ist eher grundsätzlicher Art und mit Bezug auf die rationale Gewinnung wahrer/ objektiver Erkenntnis gerichtet. Die Ideen für die Produktion wissenschaftlichen Wissens dienen dazu, in höchst möglichem Maß Objektivität zu sichern und die Einflüsse aus der Praxis zu ihren eigenen Gunsten zurückzudrängen. In der Realität lebten die Professionen aber auch in besonderer Weise durch die Verbindung der Praktiker mit den Theoretikern, ohne dass dadurch die strukturelle Ungleichheit aufgehoben wurde. Stichweh verweist darauf, dass die Universität »im Doktorenkollegium viele Personen einschloss, die zwar nicht oder nur temporär an der Universität lehrten, die aber als lokale Praktiker des von der Fakultät kontrollierten gelehrten Berufs ein Mitgliedschaftsrecht in der akademischen Korporation erlangten«. (Stichweh 2000, S. 30).

Die Verbindung zwischen Theoretikern und Praktikern zeigt sich als besonders bedeutsam, wenn man den Prozess der Professionalisierung selbst anschaut.

10. Prozess der Professionalisierung eines Berufs

Daheim beschreibt den Prozess der Professionalisierung in drei Phasen. 1. Image-Aufbau durch die Anbieter der Dienstleistung, der diese »als wesentlich, exklusiv und komplex darstellt«. 2. Auf der Basis von Evaluierungen wird der Profession Autonomie zugesprochen. 3. Der professionelle Status wird stabilisiert und präzisiert. Stichweh macht deutlich, dass das Werden einer Profession eben nicht alleine von der Expertise abhängt, sondern zusätzlich von der »institutionalisierten öffentlichen Anerkennung (Stichweh 1992, 25f). Das, was sich in diesen drei Phasen bei Stichweh recht vereinfacht darstellt, erweist sich bei näherem Hinsehen als ein hochkomplexer Vorgang.

Wilensky hat auf der Basis der Untersuchungen von Hughes nachvollzogen, in welchen Schritten Professionalisierung eines einzelnen Berufes von statten ging. Bezogen auf die USA hat er die Entwicklung von verschiedenen Professionen untersucht und verglichen. An erster Stelle die Tatsache, dass unterschiedliche Aspekte des jeweiligen beruflichen Handeln zusammengefasst werden zu einem sog. »Hauptberuf« (Wilensky 1972, 202). Schon als zweites Element (im Sinne einer zeitlichen Abfolge) nennt Wilensky die Entwicklung von Ausbildungsprogrammen, die in irgendeiner Verbindung zu Hochschulen stehen. So wird die Basis geschaffen, akademische Grade und Titel zu entwickeln und zu verleihen. Aus diesen Ausbildungen und ihren Stätten heraus (und nicht umgekehrt) finden sich die Lehrer und die (ersten) Absolventen zusammen, um die Standards in Berufsverbänden zu sichern. Hier wird deutlich, dass eine Profession die Evaluierung nicht allein von außen geschehen lässt, sondern um der zu erringenden Autonomie willen sich selbst dafür stark machen muss. In diesem Stadium der Professionalisierung wird nach Wilensky auch der Name der Profession erneuert, um den neuen Status zu verdeutlichen: aus Armenbetreuern werden Sozialarbeiter, aus Zeitungsreportern Journalisten (Wilensky 1972, 203). In dieser Phase macht Wilensky besondere Konflikte aus: Ein- und Ausgrenzung der zugehörigen Tätigkeiten (was tut der (!) Arzt, was die (!) MTA etc.); Abgrenzung zwischen alten und neuen in der Profession; Abgrenzung gegen Nachbarberufe. Für letzteres führt Wilensky als Beispiele die Osteopaten, die von den Medizinern integriert wurden, und die Chiropraktiker, die bekämpft und erfolgreich ausgegrenzt wurden. Nun kann von einer gewissen Etablierung ausgegangen werden, der Prozess ist aber keineswegs beendet. Um das »exklusive Kompetenzmonopol« zu sichern, bedarf es fortwährender Propaganda. Wilensky weist in diesem Zusammenhang darauf hin, dass die gesetzliche Absicherung wesentlich weniger effektiv ist. Sie stehe zwar am Ende des Prozesses, sei aber »kein wesentliches Ereignis in der ›Naturgeschichte der Professionalisierung‹.« (Wilensky 1972, 204). Den Abschluss bildet das Aufstellen von Regeln: u. a. für einzuhaltende Qualitätsstandards, für die Regulierung der Konkurrenz der Mitglieder untereinander, zum Schutz der Kunden / Klienten, zur Berufsethik. Nach Wilensky steht dies bei 10 der 13 untersuchten Professionen am Ende des Prozesses (Wilensky 1972, 205). Vor dem Hintergrund dieser Erkenntnisse, weist Wilensky daraufhin, dass Professionalisierung keineswegs ein universelles Phänomen aller Berufe sei. Professionen sind in erster Linie »durch ihr Kompetenzmonopol und tatsächlich durchgesetztes Dienstideal gekennzeichnet« (Wilensky 1972, 211).

Ulrich Deller

11. Experten (-herrschaft) und Kunden (-autonomie) – Professionelle Beziehungsarbeit

Die besondere Stellung der Träger von professionalisierten Berufsrollen ist eng mit ihrem Expertentum verbunden. Rüschemeyer spricht über die Professionalisierung als »Untersuchung von Expertenberufen«. Er versteht den Ausgangspunkt des Professionalisierungsmodells von William J. Good als »das komplexe Fachwissen des Experten, das soziale Kontrolle durch Laien erschwert und im Detail unmöglich macht.« Dieser Einschränkung der Kundenautonomie durch die Expertise wird begegnet mit der Selbstkontrolle durch die Profession (Rüschemeyer 1980, 315f). Zugleich verweist Rüschemeyer darauf, dass es große Unterschiede zwischen einzelnen Gruppen von Experten gibt. Nicht generell ist die Selbstkontrolle im die Kundenautonomie sichernden Maße gegeben. Viel häufiger sei Preiskontrolle der eigentliche Anlass für so genannte Selbstkontrolle. Vor diesem Hintergrund scheint über die wissenschaftliche Generierung des professionellen Wissens in dem Sinne, in dem Oevermann die Frage idealtypisch beantwortet, nicht gesichert, dass Experten per se von Interessen frei zustande gekommenes Wissen einsetzen, und nicht lediglich »von Annahmen und Wirksamkeitsansprüchen, die sich zwar auf sozialen Konsens aber nicht auf rationale Wirklichkeitsanalyse berufen können«, ausgehen (Rüschemeyer 1980, 318). Das Problem der Abgrenzung zu Alltagswissen, das propagandistisch zu Expertenwissen erklärt werden könnte, stellt sich vielen Berufen, in denen die menschliche Beziehung eine herausragende Rolle spielt. Hier ist der »Anspruch auf Kompetenzmonopol eine prekäre Sache. Dies liegt nicht nur daran, dass sie neu sind, nur vage Standards haben, und die Sozialwissenschaften, auf die sie sich stützen, erst am Anfang stehen; sondern auch daran, dass die Probleme, mit denen sie sich beschäftigen, solche des täglichen Lebens sind. Das Laienpublikum kann nur schwer einsehen, dass es für die Lösung von Fragen, in denen jedermann ›Experte‹ ist, einer besonderen Kompetenz bedarf.« (Wilensky 1972, 204). Um den Unterschied noch etwas genauer zu fassen, greifen wir noch einmal auf Oevermann zurück. Am Beispiel des Therapeuten erläutert Oevermann, was ihn zum professionalisierten Experten macht. Die Tätigkeit des Therapeuten ist in besonderer Weise dadurch gekennzeichnet, dass die Professionalisierung zwei Aspekte hat. Zum einen die (»ganz normale«) Professionalisierung »hinsichtlich der Einübung in den wissenschaftlichen Diskurs... Sobald nun die Anwendung dieser erfahrungswissenschaftlichen Erkenntnisbasis und des damit verbundenen erfahrungswissenschaftlichen professionalisierten Habitus auf die Lösung der Probleme einer konkreten Praxis wie in der Therapie ansteht, ist eine zweite, nochmalige Professionalisierung notwendig ... (im) Arbeitsbündnis.« (Oevermann 1996, 124). Mit diesem Begriff Arbeitsbündnis meint Oevermann die soziale Beziehung zwischen Professionellem und Klient. Sie ist gekennzeichnet durch die Tatsache, dass die Beziehung sowohl diffus, also sich auf die ganz konkreten Menschen und ihre je einmalige ganzheitlich betrachtete Verbindung gerichtet ist, sonst kann der therapeutische Prozess nicht gelingen, zugleich aber eine spezifische, an den Rollen Patient (autonom und aktiv Hilfe suchend, darin aber abhängig) und Therapeut (Autonomie stärken und Hilfe verweigern, Abhängigkeit anerkennen und Behandlung gewähren) orientierte. D. h. die Professionalität auf dieser zweiten Ebene verlangt vom Therapeuten – und das lässt sich leicht auf andere, die Beziehungsarbeit in Vordergrund stellenden Professionen übertragen – die Fähigkeit solchermaßen ein Arbeitsbündnis mit den Klienten einzugehen. Im weitesten Sinne ließe sich diese Analyse sogar auf die Beziehungsgestaltung in der Erbringung von Dienstleistungen generell übertragen, in denen es, um die Dienstleistung erbringen zu können, wesentlich auf die Beziehung zwischen Professionellem und Klient/Kunde ankommt.

Oevermann verlangt vor dem Hintergrund dieser Analyse, dass der professionalisierte Experte »zwei polar zu einander stehende kognitive und methodische Operationen« beherrscht: Erklären und Fallverstehen. Beim Erklären erweist der Professionelle die Fähigkeit, das Fallspezifische kausal allgemein zu erklären, es unter bekannte theoretische Modelle zu subsumieren.»Insbesondere muss er in der Diagnose die einzelnen Symptome differentiell in das Modell eines kohärenten Geschehens einrücken, das dem Typus einer Krankheit hypothetisch entspricht.« (Oevermann 1996, 126). Beim Fallverstehen erweist der Professionelle die Fähigkeit, die konkrete Fallstruktur zu rekonstruieren, d. h. die Symptome »Fall verstehend in den konkreten Kontext der Lebens- und Traumatisierungsgeschichte des Patienten« zu bringen (Oevermann 1996, 126).

In dieser Beschreibung der Bedeutung der Beziehung zwischen Professionellem und Klient gelingt es Oevermann einleuchtend, den Unterschied zwischen solchen Beziehungen und denen, in denen es um »monologisch-technische Problemlösungen« geht zu fassen. Beide, der Arzt und der Automechaniker, fußen in einer spezifischen komplexen Wissensbasis und ihre Tätigkeiten sind gleichermaßen für die Klienten undurchschaubar und von zentraler existentieller Bedeutung. Dass ein Arzt die eigenen Angehörigen nicht behandeln soll, wohingegen der Automechaniker sein professionelles Ansehen mit der Reparatur des eigenen Autos steigert, liegt in der Besonderheit der von Oevermann Arbeitsbündnis genannten Beziehung zwischen Professionellem und Klient. »Die Nähe, Diffusität und ganzheitliche Personalität der familialen Beziehungen erlaubt es nicht oder nur ungenügend oder erschwert es, die Nähe-Distanz-Dia-

lektik des Arbeitsbündnisses und die damit verbundene Logik der Risiko-
abwägung durchzuhalten.« (Oevermann 1996, S. 133). Oevermann kommt
so zu einer bedeutsamen Beschreibung der Unterschiede zu professionellem Handeln von Ingenieuren, dem die Gestaltung der für Therapeuten
konstitutiven Gestaltung des Arbeitsbündnisses völlig fehlt. Die Konsequenz liegt auch darin, dass die naturwissenschaftliche Theorie Praxis-
probleme per se nur technologisch reduzieren kann. Wenn die konkrete
Entscheidung über eine bestimmte technische Ausstattung z. B. gefällt
werden muss, liefert die Naturwissenschaft nicht mehr die Basis für die
Entscheidung. Sie kann, so Oevermann, die Entscheidungskrise selbst
nicht bewältigen. Während nun die Technik bei der Bewältigung der le-
benspraktischen Krise endet, beginnt die Therapie hier (Oevermann 1996,
138f). Diese Tatsache hat enorme Auswirkungen auf die Professionalisie-
rungswürdigkeit und -bedürftigkeit. Die Ingenieure bedürfen der Professionalisierung, also des wissenschaftlichen Diskurses, sonst reduzieren
die Professionellen das Vorgehen auf reine Routinen (im Sinne von Fach-
arbeit und Handwerk). In der Anwendung kennen sie kein ähnliches Pro-
fessionalisierungsproblem wie die Therapeuten. Letztere können (zumindest nach landläufiger Meinung) auch ohne Einsozialisieren in den
gängigen wissenschaftlichen Diskurs gute Therapeuten sein. Sie müssen
aber die Gestaltung des Arbeitsbündnisses beherrschen, d. h. sie müssen
sich Klienten bezogen professionalisieren (Oevermann 1996, 140). Ob sich
daraus, wie Oevermann meint, ein geringerer Professionalisierungsbedarf
in durch Arbeitsbündnisse gekennzeichneten professionellen Tätigkeiten
ergibt, erscheint strittig. Zumindest wäre zu prüfen, ob diese Professionen
ausgeübt werden können ohne Einsozialisierung in die gängigen wissenschaftlichen Diskurse. Problematisch erweist sich aber dennoch die Tatsache, dass die Gestaltung des Arbeitsbündnisses auf Mechanismen und
Strukturgemeinschaften zurückgreift, die der »naturwüchsigen Praxis«
entstammen. Die Prinzipien... werden nicht neu erfunden, sondern der
Praxis der naturwüchsigen Sozialisation ›entnommen‹ und durch bewusste methodische Prüfung gesteigert.« (Oevermann 1996, 142).

12. Professionalisierte Funktionssysteme

Auf der Basis der Weiterentwicklung der Systemtheoretischen Überlegungen von Talcott Parsons und später durch Niklas Luhmann schlägt Stichweh vor, nicht mehr von Professionen zu sprechen, sondern sie in die
sozialen Funktionssysteme hinein zu denken. Er vermutet, dass »Professionen ein langsam an Bedeutung verlierendes Übergangsphänomen, das

der Entstehungsphase der modernen Gesellschaften angehört«, sind (Stichweh 1996, 55). Stichweh versucht den Begriff bzw. das soziologische Konzept Profession dadurch zu halten, dass er sie zur Beschreibung der Ausdifferenzierung der Gesellschaft benutzt. In funktional differenzierten Gesellschaften tritt an die Stelle des Vergleichs von Berufen »der Vergleich von Funktionssystemen, und der Begriff Professionalisierung meint ein bestimmtes Verhältnis zwischen der Etablierung der System/Umwelt-Beziehung eines Funktionssystems und der Institutionalisierung von Beruflichkeit in diesem System.« (Stichweh 1996, 58). Dabei zeigt sich nach Stichweh, dass es Funktionssysteme gibt, wie z. B. das Wirtschaftssystem, in das unterschiedliche Berufe mit unterschiedlichen Wissenskorpora eingebunden sind, ohne dass einer alleine für das Ganze stehen könne. Eine weitere Art von Funktionssystemen, in denen Professionen bedeutsam sind, wird über das Verhältnis von Leistungs- und Komplementärrollen beschrieben. Leistungsrollen tragen spezialisiert zur Erhaltung des Systems bei, während Komplementärrollen den Status des Publikums haben und aus dieser Rolle Beiträge zum Systemerhalt liefern. In diesem Sinn sind die Berufsrollen die Leistungsrollen des Systems und die Patienten, Klienten, Kunden die Komplementärrollen. Über diese Einteilung sichern die Professionen in besonderer Weise Inklusion, weil sie über die Verteilung in Leistungs- und Komplementärrollen absichern, dass alle in der Gesellschaft »am Systemprozess partizipieren.« (Stichweh 1996, 60). Stichweh vermutet nun, dass es im System eine »Leitprofession« gibt, die die anderen Berufsrollen steuert, zwar lassen praktische Bezüge im Gesundheitssystem ausmachen, allerdings erscheint dieser Gedanke noch sehr wenig ausgearbeitet. Eine weitere Besonderheit macht Stichweh für bestimmte gesellschaftliche Funktionssysteme aus, die in besonderer Weise für das Erziehungs-, das Gesundheits-, das Rechts- und – würde ich ergänzen – das Sozialsystem gilt. Da immer Personen betroffen sind, ist mit diesen Systemen immer »eine gewisse interaktive Dichte und Intimität des Kontakts« verbunden, sodass »die Interaktionsebene (als Prominenz von Professionellen/Klienten-Interaktionen) eine besondere Ausprägung erfährt«. (Stichweh 1996, 62).

13. Multiprofessionelle Kooperation

Die sich im System der Professionen ausdrückende gesellschaftliche Differenzierung stellt Kooperationsmanagement vor mehrfache Probleme. Es handelt es sich zunächst um Probleme, die um die Frage herum entstehen, wie stark die gesellschaftliche Differenzierung und Spezialisierung im Unternehmen sich widerspiegeln soll. Die Beantwortung dieser Frage hängt sehr stark davon ab, welchen Problemstellungen sich das Unternehmen mit seinen Dienstleistungen widmet. Im Gesundheits- und Sozialbereich stehen Aufgaben im Vordergrund, die stark mit gesellschaftlicher Differenzierung und Positionierung verbunden sind. Da die Dienstleitungen stark auf die Perspektive ausgerichtet sind, die sich aus den entstandenen Aufgaben und Problemen möglicherweise ergebenden Phänomene von gesellschaftlicher Exklusion zu vermeiden oder zu verhindern, ergibt sich ein potentieller Widerspruch zwischen der Widerholung der gesellschaftlichen Differenzierung in der Strukturierung des Unternehmens und der zu erbringenden Dienstleistung. Diesen zu verhindern gelingt nur, wenn verstärkt auf Kooperationsverbünde geachtet wird, die quer zu den Professionen gelagert sind, und die sachlich eine starke Grundlage haben (z. B. prozessintegrierte Vorgehensweisen). Professionsorientierte Kompetenzmonopole erweisen sich hier als kontraproduktiv. Professionen haben in diesen Bereichen insofern für die Struktur des Unternehmens Bedeutung, indem sich daraus der Beitrag des Einzelnen aus seiner Profession heraus zur Lösung des jeweiligen Problems ergibt. Erste Orientierung für die Strukturierung der Kooperation ist die gestellte Aufgabe, das zu lösende Problem. Profession meint dann, dass jeder Mitarbeiter seine fachliche Kompetenz sachlich, uneigennützig (im Sinne der Lösung des Problems dienend) und unparteiisch einbringt. Je größer das Ausmaß des systematisierten, technischen (d. h. auf konkrete Lösung hin orientierten) Wissens und Könnens und die Fähigkeit zur Selbstreflexion sind, umso professioneller kann die Aufgabe bewältigt, kann das Problem gelöst werden. In Sozial- und Gesundheitsdiensten wird in bedeutendem Umfang die Profession auf der Basis der naturwüchsigen Beziehungsgestaltung erbracht, was die Bedeutung der Selbstreflexion steigert. Dabei kann das AGIL-Schema von Talcott Parsons durchaus auch als Strukturprinzip für die Kooperation der Professionen gelten: alle Professionen leisten einen Beitrag hierzu aber bezogen auf das Unternehmen insofern, als alle Mitarbeiter alle vier Funktionen strukturiert nach Aufgaben und Problemen erfüllen. Dies gelingt umso besser je mehr in der Gestaltung der Kooperation auf Anschlussfähigkeit zwischen unterschiedlichen Professionen geachtet wird. Herstellung von Verbindungen zwischen den Kernpunkten der Professionen (wie lassen sich die Antworten, die die Professionen auf gesellschaftliche Fragestellungen geben, verbinden?) ist die Kernaufgabe kooperativen Managements bezogen auf die Professionen.

Eine solche Strukturierung setzt voraus, dass Privilegien nicht aus der Profession, sondern aus der Bedeutung des einzelnen Beitrags zur Lösung des anstehenden Problems abgeleitet werden. Die Schaffung eines Zusammenhangs zwischen Individuum und Unternehmen ergibt sich dann nicht über die Einteilung in Berufsgruppen, sondern über die Zuordnung zu Aufgaben und Problemen. Damit steht für dienstleistungsorientierte Unternehmen im Sozial- und Gesundheitsbereich die Integration unterschiedlicher Professionen über die Orientierung an zur Lösung von Problemen erforderliche Kompetenzen im Vordergrund. Da, wo die Unternehmen durch flache Hierarchien gekennzeichnet sind, kommt ein wesentlicher Punkt der Integration hinzu: die aktive an Lösung orientierte Entscheidung mit ihrer nachgelagerten Rekonstruktion in einen Kooperationsverbund zu bringen. D. h. Unternehmensführung und Wissensmanagement müssen eine enge Einheit bilden.

Weiterführende Literatur

Oevermann, Ulrich: Theoretische Skizze einer revidierten Theorie professionalisierten Handelns. In: Pädagogische Professionalität. Untersuchungen zum Typus pädagogischen Handelns. Hrsg. v. Arno Combe u. Werner Helsper. Frankfurt 1996, S. 69 – 182.

Stichweh, Rudolf: Professionen in einer funktional differenzierten Gesellschaft. In: Pädagogische Professionalität. Untersuchungen zum Typus pädagogischen Handelns. Hrsg. v. Arno Combe u. Werner Helsper. Frankfurt 1996, S. 49 – 69.

Verwendete Literatur

Carr-Saunders, Alexander Morris / Wilson, Paul Alexander (1936): The Professions. Cambridge.

Daheim, Hansjürgen (1970): Der Beruf in der modernen Gesellschaft. 2. Aufl. Köln.

Daheim, Hansjürgen (1977): Berufssoziologie. In: Beruf, Industrie, Sozialer Wandel in unterentwickelten Ländern. Handbuch der empirischen Sozialforschung, Bd. 8. Hrsg. V. René König. 2. völlig neue bearb. Aufl. Stuttgart. S. 1 – 100.

Daheim, Hans-Jürgen (1992): Zum Stand der Professionssoziologie. In: Erziehen als Profession. Zur Logik professionellen Handelns in pädagogischen Feldern. Hrsg. v. Bernd Dewe, Wilrfried Ferchhoff, Frank-Olaf Radtke. Opladen, S. 21 - 35.

Dewe, Bernd / Ferchhoff, Wilfried / Raadtke, Frank-Olaf (1992): Das Professionswissen von Pädagogen. In: dies. (Hrsg.) Erziehen als Profession. Zur Logik professionellen Handelns in pädagogischen Feldern. Opladen. S. 70 – 91.

Durkheim, Emile (2004): Über soziale Arbeitsteilung : Studie über die Organisation höherer Gesellschaften (»De la division du travail social«, 1893), Frankfurt/Main.

Halfmann, Jost (2005): Technik als Medium. In: Funktionssysteme der Gesellschaft. Beiträge zur Systemtheorie von Niklas Luhmann. Hrsg. v. Gunter Runkel / Günter Burkart. Wiesbaden, S. 223 – 238.

König, René (1967): Arbeitsteilung. In: Soziologie. Fischerlexikon. Frankfurt/Main, S. 31 – 42.

Kurtz, Thomas (2002): Berufssoziologie, Bielefeld.

Millerson, Geoffrey (1964): The Qualifying Associations. A Stuy on Professionalzation. London.

Oevermann, Ulrich (1996): Theoretische Skizzen einer revidierten Theorie professionellen Handelns. In: Arno Combe / Werner Helsper (Hrsg.) Pädagogische Professionalität. Frankfurt/Main, S. 70 – 182.

Parsons, Talcott (1964): Die akademischen Berufe und die Sozialstruktur. In: ders. Beiträge zur soziologischen Theorie. Hrsg. u. eingel. v. Dietrich Rüschemeyer. Neuwied, S. 160 – 179.

Rüschemeyer, Dietrich (1980): Professionalisierung – Theoretische Probleme für die vergleichende Geschichtsforschung. In: Geschichte und Gesellschaft 6. Jg., S. 311- 325.

Smith, Adam (1976): Der Wohlstand der Nationen. (engl. Ausgabe 1776: The Wealth of Nations) Chicago.

Stichweh, Rudolf (1996): Professionen in einer funktional differenzierten Gesellschaft. In: Arno Combe / Werner Helsper (Hrsg.) Pädagogische Professionalität. Frankfurt/Main, , S. 49-69.

Stichweh, Rudolf (2000): Professionen im System der modernen Gesellschaft. In: Systemtheorie Sozialer Arbeit. Neue Ansätze und veränderte Positionen. Opladen, S. 19 – 38.

Weber, Max (1964): Wirtschaft und Gesellschaft, Köln.(zuerst 1920)

Wilensky, Harold L. (1972): Jeder Beruf eine Profession?. In: Berufssoziologie. Hrsg. v. Thomas Luckmann / Michael Sprondel. Köln, S. 198 – 215. (zuerst 1964)

Management jenseits der Rationalität. Zur Phänomenologie und Logik des Gerüchts als Kommunikationsform in Organisationen

Heribert W. Gärtner

1. Folgen eines einseitig normativen Organisationsverständnisses: Ausblendungen und Täuschungen

Seit ungefähr 15 Jahren befasse ich mich beruflich mit Organisationen; sowohl in verschiedenen Leitungsfunktionen, als auch in der Lehre und Forschung. Eine meiner einschneidensten Erfahrungen und Erkenntnisse ist, dass die Vorstellung Organisationen seien »vernünftige Gebilde«, einen Irrtum darstellt. Ich brauchte einige Zeit, diese Erfahrung nicht nur zu bedauern, sondern in nützliche Theorie zu transfomieren.

Dies liegt, jenseits meiner individuellen Geschichte, u. a. daran, dass sowohl die Theorie als auch viele Ausbildungen im Management auf rationale Optimierungsvorstellungen der Organisation ausgerichtet sind. *So soll* die Organisation sein, damit sie ihren Zweck am besten erfüllt. Man denkt sich die Organisation von ihrem angestrebten Ideal her. Viele Lehrbücher des Managements und der Betriebswirtschaftslehre sind so gestrickt. Vor dem Hintergrund eines solchen Organisationsverständnisses wird Management in der Regel gelernt und gelehrt. Und dies ist natürlich auch richtig und ein wichtiger Gesichtspunkt. Er betont u. a. die notwendigen Anpassungsleistungen der Organisation an veränderte Umwelten. Dies führt zur wichtigen Entwicklung von Methoden, um diese Anpassung zu erreichen. Über die Aus- und Weiterbildungssozialisation haben viele »Praktiker« *und* »Theoretiker« diese Beobachtungsform gelernt. Zumindest die so genannten Praktiker, vielleicht auch beide, merken aber, dass die Reichweite dieser Sichtweise begrenzt ist. Die normative Sehweise der Organisation übersieht etwas sehr Wichtiges: Im wahren Leben ist sie nicht so einfach rational gestaltbar. Das Bild des Töpfers, der den Ton nach seiner Idee formt, ist auf Organisationen nicht übertragbar. Es ist m. E. sogar falsch. Zwar sind Manager Meister im Adressen verteilen, wenn es um die Zuschreibung von Erfolg und Misserfolg als Ergebnis ihrer Interventionen geht. Der Erfolg liegt logischerweise meist an ihnen, der Misserfolg an den Umständen oder an anderen Leuten. Und sie müssen aus Selbstrechtfertigungsgründen so handeln. Aber das ändert am Sachverhalt wenig.

Organisationen sind offen und geschlossen

Organisationen sind »renitente Gebilde« mit einem erstaunlichen Beharrungsvermögen (vgl. Gärtner 2008). Deshalb versagen oftmals die »richtigen«, rationalen Methoden der Intervention. Das auf Halde liegende, ziemlich teuer bezahlte Gutachten über die Ablauforganisation beim Operieren, in dem alles steht, was richtig ist, mit dem aber kaum einer etwas anfängt, und nach dessen Fertigstellung in der Regel alles beim Alten bleibt, ist eines der Klassikerbeispiele aus der Organisation Krankenhaus für dieses merkwürdige Phänomen. Auf diesen unangenehmen Sachverhalt mit Schuldzuweisungen oder mit beleidigter Regression in den gesunden Menschenverstand allein zu reagieren, bleibt vielfach unter der erforderlichen Analyse- und Interventionsebene. Das Beharrungsvermögen von Organisationen hängt wesentlich damit zusammen, dass sie nicht nur von ihrer Umwelt, sondern auch von sich selbst und ihrer eigenen Geschichte abhängig sind. Organisationen sind nicht nur offene, sondern eben auch operativ geschlossene Systeme, so eine wichtige Erkenntnis systemischer Organisationsforschung (Wilke 1994). Was sie als Impulse von außen aufnehmen, verarbeiten sie mit den Mechanismen, die ihnen intern zur Verfügung stehen, mit *keinen anderen*. Organisationen sind in ihrer Operationsweise selbstreferentiell und funktionieren nicht nach dem Bild der »Trivial-Maschine« (Foerster 1997, 32-51). Dies verkompliziert managerielles Handeln. Eine solche »Trivial-Maschine« wäre z. B. ein Kaffeeautomat. Wenn ich 1,50€ in diesen Automaten werfe und F3 drücke, kommt *immer* Kaffee mit Milch heraus. So denken sich Leitungsleute vielfach ihre Interventionen. Managerielle Berechenbarkeit funktioniert aber so (leider) selten. Veränderte Beobachtungen und Selbstbeschreibungen, also Lernen, kommt oftmals erst dann zustande, wenn es schwergewichtige Gründe für die Organisation gibt. Vor Jahren gab es folgende Geschichte: In einem Altenheim auf dem Land predigte eine Pflegedienstleitung jahrelang das hohe Lied der Dokumentation; alle nickten und die meisten stimmten ihr wirklich zu. Die Leute schrieben auch was auf die Blätter, aber das schwarze Übergabebuch, hinten in der Schublade, war mächtiger und wurde weiter genutzt. Erst als durch die Pflegeversicherung ein Zusammenhang von Bewohnereinstufung (also Geld) und gut geführter Dokumentation entstand, kam es zu signifikanten Lernprozessen. Das schwarze Buch hatte jetzt unter Trauer endgültig ausgedient. So hart es ist, Rationalität in Organisationen gibt es immer nur im Gewand organisationsspezifischer Systemrationalität (vgl. Luhmann 1999).[1] Es existiert eine Logik der Organisation, aber es ist jene der *konkreten Einrichtung*, auch wenn es durch die Teilhabe am gleichen Funktionssystem natürlich unendlich viele Gemeinsamkeiten gibt (vgl. Gärtner 1997, 119-138). Keine Klinik und kein Altenheim gleicht jedoch dem anderen, was man z. B. bei Fusionen deutlich merkt.

Veränderte Beobachtung und andere Themen durch eine operative Sicht der Organisation

Wenn ich eine solche Sicht der Organisation akzeptiere, hat dies auch Konsequenzen für die verwendeten Kategorien mit denen ich Organisationen beobachte. Jetzt interessiert nicht nur die Frage: »Wie soll es sein?«, sondern auch: »Was ist los?« und vor allem: »Wie funktioniert das Spiel?«; »Welche Spielregeln gibt es und welche Rolle spiele ich dabei?« Mit einer solch veränderten Beobachtung beginnen wir *operativ* zu denken. Die Wie-Frage ist neben die Was-soll-sein-Frage getreten. Wenn ich so denke und beobachte, werde ich zwangsweise zur Beschäftigung mit anderen Themen geführt. Es erscheinen Phänomene in der Wahrnehmung, die in einer nur normativen Perspektive nicht auftauchen und keine Bedeutung haben. Es sind jene Themen, die versuchen das *faktische* managerielle Handeln und die *wirksamen* Entscheidungsprozesse in Organisationen zu beschreiben und zu erklären. Diese liegen oftmals jenseits dessen, was man als modernes Management thematisiert. Nach meiner Erfahrung reagieren Manager auf das Angebot solcher Sichtweisen, weil sie darin ihre manageriellen Operationen erkennen und sie zur Sprache bringen können. Und sie kennen sich hier auch aus. Jenseits einer eingeschränkten Rationalität der Organisation und des Managements haben sie im Laufe ihrer Berufstätigkeit für diese Operationen einen angemessenen und differenzierten Sprachcode und ein entsprechendes Verhaltensrepertoire entwickelt, mit denen die Bandbreite des organisationalen Lebens kommuniziert und bearbeitet werden kann. Sonst hätten sie beruflich nicht überlebt.

---

1   Niklas Luhmann ist es zu verdanken, dass eine rationalitätsfreie Organisationstheorie zur Verfügung steht, die in der Lage ist, diese Phänomene zu klären.

Heribert Gärtner

2. Das Gerücht – ein Thema jenseits organisationaler Rationalität. Erste Sortierung durch Klassifikation

Zu den genannten Phänomenen jenseits der Rationalität gehört auch das Spielen mit Meinung, Information und Wissen. Es sind solch elegante Themen wie das Gerücht und der Klatsch; auch diabolischere Varianten wie Intrige und Schikane kann in Organisationen regelmäßig sehen, wer es will; auch der Bluff als eine feine Überlebensstrategie für ein Management, das nur aus großen erfolgreichen Helden bestehen darf, lässt sich beobachten (Bardmann 1994, 389-402). Die Beschäftigung mit diesen Kommunikationsformen wird angesichts ihrer praktischen Bedeutung durch die Managementwissenschaft nach meiner Beobachtung noch zu sehr vernachlässigt.[2] Man findet sie eher in der Praxisliteratur (Pourroy 1988) und in Disziplinen, wie der Literatur- und Kulturwissenschaft. Ich halte es für richtig, wenn sie ebenso erforscht, gelehrt und trainiert werden, wie die »feinen Methoden« des Managements. Zu den angemessenen Forschungszugängen gehört dann auch die Phänomenologie. Das Management lässt sich in wichtigen Fragestellungen am besten phänomenologisch erschließen, weil eine solche Methodik vor Artefakten bewahrt.

Schaut man sich an, was in den Organisationsgerüchten weitergegeben wird, sind es Informationen sowohl über Personen als auch über Vorgänge in der Organisation, oft in Form von Geschichten. Versucht man, in die Gerüchtelandschaft eine Ordnung zu bringen, helfen die formalen Einteilungskategorien von Jean-Noel Kapferer weiter (vgl. Kapferer 1997, 323-327). Er unterscheidet Gerüchte hinsichtlich ihrer Entstehung und ihrer Quelle. Die Entstehung kann spontan oder vorsätzlich, also inszeniert sein. Die Quelle des Gerüchts kann von einem Ereignis ausgehen oder einem Detail. Sie kann aber auch reiner Phantasie entspringen.

---

2   Dies liegt an der genannten normativen Ausrichtung der Managementwissenschaft; jedoch gibt es immer wieder Ansätze anderer Sichtweisen: Z. B. in den 80er Jahren die Beschäftigung mit Mikropolitik. Vgl. hierzu W. Küpper u. G. Ortmann (Hg.): Mikropolitik. Rationalität, Macht und Spiele in Organisationen. Westdeutscher Verlag: Opladen 1988. Nach der ersten internen Publikation dieses Beitrags als Festschrift für Ursula Geißner (2001) erschien 2004 ein interessantes Sammelwerk zum Thema: Wunderlich, Werner u. Manfred Bruhn (Hrsg.): Medium Gerücht. Studien zu Theorie und Praxis einer kollektiven Kommunikationsform. Haupt Verlag. Diese Art Themen werden langsam hoffähig.

Quelle des Gerüchts

	Geht von Ereignis aus	geht von einem Detail aus	aus reiner Phantasie
Spontaner *Entstehungsprozess*	1	3	5
Vorsätzlicher *Entstehungsprozess*	2	4	6

Das Gerücht, dass die Stimmung zwischen Pflege und Medizin auf der Inneren sich so verschlechtert habe, weil das langjährige Verhältnis zwischen dem Chefarzt und der Abteilungsleiterin dramatisch aufgelöst wurde, gehört meines Wissens zur Gerüchtegattung zwei; es war sehr präzise. Interessant ist auch jenes, das in einer Pflegemanagerclique über die hervorragenden Ergebnisse einer Kollegin bei der Prüfung des Medizinischen Dienstes der Krankenkassen (MDK) in einem Altenheim kursierte: Sie sollen deshalb so gut laufen, weil die Pflegedienstleitung und der MDK-Prüfer zusammen studiert haben und sich sehr gut kennen würden; vorsätzlich inszeniert unter Verwendung einiger stimmiger Details (Kategorie 4), vielleicht treibt Neid auch Gerüchte in Blüte. Oder jener prekären Vorgang, dass in der Pflegedienstleitung widerrechtlich doppelte Personalakten geführt würden, auch wenn sie es bestreiten. Es stimmte nicht, aber Vorsatz konnte auch nicht ausgemacht werden (Kategorie 5). Gerüchte entstehen auch gern nach dem Tod von Menschen. So entstand das Gerücht, Papst Johannes Paul I. sei ermordet worden. Das Gerücht war nützlich für das kurz darauf erschienene Buch, in dem versucht wurde, diese These zu belegen (vielleicht Kategorie 6, wer weiß es?). Solche Einordnungen helfen die Vielfalt im Gerüchtedschungel zu sortieren, damit man die Übersicht nicht verliert. Zum Verstehen ist damit allerdings noch wenig beigetragen. Mir geht es in diesem Beitrag um das Verstehen des *Gerüchts als Kommunikationsform in Organisationen.* Damit ist eine eingeschränkte Beobachtungsperspektive eingenommen, die andere interessante Sichtweisen, wie z. B. die literaturwissenschaftliche und kulturgeschichtliche, nur in eigener Verwertungsabsicht beachtet. Hans-Joachim Neubauer, der ein wunderbares Buch über Gerüchte geschrieben hat, empfiehlt:»Wer nach der Bedeutung der Gerüchte sucht, muss sich für Fragen entscheiden.« (Neubauer 1998, 12). Mich interessieren vier Fragen: 1. Welche *Funktion* hat das Gerücht in Organisationen? 2. Kann das Gerücht als eine Form von *Organisationswissen* beschrieben werden? 3. Was kommt heraus, wenn man versucht, die *Gerüchtekommunikation* systemisch zu formulieren? 4. Lässt sich das Gerücht selbst als *ein (soziales) System* beschreiben?

3. Sehweisen des Gerüchts: Funktion des Gerüchts zwischen organisationalem Abfall und Sinnkonstruktion

Gerüchte sind, wie jeder sofort versteht, ambivalente Phänomene. Gerüchte verbreiten wird einerseits oft öffentlich diskreditiert, manchmal sogar bekämpft. Hierzu gibt es für die vom Gerücht Betroffenen auch Gründe. Gerüchte können Organisationen stören und Personen schaden, aber sie können auch in den »Himmel heben«. Andererseits machen die Leute doch gerne mit, wenn es ums »Hörensagen« geht.[3] Und (fast) jeder und jede weiß offensichtlich, wie es geht. Trotz aller, mit guten Gründen vorgetragenen Entrüstung und Verurteilung: Gerüchte werden weiter praktiziert; sie sind unausrottbar. Dies gilt besonders für Organisationen. Seinen Grund hat dies darin, dass der *homogene Raum* einer Organisation offensichtlich für das Gerücht wie Humus wirkt. Hier kann es wachsen und sich entfalten.

Gerücht als Verwertung von organisationalem Abfall

Bei einem normativen Organisationsverständnis legt es sich nahe, das Gerücht als zu verschweigende oder als zu bekämpfende Kommunikationsform zu verstehen. Der unvermeidliche Abfall der Organisation gehört in diesem Denkrahmen vernichtet oder zumindest unter den Teppich gekehrt, wenn er denn groß genug ist. Reduzierung von potentiellen Sorgen durch Erfolg versprechende Ent-Sorgung, in welcher Art auch immer. Abfall stört das geschlossene Ganze und muss deshalb weg. Als entsorgter Teil »ist der Abfall konstitutiver Bestandteil eines wie immer geordneten Zusammenhangs. Er gehört dazu und zugleich nicht dazu. Der Abfall ist das ausgeschlossene eingeschlossene Dritte«(Bardmann 1994, 213). Man wird ihn, auch wenn er entsorgt scheint, nicht so einfach los. Wie Theodor M. Bardmann auch historisch gezeigt hat, ist Abfall keine objektive Kate-

---

3   Es ist ähnlich wie mit der Kölner Zeitung Express: Keiner liest sie, vor allem nicht die »Gebildeten«, aber die meisten Leute wissen, was drin steht. Intellektuelle sind gegenüber Gerüchten nicht weniger anfällig. Zu ihrer Beruhigung u. a. deshalb, weil sie wissen, dass in den Medien nicht mit der Wahrheit zu rechnen ist; vgl. Kapferer, Gerüchte, 122ff.

gorie, sondern eine Beobachtungsleistung des Systems. Was im System Abfall wird, ist abhängig von den Unterscheidungen, mit denen es hantiert (vgl. Bardmann 1994, 161-215). Der Sinn-, Kommunikations- und Verhaltensabfall einer Organisation ist also ein systemspezifisches Produkt. Was in der einen Organisation selbstverständliches Thema ist und dazugehört, ist in der andern nicht öffentlich thematisierbar und wird zum Abfall. Das Gerücht nimmt sich ungeniert und ohne »spitze Finger« dieses Abfalls an und verwertet ihn, wenn er vermeintlich auf die Halde gekippt ist. Es recycelt ihn und macht daraus was Neues. Plötzlich riecht es anders im informellen Raum, manchmal stinkt es auch. Man ist das »Weggekippte« durch Ausschluss nicht los geworden, es kehrt in neuen, manchmal strahlendem Gewand zurück.[4] Wenn dies so sein kann, macht es für Führungskräfte Sinn, sich mit dem Abfall und seiner organisationalen Verwertung als Gerücht zu beschäftigen. Dies sah schon 1609 Francis Bacon so, der berühmte Philosoph und erste Kronanwalt seiner Majestät. In seinem Entwurf zu einer Art Fürstenspiegel empfiehlt er den Staatslenkern:»... Deshalb sollte jeder weise Herrscher auf Gerüchte ebenso große Achtung und Sorgfalt verwenden, als er es auf die geplanten Handlungen selbst tut.« (Bacon, in Schücking 1940, 265).

Gerücht als »Sinnbakterium«

Denkt man darüber nach, warum es dem Gerücht gelingt, Organisationsabfall zu verwerten, hat dies vermutlich mit der Sinnkonstruktion der Organisation zu tun (vgl. Wilke 1993, 43-75) Sinn als formale Grenzziehung zwischen System und Umwelt entscheidet darüber, was zu einem System gehört oder nicht gehört. Es regelt, was draußen bleibt und was hineinkommt. Damit wirkt es als Selektionsmechanismus, der die systeminternen Operationen begründet. Sinn ist, unter anderer Perspektive, die Brille, mit der die Organisation entscheidet, was sie sieht oder nicht sieht und wie sie dies bewertet. Je nach Sinnkonstruktion gelten z. B. in dem einen Heim etwas »merkwürdig angezogene« Bewohner als autonom und selbstbestimmt, im anderen dagegen wird das gleiche Phänomen als Verwahrlosung interpretiert werden, und es gibt Ärger. Sinnkonstruktionen sind kein mentaler Firlefanz, Sinn hat Folgen.

---

4   Eine sehr unangenehme Variante dieses Zusammenhangs lässt sich an den Medien beobachten. Teile der Medien (insbesondere die Boulevardpresse, aber nicht nur diese) leben von gesellschaftlichem Abfall, sie sind geradezu Abfallverwertungsagenturen geworden. Und es gibt dafür einen großen Kundenkreis.

Das Gerücht wirkt, um eine Metapher zu benutzen, als ein »Sinnbakterium«[5], das fast unsichtbar, aber wirksam auf die Sinnkonstruktion der Organisation einwirkt. Sinn ist ja, wie erläutert, nicht automatisch das normative Selbstverständnis der Organisation, wie es z. B. in Unternehmensphilosophien dargelegt wird, sondern die faktische Regulierung des Dazugehörigen.[6] Im Gerücht werden Vorgänge und Vorkommnisse in der Organisation verarbeitet, kommentiert, interpretiert und transformiert. Die Leute machen sich mit Hilfe des Gerüchts ihren »Reim auf die Dinge« und entfalten ihre Sichtweisen. Es entsteht eine organisationale Selbstreferenz, die nach Fremdreferenz aussieht, aber keine ist. Die Folge ist: Wenn Leute dem Gerücht glauben, verändern sie ihre Beobachtungsperspektive und damit ihre Sicht organisationaler Vorgänge. Wie die empirische Forschung gezeigt hat, neigen die Leute dazu, dem Gerücht zu glauben, sogar wenn Tatsachen dagegen sprechen. Das »Sinnbakterium« Gerücht wirkt. In Klatsch und Gerücht lebt die Organisation ihr zweites, in gewisser Weise unbeschwerteres Leben. Vermutlich wird das offizielle zweckorientierte Leben der Organisation durch ihr zweites Leben unterstützt; das eine entlastet das andere.

Jenseits der Hierarchie – Gerücht als Teilhabe und Distanzierung

Gerüchte verbreiten, ist eine Ergänzung zur hierarchischen Kommunikation (vgl. Baecker 1999, 198-236). Im Gerücht kann wirkungsvoll, aber hierarchisch folgenlos kommuniziert werden. In der hierarchischen Kommunikation ist der vertikale Weg entscheidend. Was der Chef und die Chefin sagen (es können je nach Organisationsform auch mehrere sein) oder was ich als Chef Mitarbeitern sage, hat wirklich Folgen. Andere, auch Kollegen, können sagen, was sie wollen, es hat keine formellen Auswirkungen auf Entscheidungen. Gerüchte bewegen sich jenseits der Hierarchie, unbeschwert durch die Organisation, bevorzugt horizontal; unter Gleichen gerüchtet es sich leichter. Sie benutzen die Netzwerkstruktur und tragen zur Gemeinschaft bei. Gerüchte verbreiten ist eine Form der Teilhabe. Im Augenblick des Vollzugs suggeriert es, dazu zu gehören, und hilft für einen Moment, fehlenden Einfluss zu ertragen. Gerüchtekommunikation ist egalitär, alle können mitmachen und (fast) alle wissen, wie es geht. Das Gerücht kann aber auch die Hierarchielinie hinauf- oder

---

5   Dieser Gedanke stammt von meinem Kollegen und Freund Stefan Wanka.
6   Vielfach haben diese Selbstbekenntnisse mit der Sinnkonstruktion der Organisation überhaupt nicht zu tun, weil die praktizierten Unterschiedsbildung der Organisation davon nicht tangiert sind. Daher erklärt sich die Wirkungslosigkeit vieler Leitbilder.

hinunterlaufen, z. B. wenn als Kommunikationsabfall bei einem Gespräch mit einem Vorgesetzten oder Mitarbeiter etwas diskret mitgeteilt oder nebenbei fallengelassen wird. Das Gerücht hat keine geordneten Wege, auf denen es sich diszipliniert bewegt. Es ist schnell und dringt wie Wasser durch die Ritzen der Organisation. Ihm Weisung erteilen zu wollen, ist nutzlos und kann sogar lächerlich machen. Das Gerücht entzieht sich dem Zugriff. Durch Gerüchtekommunikation entstehen im Gegensatz zur hierarchischen Kommunikation keine formellen Folgen. Es sind Folgen anderer Art. Sie beeinflussen jenseits der Besprechungstische Menschen und verändern ihre Sehweisen.

Das Gerücht bewegt sich meist abseits der offiziellen Wege. In der Gerüchtekommunikation wird Distanz zum Bestehenden praktiziert. Unbeschadet von Verantwortung und Folgen wird ohne Zensur kommuniziert. Im Vollzug des Gerüchte-Sagens beteiligen sich Menschen am organisationalen Leben, ohne dass die Erwartungen welche die Organisation an sie stellt, das eigene Verhalten bremsen muss. Dies ist offensichtlich mit einem gewissen Erholungswert verbunden. Im Gerücht kann auf Spannungen reagiert werden und es trägt zur Entspannung bei. Die im Gerüchte-Sagen praktizierte Freiheit gegenüber organisationalen Erwartungen fördert eigene Sichtweisen, die im Reden mit anderen bisher nicht gedachte Wendungen nehmen können. Deshalb kann sie für Organisationen unangenehm bis gefährlich werden. Zirkulationsräume des Gerüchts sind potentielle Orte der Auflehnung und des Widerstandes. Es ist deshalb nicht verwunderlich, dass besonders totalitäre Organisationen das Gerücht hassen. So finden wir in der Lagerordnung des Konzentrationslagers Sachsenhausen folgende Anordnung: »Politische Gespräche, das Aufbringen und Verbreiten von Gerüchten sind verboten, ebenso Karten- und Würfelspiele, überhaupt jedes Glücksspiel«, so die Lagerordnung des Konzentrationslagers Sachsenhausen (Neubauer 1998, 164). Der Verbotskatalog ist treffend. Gerüchte, Spiele, auch Liebe stehen in ihrer Dynamik offenbar in einem Zusammenhang, der Unberechenbares produziert. Sie lassen sich nicht anordnen und haben in ihrem Vollzug vielfach etwas Befreiendes.

Gerücht als Inszenierung

Wie die Klassifikation gezeigt hat, gibt es vorsätzlich inszenierte Gerüchte. Fast jeder kennt dies aus dem Organisationsleben. Leute bringen eine Geschichte in Umlauf, um etwas zu erreichen oder zu verhindern, etwas zu stören, andere Leuten zum Reagieren zu bringen. »Wie hat es die Pflegedienstleitung in diesen schwierigen Zeiten wieder einmal geschafft, für uns zwei Stellen herauszuholen? Sie hat gekämpft und sich nicht ins Bockshorn jagen lassen, aber das hätte nicht ausgereicht. Sie verfügt offensichtlich über Verbindungen bis zum Aufsichtsrat. Ihr Mann ist im Kirchengemeinderat und der Aufsichtsratsvorsitzende ist der Pastor. Er kommt öfters zum Essen zu denen.« Aus anderer Beobachtungsperspektive klingt es undramatischer: Der neue Verwaltungsleiter hat die Stellenpläne nachberechnet und festgestellt, dass die Pflege zu wenig hat, der PDL war das entgangen. Doch diese Version kam nicht in Umlauf. Das »Umfeld« der Pflegedirektorin hat dafür gesorgt, dass die *richtige* Variante in Umlauf kam. Gerüchtestreuer kalkulieren damit, dass Mitreden Spaß macht und manchmal auch Bedeutung verleiht. Sie spekulieren damit und verlassen sich darauf, dass die »Träger und Teilnehmer (des Gerüchts) immer nur Zeugen des Geredes sind, nicht des Geschehens« (Neubauer 1998, 224), d. h. dass diejenigen, die mitmachen, in der Sache selbst ahnungslos sind. Gerücht ist ein Vorgang des Vertrauens in der Hinsicht, dass man dem andern die Geschichte abnimmt oder nicht (vgl. Luhmann 1973). Gerüchtekommunikation wird so zum Mechanismus der organisationalen Komplexitätsreduktion. Das erleichtert die Orientierung und verhilft (scheinbar) dazu, sich im Dickicht der Organisation besser zurechtzufinden.

Der gezielte Einsatz des Gerüchtes basiert auf Prognosen über seinen organisationalen Verlauf. Der Startphase kommt dabei eine besondere Bedeutung zu. Wenn das Gerücht nicht ans Laufen kommt, entsteht keins. Deshalb wird nach geeigneten Kurieren Ausschau gehalten, die das Gerücht in die Organisation einschleusen. In gewisser Weise sind bei der »Planung des Gerüchts« Menschen der berechenbarste Faktor. Wer zum Perspektivenwechsel fähig ist, weiß im Laufe der Jahre, wer ungefähr auf was reagiert und sich in welchen Situationen, wie verhält. Da Menschen sich in der Regel nur schwer ändern, lässt sich hier schon einiges Verhalten »hochrechnen«. Auch der geeignete Ort und die richtige Zeit wollen bedacht sein. Wo und wann kann man das Gerücht platzieren, damit es unwiderstehlich aufgenommen wird. Was dann jedoch geschieht, haben die Strategen nicht mehr in der Hand. Das Gerücht wird sich kommunizieren. Und hier haben sich so manche Dramaturgen schon darüber getäuscht, was die Kommunikation aus ihren Absichten gemacht hat. So sagte eine erfahrene Pflegedirektorin, der ich von diesem Artikel erzählte: »Man kann sich darauf verlassen, dass das Gerücht nicht dort ankommt, wo man es hin haben will.« Muss sie noch lernen oder hat sie etwas Wichtiges beobachtet? Möglicherweise beides. An der Rede über die Organisation als »nicht-triviales System« scheint etwas dran zu sein: So einfach geht das nicht mit dem Gerücht. Künstler der Inszenierung des Gerüchts sind wohl eher Billardspieler, denn Schützen, die genau ein Ziel anvisieren und so ihre Volltreffer landen. Wie schwierig, aber auch erfolgsversprechend die strategische Handhabung von Gerüchten ist, wusste schon der bereits genannte Francis Bacon: »Wenn nun aber einer dieses Ungeheuer zu zähmen vermag, es daran gewöhnen kann, ihm aus der Hand zu fressen, es zu beherrschen und anderes Raubzeug damit beizen und erlegen kann, so ist das eine schöne Sache« (Bacon zitiert nach Neubauer 1998, 106). Gerücht und Macht liegen nicht nur in der Mythologie nahe beieinander. »Wer die soziale Technik des Hörensagens beherrscht, mit der Stimme der Lücke sprechen kann, der beherrscht die hohe Kunst des Herrschens. Es ist die Kunst, etwas sagen zu können, ohne als Autor namhaft gemacht zu werden, die Kunst, der zu sein, der den Pfahl ins Auge des Gegners bohrt, der, den niemand nennen kann.« (Neubauer 1998, 108).

Gerücht als Informationskompensation

In Krisenzeiten einer Organisation kann das Gerücht nicht vorhandene Unternehmenskommunikation ersetzen oder dient der Informationsergänzung. (vgl. Lauf 1990, 23f). So grassierte in einer Klinik hartnäckig folgendes Gerücht: »... Haste schon gehört, wir kommen mit Maria-Hilf zusammen, die »HNO« und »Gyn« bringen nicht genug. Sie werden dann dichtgemacht«. Im Fortgang dieses Gerüchtes, waren es irgendwann nicht mehr die beiden Abteilungen, sondern das ganze Haus. An dem Gerücht war teilweise etwas dran. Die offiziöse Begründung der Fusion redete von Synergieeffekten in schwierigen Zeiten usw. Irgendwann wussten alle, man wollte u. a. den Chefarzt, der in Pension ging, nicht kränken. Das war auch eine Frage des Taktes und deshalb vertretbar. Das Radikalschließungsgerücht hörte jedoch erst auf, als die Arbeit normal weiterging, nachdem »HNO« und »Gyn« geschlossen waren und für die Chirurgie wieder ein neuer Chef kam. Manchmal ist am Satz des Dichters etwas dran: »Gerüchte sind meist wahrhaftiger als Tatsachen, Tatsachen deswegen oft verlogener als Gerüchte.« (Yukio 2000, 119). Man kann daraus lernen, dass eine restriktive Informationspolitik Themen nicht zum Schweigen bringt, sondern andere Kommunikationsformen, wie z. B. Gerüchte und Klatsch, aktiviert. Wenn oben nichts gesagt wird, heißt das nicht, dass unten nicht geredet wird. Im Übrigen ist es mit vielen, nicht mit allen Geheimnissen so, dass die anderen schon Bescheid wissen, nur die vermeintlichen Geheimnisträger kommen sich noch als exklusiver Zirkel vor, der diszipliniert still hält. Aber alle Ritzen sind nicht zugekittet. Der Umkehrschluss wäre allerdings naiv. Offenheit wird Gerücht und Klatsch nicht verhindern.

... noch andere Funktionen des Gerüchts

Mit diesen Beschreibungsversuchen ist die Funktionalität des Gerüchts in Organisationen natürlich nicht abschließend bestimmt. Beim Nachdenken, bis zur Manuskriptabgabe dieses Beitrags, ist mir ein wichtig erscheinender Aspekt offen geblieben, auf den ich noch keine genauere Antwort gefunden habe. Ich vermute, dass der Produktionsgegenstand einer Organisation und die daraus entstehende Kultur etwas mit der Art und Weise zu tun hat, wie dort Gerüchte verbreitet und welche Art von Gerüchten dort verhandelt werden. Die Gerüchte (von Patienten) über die »Heilerqualitäten« von Chefärzten gedeihen vermutlich in der streng hierarchischen Organisation Krankenhaus besonders gut. Die These wäre, dass die unterschiedlichen Leitdifferenzen von Systemen (in der Klinik: z. B. gesund – krank; im Heim: abhängig – unabhängig) zu einer Gerüchtekommunikation spezifischer Art führen. Die Leser sind eingeladen, diese Frage als Mitteilung aufzunehmen und mit mir hierüber in Kommunikation zu treten.[7]

4. Gerücht als kulturspezifische Form des Wissens (in Organisationen)

Wie die Funktion Informationskompensation gezeigt hat, transportieren Gerüchte für die Organisation relevantes Wissen. Die um Gerüchte wissen, sind Wissende. Ihnen stehen Sichtweisen zur Verfügung, die andere nicht haben. Wer die Gerüchte kennt, gehört zu den Informierten, die, so wird unterstellt, wichtige Kanäle haben, durch die sie das Wichtige erfahren. Hausmeister in Altenheimen sind oftmals, jenseits ordentlicher Hierarchie, solche wichtigen »Wissens- und Geheimnis-Krämer«. Neben dem Gerücht als Wissens*inhalt*, ist das Gerücht als Gerücht – so die These – gleichzeitig eine Wissens*form*, ein funktionsfähiges Kommunikationsinstrument, das geeignet ist, organisationales Wissen zu produzieren. »Wissen ist nach diesem Verständnis weder ein (archivierbarer) Bestand noch ein (erlernbarer) Prozess, sondern ist eine Struktur, die es ermöglicht und erleichtert, mit Information umzugehen, das heißt Information als neu zu akzeptieren oder als irrelevant abzulehnen und Information mit anderer Information zu vergleichen und zu dritter Information zu kombinieren.« (Baecker 1998, 13). Nach Heinz v. Foerster sind Informationen, im Unterschied zu bloßen Daten, in der Lage (im Bewusstsein und in der

---

7   Meine Internetadresse: h.gaertner@katho-nrw.de

Kommunikation) einen Unterschied herzustellen. Gerüchte schaffen dies wirklich: Leute merken auf und richten ihre Aufmerksamkeit auf die Neuigkeit, nehmen auf und geben weiter. Beim Gerüchteverbreiten und -aufnehmen schlafen deshalb Menschen selten ein. Das Gerücht als Wissen ist paradox: Wer es »erwähnt, meint eine Nachricht und zugleich ihr Medium, die Botschaft und den Boten.« (Neubauer 1998, 13).

Organisationen brauchen und nutzen zur Bewältigung ihrer Aufgaben unterschiedliche Arten von Wissen. Hierzu rechnet Dirk Baecker das Produktwissen, das gesellschaftliche Wissen darüber, was Organisationen sind und wie sie funktionieren, das Führungswissen, Expertenwissen aller Art und das Milieuwissen (vgl. Baecker 1998, 6-10). Im Milieuwissen ist – verkürzt gesagt – gespeichert, wie die Dinge in der Organisation üblicherweise laufen und wie man sich zu verhalten hat, damit man morgen noch dazugehören kann. Dieses Wissen ist soziales Wissen und nicht nur Wissen von Einzelpersonen. Das heißt, dieses Wissen wird im Gedächtnis der Organisation gespeichert und existiert nicht nur privat in den Köpfen der einzelnen Mitarbeiter. Jeder, der neu in einer Organisation anfängt merkt dies. »Es weist Überschneidungen mit dem gesellschaftlichen Wissen und dem Führungswissen auf und es achtet darauf, sich fallweise den Standards des Produkt- und Expertenwissens anzupassen.« (Baecker 1998, 9). Das Gerücht ist eine Form, in der weitgehend Milieuwissen weitergegeben und benutzt wird. Es leistet somit einen Beitrag zur Orientierung in Organisationen. Der Grund, warum es oft so ungehindert durch die Organisation marschiert, liegt u. a. darin, dass die Schwelle der *Ablehnungswahrscheinlichkeit* dieses Wissens erstaunlich hoch ist. Dies hängt vermutlich damit zusammen, dass es beim Gerücht neben dem »Inhalt« (dem kognitiven Teil) in der Regel keine oder nur geringe normative Erwartungen an weiteres öffentliches Handeln gibt, die üblicherweise zur Ablehnung von Wissen führen. Aus Gerüchtewissen erwächst kein Anspruch, sein Verhalten zu ändern. Deshalb bedrohen Gerüchte in Organisationen nur zu einem niedrigen Grad die Realitätssicht der Mitarbeiter, ausgenommen jenen Fall, dass jemand Opfer eines Gerüchts ist. Sehr wohl können Gerüchte die Realitätssicht der Organisation betreffen, in der das Wissen kommuniziert wird, und so das System bedrohen. Wenn die Organisation sich entschließt, Gerüchte zu beobachten, entsteht die Chance, auch hieran ihre Realitätssicht zu überprüfen und so zu anderen, vielleicht umfassenderen Selbstbeschreibungen zu kommen. So weit muss es mit der Gewissenserforschung der Organisation aber gar nicht gehen. Vielleicht reicht es schon, mit der dann möglicherweise beobachteten Differenz ironisch-humorvoll umzugehen und die seriösen Selbstbeschreibungen nicht *zu* ernst zu nehmen.

5. Gerücht als Kommunikation in Organisationen

Die Schwierigkeit, etwas über das Gerücht als Kommunikation zu sagen, besteht darin, dass der Kommunikationsbegriff zu den ausgelutschtesten Themen zählt, die in der »manageriellen Trainings- und Bildungslandschaft« herumliegen. Gleichzeitig beschreibt er jedoch etwas Zentrales, auch für das Verständnis des Gerüchtes. Ich lade sie deshalb ein, trotz »Kommunikation«, noch etwas dabeizubleiben und mit dem Text weiterzukommunizieren.

Die übliche Sicht: Kommunikation als Übertragungsmodell und seine Auswirkung auf die Sehweise des Gerüchts

Üblicherweise wird Kommunikation als Übertragungsmechanismus im Sender – Empfänger – Modell beschrieben. Ein Sender übermittelt einem Empfänger eine Botschaft oder eine Information mittels Zeichensystemen, die dieser aufnimmt und entschlüsselt usw. Das dahinter stehende Ideal-Modell ist jenseits der immer wieder vorkommenden Abweichung, die »störungsfreie Kopiermaschine« (Bardmann 1994), welche die Information optimal abbildet. Die damit verbundenen Abbildungen in Lehrbüchern und Seminarskripten haben viele helfende Berufe, so auch Pflegende, seit ihrer Ausbildung im Kopf, die Leitungsleute aber spätestens seit dem Stationsleiterkurs. Deshalb muss nicht näher ausgeführt werden, was damit gemeint ist. Die Übertragung der Information ist allerdings störanfällig und unterliegt chronisch potentiellen Missverständnissen. Ein Phänomen, welches wir durch das »Stille Post«-Spielen kennen. Am Ende kann etwas ziemlich anderes herauskommen, als zu Beginn losgeschickt wurde. Auch die Kriminalpsychologen hat die Abweichungsvariante bei Zeugenbeobachtungen interessiert. Analysiert man das Gerücht mit diesem Kommunikationsverständnis, wird man folgerichtig zumeist die Verfälschung einer wahren Ursprungsquelle feststellen. Durch die wiederkehrende Weitergabe des Gerüchtes entstehen zunehmend Abweichungen gegenüber dem Original. Das Gerücht wird in dieser Beobachtungsperspektive als eine *fehlgeleitete Information* interpretiert, die vom Ursprung abweicht, ihn damit verfälscht und deshalb Schaden anrichten kann. Mit dieser Wahrnehmung und Interpretation ist die defizitäre Sicht des Gerüchts vorgebahnt. Der Weg auf den Sündenzettel und zum Abfallkorb ist folgerichtig und nicht weit.

Kommunikation – systemisch gelesen

Die neuere Systemtheorie hat ein anderes Erklärungsmodell von Kommunikation entwickelt.[8] Aus Platzgründen kann dies hier nicht in der Breite ausgeführt werden. Es sei nur angemerkt, was für den Gedankengang unerlässlich ist. Wenn es sich bei der Kommunikation um eine wirkliche Übertragung handeln würde, müsste ja beim Sender nach der Übertragung der Information etwas fehlen und beim Empfänger nach Eingang der Botschaft mehr da sein. Der Sender hat aber durch die Kommunikation nichts verloren. Es handelt sich offenbar um ein Multiplikationsphänomen (Luhmann 1991/1992). Nach Luhmann konstituiert sich Kommunikation als *Einheit* aus den Elementen Information, Mitteilung und Verstehen (vgl. Simon 1997, 19-31). Verstehen ist dabei nicht das Ende, sondern der Anfang der Kommunikation. Menschen leisten zu dieser Einheit Kommunikation ihre Beiträge. Sie sagen etwas (Information als Mitteilung), nehmen etwas auf und verarbeiten dies (Verstehen) und reagieren erneut darauf (weiterer Anschluss), usw. Was daraus entsteht, so die Differenz zu üblichen Informations*übertragungs*modellen, ist die eigenständige soziale Realität Kommunikation, die über die Beiträge der beteiligten Subjekte hinausgeht. Nicht alles, was im Bewusstsein der beteiligten Personen ist, taucht auch in der Kommunikation auf. Wenn während einer Visite Ärzte und Pflegende alles sagen würden, was sie gerade denken, würde vermutlich bei den Patienten die Panik ausbrechen. Was wir denken (Bewusstsein) und was wir kommunizieren sind zwei unterschiedliche Ebenen. Wenn die Kommunikation prozessiert, wird sie zu einem *emergenten sozialen Phänomen*, das heißt zu einer Sache, die komplexe Voraussetzungen hat (Menschen u. a. erbringen Beiträge und generieren Information), jedoch aus diesen Voraussetzungen allein nicht zu erklären und daher auch nicht auf diese Voraussetzungen zu reduzieren ist. Man kennt diesen etwas kompliziert klingenden Sachverhalt auch aus der manageriellen Alltagserfahrung: In einer wichtigen Sitzung, wo es um Finanzentscheidungen für ein Projekt geht, nimmt ein Gespräch einen unerwartet ungünstigen Verlauf. Mit einer solchen Wendung hatten die Projektverfechter in ihrer strategischen Vorplanung der Sitzung nicht gerechnet. Es waren diesmal sogar einige Leute vorher präpariert, damit nichts schief gehen konnte. Und doch kam es anderes. Nachdem die Sache schon fast gelaufen war, fiel bei einem *positiven* Statement zur Projektplanung in einem

---

8   Die ausgearbeiteste Version in: Luhmann, Niklas: Die Gesellschaft der Gesellschaft. 2 Bde. Suhrkamp: Frankfurt 1997; zur Weiterentwicklung der systemischen Kommunikationstheorie sehr anregend Baecker, Dirk: Form und Formen der Kommunikation. Suhrkamp: Frankfurt a.M. 2005.

Nebensatz eine kleine kritische Anmerkung zur zeitlichen Angemessenheit. Diese Randbemerkung wurde aufgegriffen und wandelte sich immer
mehr in eine Diskussion über die Relevanz des Projektes. Der Fließband-
effekt war nicht aufzuhalten. Demjenigen, der dies ausgelöst hatte, war es
unendlich unangenehm. Der Sitzungsleiter, ein Projektbefürworter, konnte nur noch die Notbremse ziehen, und er rettete die Sache, indem er
Wiedervorlage mit gründlicher Diskussion vorschlug. Im Nachhinein waren alle erstaunt und fragten sich entweder enttäuscht oder erfreut: Was
ist hier eigentlich passiert? Jeder hatte doch damit gerechnet, dass der
Entscheidungsprozess problemlos durchläuft. Die grundsätzliche Nicht-
berechenbarkeit des Verlaufs der Kommunikation erklärt aus drei wichtigen Faktoren: Erstens entsteht bei genauer Hinsicht die Information im
Kopf dessen, der die Mitteilung hört. Die Information ist nicht die Abbildung der Mitteilung, sondern sein durch Verstehen erzeugtes Produkt.
Zweitens entscheidet jeder Teilnehmer eines Gesprächs, auf welchen Teil
der Mitteilung er wie reagiert. Damit wird eine Voraussetzung für die
grundsätzliche Unberechenbarkeit des Verlaufs geschaffen, auch wenn
man Wahrscheinlichkeiten zu errechnen versucht. Und drittens wird jede
Kommunikationseinheit zur Voraussetzung für die nächste. In der Tempo-
ralität der Kommunikation wird so die eine Einheit zur Vorlage für die
andere; es werden jeweils neue Voraussetzungen geschaffen. Bei einem
solchen Verständnis ist es unmöglich,»Kommunikation 'gezielt' einzusetzen, wenn diese gezielte Kommunikation heißen soll, daß sie als Übertragung bestimmter Bedeutungen von einem Sender (vielleicht von einem
Empfänger) bezweckt werden kann. Denn Kommunikation ist jetzt nicht
mehr Übertragung, sondern Konstruktion.« (Baecker 1998, 53). Bei ge-
nauerer Betrachtung handelt es sich um ein im strengen Sinn formales
Kommunikationsverständnis. Dies wird insbesondere beim Verstehen
deutlich. Verstehen heißt nicht einfach nur, dass ich verstanden habe,
was der andere mir sagen will im Sinne von Empathie, sondern bedeutet
den Prüfvorgang, dass ich an die Kommunikation anschließen kann und
sie weitergeht. Dies beinhaltet auch Missverstehen. Die Kommunikation
ist robust und hält einiges auch an Missverstehen aus. Entscheidend ist,
dass ich im Fortgang der Kommunikation wieder teilnehmen kann. Auch
das kennen wir aus der Alltagserfahrung. Bei Sitzungen schalten wir pas-
sagenweise ab und klinken uns bei Reizwörtern oder interessierenden
Themen wieder ein, ohne dass es störend auffällt oder andere es unbedingt merken müssen.

Das Gerücht als Kommunikation

Dieses Kommunikationsverständnis hilft, die Dynamik des Gerüchts besser zu verstehen. Wenn Kommunikation nicht nach dem Übertragungsmodell funktioniert und Information etwas ist, was im Kopf prozessiert wird, erklärt sich beim Gerücht die Differenz zur »wahren Quelle«, falls es diese überhaupt gibt. Gerüchtekommunikation *ist Konstruktion* aus Information, Mitteilung und Verstehen und kein Abziehbild von einer Ursprungsinformation. Für das Gerücht ist es überhaupt nicht erforderlich, die Quelle zu kennen. Der »Ursprung« wird abgelöst durch »on l'a dit«, man hat gesagt. Das ist für die Legitimation ausreichend. In der Alltagskommunikation – wie z. B. im Dialog – gibt es Korrekturschleifen der Beteiligten. Sie reagieren auf Mitteilungen und Verstehensangebote und sagen: So hab ich das nicht gemeint; ich bin anderer Meinung usw. Beim Gerücht entfallen diese Schleifen. Gerüchtekommunikation hat, wenn sie funktioniert, keine Fremdreferenz. Sie pflanzt sich selbstreferenziell fort, ohne sich wesentlich von außen irritieren zu lassen. Die Kommunikation modelliert es und indem das Gerücht weitergesagt wird, ergeben sich Modifikationen hier und da, um die sich niemand sorgt, die niemand verteidigt, denen niemand widerspricht. Das Gerücht rechnet mit Zustimmung und kann mit Zustimmung rechnen. Trotzdem verändert sich das Gerücht nicht völlig. Die empirische Gerüchteforschung lehrt, dass ein stabiler Kern bleibt. Kommunikation produziert die Mischung von Varietät und Stabilität, die das Gerücht auszeichnet.

Wendet man sich der Operationsweise des Gerüchtes zu, zeigt sich, dass es nur zustande kommt, wenn es weitergesagt wird. Gerücht entsteht nur und bleibt nur bestehen über den *fortgesetzten* Vollzug der Kommunikation. Hierin besteht sein Erfolg und findet es seine Identität. Das Gerücht ist zirkulär. Was es sagt, ist ihm egal. Gegenüber seinen Inhalten ist das Gerücht promisk. Für das Entstehen des Gerüchts reicht jedoch Weitersagen nicht aus. Es braucht ebenso notwendig die Bereitschaft zur Aufnahme. Aufnahme des Gerüchtes gelingt nur, wenn es Anschlussfähigkeit bei jenem gibt, dem das Gerücht erzählt wird. Es muss eine hinreichende Resonanz zwischen dem Gerücht und dem, der es weitersagen soll, geben. Gerücht und Bote müssen zueinander passen. Wenn jemand sich für das Gerücht überhaupt nicht interessiert und seinen Inhalt oder die Kommunikationsform Gerücht negativ bewertet, kommt es an *dieser Stelle* zum Stillstand. Es entstehen dann Fragen: Woher weißt Du das; weißt Du, ob das stimmt; da hab' ich aber anderes gehört. Manchmal wird das Gerücht verteidigt, aber es braucht für das Überleben selten Verteidigung. Es verfällt bei Ablehnung ins Schweigen und sucht sich andere Orte und Personen, um sich fortzupflanzen. Und wenn es schon stabil genug ist, weiß es, dass es sie finden wird. Teilhabe an der gleichen Organisationskultur ist in der Regel guter Nährboden für die Weitergabe von Gerüchten. Gerüchte brauchen in gewisser Weise Gleiches und/oder Ähnliches, dann gedeihen sie gut. Die Weichenstellung, ob das Gerücht weiterläuft oder zum Stillstand kommt, lässt sich mit jenem Begriff näher differenzieren den Niklas Luhmann »*Thematisierungsschwelle*« genannt hat (vgl. Luhmann, 1981, 53-73). Beim Gerücht ist diese Schwelle niedrig. Dies liegt einerseits daran, dass die Quelle das »man sagt« ist und somit Zurechnungen zu Personen schwer sind und andererseits, wenn es sich beim Inhalt um Personen handelt, diese abwesend sind. Damit ist der Einspruch der Moral als Ausdruck der Missachtung gegenüber dem Gerücht unwahrscheinlicher geworden. Verlässt das Gerücht die homogenen Interaktionszirkel *in* der Organisation und begibt sich auf die Ebene der Entscheidungszusammenhänge *der* Organisation, also in der Regel in die Hierarchie, nimmt die Thematisierungsschwelle zu. Denn dort *kann*, es muss nicht, legitimerweise mit Berufung auf Rationalität und unter Zitation anderer Beobachtungsperspektiven nachgefragt werden. Es erfolgt ein Transformationsprozess, der andere Realitäten zum Zuge kommen lässt. Wenn dies geschehen ist, hat es bei Entscheidungen schon manche überraschende Wende gegeben. Vermutlich unterscheiden sich die Thematisierungsschwellen auch von Organisation zu Organisation. Wenn die gelebte Organisationskultur wirklich Missachtung gegenüber dieser Kommunikationsform transportiert, hat es das Gerücht schwerer.[9] Es verschwindet nicht, sondern sucht sich in der Organisation Interaktionszusammenhänge, die sich genügend von der Organisation absetzen, um Gerüchtekommunikation zuzulassen. Und es kann sich darauf verlassen, dass es sie gibt.

Wenn sich der Klatsch die Kommunikationsform des Gerüchtes sucht

Bei Gerüchten über Personen geschieht Kommunikation mit mindestens zwei Teilnehmern über einen oder mehrere Abwesende. Der oder die nicht Anwesende(n) sind dabei Gegenstand des Gerüchts. Abhängig vom Gerüchteinhalt kann der Abwesende dabei zum Opfer werden (Negativbewertung), oder aber in die Rolle des Helden geraten (Positivbewertung). So z. B. die Gerüchte über die Omnipotenz der Sanierer. Die *Art der Bewertung* des Inhaltes ist beim Gerücht, falls es sie gibt, offen. Auch muss man die Person auf die sich das Gerücht bezieht, nicht unbedingt persönlich ken-

---

9   Es ist evident, dass dies nicht automatisch mit der Trägerschaft von Einrichtungen korreliert; entscheidend ist, was real abgelehnt wird und was nicht.

nen. In diesen zwei genannten Merkmalen (Nähe und Bewertung) kann sich das Gerücht vom Klatsch unterscheiden. »Von der Interaktion aus gesehen, heißt Klatsch: Verzicht auf die Einheit von Thema und Adressat als Ausdruck der Missachtung. Wer klatscht, nutzt die Abwesenheit der Abwesenden aus, um ihr Verhalten einer moralischen Beurteilung zu unterziehen, das er in ihrer Anwesenheit nicht wählen oder nicht durchhalten würde.« (Kieserling 1998, 395). Klatsch kann sich aber der *Form* des Gerüchtes bedienen; er schlüpft in das Gewand des Gerüchtes: So z. B. in jenes, dass die neue Pflegedirektorin mit dem Geschäftsführer, der gleichzeitig Verwaltungsdirektor ist, ein Verhältnis hätte und dass dies der Grund für ihre Nachgiebigkeit in der Betriebsleitung sei. Wenn sie von Gesamtinteressen des Hauses und dem Ende des Berufsgruppenegoismus redet, sagt das Gerücht: Das sind die Worte ihres Lovers, glaubt ihr nicht. Gemeinsam ist beiden, dass Klatsch wie das Gerücht in Organisationen öffentlich geächtet und lustvoll privat und informell praktiziert wird.

Wege und Orte der Gerüchtekommunikation

Für die Weitergabe des Gerüchts werden unterschiedliche Medien benutzt. In Organisationen ist es vorzugsweise die mündliche Weitergabe. Das Gerücht ist dort eine mündliche Form des Wissens; aber auch Massenmedien sorgen für die Weitergabe von Gerüchten.[10] Die Art des Weitergebens ist jene des »Hörensagens«. Und jeder kann teilnehmen, weil (fast alle) die Regeln des Hörensagens kennen. Wenn man sich Gerüchte erzählt, muss man sich nicht unbedingt gegenübersitzen und anschauen. Wenn dies dennoch geschieht, sind die Türen der Dienstzimmer meist geschlossen. Gerüchte werden mitgeteilt, nach Besprechungen in den *Ecken* der Konferenzzimmer. Man kann dies auch gut *beim Gehen* tun; unterwegs auf dem Gang beim Rückweg von der Cafeteria nach dem Mittagessen oder auf dem Weg in eine andere Station oder ins Labor. Es geht gut *nebenbei*, wenn man in die gleiche Richtung schaut; auch im Taxi auf dem Weg zum Bahnhof und beim Warten auf dem Zug am Bahnsteig, wenn man *nebeneinander steht*. Auch beim schnellen *Hereinschauen* oder der kurzen Zigarettenrast im »unreinen Raum«. Die Umgangssprache hat ebenso einen alten Übermittlungsweg bewahrt. Etwas auf dem »Latrinenweg« erfahren, verweist auf die Latrinen (öffentliche Toiletten) als wichtige öffentliche Kommunikationsorte in der römischen Stadt. Wer antike Städte, wie z. B. »Ostia Antiqua« in der Nähe von Rom oder »Vaison la Romaine« in

---

10 Eines der wichtigen Bücher über das Gerücht trägt den Untertitel »das älteste Massenmedium der Welt«. Vgl. Kapferer, Gerüchte.

der Nähe von Orange in Südfrankreich kennt und dort die Latrinen (öffentlichen Klos) gesehen hat, versteht unmittelbar, was gemeint ist. Hier konnte beim morgendlichen Nebeneinandersitzen das Neueste, so auch das Gerücht, mitgeteilt werden. Auch heute noch sind die Waschbezirke der Toiletten Orte der Weitergabe. Das Gerücht sucht den Schutz der Intimität in geschlossenen Räumen, aber auch – und vielleicht sogar bevorzugt – *Übergangsräume*, die Anonymität suggerieren, wie z. B. Gänge, Bahnsteige oder Zugabteile. Diese Orte haben keine Zuordnung zu Personen und Funktionen, wie Büros und Dienstzimmer, sondern sind öffentlicher Raum, in dem man untertauchen kann, obwohl es das Risiko gibt, dass dann doch jemand mithört, der einen kennt. Wie das Gerücht seine Quelle vergisst, kann man hier, ohne räumlich dingfest gemacht zu werden, leicht kommunizieren. Gerüchte sind ja oftmals schnell gesagt und brauchen keinen tiefen Diskurs.

6. Die Beobachtung des Gerüchts als (soziales) System

Achtet man auf unsere Sprache, fällt auf, dass dem Gerücht eine eigene Existenzform zugeschrieben wird. Es wird aktiv und handelnd gedacht, breitet sich aus, sickert durch, grassiert wie eine Seuche (vgl. Neubauer 1998, 210ff). Diese Vorstellung kommt wohl nicht von ungefähr. Ein Ergebnis der *Geschichte* des Gerüchtes von Hans-Joachim Neubauer ist, dass es vielfach als eigenständige Macht gesehen wurde, mit schillerndem Bedeutungswandel. Im attischen Kult wurde Pheme, der Göttin des Gerüchts, sogar ein Altar errichtet. Pheme göttergleich rückt hier in den Götterhimmel auf. Schon der antike Geschichtsschreiber Hesiod beobachtete: »Ganz verschwindet es nie das Gerede, wenn einmal viele Leute im Munde es führen, es ist selbst eine Gottheit« (Hesiod, zitiert nach Neubauer 1998, 31) Pheme theios, ist jedoch gebunden an die menschliche Stimme. »Das Gerücht gehört zwei Sphären zugleich an, der der Götter und der der Menschen. Zeus setzt es in Gang, die Menschen kommunizieren es. In Konkurrenz zum Rationalen, zum Logos und zur schriftlichen Tradition bewahrt die pheme so etwas wie ein kollektives Gedächtnis.« (Neubauer 1998, 33 u. 40f). Die römische fama wird vielgestaltiger: Ruhm, öffentliche Meinung, Ruf, Gerede und Gerücht. Als Gerücht trägt Fama in Vergils Aeneis die Züge einer Person: »Allso gleich geht Fama durch Lybiens mächtige Städte. Fama, ein Übel, geschwinder im Lauf als irgendein andres, ist durch Beweglichkeit stark, erwirbt sich Kräfte im Gehen, klein zunächst aus Furcht, dann wächst sie schnell in die Lüfte, schreitet am Boden einher und birgt ihr Haupt in die Lüfte.« (Vergil, zitiert nach Neubauer 1998, 59). Fama als Kind der Hoffnung und Verzweiflung verfügt als göttliche Stimme über elementare Macht. In der antiken Vorstellung mit der Verbindung von Gottheit und Mensch beim Vollzug des Gerüchts ist es möglich, gleichzeitig die »Einheit des Gerüchts und zugleich die Vielzahl seiner Teilnehmer in einem kohärenten Bild zu denken.« (Neubauer 1998, 73).

Diese in der Geschichte zu findende Paradoxie thematisiert einen Sachverhalt, der die Architektur des Gerüchts präzise benennt. Sozialwissenschaftlich beobachtet, konvergiert er – so meine These – mit dem Verständnis des Gerüchts als soziales System. System meint ja in erster Linie eine *Beschreibungsform*, die sich durch die *Differenz* zu Umwelten konstituiert. Die hier vor allem interessierende Differenz meint das Gerücht im Unterschied zu *anderen Kommunikationsformen* in der Organisation. Nur unter dieser Differenzprämisse wird die Rede vom System als »Kommunikationssystem« oder der »Organisation als System« nicht unangemessen ontologisiert. Nach Niklas Luhmann sind *soziale Systeme*, im Unterschied zu *psychischen Systemen,* die über Bewusstsein prozessieren, durch Kommunikation konstitutiert. Als Typen sozialer Systeme benennt er die Gesellschaft, Organisationen und Interaktionen (vgl. Luhmann 1984). Soziale Systeme fallen nicht vom Himmel, sondern entstehen, indem Menschen hierzu ihre Beiträge leisten. An der Organisation lässt sich dies leicht erklären. Durch Kommunikation von Gründern, Trägern, Mitarbeitern, Führungskräften, Kunden, entsteht in Zeit (!), d. h. über die Geschichte einer Organisation hinweg, ein Regelsystem, das sich von den Einzelmenschen ablöst und ihnen als *eigenständige Erwartungsstruktur entgegentritt.* Unter dieser Prämisse wird auch der zunächst befremdliche Umstand nachvollziehbar, dass Mitarbeiter zur inneren *Umwelt* des Systems gerechnet werden. Jeder, der neu eine Arbeit beginnt, merkt aber diesen Eigen-Sinn der Organisation deutlich. Der gleiche Entstehungsmechanismus wirkt auch in Interaktionssystemen, wie z. B. in einem Team. Auch dort bilden sich Regeln aus, die als Erwartungsstruktur den Mitgliedern entgegentreten. Interaktionssysteme haben nur vielfach einen anderen Stabilitätsgrad und bisweilen eine begrenztere Lebensdauer; sie sind zumeist flüchtiger als die Organisation. Auch das Gerücht lässt sich als Interaktionssystem beschreiben. Es ist durch Beiträge von Menschen entstanden, löst sich von diesen ab und tritt seiner Umwelt, d. h. jenen, die es weitergeben, als eigene Erwartungsstruktur entgegen. Die Antike wählt zur Beschreibung der Eigenständigkeit und Stabilität des Gerüchts die Personifizierung zur Gottheit. In der Terminologie der Systemtheorie lässt sich sagen: Soziales System. Hat das Gerücht den kritischen Punkt überschritten und sich, in der Sprache Vergils »im Gehen Kräfte erworben«, ist eine eigenständige soziale Kommunikationsrealität entstanden. Menschen greifen es auf, sagen es weiter und *modellieren* es durch ihre Mitteilung und durch ihr Verstehen, aber es ist nicht ihr Eigentum. Selbstreferenziell und autopoietisch setzt es sich fort und sucht sich die Umwelten, die mit ihm etwas anfangen können und wollen. Weitergabe macht es dann stabil, bis es seine Funktion wieder verliert. Es ist in der Regel nicht von langer Dauer. »Wie ein großer, gemeinschaftlicher Kaugummi verliert das Gerücht allmählich und unvermeidlich seinen Geschmack.« (Kapferer 1997, 132). Der Anschluss in der Organisation geht verloren und es verdunstet.

7. Wirkung und Abwehr des Gerüchts

Gerüchte haben, auch wenn sie versandet oder zum Stillstand gekommen sind, ihre Auswirkungen. Nach dem Gerücht ist nichts mehr gleich, auch wenn nicht mehr darüber gesprochen wird. Dies gilt selbst dann, wenn man dem Gerücht nicht glaubt. »Der Besitzer eines Fast-food-Ladens musste erleben, dass selbst seine treuesten Kunden ausblieben, nachdem ihn ein Gerücht beschuldigt hatte, man habe Rattenknochen bei ihm gefunden. Er stellte fest, dass seine Kunden nicht mehr zu ihm kamen, weil ihnen manchmal der Gedanke durch den Kopf ging, Rattenfleisch zu essen, und das ihnen den Appetit verdarb. Und trotzdem glaubten sie kein Wort von diesem Gerücht.« (Kapferer 1997, 335). Dieses Beispiel zeigt zwei Gesichtspunkte, welche die Schwierigkeiten bei der Abwehr der Wirkungen des Gerüchtes deutlich machen. Einerseits beeinflussen uns Gedanken, auch wenn wir nicht an sie glauben, vor allem wenn sie mit Gefühlen verbunden sind, und andererseits ist ein Dementi »niemals die Löschung einer Information, sondern die Speicherung zweier zusätzlicher Informationen.« (Kapferer 1997, 335). Das Gerücht ist mit dem Dementi nicht verschwunden; manche erfahren durch das Dementi erst davon. Die Schwierigkeit des Dementis besteht darin, dass es sich auf etwas bezieht, was *nicht* existieren soll. Die Botschaft käme leichter an, wenn es hieße: Es stimmt gar nicht, dass der Chefarzt »ins Hildegardis« weggeht, er geht an die Uni-Klinik. Am ehesten ist das Gerücht wohl zu stoppen, wenn es lokalisierbar ist und sich im Anfangsstadium befindet. Eindeutig zuordenbare und allgemein erfolgversprechende Strategien scheint es allerdings nicht zu geben. Die Gegenstrategie kommt am *Einzelfall* offensichtlich nicht vorbei, was der systemischen Sichtweise des Gerüchts entspricht. In Organisationen scheint das Gerücht zu kippen, wenn bezeugte Gegenrealität unabweisbar ist, wie dies in unserem Fusionsbeispiel der Fall war.

Dann ist es plötzlich besser, davon nicht mehr zu reden; manche ergreift sogar die »organisationale Amnesie«: »...Daran habe ich doch nie geglaubt.«

Der Kampf gegen das Gerücht nimmt vor allem in Krisenzeiten zu. Während eines Krieges, oder aktueller und auf einer völlig anderen Ebene bei »Monicagate« in Washington wurden Gerüchte offensichtlich als gefährlich eingeschätzt. Zur Abwehr des Gerüchts nutzte man länderübergreifend in verschiedenen Zeitepochen unterschiedliche Methoden. Zur Gerüchteprophylaxe wurde in den 50er Jahren in Berliner Betrieben Plakate eingesetzt mit diagonal verlaufenden Riesenohren und dem Text: »Gerüchte finden stets geneigte Ohren – Überlege, bevor Du etwas weitersagst.« (Neubauer 1998, 185) Auch im Dritten Reich wurden Plakate zur Gerüchteabwehr verwandt (z. B. »Schäm dich Schwätzer«). Die Methoden erweitern sich um Telefondienste, bis zu der Einrichtung von so genannten rumor clinics (Gerüchte-Kliniken) und rumor control centers in Amerika.[11] Ehrenamtliche Gerüchteaufseher spitzten die Ohren und hörten, was geredet wird; sie bilden ein Netzwerk des Lauschens und versorgten die lokale »rumor clinic« mit Nachschub, der dort aufbereitet und verarbeitet wurde. Gerüchte aufspüren hat offensichtlich genauso Spaß gemacht, wie Gerüchte zu verbreiten. Die eingängige Losung war: »Kill a Rumor Today«! (Neubauer 1998, 193) Auch Prozesse gegen Verursacher von Gerüchten und Kopfgeld für das Aufspüren von Gerüchteverbreitern gehört zum Abwehrrepertoire, vor allem von Firmen. Die Franzosen haben eine Stiftung zur Erforschung und Aufklärung von Gerüchten gegründet, die einen Telefondienst unterhält (vgl. Kapferer 1997, 345).

8. Zum Ende noch: ... und die Moral von dem Gerücht?

Es ist wohl deutlich geworden, dass man mit dem Gerücht leben muss und nicht nur dies. Die Kommunikationsform Gerücht hat für die Organisation offensichtlich eine differenzierte Funktionalität, die nicht einfach ersetzbar ist. Die Inhalte des Gerüchtes sind vielfältig und nicht zwangsläufig negativ. Das Ausmaß von Gerüchtekommunikation sagt vermutlich

---

11 »Bei diesem Gerüchtekrankenhaus handelt es sich um eine wöchentliche Kolumne in der Lokalzeitung... Hier und in den auf diesen Artikel nachfolgenden weiteren clinics sollten kriegsrelevante Gerüchte ermittelt und vernichtet werden. Diese rhetorische search and destroy-Kampagne in Sachen Gerücht wird bis zum Ende des Jahres 1943 mehr als vierzig miteinander vernetzten amerikanischen und kanadischen clinics Modell stehen bei der Operation am offenen Herzen der kollektiven Vorstellungen«, Neubauer 1998, Fama, 177.

etwas über die Organisation selbst aus. Der entsorgte Abfall kehrt dann unvermutet zurück und kann zum diagnostischen Kriterium werden. Wird das Gerücht bekämpft und dämonisiert – wie dies in der Geschichte immer wieder geschehen ist –, sollte man nicht vergessen, dass man sich lediglich auf der anderen Seite des gleichen Phänomens bewegt, der »Guten«, die das »Böse« bekämpft. Welch ein Glück, dass man aus erkenntnistheoretischen Gründen nicht die zwei Seiten einer Sache gleichzeitig sehen kann. Dies geht nur nacheinander. Sonst würde bei durchschnittlicher Wahrnehmung auffallen, dass man sich auf dem gleichen Terrain bewegt und der Genuss wäre etwas gestört. Aber es gibt unbestreitbar auch dies: Gerüchte schaffen auch Opfer, sie können Menschen schaden. Ermahnungen dies sein zu lassen, werden sie nicht verhindern. Auch wenn es eine Ablehnungskultur gegenüber solchen Kommunikationsformen gibt, kann man sich darauf verlassen, dass es innerhalb jeder Organisation so viel Differenz zu sich selber gibt, dass das Gerücht seine Netzwerke finden wird. Da sich für das Gerücht und seine möglichen Folgen zumeist nur schwer jemand haftbar machen lässt, werden Sanktionen auch wenig bewirken. Während sich die Leute beim Gerüchte-Verbreiten gut auskennen, sind sie beim Gerüchte-Abwehren hilfloser. Das Phänomen ist uns zwar nah, aber seine Gestalt und seine Logik in Sprache zu fassen, ist schwierig; wir sind in der Regel nicht gewohnt, auf der Metaebene darüber zu reden. Deshalb ist es m. E. nützlich, sich mit diesem Kapitel organisationaler Kommunikation zu beschäftigen. Um mehr zu verstehen, wie es funktioniert und was und wen es wie meint. Man erträgt dann vielleicht etwas gelassener, wenn das Gerücht einen selbst (be-)trifft und lässt ihm seinen selbstreferentiellen Lauf. Oder man mischt vielleicht mit im Spiel der Kommunikation, um zu sehen, was sich kommuniziert.

Verwendete Literatur

Bacon, Fancis: Bruchstücke eines Essays über Gerüchte. In: Ders. Essays. Hg. V. L. L. Schücking. Wiesbaden 1940, 293-265

Baecker, Dirk, Mit der Hierarchie gegen die Hierarchie, in: Ders: Organisation als System. Aufsätze. Suhrkamp: Frankfurt a. M. 1999, 198-236

Baecker, Dirk: Zum Problem des Wissens in Organisationen. In: Organisationsentwicklung 17 (1998) [Heft 3] 4-21

Bardmann, Theodor M.: Wenn aus Arbeit Abfall wird. Aufbau und Abbau organisatorischer Realitäten. Suhrkamp: Frankfurt a. Main 1994

Foerster, Heinz: Abbau und Aufbau. In: Fritz B. Simon (Hrsg.): Lebende Systeme. Wirklichkeitskonstruktionen in der systemischen Therapie. Suhrkamp: Frankfurt a. M. 1997, 32-51.

Fritz Simon (Hg.): Lebende Systeme. Wirklichkeitskonstruktionen in der systemischen Therapie. Suhrkamp: Frankfurt a. M. 1997

Gärtner, Heribert W.: Das Krankenhaus als System. In: Eduard Zwierlein (Hrsg.): Klinikmanagement. Urban & Schwarzenberg: München-Wien-Baltimore 1997, 119-138

Gärtner, Heribert W., Schwerfälliger Tanker oder flotte Fregatte? Zur Veränderungsfähigkeit sozialer Organisationen. In: Schuster, N.: Management und Theologie, Lambertus Freiburg 2008, 77-88.

Kapferer, Jean-Noel: Gerüchte. Das älteste Massenmedium der Welt. Aufbau Taschenbuch Verlag: Berlin 1997

Kieserling, André: Klatsch: Die Moral der Gesellschaft in der Interaktion unter Anwesenden. In: Soziale Systeme 4 (1998) [H. 2], 387-411

Küpper, W. u. Ortmann, G. (Hg.): Mikropolitik. Rationalität, Macht und Spiele in Organisationen. Westdeutscher Verlag: Opladen 1988

Lauf, Edmund: Gerücht und Klatsch. Die Diffusion der abgerissenen Hand (Hochschul-Skripten: Medien 31). Wissenschaftsverlag Volker Spiess: Berlin 1990

Luhmann, Niklas: Die Gesellschaft der Gesellschaft. 2 Bde. Suhrkamp: Frankfurt 1997

Luhmann, Niklas: Kommunikation über Recht in Interaktionssystemen. In: Ders.: Ausdifferenzierungen des Rechts. Beiträge zur Rechtssoziologie und Rechtstheorie: Suhrkamp: Frankfurt a. M. 1981

Luhmann, Niklas: Organisation und Entscheidung. Westdeutscher Verlag: Opladem 1999

Luhmann, Niklas: Soziale Systeme. Suhrkamp: Frankfurt a. M. 1984

Luhmann, Niklas: Vertrauen. Ein Mechanismus der Reduktion sozialer Komplexität. 2. Aufl. Enke: Stutttgart1973

Luhmann, Niklas: Vorlesung WS 1991/92: Einführung in die Systemtheorie. (autobahn universität) Audiokasette Nr. 13 Kommunikation. Carl-Auer Verlag: Heidelberg [o.J.].

Matt, Peter v.: Die Intrige. Theorie und Praxis der Hinterlist. Carl Hanser: München-Wien 2006

Neubauer, Hans-Joachim: Fama: Eine Geschichte des Gerüchts. Berlin Verlag: Berlin 1998

Pourroy, Gustav, Adolf: Das Prinzip Intrige. Über die gesellschaftliche Funktion eines Übels. 2. Aufl. Edition Interform: Zürich 1988

Willke, Helmut: Systemtheorie II: Interventionstheorie. Grundzüge einer Theorie der Intervention in komplexe Systeme. Gustav Fischer: Stuttgart-Jena 1994.

Willke, Helmut: Systemtheorie. Eine Einführung in die Grundprobleme der Theorie sozialer Systeme. 4. Aufl. Gustav Fischer: Stuttgart-Jena 1993

Wunderlich, Werner u. Bruhn, Manfred (Hg.): Medium Gerücht, Haupt: Bern 2004

Yukio, Mishima: Liebesdurst. Insel: Frankfurt/Main-Leipzig 2000

3. Teil
»Die Strukturen«

Organisationskulturen und -subkulturen: Eine Herausforderung für das Kooperationsmanagement am Beispiel der Psychiatrie

Johannes Jungbauer

1. Einleitung

Organisationen im Gesundheits- und Sozialwesen sind heute in aller Regel durch die multiprofessionelle Kooperation von Ärzten, Psychotherapeuten, Sozialarbeitern, etc. geprägt. Dies bietet die große Chance, den vielfältigen und komplexen Anforderungen im Kontakt mit Klienten oder Patienten optimal gerecht zu werden. Andererseits kann berufliche Pluralität auch Kommunikationsprobleme und Konfliktpotentiale bedingen – sowohl im Hinblick auf die kollegiale Zusammenarbeit innerhalb einer Einrichtung (z. B. in einer Rehabilitationsklinik) als auch im Hinblick auf die Zusammenarbeit zwischen verschiedenen Einrichtungen. So kann Multiprofessionalität in einem Tätigkeitsfeld (z. B. in der Gemeindepsychiatrie) durchaus Probleme im Hinblick auf die interinstitutionelle Kooperation mit sich bringen. Dies ist etwa dann der Fall, wenn in verschiedenen Einrichtungen divergierende Professionslogiken und -ideologien dominieren und sich bei einer Kooperation miteinander reiben. Aber auch innerhalb einer Einrichtung kann Multiprofessionalität Konfliktpotentiale beinhalten. So gibt es – je nach Berufszugehörigkeit – unterschiedliche »Zuständigkeiten« und berufsspezifische Tätigkeiten im Kontakt mit den Klienten. Diese funktionelle Arbeitsteilung geht häufig mit strukturellen Macht- und Statusunterschieden einher. Beispielsweise werden bis heute die wichtigsten Leitungs- und Managementpositionen in Krankenhäusern von Ärzten bekleidet, während die anderen Berufsgruppen in der organisationalen Hierarchie weiter unten zu finden sind. Auf einer anderen Ebene bedeutet Multiprofessionalität innerhalb einer Einrichtung eine große Vielfalt beruflicher Identitäten und berufsbezogener Rollenerwartungen, die sich u. a. im »Image« der jeweiligen Berufsgruppen widerspiegeln.

Vor diesem Hintergrund kann es kaum verwundern, dass in multiprofessionellen Gesundheits- und Sozialdiensten meist keine homogene Organisationskultur existiert – vielmehr gibt es unterschiedliche subkulturelle Muster, die z.T. in Konkurrenz zueinander stehen. Die Konkurrenz dieser Subkulturen kann durch den Status der jeweiligen Mitarbeiter (z. B.

Hauptamtliche vs. Ehrenamtliche), die jeweilige berufliche Sozialisation oder die Stellung in der Hierarchie der Einrichtung determiniert sein. Im vorliegenden Beitrag soll herausgearbeitet werden, warum »Multikulturalität« die Kooperation im multiprofessionellen Team behindern oder sogar Konflikte hervorrufen kann. Dazu wird in einem ersten Schritt das Konzept der Organisationskultur vorgestellt, wobei insbesondere auf das Konzept von Schein (2003) rekurriert wird. Exemplarisch werden danach zwei unterschiedliche Subkulturen in psychiatrischen Institutionen beschrieben: die »medizinische Kultur« und die »soziale Kultur«. Auf dieser Grundlage wird dargelegt, warum die Beschäftigung mit Organisationskulturen wichtig für Führungskräfte in multiprofessionellen Sozial- und Gesundheitsdiensten ist. Geht man nämlich davon aus, dass die Integration unterschiedlicher Professionen und Professionskulturen eine Führungsaufgabe im Sinne des Kooperationsmanagements darstellt, so müssen Führungskräfte »Kulturkenner« sein, die unterschiedliche Kulturen analysieren können und in der Lage sind, im Rahmen eines kooperativen Führungsstils kulturspezifische Erfordernisse mitzudenken.

2. Zum Begriff der Organisationskultur: Das Kultur-Ebenen-Modell

Im Verlauf der letzten 20 Jahre hat sich der Begriff »Organisationskultur« zunehmend zu einem zentralen Konzept in den Management-Wissenschaften entwickelt. Die in diesem Zusammenhang entwickelten Ansätze begreifen unter Bezugnahme auf anthropologische und konstruktivistische Sichtweisen jede Organisation als »Miniaturgesellschaft« (Schreyögg 1999), die ihre eigene soziale Realität kreiert. Über tagtägliche Interaktionen bilden sich bei den Mitgliedern einer Organisation (z. B. den Angestellten eines Unternehmens) spezifische Sicht- und Handlungsweisen heraus, die zu kognitiven Strukturierungsmustern »gerinnen«. Dabei entfaltet sich ein kollektives kulturelles Gesamtsystem, die Organisationskultur.

Eine umfassende Darstellung der verschiedenen theoretischen Ansätze und Modelle zum Thema »Organisationskultur« würde den Rahmen des vorliegenden Kapitels sprengen; ein empfehlenswerter Überblick hierzu findet sich bei Neubauer (2003). In diesem Kapitel soll exemplarisch das Kultur-Ebenen-Modell von Edgar Schein (2003) dargestellt werden, weil es sich m.E. besonders gut für die Analyse von unterschiedlichen (Sub-)Kulturen in Gesundheits- und Sozialdiensten eignet

Als Sozialpsychologe vertritt Schein eine evolutionäre Perspektive: Organisationen und Organisationskulturen entwickeln sich in enger Beziehung zur Unternehmensführung. Aus diesem Grund hält es Schein für unerlässlich, dass sich Führungskräfte mit der Analyse von Organisationskulturen beschäftigen. So ist eine differenzierte Kulturanalyse u. a. hilfreich für das Verständnis subkultureller dynamischer Prozesse innerhalb einer Organisation. Konflikte und mangelhaftes Teamwork lassen sich oft zutreffender als Störungen der interkulturellen Kommunikation begreifen. Damit ist es auch besser möglich, effiziente Gegenmaßnahmen zu ergreifen. Ferner ist eine Kulturanalyse hilfreich, um die Auswirkungen von Innovationen und Reformen in Organisationen adäquat zu verstehen. Dies könnte z. B. die Einführung neuer Technologien und Strukturen betreffen, die u. U. eine Bedrohung etablierter (Sub-)Kulturen nach sich zieht.

Was genau ist nun Organisationskultur, und was ist ihr Sinn bzw. ihre Funktion? Zunächst kann ganz allgemein festgestellt werden, dass »Kultur« offenbar etwas ist, was von den Mitgliedern einer Gruppe geteilt und gemeinsam vertreten wird. Dazu gehören:

- Wiederkehrende Verhaltensweisen in der Interaktion (z. B. Sprache, Traditionen, Rituale etc.);
- Gruppennormen (implizite Maßstäbe und Verhaltensregeln);
- Bekundete Werte (öffentlich vertretene Prinzipien);
- Offizielle Philosophie (Ideologie, Leitbild, Politik);
- Spielregeln (stillschweigend akzeptierte Regeln, z. B. die Art und Weise, wie es in einer Einrichtung »läuft«);
- Klima (Ambiente, Umgangsformen, Stimmung zwischen den Mitarbeitern);
- Denkgewohnheiten (gemeinsamer kognitiver Rahmen, der den Gruppenmitgliedern Wahrnehmungen, Gedanken und Sprache vorgibt);
- Gemeinsame Bedeutungen (Übereinkunft der Gruppenmitglieder hinsichtlich der Bedeutung von Ereignissen);
- Symbole mit Integrationskraft (Schein 2003, 21 ff).

Unter Bezug auf sozialpsychologische Konzepte fragt Schein nach den Funktionen einer Kultur und unterscheidet zwei wesentliche Herausforderungen, die alle Gruppen zu bewältigen haben: (1) Überleben, Wachstum und Anpassung; sowie (2) interne Integration, die das tägliche Zusammenarbeiten sicherstellt. Auf dieser Grundlage kommt der Autor zu folgender Definition von Organisationskultur:

»Organisationskultur ist ein Muster gemeinsamer Grundannahmen, das eine Gruppe zur Bewältigung von Problemen der externen Anpassung und der internen Integration entwickelt hat – und das hinreichend gut funktioniert hat, um es als gültig zu betrachten und deshalb neuen Mitgliedern zu vermitteln ist, damit diese die Probleme in der richtigen Weise wahrnehmen, denken und fühlen.« (Schein 2004, 12; Übers. d. Verf.).

Zur Analyse von Kulturen schlägt Schein ein Modell vor, in dem drei unterschiedliche Ebenen unterschieden werden. Diese Ebenen sind in komplexer Weise miteinander verwoben und reichen von sichtbaren Phänomenen über Werte bis hin zu tief verwurzelten, unbewussten Grundannahmen (vgl. Abbildung 1):

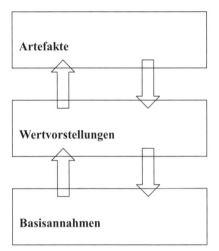

Artefakte	*Symbolsystem sichtbarer Phänomene, Strukturen und Prozesse, Interaktionsformen, Verhaltensweisen*
Wertvorstellungen	*Ziele, Strategien, Ge- und Verbote, Unternehmensphilosophie, offizielles Leitbild*
Basisannahmen	*Grundlegende Anschauungen, Welt- und Menschenbilder, meist unbewusst, selbstverständlich, unverhandelbar*

Abbildung 1: Das Kultur-Ebenen-Modell von Schein (2003)

(1) Die oberste Ebene beinhaltet sogenannte Artefakte; dabei handelt es sich um ein Symbolsystem beobachtbarer Verhaltensweisen, Interaktionen und Phänomene; hierzu gehören u. a. die Ausstattung der Räume, Logos, bestimmte Sprachformen, unausgesprochene Kleidungsvorschriften, Umgangsformen und Rituale, aber auch Geschichten und Legenden, die unter den Mitarbeitern kursieren. Zwei kleine Beispiele zur Illustration: Die Mitarbeiter einer psychosozialen Beratungsstelle bemühen sich, im Umgang miteinander »Mensch zu bleiben«, es wird ein herzliches, quasi-familiäres Miteinander gepflegt, Kollegen umarmen einander bei der Begrüßung etc. Die Räumlichkeiten sind gemütlich gestaltet und mit Grünpflanzen dekoriert, die Sprache ist informell-privat, die Kleidervorschrift eher salopp (Distanz zu Krawattenträgern). Einen deutlichen Kontrast hierzu stellen die Artefakte eines Versicherungsunternehmens dar: Hier wird größter Wert auf eine seriöse Gesamtwirkung und die strenge Beachtung konservativer Codes gelegt; Begrüßungen finden mit festem Handschlag statt. Der Umgangston ist höflich, aber sachlich, der Sprachstil formell-distanziert, der Kleidungsstil businessorientiert (Distanz zu Cordhosenträgern). Artefakte wie diese sind von Außenstehenden leicht

141

zu beobachten, aber u. U. schwer hinsichtlich ihrer Bedeutung für die Organisationskultur zu entschlüsseln.

(2) Die mittlere Ebene umfasst Wertvorstellungen und Verhaltensstandards. Sie beinhalten Ge- und Verbote, an denen sich Organisationsmitglieder orientieren und die ihr Verhalten steuern. So mag es z. B. in einer psychosozialen Beratungsstelle als selbstverständlich gelten, sich engagiert und solidarisch für die Klienten einzusetzen. Der gute Mitarbeiter ist »selbstlos« und nötigenfalls immer bereit, im Dienst der »guten Sache« auch Überstunden in Kauf zu nehmen (Wertvorstellung: »Die Starken sollen den Schwachen helfen«). Auch in einem Versicherungsunternehmen ist es möglicherweise üblich, Überstunden zu machen – aber vor einem völlig anderen normativen Hintergrund: Der gute Mitarbeiter ist hier leistungsfähig und maximal leistungsbereit, und er stellt sich ganz in den Dienst des Unternehmens (Wertvorstellung: »Karriere machen zu Recht nur die Besten«).

(3) Die unterste Ebene beinhaltet Basisannahmen, also bestimmte Weltanschauungen und anthropologische Prämissen. Basisannahmen beziehen sich auf das Wesen des Menschen, seine Beziehungen zu seiner sozialen Umwelt sowie auf Wirklichkeit und Zeit. Sie umfassen daher u. a. Vorstellungen über anzustrebende Handlungen und Haltungen sowie über die Gestaltung zwischenmenschlicher Beziehungen. Solche anthropologischen Basisannahmen sind meist unbewusst und werden nicht in Frage gestellt. Sie werden als etwas so Selbstverständliches angesehen, dass sie in den Bereich des Nicht-Verhandelbaren fallen und dass abweichende Meinungen ohne Überlegung abgelehnt werden. So können z. B. bei Mitarbeitern einer psychosozialen Beratungsstelle in kirchlicher Trägerschaft ein christliches Menschenbild und das Ideal einer solidarischen Gesellschaft zu den Basisannahmen gehören. Bei den Mitarbeitern eines Versicherungsunternehmens sind hingegen Leistungsorientierung und eine utilitaristische Gerechtigkeitsauffassung als Basisannahmen wahrscheinlich.

Wie Schein (2003) darlegt, kann eine adäquate Analyse von Organisationskulturen nur bei Berücksichtigung aller drei Ebenen erfolgen. So ist die Entschlüsselung von Artefakten oder von Wertvorstellungen schwierig, wenn die zu Grunde liegenden Basisannahmen der Mitarbeiter nicht bekannt sind. Wichtig ist eine differenzierte Kulturanalyse im Hinblick auf die Analyse von Störungen und Konflikten sowie im Hinblick auf Versuche, Organisationskulturen zu beeinflussen bzw. zu gestalten.

3. Organisationsübergreifende und organisationsinterne Subkulturen

Innerhalb einer Organisation kann es eine übergreifende gemeinsame Kultur geben. Dies ist etwa dann der Fall, wenn sich die Mitarbeiter eines Verbandes in hohem Maße mit ihrer Organisation identifizieren und dessen Normen als verbindlich erachten. Der vom Management üblicherweise gewünschte Idealfall ist es, dass sich alle oder zumindest die meisten Mitarbeiter als Teil des Ganzen fühlen und sich solidarisch für die gemeinsame Sache engagieren (»corporate identity«). Allerdings gibt es keineswegs nur homogene Organisationskulturen, sondern auch eine große Vielfalt subkultureller Muster innerhalb einer Einrichtung oder eines Tätigkeitsfeldes. In der Praxis finden wir sowohl organisationsübergreifende Subkulturen als auch Subkulturen innerhalb einer Organisation.

Neubauer (2003) nennt eine ganze Reihe von unterschiedlichen Formen organisationaler Subkulturen: Ein bekanntes Beispiel für organisationsübergreifende Subkulturen sind Berufskulturen (»professional cultures«). So ist es etwa möglich, dass die Mitarbeiter verschiedener Einrichtungen aufgrund des selben Hochschulstudiums und einer ähnlichen berufsbezogenen Sozialisation die gleiche Subkultur aufweisen, obwohl die Organisationskultur ihrer Arbeitgeber sehr unterschiedlich sein mag. Beispielsweise fühlen sich Diplom-Psychologen, die bekanntermaßen in sehr unterschiedlichen Profit- und Non-Profit-Organisationen tätig sind, oft in hohem Maße einer spezifischen Psychologen-Subkultur verpflichtet. Ferner existieren auch Subkulturen innerhalb einer Einrichtung oder einer Organisation. Diese können unter Umständen identisch mit den vorhandenen intraorganisationalen Berufskulturen sein. Denkbar ist auch, dass verschiedene vertikale Teilsysteme innerhalb einer Organisation (z. B. Abteilungen, Stationen etc.) eine eigene Subkultur entwickeln. Nicht zuletzt können auch in horizontalen Teilsystemen (z. B. auf der Leitungsebene) Gemeinsamkeiten wahrgenommen werden, die zur Entwicklung einer eigenen Subkultur führen. Darüber hinaus existieren zuweilen auch lokale Subkulturen. Bekannt sind z. B. Unterschiede zwischen Einrichtungen im ländlichen oder im großstädtischen Umfeld; ferner gibt es Gemeinden, die in bestimmten Bereichen ausgeprägte lokale Traditionen aufweisen. So gibt es z. B. in der norditalienischen Stadt Reggio Emilia seit über 50 Jahren eine lokale Kultur der vorschulischen Kinderbetreuung, von der vielfältige Impulse für Erziehung und Kleinkindpädagogik ausgehen (»Reggio-Pädagogik«, vgl. Dreier 2006).

Im Sozial- und Gesundheitswesen finden wir regelmäßig Einrichtungen und Bereiche, die zwei oder mehr subkulturelle Muster aufweisen. Dies kann insbesondere dann zu Komplikationen führen, wenn Subkulturen in Konkurrenz geraten oder wenn kulturbedingte Missverständnisse, Konflikte oder Animositäten zwischen den Protagonisten der vorhandenen Subkulturen entstehen. Für Management und Führungskräfte in multiprofessionellen Gesundheits- und Sozialdiensten stellt sich deswegen nicht nur die Frage, wie sich kulturbedingte Konflikte lösen lassen, sondern auch die Frage, wie eine starke Gesamtkultur gefördert werden kann, die als integrative Klammer für unterschiedliche Subkulturen fungiert und die kollegiale Kooperation fördert (Neubauer, 2003).

4. Subkulturen in psychiatrischen Einrichtungen

4.1 Vorbemerkung

Auch in der modernen Psychiatrie, die in der Regel durch eine multiprofessionelle Zusammenarbeit von Ärzten, Psychotherapeuten, Sozialarbeitern, Ergotherapeuten etc. geprägt ist, existieren unterschiedliche Subkulturen. Dabei handelt es sich zum Teil um organisationsübergreifende Berufskulturen, die sich sowohl in stationären und ambulanten Versorgungseinrichtungen (z. B. psychiatrische Kliniken, Ambulanzen und Beratungsstellen) als auch in Einrichtungen des komplementären, »lebensweltlichen« Sektors finden (z. B. Übergangswohnheime, betreutes Wohnen, sozialpsychiatrische Dienste etc.). Insbesondere in größeren Einrichtungen (z. B. psychiatrische Kliniken mit vielen Mitarbeitern) stehen sich auch verschiedene organisationsinterne Subkulturen gegenüber, die berufsbezogen, funktionsbezogen oder hierarchiebezogen sein können. Wie Uffelmann (1998) darlegt, bilden in psychiatrischen Kliniken ärztliche Kultur, Pflegekultur, Verwaltungskultur, Patientenkultur usw. ein geradezu unversöhnliches Konglomerat von Theorien, Zielsetzungen, Bedürfnissen und sprachlichen Besonderheiten, so dass eine homogene psychiatrische Organisationskultur im Sinne einer »corporate identity« nur sehr schwer zu realisieren sei. Im Folgenden sollen exemplarisch zwei Subkulturen in der Psychiatrie beschrieben werden, die sowohl organisationsintern als auch organisationsübergreifend existieren und die offen oder verdeckt in Konkurrenz bezüglich ihres Geltungsanspruchs stehen: Die medizinische Kultur und die soziale Kultur (vgl. Tabelle 1):

	Medizinische Kultur	Soziale Kultur
Artefakte	Weißer Kittel Korrekt-distanzierte Umgangsformen Statusbewusster Habitus Akademischer Sprachstil Medizinische Fachsprache Eher weniger Patientenkontakt Alltagsparadigma: Patientenvisite unter Zeitdruck	Legere Kleidung Zwanglos-lockere Umgangsformen, kumpelhafter, zuweilen anbiedernder Habitus Bewusst unprätentiöser Sprachstil Eher viel Patientenkontakt Alltagsparadigma: Teetrinken mit Patienten
Wertvorstellungen	Effektivität und Effizienz Wissenschaftlichkeit Fokussierung auf psychiatrische Problematik des Patienten Eher erkrankungsorientierte Herangehensweise Der Patient als Behandlungsfall Systematisch-schematische Handlungsstrategien Distinktion: Distanz zu unwissenschaftlicher »Kuschelpädagogik«	Emanzipatorischer Anspruch Ganzheitliche Sichtweise des Patienten Eher lebensweltorientierte Herangehensweise Der Patient als gleichberechtigter Partner (»Klient«) Intuitiv-spontane Handlungsstrategien Distinktion: Distanz zu Technokratie und »kaltem Ärztezynismus«
Basisannahmen	Hippokratischer Eid Finale Verantwortlichkeit für Prozesse und Ergebnisse Intellektuelle Überlegenheit und legitimer Führungsanspruch der Mediziner Eher affirmative Haltung zum psychiatrischen Hilfesystem	Ideal einer gerechten, egalitären Gesellschaft Anspruch des humaneren Instrumentariums Strukturelle Kränkung durch Assistenzfunktion Eher kritische Haltung zum psychiatrischen Hilfesystem

Tabelle 1: Medizinische und soziale Kultur im Vergleich

4.2 Die medizinische Kultur

Die medizinische Kultur wird prototypisch von Psychiatern und z.T. von Psychotherapeuten vertreten. Sie orientiert sich in erster Linie an einem psychiatrisch-kurativen Paradigma, d. h. das primäre Ziel der Arbeit mit dem Patienten ist eine rasche Symptomreduktion und Wiederherstellung des Gesundheitszustandes quo ante. Der Kontakt zum Patienten wird oft durch eine fürsorglich-patriarchalische Grundhaltung geprägt (traditionelle Variante) oder aber durch einen Dienstleistungs-Ethos (moderne Variante). Letzterer beinhaltet u. a. den Anspruch, die Behandlung nach neuesten wissenschaftlichen Erkenntnissen durchzuführen und dabei die Patienten als Kunden zu betrachten. Dabei werden auch ökonomische Kriterien wie Effektivität und Effizienz von Interventionen berücksichtigt (Qualitätskriterien: »Wissenschaftlichkeit, Wirksamkeit, Wirtschaftlichkeit«). Ärzte werden als die Hauptzuständigen für alle Belange der psychiatrischen Behandlung und Rehabilitation betrachtet. Anderen Professionen wird demzufolge eine Assistenzfunktion zugeschrieben Die psychiatrische Kultur beansprucht allgemein eine intellektuelle Überlegenheit, die Deutungshoheit über den jeweiligen »Fall« und die operative Führung bei allen Entscheidungen, die Behandlung und Rehabilitation von Patienten betreffen. Die Beziehungsgestaltung zum Patienten wird vor allem aus instrumentellen Gründen als wichtig erachtet (z. B. zur Verbesserung der Compliance bei der Medikamenteneinnahme).

4.3 Die soziale Kultur

Die soziale Kultur wird von Sozialarbeitern und Sozialpädagogen, z.T. auch von Psychotherapeuten, Ergotherapeuten und Pflegekräften vertreten; allerdings gibt es bisweilen auch Ärzte, die sich gleichsam als »Dissidenten« ihrer Zunft der sozialen Kultur verpflichtet fühlen. Sie orientiert sich in erster Linie an einem ganzheitlichen, lebensweltbezogenen Paradigma und einem emanzipatorischen Anspruch, der nicht selten auf psychiatriekritischen Annahmen fußt. Ihre Zuständigkeit definiert die soziale Kultur weit über den akuten Behandlungskontakt hinaus. Angestrebt wird ein partnerschaftlicher Kontakt auf gleicher Augenhöhe, der den Patienten nicht nur als Träger einer psychischen Krankheit sieht (wie dies häufig der medizinischen Kultur unterstellt wird), sondern als »Psychiatrieerfahrenen« ernst nimmt. Die soziale Kultur will den Patienten und dessen Angehörige in einen gleichberechtigten Dialog mit professionellen Mitarbeitern integrieren (Beispiel: Psychoseseminare). Häufig ist eine Solidarisierung mit den Patienten festzustellen. Die Beziehungsgestaltung zum Patienten wird nicht instrumentell, sondern vielmehr als »Wert an sich« betrachtet, der die Arbeit erst legitimiert. Die soziale Kultur sieht sich zu Unrecht lediglich in einer nachgeordneten Funktion; sie beansprucht für sich, das umfassendere, humanere und letztlich effektivere Instrumentarium zu haben. Insofern sieht sie sich als wichtiges Korrektiv der medizinischen Kultur.

Unter einer kommunikationspsychologischen Perspektive wird deutlich, warum die Konkurrenz von medizinischer und sozialer Kultur sehr leicht zu zwischenmenschlichen Komplikationen, Zerwürfnissen und Arbeitsstörungen führen kann. Wie Schulz von Thun (2004) anmerkt, geht es bei Konflikten sehr häufig um grundlegende Werte: »Wenn mir etwas heilig ist, bin ich besonders verletzlich und dann auch notwehr-bösartig, wenn jemand gegen dieses mir Heilige verstößt oder sogar verächtlich darauf herumtrampelt« (Schulz von Thun 2004, 42). In Abbildung 2 sind typische Werthaltungen von medizinischer und sozialer Kultur gegenübergestellt, die per se keinen Widerspruch darstellen, sondern vielmehr in einem dialektischen Ergänzungsverhältnis zueinander stehen. Gleichwohl stellen diese Werte häufig die Basis für gegenseitige Schuldzuweisungen von medizinischer und sozialer Kultur dar.

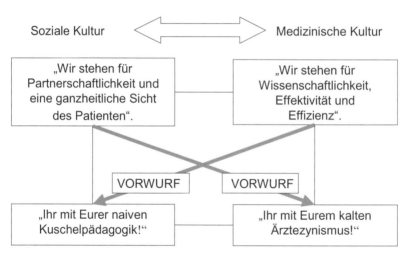

Abbildung 2: Medizinische und soziale Kultur im Wertequadrat

In der Konfiguration des Wertequadrats betrachtet handelt es sich um eine Polarisierung, wenn an sich zusammengehörige, sich gegenseitig ergänzende Werte auseinander gerissen werden, so dass sich die eine Kultur für einen, die andere Kultur für den anderen stark macht. Die Konfliktparteien betonen in ihren Angriffen meist die negativen Aspekte und Fehlformen der jeweils konkurrierenden Werthaltungen – in verbalen Auseinandersetzungen gehen Unterstellungen und Vorwürfe schnell und gern »unter die Gürtellinie«. Charakteristische Folgen einer solchen gegenseitigen Abwertung sind mangelhafte Kooperation, Einschränkungen der Kommunikation und des zwischenmenschlichen Kontakts oder gegenseitiges Ignorieren.

Zum Schluss dieses Abschnitts sollen zwei Praxisbeispiele verdeutlichen, wie die Konkurrenz von medizinischer und sozialer Kultur die Kooperation im multiprofessionellen Team behindern oder Konflikte zwischen verschiedenen Einrichtungen hervorrufen kann:

Beispiel 1: In einer psychiatrischen Tagesklinik ordnet der Stationsarzt nach einem Familiengespräch an, dass der noch bei den Eltern lebende 25-jährige Patient so bald wie möglich einen Platz im Betreuten Wohnen erhalten soll. Ziel dieser Maßnahme ist es, den Patienten in seiner Autonomieentwicklung zu fördern und eine »heilsame« Distanz zum überfürsorglichen Elternhaus herzustellen. Der Arzt beauftragt daher den Sozialarbeiter der Tagesklinik damit, Kontakt mit einer entsprechenden Einrichtung aufzunehmen und sich um die Kostenübernahme zu kümmern. Der Sozialarbeiter reagiert im Gespräch reserviert auf die Anweisung des Stationsarztes. In der Folge zeigt er nur geringes Engagement bei der Erledigung seines Auftrags; unterschwellig torpediert er sogar die Anordnung des Arztes, indem er dem Patienten zu verstehen gibt, dass er natürlich auf keinen Fall gegen seinen Willen im Betreuten Wohnen »untergebracht« werden darf. Als dies dem Stationsarzt hinterbracht wird, kommt es zu einer heftigen Auseinandersetzung, bei der sich auf der Station zwei »Konfliktlager« bilden. In der Supervision ergibt sich überraschend, dass der Sozialarbeiter durchaus der Ansicht ist, dass es für den Patienten gut wäre, in einer eigenen Wohnung zu leben. Allerdings ist er keineswegs mit der Art und Weise einverstanden, in der diese Entscheidung erfolgte – der Arzt hatte wesentliche Wertvorstellungen und Basisannahmen der sozialen Kultur außer Acht gelassen. Gemäß seinem Verständnis von Partnerschaftlichkeit hätte der Sozialarbeiter zuvor konsultiert bzw. in die Überlegungen des Arztes mit einbezogen werden müssen; auch hätte der Plan, einen Platz im Betreuten Wohnen zu organisieren, gemeinsam mit dem Patienten und dessen Familienangehörigen besprochen werden müssen, statt dies »selbstherrlich« anzuordnen.

Beispiel 2: Dem Oberarzt einer psychiatrischen Klinik kommt zu Ohren, dass Patienten nach ihrer Entlassung von den Sozialarbeitern einer Tagesstätte für psychisch Kranke darin bestärkt werden, die verordnete Medikation zu reduzieren. Bei etlichen dieser Patienten ist es in letzter Zeit zu einer erneuten psychotischen Krise gekommen. Er beschwert sich beim Psychiatriekoordinator der Stadt über die »unverantwortliche« Handlungsweise der Sozialarbeiter, die das »eigenmächtige« Verhalten der Patienten unterstützen. Er beschließt, bei Patienten, die bekanntermaßen Klienten dieser Tagesstätte sind, künftig »vorsichtshalber« eine Depotmedikation anzuordnen. Aus Sicht der Sozialarbeiter in der Tagesstätte, deren Handlungsweisen in der sozialen Kultur verwurzelt sind, stellt sich der Sachverhalt aber ganz anders dar: Gemäß ihres emanzipatorischen Anspruchs, die Klienten zu mehr Selbstbestimmung zu ermutigen (»empowerment«) statt über sie zu bestimmen, bestärken sie diese auch in einem eigenverantwortlichen Umgang mit Medikamenten. Hierzu gehört eben auch die eigenverantwortliche Reduktion der verordneten Medikamentendosis oder ggf. auch das eigenverantwortliche »Experiment« eines Absetzens. Sie gehen davon aus, dass Klienten, die sich nicht selbst für die Medikamente entschieden haben, sondern »nur« der Anweisung des Arztes folgen, die Medikamente ohnehin meist wieder absetzen. Den Ärzten der psychiatrischen Klinik hingegen wird unterstellt, die Patienten mangelhaft oder falsch zu informieren, Angst zu machen, unter Druck zu setzen und keine Alternativen zu den Medikamenten aufzuzeigen. Vor diesem Hintergrund verwundert es nicht, dass es zwischen der Klinik und der Tagesstätte seit Jahren kaum noch direkte Kommunikation gibt; es dominieren wechselseitige Abwertungen, Schuldzuweisungen und Feindbilder.

5. Organisationskultur als Führungsaufgabe

5.1 Vorbemerkung

In den vorangegangenen Abschnitten wurde dargelegt, dass Multiprofessionalität in Sozial- und Gesundheitsdiensten sehr wahrscheinlich mit unterschiedlichen berufsbezogenen Subkulturen einhergeht, die sowohl innerhalb einer Einrichtung als auch einrichtungsübergreifend existieren. Am Beispiel der Psychiatrie wurde gezeigt, dass offene oder verdeckte Konkurrenz von Subkulturen die Kooperation der Mitarbeiter und die Zusammenarbeit unterschiedlicher Einrichtungen nachhaltig beeinträchtigen kann.

Vor diesem Hintergrund erscheint Organisationskultur als Führungsaufgabe. Im folgenden werden einige Aspekte beschrieben, die im Management multiprofessioneller Sozial- und Gesundheitsdienste Berücksichtigung finden können und sollten: Ausgehend von einer differenzierten Kulturanalyse stellt sich die Frage nach einem interinstitutionellen Kooperationsmanagement sowie einer kooperativen Führung innerhalb einer Einrichtung (intrainstitutionelles Kooperationsmanagement) – beides unter Berücksichtigung der existierenden Organisationskulturen. Abschließend wird auf das Thema einer möglichen Kulturveränderung als Führungsaufgabe im Sinne der Organisationsentwicklung eingegangen.

5.2 Kulturanalyse

Es geht zunächst darum, die eigene Organisationskultur und ggf. vorhandene Subkulturen zu analysieren, um auftretende Probleme in der Kooperation zwischen Mitarbeitern und mit anderen Einrichtungen besser zu verstehen. Eine Kulturanalyse ist allerdings anspruchsvoll und keinesfalls mit einfachen Erhebungsmethoden wie z. B. einem Fragebogen durchführbar. Neben der prinzipiellen Schwierigkeit, ein geeignetes Instrument mit den »richtigen« Fragen zu entwickeln, ist die Erfassung kollektiver Annahmen und Konstrukte durch individuelle Befragungen problematisch. Schein (2003) schlägt deswegen einen Gruppen-Workshop zur Dechiffrierung der Organisationskultur vor. Dazu wird eine Gruppe von mehreren Mitarbeitern gebildet, die ggf. unter Hinzuziehung eines externen Beraters die eigene Organisationskultur reflektiert. Als Ausgangspunkt eignet sich z. B. ein aktuelles Problem oder ein strategisches Vorhaben in einer Einrichtung. In mehreren Schritten werden nun die Bestimmungsstücke der eigenen Kultur bzw. Subkultur benannt, wobei die Oberflächenebene der unmittelbar sichtbaren, aber u. U. schwer zu entschlüsselnden Artefakte am Anfang steht. Im weiteren Verlauf werden die tieferliegenden und schwieriger zu erfassenden Wertvorstellungen und Basisannahmen identifiziert (vgl. Schein 2003, 69 ff.).

5.3 Interinstitutionelles Kooperationsmanagement

In den Managementwissenschaften bezieht sich der Begriff »Kooperationsmanagement« primär auf die Gestaltung und Steuerung von Beziehungen zwischen verschiedenen Unternehmen und Organisationen (vgl. z. B. Schuh/Friedli/Knurr 2005). Ziel von interinstitutionellem Kooperationsmanagement ist es, die Zusammenarbeit zwischen den beteiligten Organisationen und ihren Führungskräften zu verbessern, Konflikte zu lösen oder ihnen vorzubeugen. Insbesondere, wenn unterschiedliche Organisationskulturen aufeinandertreffen (z. B. bei Firmenübernahmen, Fusionen oder Joint Ventures), erfordert Kooperationsmanagement die Fähigkeit zur Analyse und Integration divergierender oder konkurrierender Kulturen. Wie Schein (2003) anhand von Beispielen aus dem Wirtschaftsleben darlegt, ist ein kultursensibles Kooperationsmanagement beispielsweise häufig der entscheidende Faktor für erfolgreiche Joint Ventures.

Analog dazu erscheint interinstitutionelles Kooperationsmanagement auch im non-profit-Bereich notwendig, etwa um die Zusammenarbeit multiprofessioneller Dienste und Einrichtungen im Gesundheitswesen zu koordinieren. In diesem Sinne sollte Kooperationsmanagement Aufgaben der Vernetzung, der Kommunikation und der Beziehungspflege zwischen unterschiedlichen Einrichtungen bzw. den Hauptakteuren der Einrichtungen umfassen. Indessen wird interinstitutionelles Kooperationsmanagement im Gesundheits- und Sozialwesen nur relativ selten professionell praktiziert. Die Kontaktpflege und Vernetzung mit anderen Einrichtungen, deren Angebote die eigenen Klienten in Anspruch nehmen sowie mit weiteren Institutionen, die für die Belange und Interessen der Klienten zuständig sind, wird in der Regel nicht als Führungsaufgabe angesehen, sondern delegiert (z. B. an Sozialarbeiter). Initiativen zur Vernetzung, Information und zu Round-Table-Gesprächen finden häufig auf freiwilliger Basis statt und gehen auf individuelle Initiativen zurück. Trotzdem gibt es auch Ansätze für gelingendes Kooperationsmanagement im o.g. Sinne. So bieten störungsspezifische Kompetenznetze im Gesundheitswesen (z. B. zu Depression, Schlaganfall oder Demenz) hervorragende Chancen für interinstitutionelles Kooperationsmanagement. Weiterhin gibt es zunehmend Kommunen, die die Koordination und Vernetzung von Gesundheits- und Sozialdiensten als zentralen Aufgabenbereich von speziell hierfür zuständigen Mitarbeitern definieren.

So gibt es z. B. heute in zahlreichen Kommunen einen Psychiatriekoordinator, die für die Vernetzung stationärer, ambulanter und komplementärer psychiatrische Institutionen zuständig ist und sich dafür einsetzt, vorhandene Angebote möglichst gut aufeinander abzustimmen. Beispielsweise ist es oft eine Aufgabe eines Psychiatriekoordinators, die Zusammenarbeit zwischen Einrichtungen der Erwachsenpsychiatrie und der Kinder- und Jugendlichenpsychiatrie zu verbessern. Schließlich geht es auch um die Zusammenarbeit und Kommunikation mit Behörden und Institutionen außerhalb der Psychiatrie (Jugendamt, Erziehungsberatungsstellen etc.). Dies kann z. B. wichtig sein, wenn geeignete Angebote für Familien bereitgestellt werden sollen, in denen ein Elternteil psychisch erkrankt ist. Diese Aufgabenbeschreibung macht deutlich, dass sich ein Psychiatriekoordinator um die Zusammenarbeit von Einrichtungen kümmert, deren Mitarbeiter unterschiedlichen Kulturen angehören und deren berufliches Handeln auf unterschiedlichen Professionslogiken basiert. Aus diesem Grund erfordert dessen Kooperationsmanagement ein hohes Maß an kultureller Sensibilität und sozialer Kompetenz. Gerade am Schnittpunkt von medizinischer und sozialer Kultur ist es eine große Herausforderung, von den Vertretern unterschiedlicher Einrichtungen ernstgenommen zu werden und als »allparteilicher« Mediator zwischen verschiedenen Interessen und Positionen zu vermitteln (vgl. Montada/Kals 2007).

5.4 Kooperative Führung

Auf der intrainstitutionellen Ebene zielt Kooperationsmanagement auf die gute Zusammenarbeit zwischen unterschiedlichen Mitarbeitern und Berufsgruppen einer Einrichtung ab. Intrainstitutionelles Kooperationsmanagement erfordert in hohem Maße soziale Managementkompetenzen – erst durch sie lässt sich eine konstruktive Kommunikationskultur in einer Einrichtung, Abteilung oder Station entfalten (Neubauer 1999). Umgekehrt wirkt sich deren Fehlen wahrscheinlich negativ auf die kollegiale Zusammenarbeit und die Interaktion mit den Klienten sowie deren Befindlichkeit aus: Wenn sich Mitarbeiter nicht in ihrem Handeln und ihrer Haltung respektiert fühlen, wenn laufend über ihre Köpfe hinweg gehandelt wird und keine Mitwirkung an relevanten Entscheidungsprozessen möglich ist, können innere Kündigung, Burn-out und Mobbing die Folge sein (vgl. Schreyögg 1998). Intrainstitutionelles Kooperationsmanagement kann daher primär als Realisierung eines kooperativen Führungsstils aufgefasst werden. Dies umfasst die Herstellung eines motivierenden Arbeitsklimas, die Förderung von Kommunikation zwischen unterschiedlichen Hierarchieebenen, die Vermittlung bei Konflikten zwischen Mitarbeitern bzw. Mitarbeitergruppen sowie geeignete Maßnahmen der Teamentwicklung. So sollten z. B. Vorgesetzte in einer psychiatrischen Klinik möglichst regelmäßige Teambesprechungen organisieren, sich explizit für die Belange aller Mitarbeiter interessieren, sie um die Artikulation ihrer Meinung bitten, ihren fachlichen Rat einholen und ihnen ihre Wertschätzung für ihren menschlichen und fachlichen Beitrag zur gemeinsamen Arbeit deutlich machen. Ein kooperativer Führungsstil umfasst ferner kulturelle Sensibilität, also die Fähigkeit zur Perspektivenübernahme in Bezug auf die unterschiedlichen kulturellen Referenzsysteme der Mitarbeiter. Ausgehend von der Kulturanalyse einer Einrichtung sollten Führungsaufgabe geeignete Rahmenbedingungen schaffen, um die Koexistenz und Kooperation unterschiedlicher (Sub-)Kulturen zu fördern und einen multidisziplinären Diskurs zwischen deren Protagonisten initiieren. Wenn es gelingt, diesen Diskurs ko-kreativ zu gestalten, also allen Seiten gleichermaßen Geltung zu verschaffen, wird es mittelfristig möglich sein, eine integrative Organisationskultur aufzubauen (Willke 1997). Diese kann gerade deshalb als integrative Klammer zwischen den verschiedenen Subkulturen wirken, weil sie die Widersprüchlichkeit, das Nicht-Wissen und auch die Hilflosigkeit und Ohnmacht auf Patientenseite wie auf Mitarbeiterseite kommunizierbar macht und ertragen hilft (Uffelmann 1998). Wenn etwa in einer psychiatrischen Klinik derartige Kommunikationsstrukturen und Führungsmuster etabliert werden, stehen die Chancen gut, dass Konflikte und Arbeitsstörungen zwischen den Angehörigen unterschiedlicher Subkulturen abnehmen und die Bereitschaft zur Kooperation zunimmt.

5.5 Kulturveränderung als Führungsaufgabe

Wenn man bedenkt, wie bedeutsam eine Organisationskultur für das Denken, Fühlen und Handeln der Mitarbeiter ist, erscheint es nahezu zwingend, die Steuerung, Beeinflussung und Veränderung von Kulturen als Managementkompetenz zu begreifen. Die Praxis zeigt indessen, dass Organisationskulturen in aller Regel sehr veränderungsresistent sind – schließlich haben sie sich ja aus Sicht von deren Protagonisten bewährt, um interne und externe Anforderungen erfolgreich zu bewältigen. So stellt sich die Frage, ob man Organisationskulturen und -subkulturen überhaupt gezielt ändern kann, oder ob man einfach mit ihnen zurechtkommen muss. Zu dieser Frage finden sich in der Fachliteratur recht unterschiedliche Positionen. Schreyögg (2002) merkt in diesem Kontext an, dass es sich bei jeder Kultur um ein gewachsenes Muster kollektiver Sozialsysteme handelt, das sich nicht einfach planmäßig durch ein neues ersetzen lässt – allenfalls könne eine bestehende Organisationskultur über einen umfassenden Dialog mit den Mitarbeiten allmählich modifiziert werden. Systemtheoretisch gesehen unterliegt allerdings ohnehin jedes Sinnsystem schon automatisch einer Modifikation, wenn es von den »Kulturträgern« selbst reflektiert wird (vgl. Schein 2003). Ganz sicher wäre es jedenfalls naiv, Organisationskulturen durch »gezielte« Maßnahmen womöglich kurzfristig verändern zu wollen. Es ist vielmehr davon auszugehen, dass Organisationskultur – zumal in ihren tieferen, unbewussten Ebenen – nur begrenzt und langfristig beeinflusst werden kann. Selbst wenn man davon ausgeht, dass die reflektierte Gestaltung von Organisationskultur eine Führungsaufgabe darstellt, sollte daher nicht von »Kulturmanagement«, sondern vielmehr von »kulturbewusstem Management« gesprochen werden (vgl. Neubauer 2003).

Wie Hofstede (1993) pointiert herausgearbeitet hat, ist Kultur zwar ein »weiches« Merkmal, doch erfordern tiefgreifende Kulturveränderungen »harte« Maßnahmen. Harte Maßnahmen können strukturelle Veränderungen sein wie z. B. die Schließung von Abteilungen bzw. Stationen oder die Reorganisation ganzer Einrichtungen. Weiterhin sind prozessbezogene Veränderungen möglich, wie z. B. die Einführung neuer Behandlungs- und Therapieverfahren, die Neuordnung von Zuständigkeiten und die Abschaffung von Kontrollmaßnahmen. Ferner sind Kulturveränderungen oft auch mit signifikanten Veränderungen auf der Ebene des Personals und der Hierarchieebenen verbunden. Weiche Maßnahmen wie z. B. Mitarbeiterfortbildungen allein sind ungeeignet zur Änderung von Organisationskultur: »Fortbildungsprogramme ohne Unterstützung harter Veränderungen gehen meist nicht über Lippenbekenntnisse hinaus und sind reine Geldverschwendung.« (Hofstede 1993, 227).

Als Beispiel für eine tiefgreifende Kulturveränderung mag die sogenannte Psychiatriereform in den letzten 30 Jahren dienen. Lange Zeit galt die Psychiatrie als »totale Institution« mit oligarchischen Machtstrukturen, in der Patienten »unter elenden menschenunwürdigen Umständen« (Finzen/Schädle-Deininger 1979) verwahrt, unterdrückt und fehlbehandelt wurden. Im Jahr 1971 beauftragte der deutsche Bundestag die Bundesregierung zur Durchführung einer »Enquête« über die Lage der Psychiatrie. Dies eingesetzte Sachverständigenkommission zeigte in ihrem Bericht zahlreiche Missstände auf und empfahl eine Reihe von harten Veränderungsmaßnahmen, um den Wechsel von einer kustodialen zu einer therapeutisch und rehabilitativ ausgerichteten Psychiatrie zu erreichen. Entsprechend dieser Empfehlungen kam es u. a. zu einer erheblichen Verkleinerung und Umstrukturierung der bislang sehr großen Nervenheilanstalten, der Öffnung geschlossener Stationen und zur Schaffung neuer, kleinerer und gemeindenaher Einrichtungen, wie z. B. Wohngruppen, Heimen und Tagesstätten für psychisch Kranke. Der Ausbau der sogenannten »komplementären«, lebensweltlichen Versorgungsangebote erforderte nicht zuletzt auch die Mitwirkung neuer Berufsgruppen wie z. B. Sozialarbeiter und Psychotherapeuten. Neben der medizinischen (häufig rein medikamentösen) Behandlung wurden neue Therapie- und Betreuungsangebote eingeführt, wie z. B. Soziotherapie, Ergotherapie und betreutes Wohnen. Im vorliegenden Zusammenhang ist bedeutsam, das die skizzierten harten Veränderungen der psychiatrischen Versorgung nicht nur eine wesentliche Verbesserung für die Patienten darstellten, sondern auch eine allmähliche Kulturveränderung der gesamten Psychiatrie und der in ihr existierenden Subkulturen bewirkt haben. Wichtige Indikatoren für diese Kulturveränderung sind insbesondere ein verändertes Selbstverständnis der Mitarbeiter, der Anspruch einer humanen, ganzheitlichen Behandlung auf unterschiedlichen Ebenen und die Sicht der psychisch Kranken als prinzipiell gleichberechtigte Partner. Naturgemäß zeigt sich dieser Kulturwandel in komplementären psychiatrischen Einrichtungen (in denen die oben beschriebene soziale Subkultur dominiert) besonders ausgeprägt, doch sind kulturelle Veränderungen auch in psychiatrischen Kliniken oder psychiatrischen Abteilungen von Krankenhäusern durchaus sehr deutlich.

Johannes Jungbauer

Zusammenfassend lässt sich feststellen, dass ein über oberflächliche Veränderungen hinausgehender Kulturwandel in sozialen Organisationen langjährige Ausdauer und eine nicht nachlassende Aufmerksamkeit aller Beteiligten erfordern. Wenn größere Kulturveränderungen angestrebt werden, sollte idealerweise in regelmäßigen Abständen eine differenzierte Kulturdiagnose vorgenommen werden. So können entsprechende Entwicklungen sowohl für die Führungs- als auch auf der Mitarbeiterebene sichtbar gemacht werden, was die Bereitschaft und Motivation für weitere Veränderungsprozesse erhöht.

Weiterführende Literatur

Neubauer, W., Organisationskultur. Stuttgart: 2003.
Schein, E.H., Organisationskultur. Köln 2003.
Schein, E.H., Organizational Culture and Leadership. San Francisco 2004.

Zitierte Literatur

Dreier, A., Was tut der Wind, wenn er nicht weht? Begegnungen mit der Kleinkindpädagogik in Reggio Emilia. Weinheim 2006.
Finzen, A. & Schädle-Deininger, Unter elenden menschenunwürdigen Umständen. Die Psychiatrie-Enquete. Werkstattschriften zur Sozialpsychiatrie. Band 25. Wunstorf, Rehburg-Loccum 1979.
Fittkau, W. Kommunikation – ein bestimmendes Mittel von Organisationskulturen. Integrative Therapie 23 (1997) 181 – 202.
Hoffmann-Richter, U. / Finzen, A., Organisationskulturen in der Psychiatrie. Integrative Therapie 21 (1995) 115 – 134.
Hofstede, G.H., Interkulturelle Zusammenarbeit. Kulturen – Organisationen – Management. Wiesbaden 1993.
Montada, L. / Kals, E., Mediation. Ein Lehrbuch auf psychologischer Grundlage. Weinheim 2007.
Neubauer, W., Organisationskultur. Stuttgart: 2003.
Neubauer, W., Führen und Leiten in sozialen Organisationen. In: P. Boskamp / R. Knapp (Hg.), Führung und Leitung in sozialen Organisationen. Handlungsorientierte Ansätze für neue Managementkompetenz. Neuwied 1999, 75 – 108.
Schein, E.H., Organisationskultur. Köln 2003.
Schein, E.H., Organizational Culture and Leadership. San Francisco 2004.

Schreyögg, A., Coaching in Kliniken – eine professionelle Alternative zur Supervision. In: D. Eck (Hg.), Supervision in der Psychiatrie. Bonn: 1998, 287 – 300.

Schreyögg, A., Organisation. Wiesbaden 1999.

Schuh, G. / Friedli, F. / Knurr, M.A., Kooperationsmanagement. München 2005.

Schulz von Thun, F., Klarkommen mit sich selbst und Anderen: Kommunikation und soziale Kompetenz. Reinbek 2004.

Uffelmann, P., Die Organisationskultur als Basiskonzept. In: D. Eck (Hg.), Supervision in der Psychiatrie (S.). Bonn 1998, 263 – 275.

Willke, H., Kultur der Komplexität. Die systemischen Qualitäten der responsiven Organisation. Integrative Therapie 23 (1997) 167 – 181.

Kooperation kommunaler Krankenhäuser in Klinikverbünden. Erwartungen, Einschränkungen, Erfolgskriterien

Patrick Fränkel

1. Status Quo des Krankenhaussektors

Das deutsche Gesundheitswesen wird gegenwärtig mit hoher Frequenz vielfältigen, mitunter radikalen Änderungen unterworfen, deren Endpunkt und Auswirkungen noch nicht abschließend beurteilt werden können. Die Auswirkungen auf Krankenhäuser sind schon jetzt erheblich. Der Wettbewerb wird über ökonomischen Druck gesteigert. Wenngleich die Trägervielfalt in Deutschland erwünscht ist, scheinen doch für öffentlich-rechtliche, frei-gemeinnützige und private Krankenhausbetreiber im Konkurrenzkampf um Patienten, Mitarbeiter, Erlöse und Marktanteile unterschiedliche Ausgangsbedingungen zu herrschen. Krankenhausinterne Umstrukturierungen und einrichtungsübergreifenden Kooperationen gelten als Schlüsselkriterien der Zukunftsfähigkeit. Einerseits wird den kommunalen Krankenhäusern die erforderliche Innovationskraft am wenigsten zugetraut, andererseits ruht auf ihnen nach dem Subsidiaritätsprinzip die Verantwortung für eine adäquate und flächendeckende Versorgung der Bevölkerung mit Krankenhausleistungen.

1.1 Rahmenbedingungen des Gesundheitswesens

Demographische Entwicklung, technischer Fortschritt, Einführung des Fallpauschalensystems (Diagnoses Related Groups; DRG), Veränderungen in der Krankenhausplanung und Probleme der Krankenhausfinanzierung sind die entscheidenden Einflüsse auf den Wandel des Krankenhauswesens (vgl. Schmidt & Möller, 2007).

Durch Überalterung und steigende Prävalenz chronisch verlaufender Krankheiten ist mit einem Anstieg der Krankenhaushäufigkeit bei zunehmender Pflegeintensität bei sich beständig verringernden Verweildauern zu rechnen (vgl. Jemal u. a., 2005). Gleichzeitig verursachen technische und pharmazeutische Innovationen zunehmende Kosten (vgl. Schrappe, 2007).

Die Einführung der DRGs bedeutete die Abkehr vom Kostendeckungsprinzip hin zur fallbasierten, leistungsorientierten Vergütung. Seither gelten sie als treibende Kraft des Wandels im Gesundheitswesen (vgl. Salfeld & Wettke, 2001).

DRG Effekte
• Verweildauerverkürzung stationärer Behandlungen
• Reduktion von Krankenhausbetten
• Leistungsverdichtung
• Erhöhte Kosten- und Serviceintensität
Resultierende Anforderungen für Krankenhäuser
• Umfassende infrastrukturelle, organisatorische, personelle Reorganisation
• Relevanter Investitionsbedarf

Tabelle 1: DRG Effekte – Einführung und Anforderungen an Krankenhäuser (vgl. Schmidt, Möller, 2007)

Die DRGs führen zu einem in deutschen Krankenhäusern bislang wenig gekannten wirtschaftlichen Denken. Hiermit entsteht die Notwendigkeit Controllinginstrumente zu etablieren, um Ressourcenallokationen transparent zu machen und Kostenkontrolle zu ermöglichen (vgl. Möller u. a., 2003).

Trotz der jährlichen Weiterentwicklung des DRG Systems, ist die angestrebte leistungsgerechte Vergütung noch nicht abschließend gelungen. Zwischen den Leistungserbringern unterschiedlicher Versorgungsstufen bestehen noch relevante Diskrepanzen (vgl. Roeder u. a., 2006). Bei chronischen Erkrankungen, komplexen diagnostischen und therapeutischen Leistungen, Hochkostenfällen, Langliegern und Vorhaltekosten werden die überwiegend in öffentlicher Trägerschaft befindlichen Krankenhäuser der Maximalversorgung systematisch benachteiligt (ebd.).

Im Bereich der dualen Krankenhausfinanzierung (Übernahme von Investitionskosten durch die öffentliche Hand; Erstattung der Betriebskosten durch Erlöse der Patientenversorgung gem. § 4 KHG, 1972) ist festzustellen, dass die öffentlichen Investitionsmittel trotz ständig steigender Bedarfe seit Jahren rückläufig sind. Bis heute ist bundesweit ein kumulativer Investitionsstau von über 50 Mrd. Euro entstanden (vgl. DKG, 2006). Hiervon sind die öffentlichen Krankenhäuser besonders betroffen, da sie organisatorisch und baulich den höchsten Umstrukturierungsbedarf haben und ihr Zugang zu alternativen Finanzquellen schlechter ist (vgl. Hermann, 2007).

Patrick Fränkel

Relevante Einflussfaktoren	
• Demographische Entwicklung	Steigende Prävalenz chronisch verlaufender Krankheiten
	Zunahme der Krankenhaushäufigkeit
	Zunahme der Pflegeintensität
• Technischer Fortschritt	Hohe Innovationsdichte
	Ausweitung des diagn. u. ther. Spektrums
• DRG – Fallpauschalensystem	Verweildauerverkürzung
	Bettenabbau
	Leistungsverdichtung
	Erhöhte Kosten- und Serviceintensität
	Persistierende Vergütungsdefizite
• Krankenhausfinanzierung	Duale Finanzierung: Investitionsstau (50 Mrd.)
	Zugang zu Kapital als Wettbewerbsfaktor
• Krankenhausplanung	Kapazitätsplanung statt Bedarfsplanung
Resultat: Wandel der Krankenhauslandschaft	

Tabelle 2: Einflussfaktoren des Wandels im stationären Sektor

1.2 Statistische Krankenhausdaten

Von 1993 bis 2003 ging die Zahl deutscher Krankenhäuser um 6,7%, die der stationären Betten um 13,8% und die durchschnittliche Verweildauer von 12,5 auf 8,9 Tage zurück (vgl. Statistisches Bundesamt, 2006). Hierbei fand ein Rückgang des Anteils von Kliniken in öffentlicher Trägerschaft (-6,7%) zu Gunsten privater Anbieter (+9,1%) bei relativ stabilem Anteil frei-gemeinnütziger Häuser (-2,4%) statt (s. Abb. 1). Allerdings wurden 2005 mehr als die Hälfte aller Krankenhausbetten (52,3%, durchschnittl. Krankenhaus Größe: 365 Betten) von öffentlichen Trägern betrieben, während die Privaten lediglich über 12,4% (durchschnittl. Krankenhaus Größe: 115 Betten) verfügten (ebd.).

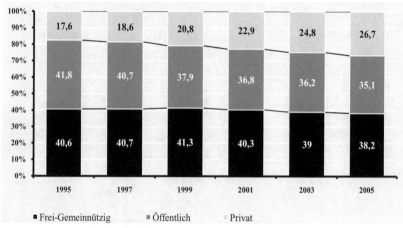

■ Frei-Gemeinnützig   ■ Öffentlich   ■ Privat

Abbildung 1: Krankenhausanteile nach Trägerschaft
(s. Krankenhausstatistik, ebd.)

2005 wiesen die öffentlichen Krankenhäuser den höchsten Nutzungsgrad und die höchste Fallzahl je Bett bei einer exakt (bundes-) durchschnittlichen Verweildauer pro Fall auf (ebd.).

KH Belegungsdaten nach Trägern 2005			
Träger	Nutzungsgrad	Fallzahl je Bett	Durchschnittl. Verweildauer (d)
Öffentliche Krankenhäuser	76,3%	34,8	8,6
Frei-gemeinnützige Krankenhäuser	72,9%	32,8	8,5
Private Krankenhäuser	72,1%	32,1	8,9
Krankenhäuser gesamt	75,6%	32,2	8,6

Tabelle 3: Krankenhaus Belegungsdaten nach Trägern
(s. Krankenhausstatistik, ebd.)

1.3 Ausgangslage kommunaler Krankenhäuser

Unter den kommunalen Krankenhäusern finden sich zahlreiche Maximalversorger und ländliche Regelversorger. Erstere sind durch Vorhaltekosten für spezialisierte Leistungen, Hochkostenfälle und Langlieger durch die

Fallpauschalen systematisch untervergütet, Letztere durch allgemeine Vorhaltekosten (vgl. Eidenmüller, 2006). Hinsichtlich oft stark sanierungsbedürftiger Bausubstanz, überholten Organisationsstrukturen, der Verankerung im öffentlichen Tarifgeflecht und des Kapitalmangels kann von einem »Wettbewerbsnachteil im Bereich der infrastrukturellen Qualität für Krankenhäuser in öffentlicher Trägerschaft« (s. Schmidt & Möller, 2007, S. 12) gesprochen werden.

Dort wo kommunale Kliniken noch als Regie- oder Eigenbetriebe geführt werden, fehlen zuweilen unternehmerische Orientierung und gesundheitsökonomischer bzw. medizinischen Sachverstand (vgl. Eidenmüller, 2006).

1.4 Genereller Handlungsbedarf für kommunale Krankenhäuser

Um im Wettbewerb bestehen zu können, gelten für kommunale Kliniken die Herauslösung aus der kommunalen Verwaltungsstruktur und der Wechsel vom Regie- oder Eigenbetrieb hin zu einem modern geführten Krankenhaus mit einem entpolitisierten, sachkompetenten und flexiblen Management als vordringlich (vgl. Kramer, 2007).

Das Krankenhaus wird durch die Gründung einer (g)GmbH (bereits von 37% der öffentlichen Häuser vollzogen) rechtlich selbständig, kreditfähig und potenziell offen für die Beteiligung Dritter (vgl. Schmidt & Möller, 2007). Tabelle 4 stellt den Handlungsbedarf und die Handlungsoptionen kommunaler Krankenhäuser gegenüber.

Nachteile kommunaler KH	Handlungsoptionen
Schwerfälliger Verwaltungsapparat	Abkehr von Strukturen des öffentlichen Dienstes
	Aufgabe der Kommunalpolitik:
	– Schaffung stabiler Rahmenbedingungen
	– Rückzug aus der Unternehmensleitung
	– Rechtsformänderung (z. B. GmbH)
Defizitäre Managementstruktur und fehlende Fachkompetenz	Management mit unternehmerischer Handlungsfreiheit
	Instrumente moderner Unternehmenssteuerung

Nachteile kommunaler KH	Handlungsoptionen
Schlechte Investitionsfähigkeit/Investitionsstau, Schlechte infrastrukturelle Qualität	Auflösung des Investitionsstaus; z. B. als GmbH: – eigene Kreditfähigkeit – Beteiligung Dritter
Sicherstellungsauftrag	Medizinische und ökonomische Prozessoptimierung
Tarifbindung	Innerhalb TVöD: Leistungsabhängige Entgelte
	Außerhalb TVöD: Marktfähige Lohntarife
In Summe: Nicht zukunftsfähig	Weitere Zukunftsorientierung ...
	– Abbau von Überkapazitäten
	– Bildung medizinischer Schwerpunkte
	– Sektorübergreifendes Leistungsangebot
	– Hohe Qualität
	... durch Kooperation

Tabelle 4: Ausgangsposition und Handlungsbedarf kommunaler Krankenhäuser

Eine weiter verbesserte Wettbewerbsposition ist für kommunale Krankenhäuser durch Kooperation mit anderen Häusern zu erzielen.

2. Konkurrenzsituation mit privaten Krankenhausverbünden

2.1 Prognose

Bettenabbau, Krankenhausschließungen, Kooperationen und Trägerwechsel sind unverkennbare Zeichen von Neuordnung und Wettbewerb. Eine privatwirtschaftliche Studie prognostiziert für das Jahr 2020, dass von den bis dahin verbliebenen 1.500 Krankenhäusern (-21% gegenüber 2005) sich nur 15% in öffentlicher Trägerschaft befinden werden, 45% hingegen in Privater. (vgl. Böhlke u. a., 2005).

Anzahl stationärer Einrichtungen nach Trägern (1990 - 2020)

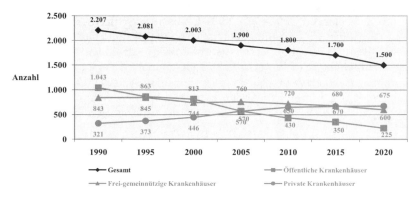

Abbildung 2: Ernst & Young Prognose der Krankenhausentwicklung (ebd.)

2.2 Vorteile privater Krankenhausverbünde

Die privaten Krankenhausbetreiber haben sich angesichts der Krise im öffentlichen Sektor bei ihrem Eintritt in den Markt günstige Ausgangsbedingungen verschafft. Unter Mitnahme der Investitionskostenförderung Ost erfolgte zunächst die Spezialisierung auf kleine Kliniken überwiegend im Osten Deutschlands, die mit z. T. überschaubarem Aufwand rasch modernisiert und amortisiert werden konnten (vgl. Kramer, 2007). Obendrein waren die Übernahmen oft an relevante Entgegenkommen der abgebenden Kommune gekoppelt (vgl. Becker u. a. 2007). Die Spezialisierung erfolgte unter Vermeidung von Hochkostenfällen auf profitable Leistungsspektren. Zusätzlich verfügen diese Kliniken über unvermutet hohe Basisfallwerte (»strukturelle Überfinanzierung«, ebd.).

2.3 Nachteile privater Krankenhausverbünde

Durch den schrittweisen Angleich der Basisfallwerte an die landeseinheitlichen Werte, werden diese Kliniken sog. »Konvergenzverlierer« sein. Resultierende Budgeteinbußen können nur durch Mehrleistungen ausgeglichen werden. Die Übernahme von Häusern der Akut- und Maximalversorgung würde den Privaten jedoch unterfinanzierte Patientenkollektive ohne Risikoselektion bescheren. Ob diese Krankenhäuser angesichts des zu bedienenden Shareholder Value profitabel betrieben werden können, bleibt abzuwarten.

Eine große Studie der Gmünder Ersatzkasse (GEK) zur Versorgungsqualität zeigte, dass sich die sehr guten Ergebnisse privater Kliniken innerhalb von drei Jahren (2002 bis 2005) z. T. massiv verschlechtert haben (vgl. Braun & Müller, 2006). Schon heute müssen in privaten Häusern pro Arzt mehr Patienten versorgt werden als in Kommunalen. Auch beginnen die untertariflichen Abschlüsse beim Pflegepersonal zu Personalmangel zu führen. Es ist fraglich, ob private Träger auf diese Weise Häuser der Maximalversorgung erfolgreich werden betreiben können. Schon jetzt ist die durchschnittliche Verweildauer in den kleinen, spezialisierten Privatkliniken höher als diejenige der öffentlichen Häuser.

2.4 Kommunale Krankenhäuser stellen sich dem Wettbewerb

»Es gibt kein Erfolgsgeheimnis, das nur den privaten oder frei-gemeinnützigen Häusern vorbehalten wäre« (s. Eidenmüller, 2006, S. 7). Es gilt insbesondere von der verbundartigen Organisation mit Spezialisierung und Aufgabenteilung die private Ketten praktizieren, zu profitieren. Im Gegensatz zu den privaten sind die kommunalen Krankenhäuser durch Vorhaltekosten und Hochkostenfälle zwar strukturell unterfinanziert (vgl. Heimig, 2007), haben aber andererseits keine Renditeerwartungen zu erfüllen, so dass sie die erwirtschafteten Überschüsse in vollem Umfang reinvestieren können.

Als Arbeitgeber und Wirtschaftsfaktor gelten zahlreiche öffentliche Krankenhäuser als »kommunales Kapital«. Vom Selbstverständnis her sind sie der zu versorgenden Bevölkerung und ihren Mitarbeitern stark verpflichtet. Dagegen dürfte kaum ein privater Träger einen Standort nur zur Gesundheitsversorgung der Bevölkerung betreiben, sondern wird sich bei mangelnder Rentabilität zu Lasten der Kommunen (Subsidiaritätsprinzip) zurückziehen (vgl. Knorr, 2006).

3. Grundlagen der Kooperation von Krankenhäusern

In der Krankenhauslandschaft wurden zuletzt drei Trends deutlich:
1. Umschichtung der Trägerstruktur
2. Änderungen der Rechts- und Betriebsformen
3. Fusionen und Verbundbildung (vgl. Schmid, 2006).
Angesichts der wachsenden Fülle administrativer, ökonomischer und medizinischer Neuerungen ist Kooperation für Krankenhäuser ein geeignetes Mittel, um die neuen Herausforderungen zu bewältigen.

Patrick Fränkel

3.1 Kooperationsformen und Unternehmensverbindungen

Kooperation und Zusammenarbeit bezeichnen ein zeitlich variables Engagement zu exakt definierten fall-, fach-, sach- oder bereichsbezogenen Zwecken (vgl. Schmid, 2006). Die teilnehmenden Unternehmen bleiben hierbei rechtlich und wirtschaftlich selbständig (vgl. Sell, 1994). Die Bildung eines Verbundes ist längerfristig angelegt und bedeutet den »Zusammenschluss von ansonsten getrennten und eigenständigen Betrieben zu bestimmten Zwecken«, wie beispielsweise zu einem Management- oder Einkaufsverbund (s. Schmid, 2006, S. 16).

Die weitest reichende Form der Verbundbildung stellt die Fusion dar, bei der sich zuvor eigenständige Unternehmen unter einer neuen Rechts- und Betriebsform zusammenschließen (vgl. Pausenberger, 1974). Hierbei können die Partner als unselbständige Betriebsstätten in *einer* Gesellschaft aufgehen, was aufgrund der exzellenten zentralen Steuerbarkeit durch die Dachorganisation bei zu erwartendem hohen Reorganisationsbedarf der einzelnen Betriebsteile besonders vorteilhaft ist. Bei guter individueller Marktposition können die einzelnen Krankenhäuser alternativ in selbständige Gesellschaften überführt und unter dem Dach einer Holding zusammengefasst werden.

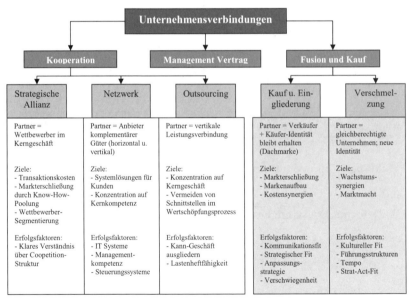

Abbildung 3: Bedeutung und Ziele von Unternehmensverbindungen (nach v. Eiff W.; 2005a)

165

3.2 Horizontale und vertikale Kooperation

Kooperationen sind auf gleicher Versorgungsstufe (horizontal) oder mit vor- und nachgelagerten Versorgungsstufen (vertikal) denkbar (vgl. Beschorner & Peemöller, 1995). Die resultierende Wertschöpfungskette der Patientenversorgung kommt den Patienten zugute.

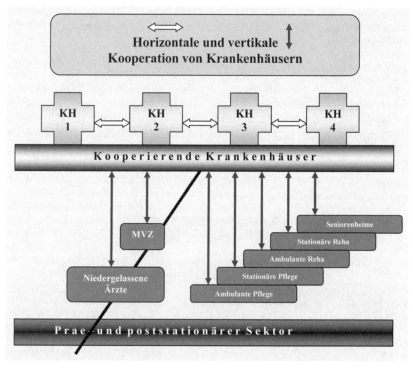

Abbildung 4: Horizontale und vertikale Kooperation von Krankenhäusern

3.3 Ziele und Erwartungen

>Ein einzelnes Krankenhaus hat Wachstumsgrenzen ebenso wie Kostensenkungsgrenzen.« (s. Eiff, 2005b)

Bereits 2001 planten 73% der deutschen Akutkliniken (vorwiegend horizontale) Kooperationen (vgl. Praeckel u. a., 2005). Tabelle 5 zeigt die angestrebten Synergien:

Angestrebte Synergien von Krankenhaus Kooperationen
• Gemeinsames Know-how
• Koordinationsstrategien
• Gemeinsame Nutzung materieller, personeller, finanzieller Ressourcen
• Vertikale und horizontale Integration
• Kombinierte Verhandlungsmacht
• Entwicklung neuer Geschäftsideen (vgl. Goold, Campbell, 1998).

Tabelle 5: Synergiepotential von Krankenhäusern

Die Realisierung von Synergieeffekten im Primärbereich (medizinisch-pflegerisches Kerngeschäft) gilt mit Abstand als anspruchsvollstes Unterfangen. Generell werden durch die Abstimmung des Leistungsangebots und mit der Bildung medizinischer Schwerpunkte an verschiedenen Standorten langfristige, kaum revidierbare Entscheidungen getroffen (vgl. Goedereis, 2005). Den zu erwartenden Spezialisierungs-, Qualitäts- und Wirtschaftlichkeitseffekten stehen zumeist massive macht- und gewohnheitsmotivierte Beharrungstendenzen gegenüber.

Kooperationsziele im Primärbereich
• Verbesserung der Behandlungsergebnisse (»patient outcome«)
• Steigerung der Patientenzufriedenheit
• Optimierung des Patientendurchlaufs
• Senkung der Fallkosten
• Steigerung der Qualität der medizinischen und sozialen Versorgung
• »Guter Ruf«, Markenimage

Tabelle 6: Kooperation in der unmittelbaren Patientenversorgung
(vgl. Eiff, 2005a)

Im Sekundär- (medizinisch-pflegerische Unterstützungsleistungen) und Tertiärbereich (Infrastrukturleistungen) bestehen durch Reorganisation oder Bildung von Logistikzentren relevante, aber geringere Synergiepotenziale (vgl. Goedereis, 2005).

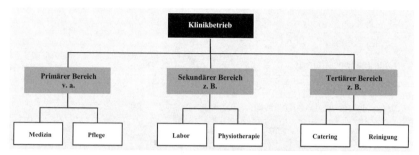

Abbildung 5: Die drei Hauptfunktionsbereiche von Kliniken
(vgl. Schick, 2007)

Personalwesen, Rechnungswesen, Finanzmanagement und Patienten-administration/-abrechnung können ebenfalls zentralisiert werden. Voraussetzung hierfür sind kompatible IT Systeme, deren Angleichung überragende Bedeutung hat, aber eine äußerst komplexe und zeitintensive Aufgabe ist (vgl. Grigo, 2005).

3.4 Vorgehensweise

Für die Kooperation bedarf es der sorgfältigen Auswahl eines geeigneten Partners, sowie des Einvernehmens, Individualinteressen immer denen des Verbundes unterzuordnen. Trotz etwaiger Größenunterschiede sollte eine Fusion unter Gleichen vollzogen werden, bei der Vorteile und Lasten möglichst gerecht verteilt werden. Es empfiehlt sich, dies im Kooperationsvertrag festzulegen.

3.5 Erfolgsfaktoren und Risiken

Bei Fusionen börsennotierter Unternehmen kam es in der Folge in 83% zu keinerlei Verbesserung der wirtschaftlichen Kennzahlen. Die Hälfte der Zusammenschlüsse wurde nur virtuell vollzogen und in ebenfalls 50% der Fälle wurden die Verbindungen innerhalb der ersten fünf Jahre wieder gelöst (vgl. Neuijen & de Waard, 2005).

Kulturmanagement
Angesichts der Komplexität einer neu zu gestaltenden Unternehmensverbindung im Krankenhausbereich werden die hierfür erforderlichen Mittel, Anstrengungen und Zeit im Allgemeinen stark unterschätzt (ebd.). Neben

Patrick Fränkel

organisatorischem Geschick ist der Faktor Mensch das zentrale Element, das über Gelingen und Scheitern einer Kooperation entscheidet. Ein inhaltlich noch so umsichtig geplantes Projekt misslingt, wenn es den betroffenen Mitarbeitern und Führungskräften nicht in einer Weise vermittelt wird, die deren Motivation und Engagement fördert.

Eine standardisierte Vorgehensweise hinsichtlich der Kommunikation und ein guter Informationsfluss (Code of mergers) haben sich als vorteilhaft erwiesen.

Da bei der Kooperation zwei oder mehr Partner zusammengeführt werden, denen die Gepflogenheiten der jeweils anderen Seite wenig vertraut sind, ist Transparenz hinsichtlich Leistungserbringung, Kosten, Vergütung, Organisation und Unternehmenskultur ein weiterer Schlüsselfaktor (vgl. Eiff, 2005a). Während der Passung von Strategie, Organisationsabläufen und Unternehmensstruktur große Aufmerksamkeit gewidmet wird, finden die Unternehmenskulturen nur unzureichende Beachtung. Ein intensives »Kulturmanagement« ist im Rahmen einer unternehmensübergreifenden Kooperation jedoch unverzichtbar (vgl. Neuijen & de Waard, 2005).

Die Unternehmenskultur einer Organisation (mit bewussten und unbewussten Elementen) umfasst die gepflogenen Werte, Handlungen und ungeschriebenen Gesetze. Sinn von Organisationskulturen ist es, die Arbeitsumwelt für den Einzelnen berechenbarer zu machen und Ängste zu reduzieren. Daher wirken Eingriffe in dieses stabilisierende Instrument beunruhigend und rufen oft Ablehnung hervor (ebd.).

Aufgabe des Kulturmanagements ist zunächst die verschiedenen Organisationskulturen zu beschreiben und gegenüber zu stellen. Auf dieser Basis wird ein präzises Bild der gemeinsamen Zukunft entworfen und werden klare Verhaltensregeln und Verfahrensweisen erarbeitet. Die gemeinsamen Leitbilder und -handlungen geben im neuen Umfeld wieder Orientierung und Sicherheit (ebd.).

3.6 Phasen des Zusammenschusses

Die unzureichende Einbindung der Mitarbeiter in den Prozess gilt als massives Erfolgsrisiko (vgl. Jaeger, 2001). Das Personalmanagement spielt daher in jeder Phase des Zusammenschlusses eine bedeutende Rolle.

Im Vorfeld werden Organisations- und Personalstrategie in Einklang gebracht und der quantitative und qualitative personelle Soll-Zustand wird definiert. Da zu diesem Zeitpunkt in den Unternehmen oft Angst und Verunsicherung herrschen, zeichnet sich diese »Pre-Merger-Phase« durch die Abwanderung von Mitarbeitern aus (vgl. Meissner & Neumann,

2005). Aufgabe des Personalmanagements ist es, Mitarbeiter mit positiver Einstellung für die Kooperation zu gewinnen und innerhalb des Fusionsprozesses effizient zu platzieren (vgl. Biernacki & Kuns, 2005). Ferner gilt es, hohe Fachkompetenz aus allen Berufsgruppen und Machtpositionen (z. B. Personalrat) für die gemeinsame Sache zu gewinnen und einen Verhaltenskodex für den Integrationsprozess zu verabschieden.

In der Merger-Phase bedarf es einer vertrauensvollen Atmosphäre, offener Kommunikation und der konstruktiven Auseinandersetzung mit kritischen Themen. In der anschließenden Post-Merger-Phase sollte ein einrichtungsübergreifendes, übergeordnetes Projektteam unter Berücksichtigung der Unternehmenswerte den kulturellen Integrationsprozess begleiten und hinsichtlich der Kooperationsbereitschaft die Stärken von Mitarbeitern und Organisation bündeln. Die Post-Merger Integration gilt generell als besonders schwierig. Im Krankenhaus kommen die hohe Arbeitsteilung und traditionelle Hierarchien erschwerend hinzu (vgl. Biernacki & Kuns, 2005). Der Zusammenschluss ist aber nur mit qualifizierten und hoch motivierten Mitarbeitern zu bewältigen, um die man sich in Zeiten knapper humaner Ressourcen entsprechend bemühen muss.

Ablehnung der Umstrukturierung, verstärkt durch mangelnde Kommunikation und durch Stressoren, wie Machtverlust und Versagensangst, wird als »Merger-Syndrom« bezeichnet. Es führt zu Demotivation und verstärkt Verhinderungsstrategien. Für zahlreiche Mitarbeiter sind diese Ängste unbegründet und müssen von Seiten des Managements mit Hilfe von Stress reduzierenden und Kontakt fördernden Maßnahmen entkräftet werden (ebd.). Für Führungskräfte, besonders in (noch) doppelt vorgehaltenen Strukturen, sind diese Ängste jedoch durchaus begründet und können zu erbitterten Widerständen führen. (vgl. Eiff, 2005a).

Die enormen Anforderungen des Personalmanagements legen nahe, dass die Durchführung einer Kooperation eine anspruchsvolle, hoch spezialisierte Tätigkeit ist, die eines hauptamtlichen, spezialisierten Teams bedarf (vgl. Goedereis, 2005).

Die Erfolgskriterien von Kooperationen kommunaler Krankenhäusern können nach Sachorientierung und Mitarbeiterorientierung unterschieden werden:

Patrick Fränkel

Sachorientierung	Mitarbeiterorientierung
Rückzug der Kommunalpolitik	Hauptamtliches Kooperationsteam
Flexible und handlungsfähige Geschäftsführung	Kulturmanagement
Detaillierte Abstimmung v. Strategie u. Strukturen	Einbindung/Motivierung qualifizierter MA/Instanzen
Gleichberechtigte Partner; »Merger of Equals«	Informationsfluss
Steuerung des Merger Prozesses durch Kennzahlen	»Code of Mergers«
Qualifizierte externe Kommunikation	Qualifizierte interne Kommunikation
	Interessen offen und sachbezogen verhandeln

Tabelle 7: Erfolgskriterien für die Kooperation kommunaler Krankenhäuser

4. Fallbeispiel: Kooperation kommunaler Krankenhäuser in Bremen

Für den Erfolg komplexer Unternehmensverbindungen sind Tatkraft und Entschlossenheit der innerhalb der Kooperation agierenden Personen maßgeblicher, als das den Partnern innewohnende Potenzial.

Ein interessantes Kooperationsprojekt hat die Hansestadt Bremen mit ihrer Holdinggesellschaft ›Gesundheit Nord‹ unternommen. Bei der Umsetzung des hochwertigen Kooperationskonzepts kam es zu Schwierigkeiten.

4.1 Ausgangssituation der kommunalen Krankenhäuser in Bremen

Bis Januar 2004 führte die Stadt Bremen als Träger die vier kommunalen Klinika Bremen Mitte (KBM; 1.079 Betten), Bremen Ost (KBO; 1.071 Betten), Bremen Nord (KBM; 517 Betten) und Links der Weser (KLdW; 441 Betten). Es bestand nur eine geringe fachliche Differenzierung bei erheblichen Mehrfachvorhaltungen. Standortübergreifende Kooperation fehlte fast vollständig (vgl. Tissen, 2005). Drei Klinika erzielten wiederholt relevante negative Geschäftsergebnisse. Ohne korrigierende Maßnahmen

171

wurde ein Anstieg des Gesamtdefizits auf 90 Mio. € bis zum Ende der Konvergenzphase im Jahr 2009 prognostiziert (vgl. Loest, 2005).

4.2 Gründung und Aufgaben des Bremer Klinikverbundes

Die Stadt Bremen, bündelte die vier Klinika als gemeinnützige Gesellschaften (mbH) unter dem Dach der Holding »Gesundheit Nord gGmbH, Klinikverbund Bremen« und formulierte für den Verbund folgende Ziele:

Ziele der Gesundheit Nord GmbH
• Verbindliche Kooperation der Standorte untereinander
• Höhere wirtschaftliche und organisatorische Flexibilität
• Abbau bürokratischer Hindernisse
• Erweiterung der Handlungsspielräume
• Steigerung von Leistungsfähigkeit und Wirtschaftlichkeit
• Neue strategische Ausrichtung mit verbundzentriertem Zielsystem
• Wahrung der inneren Kohärenz (Corporate Identity)

Tabelle 8: Übergeordnete Ziele der Holdinggesellschaft
(vgl. Bremische Bürgerschaft, 2006)

Die Planung sah vor, die Geschäftsführungen der Krankenhäuser mit dem operativen Geschäft zu betrauen, während der Geschäftsführung der Holding die Entwicklung und Umsetzung der Gesamtstrategie oblag. Dennoch wurden die vier Geschäftsführer der Klinika auch Mitglieder der Geschäftsführung der Holding.

4.3 Umstrukturierung der Gesundheit Nord

Zunächst wurden Synergien aus dem sekundären und tertiären Sektor realisiert. Für die Patientenversorgung wurden vier strategische Endpunkte formuliert, um die Gesellschaft zu konsolidieren:

Strategische Ausrichtung
• Leistungskonzentration (Fixkostendegression, Lerneffekte)
• Spezialisierung (Erhalt der vier Standorte mit Zentrenbildung)
• Prozessoptimierung
• Integrative Versorgung

Tabelle 9: Strategische Ziele des Verbundes (vgl. Knoche, 2005)

Die Bildung von medizinischen Zentren (s. Abb. 6) stellte den Kern der Umstrukturierung dar. Die organ- oder krankheitsbezogene Struktur der Zentren stellt den Patienten entgegen der klassischen Fachabteilungsorientierung in den Mittelpunkt.

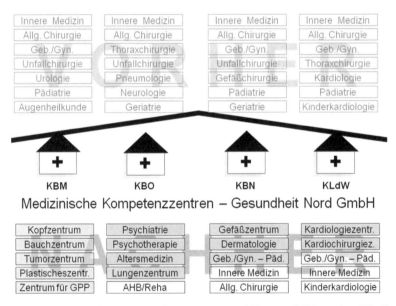

Abbildung 6: Geplante Restrukturierung und Zentrenbildung im Klinikverbund Bremen (vgl. Tissen, 2005)

GPP = Geburtshilfe/Perinatalmedizin/Pädiatrie
Psychiatrie u. Psychotherapie bilden ebenso wie Kardiologie u.
Kardiochirurgie je ein Zentrum

Die Zentrenbildung verleiht den Standorten nicht nur ein markantes medizinisches Profil, sondern dient auch der wirtschaftlichen Sicherung (vgl. Adamski, 2005b). Dies ist im Fall des zuerst geschaffenen Lungenzentrums richtungweisend gelungen, wie sich am weit überregionalen Zulauf von Patienten ablesen lässt.

An allen Standorten sollen weiter Basisleistungen der Inneren Medizin, Allgemeinchirurgie und Notfallmedizin vorgehalten werden (vgl. Loest, 2005). Gleiches gilt für Kinderheilkunde und Geburtshilfe, die an drei Standorten vertreten bleiben. Allerdings sollten diese Abteilung zur Kostensenkung und verbundweiten Standardisierung jeweils unter einheitlicher medizinischer Führung stehen.

4.4 Bremer Erfolgskriterien ...

Für die Kooperation bestehen durch die einheitliche Trägerschaft, die räumliche Nähe und die Marktführerschaft (63% Marktanteil) relevante Standortvorteile. Die eingeleiteten und angestrebten Umstrukturierungsmaßnahmen der Gesundheit Nord lassen sich wie folgt zusammenfassen:

Erfolgskriterien
• Schaffung einer handlungsfähigen und sachorientierten Verbundstruktur

• Bildung medizinischer Kompetenzzentren
    Spezialisierung
    Standardisierung
    Prozessoptimierung
    Reduktion von Mehrfachvorhaltungen

• Ausgliederungen/Zentralisierungen im sekundären und tertiären Bereich
• Neubau durch alternatives Investitionsmodell[1]

• Personalreform
    Stellenreduktion ohne betriebsbedingte Kündigungen
    Streben nach konkurrenzfähigen Personalkosten

Tabelle 10: Fachliche Erfolgskriterien der Umstrukturierung Gesundheit Nord

Ferner wurden während des Umstrukturierungsprozesses sinnvolle Anregungen aus den Belegschaften berücksichtigt.

---

1   Nicht Gegenstand dieser Ausarbeitung

4.5 ... und Bremer Einschränkungen

Der Kooperation wurde innerhalb der Betriebe ausreichend Aufmerksamkeit gewidmet. Aufgeschlossene und engagierte Mitarbeiter mussten jedoch vielfach erkennen, dass Andere »häufig als ›Revierverteidiger‹ auftreten und nicht als ›Problemlöser‹« (s. Pampel, 2005). Ein ähnliches Bild zeichnet retrospektiv der Vorsitzende der Geschäftsführung der Holding, Tissen, der im März 2006 vorzeitig aus dem Amt schied. Es habe an einer offenen Gesprächs- und Konfliktkultur gemangelt (vgl. Tissen, 2006). Es scheint, als seien die Belange der Unternehmenskultur bei der Fusion nicht in erforderlichem Umfang berücksichtigt worden. Die Voraussetzungen für die vorbehaltlose Orientierung Aller am Ziel des Gesamtunternehmens waren offensichtlich nicht gegeben und konnten auch nicht geschaffen werden.

Auf Führungsebene fällt auf, dass weder Medizin noch Pflege in der Geschäftsführung der Holding vertreten waren und dass kein spezialisiertes Projektteam eingerichtet wurde. Stattdessen wurden den Führungspersonen der vier Standorte zusätzlich Fusionsaufgaben übertragen, was nicht nur zu massiver Arbeitsbelastung führte, sondern zwangsläufig auch zu Interrollenkonflikten. Dieses Geschäftsführungsmodell kollidierte ebenso unnötig wie absehbar mit dem Diktum »Holdinginteressen vor Standortinteressen«. Der Einfluss der Geschäftsführer der Klinika innerhalb der Holding gilt als maßgeblich für die Verzögerung der Umstrukturierung (vgl. Gaede, 2007). Von Seiten der Politik wurde versäumt, die Geschäftsführung der Holding mit der nötigen Durchsetzungskraft gegenüber den Klinika auszustatten. Erst im Juli 2007 wurde eine neue Geschäftsführungsstruktur der Holding verabschiedet (ebd.).

Vorrangig mangelte es am Erfolgsfaktor der flexibeln und handlungsfähigen Geschäftsführung. Den exzellent ausgearbeiteten »hard facts« steht die Vernachlässigung der »Mitarbeiterperspektive: Transparenz und strategischer Mehrwert« gegenüber, der maßgeblich für Bindung von Leistungsträgern und der Steigerung von Motivation und Innovationskraft ist.

5. Schlussfolgerungen

5.1 Inhalte und Menschen

Durch Kooperation wird die Rationalisierung wirtschaftlicher Vorgänge mittels Koordination und gemeinsamer Erfüllung von Teilaufgaben angestrebt. Freiwilligkeit, gemeinsame Kooperationsziele und hohe Motivation zur Kooperation sind hierfür die Grundvoraussetzungen (vgl. Theling & Loos, 2004).

Betriebswirtschaftliche Motive wie Spezialisierung, hohe Fallzahlen und Konzentration auf einen Standort werden in Form medizinischer Schwerpunkte in Krankenhäusern praktiziert. Als einzige Einschränkung gilt, dass Arbeit am Patienten, insbesondere Pflege, nicht beliebig rationalisierbar ist.

Effizienzsteigerungen durch Kooperationen werden maßgeblich durch Organisation und Führung realisiert. Zentrale Aufgaben sind dabei die Koordination unterschiedlicher Wertschöpfungsketten, die gemeinsame Nutzung von Ressourcen, der Abbau von Überkapazitäten und die Beschränkung auf Kernkompetenzen. Die strikte Ausdifferenzierung des medizinischen Leistungsangebotes führt durch standardisierte Behandlungsabläufe bei homogenen Patientenkollektiven unter Reduktion der Komplexität zu wirtschaftlichen Vorteilen (vgl. Arx & Rüegg-Sturm, 2007). Auch hier ist Kommunikation der Schlüsselfaktor (ebd.). Das Eine (Kooperation in der Sache) ist nicht ohne das Andere (Kooperation der Menschen) zu haben.

Skaleneffekte der Spezialisierung
• Arbeitsteilung
• Fixkostendegression
• Rationalisierung
• Standardisierung

• Lernkurveneffekte durch größere Fallzahlen
   Bessere Planbarkeit
   Höhere Uniformität

Tabelle 11: Manifestation von Mengenvorteilen

5.1.1 Sachbezug der Kooperation

Innerhalb von Verbünden mangelt es weder an Ideen, Konzepten oder Strategien zur Umstrukturierung noch an engagierten Mitarbeitern oder hoch spezialisiertem Wissen. Außerdem enthalten Umstrukturierungskonzepte in der Regel keine »handwerklichen« Fehler, wie z. B. die Nichtbeachtung geltender Rechtsvorschriften. Dennoch gelingt die praktische Umsetzung trotz hoher inhaltlicher Güte und problemloser struktureller Machbarkeit oft nicht. Es scheint regelhaft mehr gute Ideen als gute Ergebnisse zu geben.

5.1.2 Mitarbeiterbezug der Kooperation

Die Quote aufwändig betriebener, aber nur unzureichend vollzogener Unternehmensverbindungen ist hoch (vgl. Neuijen & de Waard, 2005). Umfassende und enge Kooperationen sind häufig mit starker sozialer Kontrolle und hohem Potenzial an Lagerbildung vergesellschaftet, was die Innovationsbereitschaft hemmt. Hieraus folgt, dass auf die mitarbeiterbezogenen Komponenten einer Kooperation besonders großer Wert gelegt werden muss. Um erfolgreich zu sein bedarf es der Pflege der Unternehmenskulturen, des Einsatzes eines hauptamtlichen Kooperationsteams, der Einbindung und Motivation qualifizierter Mitarbeiter, eines guten Informationsflusses und der sachbezogenen Verhandlung von Interessen. Da engagierte Kooperation auf Freiwilligkeit beruht, müssen alle potentiellen Teilnehmer von den Vorteilen oder der Notwendigkeit zu kooperieren überzeugt werden – je nach Umfang des betroffenen Personenkreises oder Ausmaß der geforderten Opfer kein leichtes Unterfangen. Das Gelingen einer Kooperation entscheidet sich im sozialen Kapital der Organisationen (vgl. Janssen, 2003).

Es erscheint die Schlussfolgerung zulässig, dass für den Erfolg eines auf Kooperation beruhenden Umstrukturierungsprojekts weniger Art und Umfang der Maßnahme entscheidend sind, als vielmehr der Grad der innerhalb der beteiligten Organisationen anzutreffenden Akzeptanz. Es ist daher als äußerst ernst zu nehmende Managementaufgabe anzusehen, hierfür die geeigneten Rahmenbedingungen zu schaffen.

5.2 Zukunftschancen für kommunale Krankenhäuser durch Verbundbildung

Die hohe Dichte, mit der der Krankenhaussektor mit verpflichtenden Neuerungen überzogen wird, mutet wie ein Ausscheidungsrennen an, bei dem jene Wettbewerber eliminiert werden, die nicht mehr Schritt halten können. Der Versuch, alle Neuerungen eigenständig umzusetzen ist nicht sinnvoll. Es ist ökonomischer, sich in Kooperationen zu engagieren und Teilaufgaben an einzelnen Standorten wahrzunehmen. Es gilt daher geeignete Kooperationspartner zu finden, zukunftsfähige Konzepte zu entwickeln und diese beherzt und umsichtig umzusetzen. Grundvoraussetzung für erfolgreiche Kooperationen ist die sorgfältige Auswahl eines Partners, der sowohl hinsichtlich seiner wirtschaftlichen Situation, des Leistungsspektrums, der Unternehmensstrategie und -kultur zum eigenen Haus passt. Nach Schick ist diese Passung zwischen Kliniken öffentlicher Trägerschaft am größten (vgl. Schick, 2007).

5.2.1 Medizinische Schwerpunkte

Die im Fallbeispiel Gesundheit Nord entwickelte Umstrukturierungsstrategie besticht durch ihre medizinischen Schwerpunkte. Zusätzlich können medizinisch-technische Innovationen innerhalb eines Verbundes ökonomisch eingeführt und genutzt werden. Zukunftsweisend ist ferner die Patientenzentriertheit anstelle der Fachabteilungsorientierung (vgl. Arx & Rüegg-Sturm, 2007). Allgemein sind Verbundvorteile abhängig von der geographischen Anordnung der Partner, der Planbarkeit der Behandlung und der regionalen Konkurrenzsituation mit Kliniken anderer Träger.

5.2.2 Personalwirtschaft

Die geringe Arbeitszufriedenheit unter deutschen Krankenhausärzten resultiert u. a. aus der immensen Arbeitsverdichtung mit überproportionaler Zunahme patientenferner Tätigkeiten, den limitierten Perspektiven von Krankenhauskarrieren, dem im Vergleich zu Ausbildung und Wochenarbeitszeit geringen Lohn und den schlechten Weiterbildungsbedingungen. Die Abwanderung aus deutschen Krankenhäusern führt schon heute zu Stellenengpässen, die mittlerweile auch die Universitätskliniken erreicht haben (vgl. Marburger Bund, 2007). In einer großen, deutschen Krankenhausstudie wurde 2005/2006 die Personalnot im ärztlichen Bereich in deutschen Kliniken als zweitgrößte Bedrohung und bedeutende strategische Herausforderung angesehen. Aktivitäten des »Recruitings« oder der systematischen Verbesserung von Fort- und Weiterbildung fanden sich allerdings weder in der Rubrik bereits umgesetzter noch in der Rubrik konkret geplanter Maßnahmen unter den Top Ten wieder (vgl. Borges u. a., 2006). Die Einführung von Kollegialsystemen wäre hier ein starker Anreiz. Menge und Frequenz der neuen Herausforderungen sind ohnehin für steile Hierarchien in Administration und Patientenversorgung schlecht beherrschbar. Innerhalb von und gerade zwischen Krankenhäusern gewinnt die flexible, sachzentrierte Zusammensetzung von Expertenteams zunehmend an Bedeutung. Hierbei ist es eine zentrale Führungsaufgabe, diese interdisziplinären Teams nicht nur qualifiziert zusammenzustellen, sondern sie ebenfalls mit dem erforderlichen Gestaltungs- und Entscheidungsspielraum auszustatten.

Im Konkurrenzkampf um qualifizierte und motivierte Mitarbeiter können sich kommunale Krankenhäuser prinzipiell gut mit attraktiven Konzepten und Standort übergreifender Weiterbildung positionieren. Dabei kommen ihnen sowohl die Breite des Behandlungsspektrums als auch die erheblichen Spezialisierungen zugute.

5.3 Perspektive

Die Weiterentwicklung der Gesundheitspolitik in Deutschland und ihr Einfluss auf den stationären Sektor sind nicht absehbar. Mit einer Reduktion der Komplexität ist nicht zu rechnen. Daher gilt es in Patientenversorgung und Management die Synergiepotenziale mehrerer Kliniken intelligent zu nutzen. Hierzu sind flache Hierarchien und kooperationsbejahende Einstellungen erforderlich. Die Förderung und Pflege dieser Elemente einer Unternehmenskultur werden hinsichtlich ihrer Bedeutung und Arbeitsintensität gemeinhin eklatant unterschätzt.

Weiterführende Literatur

Eiff v. W., Klemann A (2005). Unternehmensverbindungen. Schriftenreihe: Gesundheitswirtschaft, Band 1, Wegscheid, WIKOM.

Klauber J, Robra B-P, Schellschmidt H (2007), Krankenhausreport 2006. Stuttgart, Schattauer.

der städtetag 2006; 2

Verwendete Literatur

Adamski K. (2005a). Geballte Kompetenz. Das Lungenzentrum am Klinikum Bremen-Ost. www.gesundheitnord.de/internet/holding/de/ueberuns/leuchtfeuer/Leuchtfeuer_Ausgabe-03_2005.pdf am 05.09.2007.

Adamski K. (2005b). Alles unter einem Dach – Medizinische Kompetenzzentren sollen Fachkliniken ablösen. www.gesundheitnord.de/internet/holding/de/ueberuns/leuchtfeuer/Leuchtfeuer_Ausgabe-03_2005.pdf am 05.09.2007.

Arx v. W, Rüegg-Sturm J. (2007). Krankenhäuser im Umbruch. Ansatzpunkte für eine erfolgreiche Weiterentwicklung. Deutsches Ärzteblatt, Jg. 104, 30, A 2110-2113.

Becker A, Beck U, Pfeuffer B. (2007). Sind die Privaten wirklich besser? das Krankenhaus, 6/2007, 539-543.

Beschorner D, Peemöller V. (1995). Allgemeine Betriebswirtschaftslehre. Grundlagen und Konzepte – Eine Einführung in die allgemeine Betriebswirtschaftslehre unter Berücksichtigung von Ökologie und EDV. Herne, Berlin: Verlag Neue Wirtschafts-Briefe.

Biernacki B, Kuns M. (2005). Personalmanagement und Unternehmensverbindungen. In W. v. Eiff, A. Klemann (Hrsg.), Unternehmensverbindungen. Schriftenreihe: Gesundheitswirtschaft, Band 1, Wegscheid, WIKOM.

Böhlke R, Söhnle N, Viering S. (2005). Studie Ernst & Young: Konzentriert. Marktorientiert. Saniert. Gesundheitsversorgung 2020. Kostenloser Versand auf Anfrage. www.de.ey.com

Borges P, Hofmann O, Köhler D. (2006). Studie »Strategische Herausforderungen für Krankenhäuser«. Vortrag Düsseldorf Oktober 2006.

Braun B, Müller R. (2006). Versorgungsqualität im Krankenhaus aus der Perspektive der Patienten – Ergebnisse einer wiederholten Patientenbefragung und einer Längsschnittanalyse von GEK Routinedaten. GEK Edition, Schriftenreihe zur Gesundheitsanalyse, Bd. 46, St. Augustin: Asgard.

Bremische Bürgerschaft (2006). Mitteilung des Senats vom 17. Januar 2006. »Neuausrichtung der Klinika der Gesundheit Nord gGmbH«. Drucksache 16/466 S (zu Drs. 16/432 S) 17.01.06

DKG (2006). Bestandsaufnahme zur Krankenhausplanung und Investitionsfinanzierung in den Bundesländern. www.dkgev.de/pdf/1047pdf am 10.08.2007.

Eidenmüller U. (2006). Kommunale Kliniken stellen sich dem Wettbewerb. der städtetag 2006; 2; 2-7.

Eiff v. W. (2005a). Erfolgsfaktoren für Unternehmensverbindungen. In W. v. Eiff, A. Klemann (Hrsg.), Unternehmensverbindungen. Schriftenreihe: Gesundheitswirtschaft, Band 1, Wegscheid, WIKOM.

Eiff v. W. (2005b). Krankenhäuser im Wettlauf um die Zukunft. In W. v. Eiff, A. Klemann (Hrsg.), Unternehmensverbindungen. Schriftenreihe: Gesundheitswirtschaft, Band 1, Wegscheid, WIKOM.

Gaede K. (2007). Klinik-Holding: Kopflos in Bremen. kma 08/07, 24-27.

Goedereis K. (2005). Synergiepotentiale im Krankenhaus. In W. v. Eiff, A. Klemann (Hrsg.), Unternehmensverbindungen. Schriftenreihe: Gesundheitswirtschaft, Band 1, Wegscheid, WIKOM.

Goold M, Campbell A. (1998). Desperately Seeking Synergie. Harvard Business Review, Sept/Oct 1998.

Grigo T. (2005). Informationssysteme als Erfolgsförderer bei Strategischen Allianzen und Netzwerken. In W. v. Eiff, A. Klemann (Hrsg.), Unternehmensverbindungen. Schriftenreihe: Gesundheitswirtschaft, Band 1, Wegscheid, WIKOM.

Heimig F. (2007). »G-DRGs 2008« – Klassifikation und Bewertung. Ergebnispräsentation zugunsten der Selbstverwaltungspartner nach § 17b KHG. Vortrag Siegburg 24.08.2007.

Hermann C. (2007), Monistik ante portas – Notwendigkeiten und Wege des Umstiegs auf eine effizienzorientierte Krankenhausfinanzierung. In J. Klauber, B-P. Robra, H. Schellschmidt (Hrsg.), *Krankenhausreport 2006*. Stuttgart, Schattauer.

Jaeger M. (2001). Personalmanagement bei Mergers & Acquisitions. Neuwied, Luchterhand.

Janssen D. (2003). Einführung in die Netzwerkanalyse. (2. Aufl.). Opladen: Leske & Budrich.

Jemal A, Ward E, Hao Y, Thun M. (2005). Trends in the leading causes of death in the United States, 1970-2002. JAMA 2005; 294; 1255-9.

Knoche E. (2005).»Wenn wir jetzt nicht handeln, dann wird mit uns gehandelt«. www.gesundheitnord.de/internet/holding/de/ueberuns/leuchtfeuer/Leuchtfeuer_Ausgabe-01_2005.pdf am 05.09.2007.

Knorr G. (2006). Was wird aus der Krankenhausplanung? der städtetag 2006; 2; 11-14.

Kramer J. (2007). Kommunale Krankenhäuser sind zukunftsfähig. Ein Vergleich mit Privaten Kliniken. Deutscher Städtetag. pdf. Köln, Berlin. www.staedtetag.de/10/presseecke/pressedienst/artikel/2007/06/13/004 70/index.html

Loest H. (2005). Strategiekonzept Gesundheit Nord. So manch bittere Pille muss geschluckt werden. Strategiekonzept sorgt für reichlich Zündstoff und Diskussionen. www.gesundheitnord.de/internet/holding/de/ueberuns/leuchtfeuer/Leuchtfeuer_Ausgabe-01_2005.pdf am 05.09.2007.

Marburger Bund (2007). Ergebnisbericht der Mitgliederbefragung – Marburger Bund 2007. Analyse der beruflichen Situation der angestellten und beamteten Ärzte in Deutschland. www.marburgerbund.de/marburgerbund/bundesverband/umfragen/mb-umfrage_2007/Ergebnisbericht-Presse-180907.pdf am 27.09.2007

Meissner S, Neumann S. (2005). Bedeutung von Unternehmensmarken bei (Krankenhaus-) Fusionen für das Personalmanagement und die Mitarbeiterintegration. In W. v. Eiff, A. Klemann (Hrsg.), Unternehmensverbindungen. Schriftenreihe: Gesundheitswirtschaft, Band 1, Wegscheid, WIKOM.

Möller W, Borges P, Schmitz H. (2003). DRG-Kalkulation und Kostenträgerrechnung. f&w; 3/2003.

Neuijen B, de Waard H. (2005). Organisationskultur und Kulturmanagement bei Fusionen und Allianzen. In W. v. Eiff, A. Klemann (Hrsg.), Unternehmensverbindungen. Schriftenreihe: Gesundheitswirtschaft, Band 1, Wegscheid, WIKOM

Pampel L-U. (2005). Gegenseitiges Vertrauen ist jetzt gefragt. Nachrichten aus der Holding. Kommentar. www.gesundheitnord.de/internet/holding/de/ueberuns/leuchtfeuer/Leuchtfeuer_Ausgabe-01_2005.pdf am 05.09.2007.

Pausenberger E. (1974). Fusionen. In: Grochla E, Wittman W. (Hrsg.), Handwörterbuch der Betriebswirtschaft. Bd. 1, 4. Aufl. Stuttgart, Schaefer-Poeschel.

Praeckel P, Wittstock M, Wybranietz W. (2005). Die deutschen Akutkliniken im Spannungsfeld zwischen M&A und Privatisierung. In W. v. Eiff, A. Klemann (Hrsg.), Unternehmensverbindungen. Schriftenreihe: Gesundheitswirtschaft, Band 1, Wegscheid, WIKOM.

Roeder N, DRG-Research-Group Universitätsklinikum Münster. (2006). Anpassungsbedarf der Vergütung von Krankenhausleistungen für 2007 – Gutachten im Auftrag der Deutschen Krankenhausgesellschaft. www.dkgev.de/pdf/1438.pdf am 10.08.2007

Salfeld R, Wettke J. (2001), Die Zukunft des Deutschen Gesundheitswesens. Perspektiven und Konzepte. Berlin, Heidelberg, New York, Springer.

Schick St. (2007). Positionspapier zur Entwicklung der kommunalen Krankenhausstrukturen in Baden-Württemberg. Bezug über den Verfasser: stefan.schick@reithschick.de

Schmid R. (2006). Das kommunale Krankenhaus als Unternehmen. der städtetag 2006; 2; 14-17.

Schmidt C, Möller J. (2007). Katalysatoren des Wandels. In J. Klauber, B-P. Robra, H. Schellschmidt (Hrsg.), *Krankenhausreport 2006*. Stuttgart, Schattauer.

Schrappe M. (2007), Wandel der Berufsbilder im Krankenhaus: neues Umfeld, neue Aufgaben. In J. Klauber, B-P. Robra, H. Schellschmidt (Hrsg.), *Krankenhausreport 2006*. Stuttgart, Schattauer.

Sell A. (1994). Internationale Unternehmenskooperationen. München, Wien, Oldenbourg.

Statistisches Bundesamt (2006). Angebot und Inanspruchnahme stationärer Leistungen. In *Gesundheit in Deutschland, 2006*. www.gbe-bund.de > Gesundheitsversorgung > Krankenhäuser > Texte am 09.08.2007.

Theling T, Loos P. (2004). Determinanten und Formen von Unternehmenskooperationen. Information Systems & Management. Paper 18. Johannes Gutenberg Universität Mainz.

Tissen W. (2005). Alternativmodell »Kommunaler Verbund«. Vortrag auf dem »Strategieforum Krankenhäuser« des Bayreuther Krankenhaustages 2005, am 21.04.2005, 27-28.

Tissen W. (2006). »Ich fühle mich mehr als erleichtert« Interview. www.gesundheitnord.de/internet/holding/de/ueberuns/leuchtfeuer/Leuchtfeuer_Ausgabe-05_2006.pdf am 05.09.2007.

Kooperation im Arbeitsrecht

Dirk Brust

Einleitung

Dieser Beitrag befasst sich zunächst mit der Frage, welche Bedeutung Kooperation im Arbeitsrecht hat. Hierbei fällt die Kooperationsmaxime im Bereich des kollektiven Arbeitsrechts ins Auge (s.u. I.). Betriebsrat und Arbeitgeber werden per Gesetz verpflichtet, miteinander zu kooperieren, was eine ungewöhnliche Ausgangslage darstellt, da es sich um eine auferzwungene Kooperation handelt. Daneben soll auf ausgewählte Themen des Arbeitsrechts eingegangen werden, die für jeden Kooperationsmanager von Bedeutung sind. Kooperation basiert auf Überzeugungsarbeit und Zusammenarbeit. Will ein Beschäftigter nicht kooperieren oder funktioniert dies nicht, stößt der Arbeitgeber an seine Grenzen, was dazu führt, dass er von der Überzeugungsarbeit hin zur Anweisung wechseln muss. Was der Arbeitgeber im Einzelnen anweisen kann, ergibt sich aus dem sogenannten Direktionsrecht (s.u. II.).

Kernbereich des Arbeitsrechtes ist der Kündigungsschutz. Jede Führungskraft und auch jeder, der sich mit Kooperationselementen beschäftigt, muss auch dieses Thema berücksichtigen. Die heute am weitesten verbreitete Ausnahme zum Kündigungsschutz besteht im Abschluss von befristeten Arbeitsverträgen (s.u. III.).

I. Kooperation im Bereich des kollektiven Arbeitsrechts

Unter dem kollektiven Arbeitsrecht versteht man die rechtlichen Regelungen, die auf der einen Seite den Arbeitgeber und auf der anderen Seite nicht einzelne Beschäftigte, sondern das Kollektiv, also eine Gruppe von Arbeitnehmern betreffen. Beispielhaft sind hier tarifvertragliche Regelungen zu nennen. Der Kernbereich des kollektiven Arbeitsrechts besteht im Betriebsverfassungsgesetz. Dieses regelt das Rechtsverhältnis zwischen dem Arbeitgeber und dem Betriebsrat. Einer der Grundgedanken des Betriebsverfassungsgesetzes ist das *Gebot der vertrauensvollen Zusammenarbeit*. Dieses ist in § 2 Abs. 1 BetrVG geregelt. Man spricht auch von einem der *Leitprinzipien des Betriebsverfassungsrechts*. In der Kommentierung findet sich zum Teil die Begrifflichkeit der Kooperation wieder. Beispielhaft ist von der *Kooperationsmaxime* die Rede (Richardi, in BetrVG, Einleitung, Randnummer 104). Da es sich um eine elementare Regelung handelt, spricht man auch von der *Magna Charta der Betriebsverfassung*. Per Gesetz wurden die Betriebsverfassungsorgane dazu verpflichtet, zu kooperieren beziehungsweise vertrauensvoll zusammen zu arbeiten. An anderer Stelle ist von einem der vier *Gebote der Grundsätze der Zusammenarbeit* die Rede (Fitting, in BetrVG, § 2, Randnummer 15).

Dies ist insofern eine interessante Konstellation, als dass es hier um eine per Gesetz auferlegte Verpflichtung zur Kooperation geht, wobei diverse Arbeitgeber nicht einsehen, in ihren Rechten beschränkt zu werden beziehungsweise warum sie mit einem Vertretungsorgan von Mitarbeitern kooperieren sollen.

1. Der Grundsatz der vertrauensvollen Zusammenarbeit

Das Gebot der vertrauensvollen Zusammenarbeit zwischen Arbeitgeber und Betriebsrat soll dem Wohl der Arbeitnehmer dienen, ebenso wie dem des Betriebes. Im Gegensatz zum Beispiel zum Tarifvertragssystem wurde das Kooperationsmodell ausgewählt, um dem Gedanken des Zusammenwirkens zu entsprechen (Richardi, aaO, § 2, Randnummer 5). Der Gesetzgeber hätte auch andere Formen der Zusammenarbeit wählen können.

Man entschied sich jedoch für den Vorschlag der Koalitionsvereinbarung zwischen SPD und FDP. An verschiedenen Stellen des Betriebsverfassungsgesetzes spiegelt sich dieser Grundgedanke wieder, zum Beispiel in der Friedenspflicht, in den Beteiligungsrechten und den Grundsätzen für die Behandlung der Betriebsangehörigen. Es handelt sich um den gesetzlich vorgeschriebenen Weg, um die Ziele, die das Gesetz anstrebt, zu erreichen (Kraft, BetrVG, § 2, Randnummer 13). Die Tarifvertragsparteien sollen dazu verpflichtet werden, sich friedfertig miteinander auseinander zu setzen. Es handelt sich um einen Auffangtatbestand sowie um eine Auslegungshilfe. Der Partnerschaftsgedanke macht deutlich, dass Arbeitgeber und Betriebsrat nicht in einem sozialen Kampf um die Herrschaft oder Vorherrschaft im Betrieb stehen. Kooperation, nicht Konfrontation ist das gesetzliche Leitbild. Ziel des Gesetzes ist die Überwindung oder der Ausgleich der divergierenden Interessen, um dadurch Arbeitnehmern und dem Betrieb gleichermaßen zu nützen. Ferner soll sichergestellt werden, dass sich alle Beteiligten an Spielregeln zu halten haben, die Vertrauen erst ermöglichen (Kraft, aaO, § 2, Randnummer 16).

2. Rechtsprechungsbeispiele zu § 2 Abs. I BetrVG

Um sich eine Vorstellung von der Rechtsprechung zum Grundsatz der vertrauensvollen Zusammenarbeit machen zu können, seien einige Rechtsprechungsbeispiele gestattet:

Nach einer Entscheidung des Arbeitsgerichts Mannheim folgt aus dem Grundsatz der vertrauensvollen Zusammenarbeit die Pflicht des Arbeitgeber, *das Betriebsratsbüro* – abgesehen von Notsituationen – nicht ohne Zustimmung des Betriebsrates zu betreten. Der Betriebsrat kann auch verlangen, das Betriebsratsbüro mit einem Sicherheitsschloss zu versehen, das nicht an die allgemeine Hausschließanlage angeschlossen ist (ArbG Mannheim 12 BV 4/99).

Nach der Einschätzung des Arbeitsgerichts Hamburg besteht kein Anspruch des Arbeitgebers auf Auskunft über die Anfangs und Endzeiten der *Betriebsratssitzungen* (ArbG Mannheim 13 BV 4/99).

Das Arbeitsgericht Paderborn hat entschieden, der Betriebsrat verstoße gegen den Grundsatz der vertrauensvollen Zusammenarbeit, wenn eine allgemein abrufbare *Internet-Homepage* betrieben wird, auf der betriebsinterne Informationen zugänglich sind. Es sei aber nicht zulässig, den Betriebsrat hinsichtlich der Kommunikation mit den Mitarbeitern auf das *Schwarze Brett* zu verweisen, wenn ansonsten elektronische Medien regelmäßig genutzt werden (ArbG Paderborn 1 BV 35/97).

Der Betriebsrat hat nach einer Entscheidung des Arbeitsgerichts Hamburg das Recht zu verlangen, dass *Pressevertretern* Zugang zum *Betriebsratsbüro* gewährt wird. Dieses Recht entspreche dem *Hausrecht des Betriebsrates*. Hieraus folge ein Duldungsanspruch des Arbeitgebers (ArbG Hamburg 19 BV 8/89).

3. Instrumentarien zur Kooperation

Insbesondere weil es sich um eine gesetzlich vorgegebene Verpflichtung zur Kooperation handelt, stellt sich die Frage, wie sichergestellt werden soll, dass dieser Grundgedanke eingehalten wird und welche Hilfsmittel man den Kooperierenden an die Hand gibt.

Die Rechte des Arbeitgebers liegen auf der Hand. Diese ergeben sich aus dem Grundgesetz beziehungsweise der *Eigentumsfreiheit*. Der Arbeitgeber verfügt über alle Handlungsoptionen, sofern sich diese im Rahmen der geltenden Gesetze bewegen. Im Wesentlichen werden im Betriebsverfassungsgesetz Rechte des Betriebsrates normiert, die die Handlungsmöglichkeiten und Optionen des Arbeitgebers einschränken. Es ist zu unterscheiden zwischen *Mitwirkungsrechten* und *Mitbestimmungsrechten*. Zunächst bestehen Informationsrechte. Hiernach muss der Arbeitgeber dem Betriebsrat Informationen zukommen lassen, damit der Betriebsrat seine Arbeit ordnungsgemäß erfüllen kann. Aus dem Grundsatz der vertrauensvollen Zusammenarbeit folgt die Möglichkeit zur Stellungnahme für den Betriebsrat. *Informationsrechte* beziehen sich zum Beispiel auf geplante Entwicklungen, Behandlung von Beschwerden, Regelungen bezüglich der Arbeitssicherheit. Ferner existieren so genannte *Anhörungs-, Beratungs- und Initiativrechte*. Hierdurch erhält der Betriebsrat die Möglichkeit, Einwendungen zu erheben. Bei den Beratungsrechten muss der Arbeitgeber den Betriebsrat um seine Meinung fragen, um eine Entscheidung durchzusetzen. Auch wenn in diesen Fällen die eigentliche Entscheidung beim Arbeitgeber verbleibt, kann hier nicht nur ein Verfahren pro forma durchgeführt werden. Der Arbeitgeber muss sich ernsthaft mit der Argumentation des Betriebsrates auseinander setzen. Daneben gibt es die *Widerspruchs- oder Zustimmungsverweigerungsrechte*. Auch hier ist der Arbeitgeber zunächst nicht gehindert, beabsichtigte Maßnahmen durchzuführen. Der Betriebsrat ist jedoch im Interesse des Betriebes berechtigt, durch seinen Widerspruch die Umsetzung der Maßnahme zu verhindern. Es handelt sich um ein so genanntes *negatives Konsensprinzip* (Koch, Arbeitsrechthandbuch, § 230, Randnummer 4). Beim Zustimmungsverweigerungsrecht kann der Betriebsrat beispielhaft verhindern, dass eine personelle Einzelmaßnahme, zum Beispiel eine *Einstellung*, eine *Umgruppierung* oder eine *Versetzung* durchgeführt wird. Die stärkste Form der Beteiligungsrechte ist die *Mitbestimmung im engeren Sinne*. Bei dieser hängt die Wirksamkeit der Maßnahme des Arbeitgebers von der vorherigen Zustimmung des Betriebsrates ab. Beispielhaft ist die *Kündigung eines Mitgliedes des Betriebsrates* nur zulässig und möglich, sofern der Betriebsrat vorher zugestimmt hat (Koch, aaO, Randnummer 5). Diese Rechte des Betriebsrates sind nicht abdingbar (Koch, aaO, Randnummer 7).

4. Sicherstellung durch das Einigungsstellenverfahren

Gesichert werden sollen die Beteiligungsrechte u. a. durch das so genannte *Einigungsstellenverfahren*. Können sich die Betriebsparteien nicht auf eine bestimmte Vorgehensweise oder ein Ergebnis verständigen, kann eine Einigungsstelle einberufen werden. Antragsberechtigt sind beide Parteien. Die Einigungsstelle ist paritätisch zu besetzen. Ferner ist ein Vorsitzender zu bestimmen. Derartige Verfahren werden üblicherweise von Richtern geführt, die diese Tätigkeit nebenberuflich in fremden Gerichtsbezirken ausüben. Die Einigungsstelle entscheidet nach Anhörung und Beratung verbindlich und mit einfacher Mehrheit, also auch gegen den Willen des Arbeitgebers.

5. Ausgestaltung und Beispiele

Um die gesetzliche Konstruktion verstehen zu können, muss man auf die Ausgestaltung der Beteiligungsrechte sowie deren Konsequenzen eingehen, was hier nur beispielhaft geschehen kann:

a) Die Wahl und der Kündigungsschutz

Es versteht sich von selbst, dass die *Betriebsratswahlen* separat gesetzlich geregelt sind. Der Betriebsrat ist in *geheimer und unmittelbarer Wahl* zu wählen. Die Wahl erfolgt nach den Grundsätzen der *Verhältniswahl* (§ 14 BetrVG) Die Einzelheiten sind in der *Wahlordnung* niedergelegt.

Der Arbeitgeber hat jede *Beeinflussung der Wahl* zu unterlassen, was auch gerichtlich geltend gemacht werden kann. Schon der *Wahlbewerber* genießt einen Sonderkündigungsschutz, um die Bewerber vor möglichen Interessenkonflikten mit dem Arbeitgeber zu schützen (Dr. Schiefer, in BetrVG, § 103, Randnummer 20a). Schon der Bewerber soll den gleichen Kündigungsschutz genießen, wie Betriebsratsmitglieder selbst. Jegliche Störungen, die durch eine Einflussnahme auf Wahlbewerber entstehen könnten, sollen unterbleiben, um die Betriebsratswahlen leichter durchführen zu können. Auch Mitglieder des *Wahlvorstandes* genießen Sonderkündigungsschutz. Hier besteht also schon ein Kündigungsschutz für den betriebsratslosen Betrieb (ErfK ArbR/-Kiel, KSchG, § 15, Rn. 10). Es besteht auch eine so genannte *Nachwirkung*, das heißt, auch nach Ende der Amtszeit kann ein Betriebsratsmitglied nicht wie jeder andere Beschäftigte gekündigt werden (Bauer in Arbeitsrechtkommentar, § 15 KSchG, Randnummer 71 ff). Nach § 15 BetrVG können Betriebsratsmitglieder nur bei Vorliegen eines wichtigen Grundes und mit Zustimmung des Betriebsrates gekündigt werden. Ein solcher wichtiger Grund im Sinne des § 626 BGB geht deutlich über die Anforderungen an eine Rechtfertigung einer Kündigung eines sonstigen Mitarbeiters hinaus. Ein wichtiger Grund liegt zum Beispiel dann vor, wenn *Straftaten* gegen den Arbeitgeber verübt werden. Als wichtige Gründe für Kündigungen gegenüber Amtsträgern wurde beispielhaft anerkannt
– der Verkauf von des Arbeitgeber gehörenden Schrotts durch den Betriebsratsvorsitzenden und die Einzahlung des erzielten Erlöses in eine Kasse des Betriebsrates
– Manipulationen mit Lohnabrechnungsunterlagen

- unberechtigtes Mitstempeln der Zeiterfassungskarte eines anderen Arbeitnehmers
- vorsätzliche Falschaussage gegen den Arbeitgeber vor Gericht
- Karten spielen während der Arbeitszeit, wenn noch andere gleichartige, bereits abgemahnte Pflichtverletzungen vorliegen.

Nicht als wichtige Gründe im Sinne dieser Regelungen wurde anerkannt
- herabsetzende Äußerungen gegenüber dem Arbeitgeber in einer Gewerkschaftszeitung
- verbale Entgleisungen auf einer Betriebsversammlung
- Verdacht der Kassenmanipulation
- Verdacht des Erschleichens einer Arbeitsunfähigkeitsbescheinigung
- Haschisch rauchen eines Betriebsratsvorsitzenden im Betriebsratsbüro, ohne dass sich dies auf das Arbeitsverhältnis auswirkt.

Aus der Aufstellung ist ersichtlich, dass es wirklich eines wichtigen Grundes bedarf, um das Arbeitsverhältnis mit einem Amtsträger zu kündigen. Es muss ein Maßstab erreicht werden, der bei sonstigen Beschäftigten die fristlose Kündigung rechtfertigen würde (vgl. hierzu Böck, in Kommentar zum Kündigungsrecht, § 15 KSchG, Randnummer 19 ff).

b) Wahlanfechtung
Der Arbeitgeber soll auch nicht in die Lage versetzt werden, eine Wahl leicht anfechten und sich so gegebenenfalls eines unliebsamen Betriebsrates entledigen zu können. An die Wahlanfechtung sind hohe Anforderungen zu stellen. Es müssen erhebliche Anfechtungsgründe vorliegen. Solche sind nur dann gegeben, wenn gegen tragende Grundsätze verstoßen wurde (Schneider, in BetrVG, § 19, Randnummer 3).

c) Kosten des Betriebsrates
Der Arbeitgeber trägt alle Kosten, die bei einer pflichtgemäßen Wahrnehmung der Aufgaben des Betriebsrates entstehen. Hierbei gelten der Grundsatz der Verhältnismäßigkeit und der Erforderlichkeit. Es stellt sich immer wieder die Frage, ob personelle oder sächliche Mittel erforderlich sind oder ob die Aufwendungen verhältnismäßig sind (Wedde, in BetrVG, § 40, Randnummer 5). Hierbei fällt auf, dass der Gesetzgeber, wie im Betriebsverfassungsgesetz häufig, mit unbestimmten Rechtsbegriffen arbeitet. Ausgelegt werden diese unbestimmten Rechtsbegriffe wie zum Beispiel *der Erforderlichkeit* oder *der Verhältnismäßigkeit* an Hand des Grundsatzes der vertrauensvollen Zusammenarbeit.

d) Sozialauswahl und Betriebsstilllegung

Liegt für den Arbeitgeber ein Grund für eine Kündigung eines Mitarbeiters vor, hat er eine Sozialauswahl durchzuführen. Hierbei ist zunächst die so genannte Vergleichsgruppe zu bilden. Personen mit Sonderkündigungsschutz, also auch Betriebsratsmitglieder fallen aus der Sozialauswahl heraus. Auch hieraus folgt, dass Betriebsratsmitglieder üblicherweise nicht kündbar sind (Eisemann, Personalbuch, § 257, Randnummer 28). Bei einer Stilllegung einer Betriebsabteilung müssen Betriebsratsmitglieder in einer anderen Abteilung weiter beschäftigt werden. Dies bedeutet, dass Mitarbeiter aus anderen Abteilungen gekündigt werden müssen. Diese Positionen sind »frei zu kündigen« (Böck, in Kommentar zum Kündigungsrecht, § 15 KSchG, Randnummer 181).

e) Vorläufiger Rechtsschutz

Stimmt der Betriebsrat der Kündigung eines Betriebsratsmitgliedes nicht zu und widerspricht er dieser sogar, kann das Betriebsratsmitglied im Wege des einstweiligen Rechtsschutzes bis zum Abschluss des gerichtlichen Verfahrens die Weiterbeschäftigung durch ein einstweiliges Verfügungsverfahren geltend machen. Hierdurch kann das Betriebsratsmitglied erheblichen Druck auf den Arbeitgeber ausüben. Die Vergütung ist während dieser Zeit fortzuzahlen. Man muss sich vor Augen führen, dass diese Konstellation häufiger eintritt, selbst in Fällen, in denen klare Kündigungsgründe vorliegen. Selbst wenn ein Betriebsratsvorsitzender nicht nur Haschisch rauchen, sondern dieses auch verkaufen würde, könnte er auf diese Art und Weise über einen Zeitraum von ca. einem Jahr die Weiterbeschäftigung zunächst erzwingen, selbst wenn er im Verfahren selbst später unterliegen würde.

Zwischenergebnis

Offensichtlich geht das BetrVG davon aus, dass allein die Vorgabe der Verpflichtung zur Kooperation nicht ausreicht. Stattdessen ist der Kerngedanke des Betriebsverfassungsgesetzes, dass die angestrebte Kooperation nur dann gelebt wird, wenn eine Begegnung der Betriebsparteien auf einer Ebene erfolgt und eine möglichst weitgehende *Gleichberechtigung* bzw. *Waffengleichheit* hergestellt wird. Dies basiert offensichtlich auf dem Gedanken des Gesetzgebers, dass in einem Über-/Unterordnungsverhältnis eine Kooperation ansonsten nicht gelebt werden kann. Der Arbeitgeber soll nicht dazu in die Lage versetzt werden, z. B. durch eine Kündigung Einfluss nehmen zu können. Damit werden dem Betriebsrat gravierende Rechte eingeräumt. Ferner sieht das Gesetz in dem Einigungsstellenverfahren ein Eskalationsszenario vor. Man kann nur jedem Arbeitgeber raten, die Beteiligungsrechte ernst zu nehmen und die Verpflichtung zur Kooperation zu akzeptieren, da alles Andere sehr destruktiv verlaufen kann. Der Betriebsrat kann Überstunden verhindern, er kann sich gegen Einstellungen wehren, er kann die Einführung von EDV-Systemen blockieren etc.

II. Das Direktionsrecht und seine Grenzen

1. Allgemeines

Das *Weisungs- bzw. Direktionsrecht* des Arbeitgebers beruht auf dem zwischen Arbeitgeber und Arbeitnehmer geschlossenen *Arbeitsvertrag*. Es gehört zum wesentlichen Inhalt eines jeden Arbeitsverhältnisses. Die vertraglich geschuldete Leistungspflicht des Arbeitnehmers, mithin also die Erbringung der Arbeitsleistung nach § 611 Abs. 1 BGB, wird durch die Anweisungen des Arbeitgebers in Ausübung seines Weisungs- bzw. Direktionsrechts konkretisiert. Das Weisungsrecht ist zugleich wichtigstes Abgrenzungsmerkmal bei der Abgrenzung des Arbeitsverhältnisses vom *freien Dienstvertrag*, ist es doch der zentrale Gesichtspunkt bei der Feststellung der persönlichen Abhängigkeit. Je stärker die Weisungsbindung ist, desto eher ist ein Arbeitsverhältnis anzunehmen. Fehlt es hingegen an jeder Weisungsgebundenheit, so liegt in der Regel kein Arbeitsverhältnis vor. Das Weisungsrecht des Arbeitgebers ist im BGB selbst nicht gesetzlich normiert. Die Rechtsgrundlage für die Ausübung desselben findet sich seit dem 01. Januar 2003 in § 106 der Gewerbeordnung (GewO).

2. Reichweite des Weisungsrechts

Der Umfang und die Reichweite des Weisungsrechts bestimmt sich zunächst nach dem Wortlaut des *§ 106 Satz 1 der Gewerbeordnung*. Demnach kann der Arbeitgeber auf Grundlage des Weisungsrechts die im Arbeitsvertrag nur rahmenmäßig umschriebene Leistungspflicht nach Zeit, Ort und Art bestimmen (BAG 25.10.1989, AP BGB, § 611, Direktionsrecht Nr. 36). Nach § 106 Satz 2 GewO kann sich das Weisungsrecht ebenfalls auf die Ordnung und das Verhalten des Arbeitnehmers im Betrieb selbst erstrecken (Hromadka, DB 1995, 2601).

2.1 Weisungsrecht in zeitlicher Hinsicht
a) Abgrenzungsfunktion

Zeitlich weisungsgebunden ist der Dienstleistende dann, wenn der Dienstberechtigte die Dauer und die *zeitliche Lage* der zu erbringenden Leistung im Rahmen der arbeits- und tarifvertraglichen Vereinbarungen bestimmen kann. So spricht die nach dem Vertragsinhalt wie auch nach der praktischen Durchführung des Vertragsverhältnisses verlangte ständige Dienstbereitschaft für die Arbeitnehmereigenschaft (BAG 19.11.1997, AP BGB, § 611, Abhängigkeit Nr. 90), dies gilt auch, wenn keine Möglichkeit besteht, Termine entsprechend den eigenen Vorstellungen und Planungen wahrzunehmen (BAG 06.05.1998, AP BGB, § 611, Abhängigkeit Nr. 102). Als starkes Indiz für die Eigenschaft als Arbeitnehmer ist auch die Aufführung in *Dienstplänen* (BAG 16.03.1994, AP BGB, § 611, Abhängigkeit Nr. 68) anzusehen, auch dann, wenn der Arbeitnehmer sich zwar selbst eintragen kann, der Arbeitgeber aber vertraglich zur einseitigen Zuweisung befugt ist (BAG 12.06.1996, AP BGB, § 611, Werkstudent, Nr. 4). Entscheidend ist jedoch nicht, ob eine Weisungsausübung im Einzelfall erfolgt, denn die zeitliche Weisungsbindung kann bereits vertraglich fixiert sein. Die zeitliche Weisungsbindung ist grundsätzlich auch bei Teilzeitbeschäftigten, bei denen die Lage der Arbeitszeit vertraglich konkretisiert ist, und insbesondere auch bei Abrufverhältnissen zu bejahen.

b) Begriff der Arbeitszeit

Die Arbeitszeit umfasst regelmäßig die Zeit vom Beginn bis zum Ende der Arbeit ohne die Ruhepausen. Umstrittene Fallgruppen in diesem Zusammenhang sind zum einen die Wegezeit, zum anderen die Zeit des Waschens und Umkleidens.

Der Begriff der *Wegezeit* ist umstritten (ErfK ArbR/-Preis, BGB, § 611, Rn. 636 ff). Im Kern fallen darunter die Zeit für die *An- und Abfahrt* des Arbeitnehmers zum Betrieb des Arbeitgebers und die auf dem Weg von der Arbeitsstelle zum Arbeitsplatz verbrachte Zeit. Die An- und Abfahrten sind keine Arbeitsleistung und damit nicht vergütungspflichtig, denn die Wegezeit gehört nicht zur Arbeitszeit (BAG 08.12.1960, AP BGB, § 611, Wegezeit Nr. 1). Anderes gilt aber für Fahrten des Arbeitnehmers zum und von einem außerhalb des Betriebs des Arbeitgebers liegenden Arbeitsplatz. Dies sind zu vergüten, wenn keine gegenteilige tarif- oder einzelvertragliche Regelung besteht (BAG 28.03.1963, AP BGB, § 611, Wegezeit Nr. 3). Für den Bereich des Weges von der Arbeitsstelle zum Arbeitsplatz sind stets die Umstände des Einzelfalles zu beachten (ErfK ArbR/-Preis, BGB, § 611, Rn. 638).

c) Umfang und Grenzen des Weisungsrechts

Der Umfang des Weisungsrechts in zeitlicher Hinsicht wird in erster Linie durch den Arbeitsvertrag bestimmt, selbstverständlich vorbehaltlich einschränkender gesetzlicher oder tariflicher Regelungen. Die Grenzen des öffentlich-rechtlich ausgestalteten Arbeitszeitrechts (ArbZG) und vor allem die anwendbaren Tarifverträge, die typischerweise auch Fragen der Arbeitszeit regeln, sind zu beachten. Bei variabler Arbeitszeit folgen die Grenzen insbesondere aus § 12 TzBfG. Das Weisungsrecht erstreckt sich in aller Regel auf die Lage der Arbeitszeit, also auf Beginn und Ende der Arbeitszeit, die Lage der Pausen oder die Einführung von Gleitzeit. Mangels einer eindeutigen arbeitsvertraglichen Regelung ist der Arbeitgeber im Rahmen seines Direktionsrechts befugt, die Lage der Arbeitszeit anderweitig festzulegen, so z. B. den Wechsel von *Nacht- zu Tagarbeit* oder die *Einführung von Schichtarbeit*. Das BAG gibt dem Arbeitgeber insoweit vertragsrechtlich einen weiten Spielraum (BAG 23.09.2004, AP BGB, § 611, Direktionsrecht Nr. 64). Dieser Grundsatz gilt auch dann, wenn in der Vergangenheit über einen mehrjährigen Zeitraum anderweitig verfahren worden ist, es sei denn, es liegen besondere Umstände vor (LAG Köln, 26.07.2002, LAGE BGB 2002, § 611, Direktionsrecht Nr. 1.).

Allerdings muss die Bestimmung nach § 315 BGB *billigem Ermessen* entsprechen und bei der Bestimmung der Lage der Arbeitszeit muss der Arbeitgeber nach Möglichkeit auch auf Personenfürsorgepflichten des Arbeitnehmers (§§ 1626, 1627 BGB) Rücksicht nehmen. Der Arbeitgeber ist aber nicht verpflichtet, eine soziale Auswahl vorzunehmen (BAG 23.09.2004, AP BGB, § 611, Direktionsrecht Nr. 64; LAG Niedersachsen, NZA 1999, 263).

Existiert innerhalb des Betriebs ein Betriebsrat, so hat dieser nach § 87 Abs. 1 Nr. 2 BetrVG ein umfassendes Mitbestimmungsrecht (Vgl. dazu: ErfK ArbR/-Kania, BetrVG, § 87, Rn. 25 ff). Zweck dieses Mitbestimmungsrechtes ist es, die Interessen der Arbeitnehmer an der Lage ihrer Arbeitszeit und damit zugleich der Freizeit für die Gestaltung ihres Privatlebens zur Geltung zu bringen (BAG 15.12.1992, AP AÜG, § 14 Nr. 7) Das Mitbestimmungsrecht erstreckt sich insbesondere auf die Verteilung der wöchentlichen Arbeitszeit auf die Wochentage, die Regelung von Beginn und Ende der täglichen Arbeitszeit und auf die Lage und Dauer von unbezahlten Pausen. Fälle der reinen Arbeitszeitunterbrechung werden nicht erfasst (BAG, NZA 2004, 620), da es sich um Arbeitszeit handelt. Nicht dem Mitbestimmungsrecht unterliegt hingegen die Dauer der wöchentlichen Arbeitszeit, Gegenschluss zu § 87 Abs. 1 Nr. 3 BetrVG.

Vom Weisungsrecht des Arbeitgebers nicht umfasst wird nach wohl herrschender Meinung der Umfang der Arbeitszeit, weil dieser zum Kernbestand des Austauschverhältnisses gehört (LAG Düsseldorf, NZA-RR

2003, 407, 408). Einseitige, vertraglich nicht geregelte Veränderungen der Arbeitszeit, von der die Höhe der Vergütung abhängt, können grundsätzlich nur durch eine Änderungskündigung erfolgen. Weitere Grenzen ergeben sich auch aus § 12 TzBfG und die Grundsätze der Inhaltskontrolle von Arbeitsverträgen nach den §§ 305 ff. BGB.

d) Ausgewählte Einzelfälle

(Zu weiteren Einzelfällen vgl. ErfK ArbR/-Preis, § 611, Rn. 819 ff) Beispielhaft sei hier auf das Thema der Überstunden verwiesen. Ohne eine ausdrückliche Regelung ist der Arbeitnehmer grundsätzlich nicht verpflichtet, *Überstunden* zu leisten (Ausnahme: Not- und Katastrophenfälle (ArbG Leipzig, DB 2003, 1279)). Überstunden liegen vor, wenn die vertragliche vereinbarte Arbeitszeit überschritten wird, die durch Kollektivvertrag (Tarifvertrag oder Betriebsvereinbarung) oder durch Arbeitsvertrag festgelegt ist. Im umgekehrten Fall entsteht aus einer fortdauernden Anordnung von Überstunden noch kein Anspruch auf ein bestimmtes Maß an Überstunden (LAG Köln, NZA-RR 1999, 517), allerdings kann sich unter Umständen aus dem Gleichbehandlungsgrundsatz ein Anspruch auf Mehrarbeit ergeben (LAG Hessen, NZA-RR 2002, 348). Fehlt es an einer Verpflichtung des Arbeitnehmers zur Ableistung von Überstunden, so kann sich eine Pflicht ausnahmsweise aus den Grundsätzen von Treu und Glauben nach § 242 BGB ergeben, der Arbeitgeber kann sein Begehren indes nicht auf § 14 ArbZG stützen. Die Regelung von Überstunden (einschließlich deren Vergütung) ist tarifrechtlich geprägt und unterliegt nach § 87 Abs. 1 Nr. 3, 10 BetrVG der Mitbestimmung des Betriebsrates. So können Tarifverträge dem Arbeitgeber das Recht einräumen, die regelmäßige Arbeitszeit einseitig zu verlängern, zugleich diese aber auch auf die tarifliche Arbeitszeit zurückzuführen. Grundsätzlich muss der Arbeitgeber auch hier die Grenzen des billigen Ermessens wahren; diese umfassen auch die Einhaltung bestimmter Ankündigungsfristen (BAG 28.11.1984, AP TVG, § 4, Bestimmungsrecht Nr. 2; ArbG Frankfurt, NZA-RR 1999, 357). In Betrieben ohne Betriebsrat hat der Arbeitgeber in der Regel ohne ausdrückliche vertragliche Grundlage keine Möglichkeit, Überstunden anzuordnen – die Anordnung steht und fällt somit mit einer vertraglichen Fixierung des Rechts zur Anordnung von Überstunden.

2.1 Weisungsrecht in örtlicher Hinsicht
a) Abgrenzungsfunktion

Zeitlich weisungsgebunden ist der Dienstleistende dann, wenn dieser die Dienste an einem bestimmten Ort zu erbringen hat, den er nicht selbst bestimmen kann. Dann liegt zugleich regelmäßig ein Arbeitsverhältnis vor (BAG 13.01.1983, AP BGB, § 611, Abhängigkeit Nr. 42). Die örtliche

Weisungsgebundenheit ist nicht zu verwechseln mit der Eingliederung in den Hauptbetrieb des Unternehmens. Grundsätzlich können nämlich auch im Außendienst tätige Mitarbeiter, wie z. B. Monteure, Kundenberater usw., hinsichtlich des Arbeitsortes engen Bindungen unterliegen (BAG 06.05.1998, AP BGB, § 611, Abhängigkeit Nr. 102).

b) Begriff des Arbeitsortes
Der Ort der Arbeitsleistung – der sog. *Erfüllungsort* – ergibt sich in der Regel direkt aus dem Arbeitsvertrag. Fehlt eine Regelung, so ist im Wege der Auslegung unter Berücksichtigung der näheren Umstände des Einzelfalls zu ermitteln, für welchen Arbeitsort der Arbeitnehmer tatsächlich eingestellt wurde. Erfüllungsort für die Leistungen sowohl von Arbeitgeber als auch Arbeitnehmer ist grundsätzlich – wenn der Arbeitnehmer dort ständig beschäftigt ist – am jeweiligen Betriebssitz und damit am Arbeitsort des Arbeitnehmers (BAG 03.12.1985, AP TVG, § 1, Tarifverträge Großhandel Nr. 1). Allerdings können sowohl im Tarifvertrag als auch im Einzelarbeitsvertrag abweichende Regelungen getroffen werden. Problematisch ist die Bestimmung bei Arbeitnehmern im Außendienst mit Reisetätigkeit (Vgl. dazu: ErfK ArbR/-Preis, § 611, Rn. 806).

Bei ständig wechselnden Arbeitsstellen ist in der Regel davon auszugehen, dass Erfüllungsort der Sitz des Arbeitgebers ist, an dem die Personalverwaltung vorgenommen wird (ArbG Pforzheim, NZA 1994, 384). Wenn und soweit es an einer eindeutigen Vereinbarung mangelt, so ist der gemeinsame Erfüllungsort nach dem Schwerpunkt des Vertragsverhältnisses zu bestimmen.

c) Umfang und Grenzen des Weisungsrechts
Zunächst kann der Einsatz des Arbeitnehmers auch ohne besondere Regelung auf einen bestimmten Arbeitsort beschränkt sein – etwa dann, wenn der Arbeitnehmer für einen bestimmten Betrieb oder eine bestimmte Aufgabe eingestellt worden ist. Lässt sich eine solche Konkretisierung aus dem Arbeitsvertrag aber nicht entnehmen, kann sich aus dem Weisungsrecht des Arbeitgebers die Befugnis ergeben, den Arbeitnehmer an verschiedenen Orten einzusetzen. Dieses Direktionsrecht muss nicht zwingend vereinbart sein, sondern kann sich auch aus der Tätigkeitsbeschreibung bzw. dem Wesen der Tätigkeit ergeben. So kann die Tätigkeit des Mitarbeiters gerade beinhalten, dass an wechselnden Orten gearbeitet wird. Dies dürfte insbesondere bei Bau-, Montage- und Außendienstmitarbeitern oder Arbeitnehmern in Reinigungsunternehmen der Fall sein. Hier ist der Arbeitgeber grundsätzlich sogar berechtigt, den Arbeitsort täglich neu zu bestimmen. Ebenfalls kann der Arbeitgeber in der Regel Dienstreisen in das In- und Ausland anordnen, wenn diese zum

Berufsbild gehören (ErfK ArbR/-Preis, BGB, § 611, Rn. 808; Loritz, NZA 1997, 1188, 1190). Auch wenn ein Arbeitnehmer über einen längeren Zeitraum auf einer bestimmten Stelle mit bestimmten Aufgaben beschäftigt worden ist, kann daraus nicht grundsätzlich auf eine zwingende örtliche Konkretisierung geschlossen werden (BAG 07.12.2000, AP BGB, § 611, Direktionsrecht Nr. 61; LAG Rheinland-Pfalz, BB 1997, 474). Das Weisungsrecht des Arbeitgebers wird dadurch nicht ausgeschlossen.

d) Ausgewählte Einzelfälle

Es ist grundsätzlich üblich und möglich, in einen Arbeitsvertrag einen ausdrücklichen sog. *Versetzungsvorbehalt* aufzunehmen. Danach kann der Arbeitnehmer bei Bedarf auch in anderen Betrieben des Unternehmens, ggf. auch innerhalb der gesamten Bundesrepublik Deutschland, versetzt werden. Dazu muss der Arbeitsvertrag jedoch einen eindeutigen Vorbehalt, der sich auch auf einen Ortswechsel erstreckt, beinhalten (ArbG Kaiserslautern, ARSt. 1993, 69; BAG, NZA 2008, 833). Dies ist generell nicht zu beanstanden. Allerdings ist auch hier wiederum § 315 BGB zu beachten, wonach die Leistungsbestimmung durch den Arbeitgeber stets billigem Ermessen entsprechen muss. Dies bedeutet in concreto, dass es einer Abwägung der Interessenslage beider Vertragsparteien im Einzelfall bedarf (LAG Berlin, LAGE BGB, § 611, Direktionsrecht Nr. 2). Unter Umständen sind auch bedeutende Auswirkungen auf die private Lebensführung zu berücksichtigen, insbesondere bei einer Versetzung ins Ausland (LAG Hamm, DB 1974, 877). Auch die Versetzung innerhalb eines Konzerns bestimmt sich grundsätzlich nach dem Arbeitsvertrag. Da der Arbeitnehmer zumeist nur für ein bestimmtes Unternehmen eingestellt wird, bleibt auch bei einer Versetzung die arbeitsvertragliche Beziehung zum einstellenden Konzernunternehmen bestehen. Ein dauerhafter Wechsel des Arbeitsplatzes – sprich: Versetzung an einen anderen Arbeitsplatz in einem anderen Unternehmen des Konzerns – erfordert die Kündigung des alten und Begründung eines neuen Arbeitsvertrages bzw. einen Übernahmevertrag (Vgl. dazu: ErfK ArbR/-Preis, § 611, Rn. 233). Für den Fall, dass eine schwangere Arbeitnehmerin versetzt werden soll, sind Besonderheiten zu beachten (BAG 21.04.1999, AP MuSchG 1968, § 4, Nr. 5).

Der Arbeitgeber kann grundsätzlich *Umsetzungen* von Arbeitnehmern vornehmen. Er ist nicht gehalten – etwa in Konfliktsituationen – zunächst eine Abmahnung auszusprechen (BAG 24.04.1996, AP BGB, § 611, Direktionsrecht Nr. 48). Ist das Betriebsklima durch einen Streit unter Mitarbeitern gestört, entspricht es grundsätzlich billigem Ermessen, wenn der Arbeitgeber zur Konfliktbehebung einen Arbeitnehmer in eine andere Filiale desselben Ortes zu versetzen. Dabei kommt es auf die Ursachen für den Konflikt nicht an (LAG Köln, 27.11.1998, LAGE BGB, § 315, Nr. 6).

2.3 Weisungsrecht hinsichtlich der Art der Tätigkeit
a) Tätigkeitsbegriff

Der konkrete Inhalt der Verpflichtung zur Arbeitsleistung ergibt sich aus den Einzelheiten des Arbeitsvertrages. Auch für die Konkretisierung der Art der vom Arbeitnehmer zu verrichtenden Arbeitsleistung ist zunächst der Inhalt des Arbeitsvertrages maßgeblich. Die im Arbeitsvertrag enthaltene Tätigkeitsbeschreibung kann sehr konkret, aber auch sehr allgemein gehalten sein.

b) Umfang und Grenzen des Weisungsrechts

Die arbeitsvertragliche Formulierung der Tätigkeitsbeschreibung ist von erheblicher Relevanz für das Weisungsrecht des Arbeitgebers, weil von ihr der Umfang abhängig ist (ErfK ArbR/-Preis, BGB, § 611, Rn. 799 ff.; Hromadka, DB 1995, 2601, 2602).

Wird die Tätigkeit bei der Einstellung umschrieben (so z. B. Buchhalter, kfm. Angestellter etc.), so können dem Arbeitnehmer sämtliche Tätigkeiten zugewiesen werden, die dem Berufsbild entsprechen. Zweckmäßig ist es deshalb, die Tätigkeitsbeschreibung nicht zu eng zu fassen. Ist eine zugewiesene Tätigkeit nicht mehr von der Tätigkeitsbeschreibung gedeckt, kann der Arbeitgeber eine Änderung des Arbeitsvertrages nur durch Vereinbarung oder eine Änderungskündigung herbeigeführt werden. Aber auch bei weiterer Fassung des Tätigkeitsbereiches kann sich die Einsatzpflicht des Arbeitnehmers in Einzelfall auf eine bestimmte Tätigkeit konkretisieren, wenn eine dahingehende Vertragsänderung erfolgt ist (BAG 11.06.1958, AP BGB, § 611, Direktionsrecht Nr. 2). Dies ist nicht der Fall, wenn der Arbeitsvertrag einen Vorbehalt zur Zuweisung einer anderen Aufgabe enthält; auch der Zeitablauf allein führt auch bei langjähriger Tätigkeit nicht zu einer Konkretisierung. In diesem Fall bedarf es zusätzlicher Umstände (LAG Köln, 23.02.1987, LAGE BGB, § 611, Direktionsrecht Nr. 1; Hennige, NZA 1999, 281, 286.).

Der Arbeitgeber kann sich auch durch Erklärungen binden. Ist dem Arbeitnehmer vorübergehend eine höherwertige Aufgabe zugewiesen worden, deren Fortführung auf Dauer seitens des Arbeitgebers nur von der fachlichen Bewährung abhängig gemacht wird, darf der Arbeitgeber die Aufgabe nicht aus anderen Gründen entziehen (BAG 17.12.1997, AP BGB, § 611, Direktionsrecht Nr. 52).

Für den Bereich des öffentlichen Dienstes ist folgendes zu beachten: Dem Arbeitnehmer des öffentlichen Dienstes kann grundsätzlich jede Aufgabe übertragen werden, die den Merkmalen seiner Vergütungsgruppe entspricht, sofern ihm die Tätigkeit auch im Übrigen billigerweise zugemutet werden kann (BAG 30.08.1995, AP BGB, § 611, Direktionsrecht Nr. 44). Der Arbeitsbereich kann auch verkleinert werden. Zu beachten ist aber, dass möglicherweise eine mitbestimmungspflichtige Versetzung vorliegt. Die Verweigerung einer rechtmäßig zugewiesenen Tätigkeit kann die fristlose Entlassung rechtfertigen (BAG 12.04.1973, AP BGB, § 611, Direktionsrecht Nr. 24). Das Weisungsrecht erfasst aber grundsätzlich nicht die Befugnis des Arbeitgebers, den Arbeitnehmer auf einen geringerwertigen Arbeitsplatz zu versetzen. Dies gilt auch dann, wenn die bisherige Vergütung fortgezahlt wird (BAG 24.04.1996, AP BGB, § 611, Direktionsrecht Nr. 49). Geringerwertige Arbeiten muss der Arbeitnehmer nur in Notfällen verrichten (Bauer/Opolony, NJW 2002, 3503). Die Zulässigkeit der Zuweisung höherwertiger Arbeiten ist von den Umständen des Einzelfalls abhängig, allerdings muss auch eine nur vorübergehende Übertragung solcher Aufgaben entsprechend § 315 BGB nach billigem Ermessen erfolgen. Hinsichtlich dieses Grundsatzes ist eine Besonderheit zu beachten: Das billige Ermessen der Ausübung des Direktionsrechts muss sich auf die Tätigkeitsübertragung »an sich« und auf die »Nicht-Dauerhaftigkeit« der Übertragung beziehen, sog. »doppelte Billigkeit« (BAG 17.04.2002, AP BAT, § 24, Nr. 23).

3. Grenzen des Weisungsrechts

Das Weisungsrecht wird – wie oben bereits deutlich geworden ist – insbesondere dadurch begrenzt, dass es grundsätzlich im Rahmen des billigen Ermessens im Sinne des § 315 BGB auszuüben ist. Dieser Grundsatz ist in § 106 Satz 1 GewO gesetzlich festgelegt. Ebenfalls kann das Weisungsrecht an einer Vielzahl von Stellen durch einzelvertragliche oder kollektivvertragliche Vereinbarung begrenzt werden. Die Erweiterung des Rechts zur *einseitigen Leistungsbestimmung* unterliegt grundsätzlich der Überprüfung anhand der §§ 305 ff. BGB. Teilweise nimmt die Rechtsprechung an, dass das Kündigungsschutzrecht umgangen wird, wenn sich Leistungsbestimmungsrechte auf wesentliche Teile des Arbeitsvertrages derart beziehen, dass durch sie das Gleichgewicht zwischen Leistung und Gegenleistung grundlegend gestört wird (Bauer/Opolony, NJW 2002, 3503). Zu beachten sind insbesondere auch die oben bereits aufgezeigten Mitwirkungsrechte des Betriebsrates und der Einfluss der *Grundrechte*, so z. B. *Gewissensfreiheit*.

III. Der Abschluss befristeter Arbeitsverträge

1. Begriff der Befristung

Nach § 3 Abs. 1 Satz 1 TzBfG ist ein Arbeitnehmer befristet beschäftigt, wenn der Arbeitsvertrag auf eine bestimmte Zeit geschlossen wurde. Ein befristeter Arbeitsvertrag liegt nach § 3 Abs. 1 Satz 2 TzBfG vor, wenn seine Dauer kalendermäßig bestimmt ist oder sich dies aus Art, Zweck oder Beschaffenheit der Arbeitsleistung ergibt. Demnach lassen sich die sog. »Zeitbefristung« und die sog. »Zweckbefristung« unterscheiden. Die Grundsätze über die Befristung von Arbeitsverhältnissen finden nur auf Arbeitsverhältnisse Anwendung und sind daher auch auf *Teilzeitarbeitverhältnisse* anwendbar (BAG 16.10.1987, AP BGB, § 620, Hochschule Nr. 5). *Arbeitnehmerähnliche Personen* sind hingegen nicht umfasst (BAG 15.11.2005, AP BGB, § 611, Arbeitnehmerähnlichkeit Nr. 12), Verträge über eine *freie Mitarbeit* können uneingeschränkt befristet abgeschlossen werden (BAG 09.05.1984, AP BGB, § 611, Abhängigkeit Nr. 45). Für *Berufsausbildungsverhältnisse* gelten die Sondervorschriften des Berufsbildungsgesetzes (BBiG) (Vgl. dazu: ErfK ArbR/-Schlachter, BBiG, § 1, Rn. 1 ff). Im Bereich der befristeten Arbeitsverhältnisse lassen sich verschiedene Arten der Befristung unterscheiden (Vgl. dazu: ErfK ArbR/-Preis, TzBfG, § 2, Rn. 3).

a) Feste Vertragsdauer

Bei der festen Vertragsdauer wird der Arbeitsvertrag auf bestimmte Dauer abgeschlossen. Die vereinbarte Dauer ist dann im Zweifel sowohl Höchst- als auch Mindestzeit. Eine solche feste Vertragsdauer kann sowohl bei Abschluss des Arbeitsvertrages als auch durch spätere Vertragsänderung vereinbart werden. Eine zunächst vereinbarte Befristung kann einvernehmlich zwischen den Parteien des Arbeitsvertrages aufgehoben werden. Eine bloße Rahmenvereinbarung ist hingegen kein Arbeitsvertrag (BAG 31.07.2002, AP TzBfG, § 4, Nr. 2). Entsprechend § 3 Abs. 1 Satz 2 TzBfG kann zudem ein sog. »zweckbefristeter Arbeitsvertrag« abgeschlossen werden. Die Vereinbarung über die Zeit oder den Zweck des Vertrages ist möglichst eindeutig und unmissverständlich zu treffen. Etwaige Unklarheiten in den Allgemeinen Geschäftsbedingungen (AGB) gehen zu Lasten des Verwenders, sprich des Arbeitgebers. Für den Bereich der saisonalen Arbeitskräfte und für Kampagnebetriebe sind weitere Besonderheiten zu beachten (Vgl. dazu: ErfK ArbR/-Preis, TzBfG, § 3, Rn. 7).

b) Höchstdauer einer Befristung

Die Parteien können auch vereinbaren, dass das Arbeitsverhältnis bis zu einem bestimmten Zeitpunkt dauern soll, eine frühzeitige ordentliche Kündigung aber möglich ist. Dieser Wille muss aus den Umständen eindeutig erkennbar sein; die ordentliche Kündigung muss vorbehalten bleiben. Fehlt dieser Vorbehalt, kann innerhalb der Befristung nicht gekündigt werden. Dies ergibt sich insoweit auch aus § 15 Abs. 3 TzBfG. Typischer Fall einer solchen Höchstbefristung ist die Vereinbarung einer Altersgrenze, vgl. § 14 TzBfG.

c) Zeit- und Zweckbefristung

Das TzBfG findet sowohl auf die *kalendermäßige Befristung* als auch auf die *Zweckbefristung* Anwendung. Dies ergibt sich aus §§ 3, 15 TzBfG. Zu beachten ist aber, dass nicht alle Regelungen des TzBfG gleichermaßen für die Zeit- und Zweckbefristung gelten. Dies ist für die Befristung mit Sachgrund nach § 14 Abs. 1 TzBfG der Fall, eine Befristung nach § 14 Abs. 2 TzBfG darf hingegen nur kalendermäßig erfolgen.

Eine Zeitbefristung liegt vor, wenn das Arbeitsverhältnis mit Ablauf einer kalendermäßig bestimmten Frist sein Ende finden soll (regelmäßig am letzten Arbeitstag um 24:00 Uhr, möglich ist auch eine konkrete Vereinbarung, z. B. das Schichtende (ArbG Marburg, DB 2006, 785)).

Bei der Zweckbefristung soll das Arbeitsverhältnis mit Eintritt eines von den Parteien als gewiss, aber zeitlich unbestimmbar angesehen Ereignisses enden (BAG 26.03.1986, AP BGB, § 620, Befristeter Arbeitsvertrag Nr. 103, BAG, NZA 2006, 535). Als zulässige Zweckbefristungen hat die Rechtsprechung u. a. anerkannt:
- Aushilfe für verhinderte Mitarbeiter (BAG 08.03.1962, AP BGB, § 620, Befristeter Arbeitsvertrag Nr. 22),
- Einstellung für eine Saison (BAG 20.10.1967, AP BGB, § 620, Befristeter Arbeitsvertrag Nr. 30),
- bestimmten, einmaligen Arbeitsanfall (BAG 28.09.1961, AP BGB, § 620, Befristeter Arbeitsvertrag Nr. 21),
- Ablauf einer ABM-Förderungsdauer (BAG, NZA 2005, 873),
- Bewilligung einer Altersrente (BAG, NZA 2006, 535) und
- vorübergehenden Personalmehrbedarf.

d) Doppelbefristung

Eine Zeitbefristung kann mit einer Zweckbefristung nach herrschender Meinung kombiniert werden (BAG 03.10.1984, AP BGB, § 620, Befristeter Arbeitsvertrag Nr. 87; BAG, NZA 2002, 351). Ob dies der Fall ist, ist im Wege der Auslegung zu ermitteln, denn abzugrenzen ist die Situation von der bloßen Mitteilung lediglich einer Prognose des wahrscheinlichen Zeitpunkts der Zweckerreichung (BAG, NZA 2006, 321). Die Wirksamkeit der Zweck- und der Zeitbefristung ist getrennt zu beurteilen (BAG, NZA 2002, 85.).

2. Begründung von befristeten Arbeitsverträgen

Die Begründung eines zweckbefristeten Arbeitsverhältnisses setzt die Einigung der beiden Parteien voraus, dass ihr Arbeitsverhältnis mit dem Eintritt eines bestimmten Ereignisses enden soll. Die Beschaffenheit oder der Zweck der Arbeitsleistung, für die der Arbeitnehmer eingestellt wird, müssen bei Vertragsschluss erörtert und beiden Parteien erkennbar gewesen sein. Das Schriftformerfordernis des § 14 Abs. 4 TzBfG umfasst den Vertragszweck (BAG, NZA 2006, 321). Allein die Zuweisung eines begrenzten Aufgabenbereiches reicht nicht zum konkludenten Abschluss eines zweckbefristeten Arbeitsvertrages aus. Die Bestimmbarkeit der Zweckerreichung als Wirksamkeitsvoraussetzung der Befristungsabrede liegt nur vor, wenn anhand objektiver Maßstäbe festgestellt werden kann, ob für den jeweiligen Arbeitnehmer noch Arbeit vorhanden ist.

Demnach ist beim Abschluss eines befristeten Arbeitsvertrages folgendes zwingend zu beachten: Vereinbaren die Arbeitsvertragsparteien zunächst nur mündlich die Befristung eines Arbeitsvertrags, so ist die Befristungsabrede unwirksam und ein unbefristeter Arbeitsvertrag geschlossen, denn nach § 14 Abs. 4 TzBfG bedarf die Befristung eines Arbeitsvertrags zu ihrer Wirksamkeit der Schriftform. Halten die Vertragsparteien die *Befristungsabrede* nach Arbeitsaufnahme durch den Arbeitnehmer in einem schriftlichen Arbeitsvertrag fest, liegt darin regelmäßig keine eigenständige Befristungsabrede über die nachträgliche Befristung des unbefristet entstandenen Arbeitsverhältnisses, sondern nur die befristungsrechtlich bedeutungslose Wiedergabe des bereits mündlich Vereinbarten. Haben die Parteien hingegen vor der Unterzeichnung des schriftlichen Arbeitsvertrags mündlich keine Befristung vereinbart oder eine Befristungsabrede getroffen, die inhaltlich mit der in dem schriftlichen Vertrag enthaltenen Befristung nicht übereinstimmt, enthält der schriftliche Arbeitsvertrag eine eigenständige, dem Schriftformgebot genügende Befristung. Ist die Befristung daneben sachlich gerechtfertigt, so ist die Befristung insgesamt rechtens (BAG, NZA 2008, 108; Laws, AuA 2007, 692)

Des Weiteren ist es nach § 2 Abs. 1 Nr. 3 NachwG die unabdingbare Pflicht des Arbeitgebers, dem befristet beschäftigten Arbeitnehmer spätestens einen Monat nach vereinbartem Arbeitsbeginn die vorhersehbare

Dauer des Arbeitsverhältnisses schriftlich mitzuteilen. Bei Zweckbefristungen ist der Zweck oder das die Befristung beendende Ereignis schriftlich mitzuteilen.

3. Die Zulässigkeit der Befristung nach § 14 TzBfG

3.1 Hintergrund der Regelung

Bis zum 31.12.2000 erlaubte § 620 BGB den Abschluss befristeter Arbeitsverträge. Schon früh hatte die Rechtsprechung (RAG, ARS 16, 66) sog. *»Kettenarbeitsverträge«* – sprich: die Aneinanderreihung mehrerer Zeitarbeitsverträge – für unwirksam erklärt, wenn der Arbeitgeber auf diesem Weg versuchte, die gesetzlichen Kündigungsbestimmungen (insbesondere des Kündigungsschutzgesetzes) zu umgehen (Wiedemann/Palenberg, RdA 1977, 85, 87).

Der Große Senat des BAG beurteilte die Wirksamkeit befristeter Arbeitsverträge mit Hilfe der sog. »objektiven Gesetzesumgehung«. Eine mißbräuchliche Verwendung der »Befristung« sollte vorliegen, wenn für sie kein verständiger, sachlich rechtfertigender Grund sprach. Die Rechtsprechung entwickelte in der Folge einen Katalog solcher sachlich rechtfertigenden Gründe (BAG 29.08.1979, AP BGB, § 620, Befristeter Arbeitsvertrag Nr. 50). Die verfestigte Rechtsprechung bildete die Grundlage für die nunmehr in § 14 TzBfG aufgenommenen sachlich rechtfertigenden Gründe.

3.2 Regelungen

§ 14 TzBfG regelt die Befristung mit Sachgrund (Abs. 1) und die Befristung ohne Sachgrund (Abs. 2).

a) Befristung mit Sachgrund, § 14 Abs. 1 TzBfG

(1) Allgemeines
Die wirksame Befristung eines Arbeitsvertrages wird in § 14 Abs. 1 TzBfG von der Rechtfertigung durch einen sachlichen Grund abhängig gemacht. § 14 Abs. 1 Satz 2 TzBfG benennt insoweit acht Fälle eines sachlichen Grundes. Ist einer der Gründe zu bejahen, so bedarf es keiner Prüfung anhand allgemeiner Merkmale mehr; diese sind überdies nicht abschließend (BAG, NZA 2005, 923; BAG, Urt. v. 15.02.2006, Az.: 7 AZR 241/05) (Wortlaut: »...insbesondere...«) und können nebeneinander bestehen. Allerdings ist zu fordern, dass andere Gründe in ihrem Gewicht den ausdrücklich benannten gleichkommen müssen (BAG, NZA 2005, 923).

(2) Bedeutung des Kündigungsschutzes

Die Neuregelung stellt nicht mehr auf die Umgehung des allgemeinen und des besonderen Kündigungsschutzes ab, da diese eigenständige Regelungen trifft. Die aus dem KSchG gezogenen Folgerungen sind nunmehr irrelevant, insbesondere kommt die 6-Monats-Frist nicht mehr zur Anwendung (BAG, 06.11.2003, AP TzBfG, § 14, Nr. 7).

Das TzBfG lässt für Kleinbetriebe keine Ausnahme von der Anwendung des § 14 TzBfG zu, denn die Vorschrift gilt für sämtliche Arbeitsverhältnisse. Eine dem § 8 Abs. 7 TzBfG entsprechende *Kleinbetriebsklausel* (mehr als 15 Arbeitnehmer) ist in § 14 TzBfG nicht aufgenommen worden. Auch Gründe aus dem Bereich des besonderen Kündigungsschutzes (§ 9 MuSchG, § 15 KSchG, § 613 a IV BGB) sind für die Zulässigkeit befristeter Arbeitsverträge nicht mehr von Bedeutung, d. h. die Befristung greift auch im Falle der Schwangerschaft. Eine Ausnahme bildet insoweit lediglich § 92 SGB IX, der die Beendigung des Arbeitsverhältnisses mit einem Schwerbehinderten betrifft.

(3) Bedeutung des letzten Arbeitsvertrages und aufeinanderfolgende Befristungen

Ohne jede Einschränkung erlaubt § 14 TzBfG den Abschluss eines befristeten Arbeitsvertrages im Anschluss an ein ohne Sachgrund befristetes Arbeitsverhältnis im Sinne des § 14 Abs. 2 TzBfG. Gleichfalls zulässig ist der wiederholte Abschluss befristeter Arbeitsverträge mit Sachgrund, hier bestehen grundsätzlich keine »Limits«. Ebenso erlaubt ist der Wechsel des Sachgrundes von Vertrag zu Vertrag (BAG, NZA 2005, 357; BAG, NZA 2005, 469).

Jede vom Arbeitgeber darzulegende Prognose wird einer Beurteilung unterzogen, wobei die Anforderungen an die Prognose mit jedem neuen befristeten Arbeitsvertrag ansteigen, wenn es sich nicht um sehr kurze Arbeitsverträge handelt (BAG 22.11.1995, AP BGB, § 620, Befristeter Arbeitsvertrag Nr. 178).

Wollen die Parteien im Anschluss an einen befristeten Arbeitsvertrag ihr Arbeitsverhältnis fortsetzen und schließen sie einen weiteren befristeten Arbeitsvertrag ab, so bringen sie damit zum Ausdruck, dass nunmehr allein der neue Vertrag für ihre Rechtsbeziehungen maßgeblich sein soll. Daher kommt es für die Frage, ob die Befristung wegen des Fehlens eines sachlich rechtfertigenden Grundes unwirksam ist, allein auf den zuletzt abgeschlossenen befristeten Arbeitsvertrag an (BAG, NZA 2006, 40; BAG 02.07.2003, AP BGB, § 611, Musiker Nr. 39; BAG, NZA 2008, 467). Davon abweichend ist die vorhergehende Befristung maßgeblich, wenn der letzte Vertrag lediglich einen unselbständigen Annex zum vorletzten Vertrag darstellt (wenn z. B. der Endzeitpunkt nur geringfügig und orientiert am

Sachgrund korrigiert wird) (BAG 15.02.1995, AP BGB, § 620, Befristeter Arbeitsvertrag Nr. 166). Dies gilt nicht, wenn die letzte Befristungsabrede aufgrund einer nach Abschluss des vorletzten Vertrages eingetretenen neuen Ursache erfolgt (BAG, NZA 2005, 357; BAG, NZA 2005, 469). Durch einen Änderungsvertrag kann bei gleicher Befristung die Tätigkeit oder die Vergütung abweichend geregelt werden, ohne dass sich der sachliche Grund ändern muss. Dann unterliegt nur der Änderungsvertrag der Befristungskontrolle (BAG 21.03.1990, AP BGB, § 620, Befristeter Arbeitsvertrag Nr. 135)

(4) Nachträgliche Befristung eines unbefristeten Arbeitsverhältnisses
Auch die nachträgliche Befristung eines unbefristeten Arbeitsverhältnisses wird von der Regelung des § 14 TzBfG erfasst und unterliegt somit den gleichen Anforderungen, bedarf also ebenfalls eines sachlichen Grundes. Dies gilt unabhängig davon, ob zum Zeitpunkt der Vereinbarung Bestandsschutz nach dem KSchG bereits besteht oder nicht (BAG 08.07.1998, AP BGB, § 620, Befristeter Arbeitsvertrag Nr. 201).
Einigen sich die Parteien nicht einvernehmlich über eine nachträgliche Befristung, so kann der Arbeitgeber diese im Wege der Änderungskündigung herbeiführen (BAG 25.04.1996, AP KSchG, § 1, Betriebsbedingte Kündigung Nr. 78). Die soziale Rechtfertigung der *Änderungskündigung* ist gem. §§ 2, 4 KSchG gerichtlich überprüfbar und der sachliche Grund der Befristung wird zugleich mit beurteilt. Hat der betroffene Arbeitnehmer den befristeten Arbeitsvertrag unter Vorbehalt angenommen, wird der Sachgrund bei Versäumung der Klagefrist des § 4 KSchG entsprechend § 7 KSchG fingiert (ErfK ArbR/-Müller-Glöge, TzBfG, § 14, Rn. 17 ff).

(5) Maßgeblicher Zeitpunkt für das Vorliegen eines Sachgrundes
Das Vorliegen eines *Sachgrundes* ist nach den Verhältnissen im Zeitpunkt des Vertragsschlusses zu beurteilen (BAG, NZA 2006, 37; BAG, NZA 2006, 154). Unerheblich ist, ob sich das Arbeitsverhältnis von Beginn an oder aber erst im Laufe der Zeit als befristetes Arbeitsverhältnis darstellte.
§ 14 TzBfG nennt in Abs. 1, Satz 2 insgesamt acht unterschiedliche sachliche Gründe.
• Vorübergehender Arbeitskräftebedarf
• Erstanstellung
• Vertretung
• Eigenart der Arbeitsleistung
• Erprobung
• Gründe in der Person des Arbeitnehmers
• Zweckbindung von Haushaltsmitteln
• Gerichtlicher Vergleich

b) Befristung ohne Sachgrund, § 14 Abs. 2 TzBfG

(1) Allgemeines

Der Grundsatz des § 14 Abs. 1 TzBfG, wonach die Befristung eines sachlichen Grundes bedarf, wird in § 14 Abs. 2 TzBfG aufgegriffen und um einen Ausnahmetatbestand erweitert: Die kalendermäßige Befristung eines Arbeitsvertrages ist ohne Vorliegen eines sachlichen Grundes bis zur Dauer von zwei Jahren zulässig. Mit der Befristung kann eine Probezeit vereinbart werden, um so die Kündigungsfrist während der Probezeit aus § 622 Abs. 3 BGB abzukürzen.

(2) Dauer der Befristung

Eine Befristung von bis zur Dauer von zwei Jahren ist grundsätzlich zulässig; dieser zeitliche Rahmen muss nicht ausgeschöpft werden. § 14 Abs. 2 TzBfG verlangt eine kalendermäßige Bestimmung des Befristungszeitraumes. Zweckbefristungen oder auflösende Bedingungen können im Rahmen des § 14 Abs. 2 TzBfG nicht vereinbart werden. Bis zur Gesamtdauer von zwei Jahren dürfen bis zu drei Verlängerungen eines befristeten Arbeitsvertrages vereinbart werden. Unter einer Verlängerung ist die einvernehmliche Abänderung des Endtermins zu verstehen (BAG, NZA 2006, 605; BAG, NZA 2005, 714). Wird das befristete Arbeitsverhältnis nicht verlängert, sondern ein neues befristetes Arbeitsverhältnis begründet, findet § 14 Abs. 2 Satz 2 TzBfG Anwendung (BAG, NZA 2005, 923). Um die Voraussetzungen für eine Verlängerung zu sichern, sollte der Arbeitgeber die Vertragsänderungen (z. B. betreffend die Tätigkeit oder die Vergütung)zeitlich vor oder nach der Verlängerung vereinbaren (BAG, NZA 2006, 154; BAG, NZA 2008, 701). Eine Verlängerung soll nach Ansicht des BAG nicht vorliegen, wenn im Ausgangsvertrag ein ordentliches Kündigungsrecht vereinbart wird, das in dem nachfolgend abgeschlossenen befristeten Arbeitsvertrag nicht mehr enthalten ist (BAG, NZA 2008, 883).

(3) Vorheriges Arbeitsverhältnis

§ 14 Abs. 2 Satz 2 TzBfG schließt eine Befristung nach Satz 1 aus, wenn mit demselben Arbeitgeber bereits zuvor ein befristetes oder unbefristetes Arbeitsverhältnis bestanden hat. Entscheiden kommt es auf Arbeitsverträge zu demselben Arbeitgeber an. § 14 Abs. 2 Satz 2 TzBfG findet keine Anwendung, wenn nach dem Ausscheiden des Arbeitnehmers ein Betriebsübergang nach § 613 a BGB stattgefunden hat und der Arbeitnehmer durch den Erwerber eingestellt wird (BAG 18.08.2005, AP BGB, § 20, Aufhebungsvetrag Nr. 31). Ist der Arbeitnehmer zum Zeitpunkt des Betriebsübergangs aber noch als Mitarbeiter im Betrieb tätig, so sind beide Arbeitgeber gehindert, einen neuen Arbeitsvertrag mit dem Arbeitnehmer ohne Sachgrund zu befristen. Auch ist § 14 Abs. 2 Satz 2 TzBfG nicht anzuwenden, wenn ein Arbeitsvertrag erstmalig mit einem Arbeitnehmer abgeschlossen wird, der zuvor als Leiharbeitnehmer (Zur Übernahme von Leiharbeitern vgl. BAG, NZA 2008, 603) im selben Betrieb tätig war.

c) Schriftform, § 14 IV TzBfG

Die Befristung eines Arbeitsvertrages bedarf zu ihrer Wirksamkeit grundsätzlich der *Schriftform*, dies gilt gem. § 14 Abs. 2 Satz 1 TzBfG auch für die Verlängerung eines befristeten Arbeitsvertrages (BAG, NZA 2005, 923; BAG, NZA 2008, 108) und auch für jede Änderung der Vertragslaufzeit oder die erstmalige Befristung eines bislang unbefristeten Arbeitsverhältnisses. Formbedürftig ist jedoch nur die Befristungsabrede als solche (BAG, NZA 2004, 1333). Die Befristungsabrede muss den Termin oder den zu erreichenden Zweck schriftlich niederlegen (BAG, NZA 2006, 321; LAG Rheinland-Pfalz, ZTR 2005, 166). Bei einer Zweckbefristung ist deshalb die Mitteilung des Grundes erforderlich, bei einer Zeitbefristung muss der Grund nicht aufgenommen werden (BAG 22.10.2003, AP BGB, § 620, Befristeter Arbeitsvertrag Nr. 256). Auch die Vereinbarung einer Altersgrenze bedarf der Schriftform (BAG, NZA 2006, 37).

Bei Verstoß gegen die Formvorschriften bleibt der Arbeitsvertrag als solcher wirksam, allerdings kommt gem. § 16 Satz 1 TzBfG ein unbefristetes Arbeitsverhältnis zustande (BAG 22.10.2003, AP TzBfG, § 14, Nr. 6). In diesem Fall ist gem. § 16 Satz 2 TzBfG die ordentliche Kündigung möglich. Eine formwirksame Befristunsgsabrede kann grundsätzlich nur bis zum Zeitpunkt der Arbeitsaufnahme nachgeholt werden – nach Arbeitsaufnahme wird ein unbefristetes Arbeitsverhältnis begründet (BAG, NZA 2005, 575; BAG, NZA 2005, 923; Preis, NZA 2005, 714).

Zusammenfassung

Nur im kollektiven Arbeitsrecht werden Arbeitgeber und die Arbeitnehmervertretungen zu einer Kooperation verpflichtet. Interessant ist hierbei, dass das Gesetz offensichtlich von der Erforderlichkeit einer Waffengleichheit ausgeht beziehungsweise unterstellt, dass eine echte Kooperation nicht möglich ist, wenn diese nicht gegeben ist.

Im individuellen Arbeitsrecht kann ein Arbeitgeber nur Überzeugungsarbeit leisten und sich bemühen herauszufinden, ob ein Beschäftigter kooperationsfähig ist. Hierbei bietet das das Teilzeit- und Befristungsgesetz zur Abwendung des Kündigungsschutzes weitere Handlungsmöglichkeiten.

Literaturverzeichnis

Arbeitsrechts-Handbuch. Schaub, Koch, Link. 10. Auflage, 2002

Ascheid, R.; Preis, U.; Schmidt, I., Kündigungsrecht Kommentar, München 2004, 2. Auflage

Bauer, J.-H.; Opolony, B., Arbeitsrechtliche Fragen bei Katastrophen, in NJW 2002, S. 3503ff

Betriebsverfassungsgesetz. BetrVG. Basiskommentar mit Wahlordung. 7. Auflage, 1999

Betriebsverfassungsgesetz. Handkommentar für die Betriebliche Praxis. 9., neu bearbeitete Auflage 2002

Dietrich, T.; Müller-Glöge, R.; Preis, U.; Schaub, G., Erfurter Kommentar zum Arbeitsrecht, München 2007, 7. Auflage

Fabricius, F.; Kraft, A.; Wiese, G., Gemeinschaftskommentar zum Betriebsverfassungsgesetz (GK-BetrVG), 2 Bde., Frankfurt 2005, 8.Auflage

Fitting, K.; Kaiser, H.; Heither, F.; Engels, G.; Schmidt, I., Betriebsverfassungsgesetz, München 2002, 21. Auflage

Gemeinschaftskommentar zum Betriebsverfassungsgesetz. 2 Bände. Band 1: §§ 1-73b. Band 2: §§ 74-132. 8. Auflage, September 2005

Gnade, A.; Kehrmann, K.; Scheider, W., Betriebsverfassungsgesetz (BetrVG) Basiskommentar mit Wahlordnung, München 2007, 14. Auflage

Hennige, S., Rechtliche Folgewirkungen schlüssigen Verhaltens der Arbeitsvertragsparteien, in Neue Zeitschrift für Arbeitsrecht 1999, S. 281ff

Hromadka, W., Das allgemeine Weisungsrecht, in Der Betrieb 1995, S. 2601ff

Kommentar zum Kündigungsrecht. 3. Auflage, 2007

Küttner, W., Personalbuch 2007, München 2007, 14. Auflage

Laws, R., Befristung – Schriftform – Arzt in der Weiterbildung, in AuA 2007, , S. 692ff

Loritz, K.-G., Die Dienstreise des Arbeitnehmers, in NZA 1997, S. 1188ff

Personalbuch. 16. Auflage, 2009

Preis, U., Flexibilität und Rigorismus im Befristungsrecht, in NZA 2005, S. 714ff

Richardi, R., Betriebsverfassungsgesetz mit Wahlordnung, München 2008, 11. Auflage

Schaub, G.; Koch, U., Linck, R., Arbeitsrechtshandbuch, München 2007, 12. Auflage

Stege, D.; Weinspach, F.; Schiefer, B., Betriebsverfassungsgesetz, München 2002, 9. Auflage

Wedde, T.; Klebe, M.; Kittner, W., Betriebsverfassungsgesetz, Frankfurt 2005, 5. Auflage

Wiedemann, H., Die Zulässigkeit von Zeitarbeitsverträgen im öffentlichen Dienst, insbesondere im Hochschulbereich, in Recht der Arbeit 1977, S. 85ff

Kooperationsmanagement (Grundzüge des Gesellschaftsrechts). Unternehmensformen unserer Rechtsordnung und Haftungsrisiken von Führungskräften

Johannes Delheid

I. Einleitung

Die Empfehlung gilt sowohl für Führungskräfte in der »normalen« Profit-Wirtschaft wie auch in Unternehmen und Einrichtungen im Gesundheits- und Sozialsektor:

Wer Unternehmen oder Einrichtungen gründet und führt muss wissen, in welcher Rechtsform er sich bewegt, welche Befugnisse er hat und welche Risiken er eingeht. Bestimmungsfaktoren für die Wahl der betrieblichen Rechtsform sind insbesondere Fragen der Haftung und der Organisationsgewalt, z. B. der Gesellschafter, des Geschäftsführers oder anderer Organe. Ebenso bedeutsam ist es zu wissen, welche Publizitätserfordernisse bestehen sowie welche Kontroll- und Einwirkungsmöglichkeiten die Handelnden bzw. Mitglieder, Gesellschafter oder sonstige Beteiligte haben.

Führungskräfte in Unternehmen und Einrichtungen müssen insbesondere wissen, bis wo ihre Kompetenzen gehen und welche Pflichten sie zu erfüllen haben. Anderenfalls stehen sie in der Gefahr, sich Schadenersatzansprüchen von Seiten der Gesellschaft oder von Seiten Dritter auszusetzen.

Das gemeinsame Handeln in Gesellschaften ist Kooperation in anspruchsvollster Form. Die Beachtung der rechtlichen Spielregeln ist dabei ebenso von Bedeutung wie die Kultur des menschlichen Miteinanders.

Die juristischen Aspekte unternehmerischen Handelns sollen in diesem Beitrag skizziert werden.

1. Gesellschaftsarten

Die Rechtsordnung kennt keinen einheitlichen Begriff des Unternehmens. Auch in der Betriebswirtschaftslehre werden die Begriffe unterschiedlich verwendet.

Johannes Delheid

Aus juristischer Sicht lassen sich die Unternehmensformen trennen in solche des öffentlichen Rechts und solche des privaten Rechts.

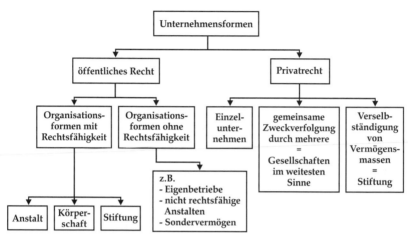

Schaubild: Unternehmensformen
(Quelle: Klunzinger 2006, 1)

1.1
Das öffentliche Recht stellt Organisationsformen für Bund, Länder und Gemeinden zur Verfügung, namentlich in Form der sogenannten Eigenbetriebe sowie in den Organisationsformen Anstalt, Körperschaft oder Stiftung des öffentlichen Rechts.

1.2
Privatrechtlich wird ein Unternehmen entweder als Einzelunternehmen oder als Gesellschaft betrieben.

Wesensmerkmale für die Gesellschaft im weitesten Sinne sind zwei Dinge:
– der rechtsgeschäftliche Zusammenschluss Mehrerer
– die Verfolgung eines gemeinsamen Zweckes.

Im privatrechtlichen Sektor lassen sich die Gesellschaften einteilen in Personengesellschaften und Körperschaften.
Die wichtigsten Personengesellschaften sind:
– die Gesellschaft bürgerlichen Rechts (GbR)
– die Offene Handelsgesellschaft (OHG)

– die Kommanditgesellschaft mit der Sonderform der GmbH & Co KG.

Von praktischer Bedeutung sind auch
– die stille Gesellschaft
– die EWIV (Europäische Wirtschaftliche Interessenvereinigung)
– die Partnerschaftsgesellschaft.

Die wichtigsten Körperschaften sind der Verein als Grundform der Körperschaften, die GmbH und die Aktiengesellschaft sowie die eingetragene Genossenschaft.

Es gibt im deutschen Recht einen Numerus Clausus der Gesellschaftsformen, der allerdings die Bildung von Mischformen nicht ausschließt.

2. Bestimmungsfaktoren für die Wahl der betrieblichen Rechtsform

Die entscheidenden Bestimmungsfaktoren sind die Kapitalaufbringung, die Haftung, die Organisationsgewalt, die Steuern- und Kostenbelastung sowie die Publizitätserfordernisse.

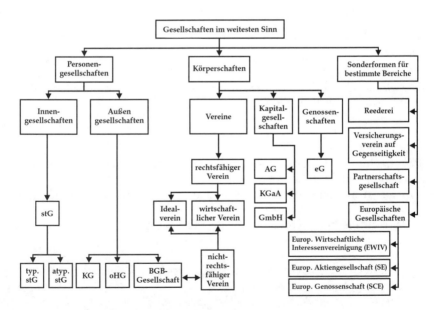

Schaubild: Einteilung der Gesellschaften
(Quelle: Klunzinger 2006, 3)

Die Wahl der Rechtsform ist für die Gesellschaftsgründer die entscheidende Weichenstellung. Bei Entscheidungen, welche Rechtsform in Betracht kommt, ist es nicht ungefährlich, sich von einseitigen Interessen leiten zu lassen wie z. B. eingeschränkte Haftung, steuerliche Probleme oder möglichst große Entscheidungsmacht.

In der Praxis ist es erforderlich, die einzelnen Entscheidungskriterien sorgfältig abzuarbeiten. Erst danach ist die Entscheidung für die eine oder andere Rechtsform zu treffen.

3. Gesellschaftsvertrag

Das Gesellschaftsrecht wird definiert als das Recht der privatrechtlichen Personenvereinigungen, die zur Erreichung eines bestimmten gemeinsamen Zwecks durch Rechtsgeschäft begründet werden.

Jede Gesellschaft basiert auf einem Gesellschaftsvertrag, der je nach Rechtsform mündlich, schriftlich oder auch in notarieller Form abgeschlossen wird.

Innerhalb der zulässigen Gesellschaftsform ist das Gesetz in weiten Bereichen dispositiv. Aus Gründen des Gläubigerschutzes hat der Gesetzgeber allerdings auch zwingende Rechtsvorschriften für die einzelnen Rechtsformen eingeführt.

Zu den Regelungsbereichen für Gesellschaftsverträge gehören:
- Gesellschaftsform, Zweck, Sitz und Name der Gesellschaft
- Gesellschafter-Haftung
- Einlagen und Beteiligungsverhältnisse
- Nachschußpflichten
- Gewinn- und Verlustverteilung
- Regelung der Entnahmen
- Tätigkeitsvergütungen
- Geschäftsführung und -Vertretung
- Stimmrechte
- Informations- und Kontrollrechte
- Rechnungswesen
- Dauer der Gesellschaft
- Ausscheiden von Gesellschaftern
- Kündigungsmöglichkeiten
- Wechsel im Gesellschafterbestand
- Reaktion der Gesellschaft auf Gläubigerzugriffe (Insolvenz Zwangsvollstreckung)
- Wettbewerbsverbote
- Liquidationsfragen

- steuerliche Fragen
- Kosten des Vertrages
- Formklauseln etc.

Für die ökonomische und unternehmerische Betrachtung ist natürlich bei der Gestaltung des Gesellschaftsvertrages besonders abzustellen auf Handhabbarkeit und Flexibilität, auf Finanzierungsfragen und nicht zuletzt die Image-Frage. Letzteres bedeutet, dass die Handelnden entscheiden müssen, ob sie aus Gründen der Außendarstellung lieber in einer Rechtsform mit persönlicher Haftung operieren oder z. B. lieber in einer Rechtsform mit beschränkter Haftung. Ob es da z. B. angebracht ist, mit einer englischen Private Limited Company (Kapitalaufbringung ca. 1,40 EUR) (zur Limited s. unten Ziffer 8) an den Markt zu gehen, ist nicht von untergeordneter Bedeutung, sondern möglicherweise entscheidend für den Erfolg oder Misserfolg der Gesellschaft.

In der Praxis ist also die Vertragsgestaltung von herausragender Bedeutung. Ein guter Gesellschaftsvertrag ist nur derjenige, der den wahren Willen und die Ziele der Gesellschafter zutreffend abbildet.

Gesellschaftsrechtliche Zusammenschlüsse bieten ihrer Natur nach erhebliches Risiko und Streitpotential. Das muss nicht dadurch unnötig vermehrt werden, dass die Gesellschaft auf einem unzureichend oder schlecht formulierten Gesellschaftsvertrag basiert.

4. BGB-Gesellschaft, OHG und KG

4.1 Die Personengesellschaften im Vergleich

BGB-Gesellschaft – auch GbR (Gesellschaft bürgerlichen Rechts) genannt – sowie offene Handelsgesellschaft (OHG) und Kommanditgesellschaft (KG) sind die so genannten Personengesellschaften; zu unterscheiden von den sog. Körperschaften (Verein, GmbH, Aktiengesellschaft usw.).

Im Gegensatz zu den Körperschaften sind die Personengesellschaften keine juristischen Personen. Sie nehmen aber als Gesellschaften – d. h. als Zusammenschluss und nicht nur als Summe der beteiligten Einzelpersonen – am Rechtsverkehr teil.

Personengesellschaften entstehen mit dem (mündlichen oder auch stillschweigenden) Abschluss des Gesellschaftsvertrages. Lediglich erforderlich ist, dass die Gesellschafter sich darüber einigen, sich zur Verfolgung eines gemeinsamen Zwecks zusammenzuschließen.

Der gemeinsame Zweck ist die Grundvoraussetzung der Gesellschaft und grenzt den Gesellschaftsvertrag von sonstigen vertraglichen Schuldverhältnissen ab (Schmidt 2002, § 4 I 2).

Der Zweck muss von allen Gesellschaftern gemeinsam verfolgt werden. Die Gemeinsamkeit des Zwecks ist gegeben, wenn jeder Vertragspartner vom anderen seine Forderung verlangen kann und die fordernde Tätigkeit des einen dem anderen zugute kommen soll.

Personengesellschaften sind so genannte Gesamthandsgemeinschaften, bedeutet, dass das Gesellschaftsvermögen gemeinschaftliches Vermögen der Gesellschafter ist. Der einzelne Gesellschafter kann nicht über seinen Anteil an diesem Vermögen oder in den dazugehörigen Gegenständen verfügen (§ 719 BGB) – gilt auch für OHG und KG.

Die Vertretungsregeln sind bei den Personengesellschaften unterschiedlich. Primär gelten grundsätzlich die Regelungen im Gesellschaftsvertrag. Erst wenn im Gesellschaftsvertrag keine Regelungen enthalten sind, gelten die gesetzlichen Vorschriften.

Für die Gesellschaft bürgerlichen Rechts (GbR) gelten die §§ 705ff Bürgerliches Gesetzbuch (BGB).

Das Recht der offenen Handelsgesellschaft (OHG) ist geregelt in den § 105 Handelsgesetzbuch (HGB). Das Recht der Kommandit-Gesellschaft (KG) vorrangig in den §§ 161ff Handelsgesetzbuch (HGB).

Für Personengesellschaften gilt der Grundsatz, dass die persönlich haftenden Gesellschafter auch zur Vertretung berechtigt sind. So ist der so genannte Kommanditist einer KG, der nur mit seiner Einlage haftet, eben nicht zur organschaftlichen Vertretung der Gesellschaft ermächtigt.

Personengesellschaften werden von solchen Gesellschaftsgründern ausgewählt, die die persönliche Haftung für Unternehmensschulden nicht scheuen, auf der anderen Seite den mit der Gründung und Führung einer Kapitalgesellschaft verbundenen Aufwand vermeiden wollen. Wer sich für diese Rechtsform entscheidet, muss allerdings wissen, dass für die persönlich haftende Gesellschafter der Grundsatz der unmittelbaren, unbeschränkten, unbeschränkbaren, primären, gesamtschuldnerischen und akzessorischen Haftung gilt (Klunzinger 2006, § 5 VI 2b):
– unmittelbar:
  Jeder Gesellschafter kann von den Gläubigern der Gesellschaft ohne Umwege über die Gesellschaft in Anspruch genommen werden.
– unbeschränkt:
  Jeder Gesellschafter haftet mit seinem gesamten Vermögen
– unbeschränkbar:
  Vereinbarungen zwischen den Gesellschaftern, wonach die Haftung gegenüber Dritten beschränkt sein soll, sind unwirksam.
– gesamtschuldnerisch:
  Jeder Gesellschafter haftet in voller Höhe für sämtliche Gesellschaftsschulden (nicht nur in Höhe seiner Quote am Vermögen der Gesellschaft)

– akzessorisch:
Der Umfang und die rechtliche Durchsetzbarkeit der Gesellschaftsverbindlichkeit wirken sich auf die Gesellschafterhaftung aus.

Gesellschafter, die sich an einer Personengesellschaft beteiligen wollen, ohne das Risiko persönlicher Haftung eingehen zu wollen, bevorzugen deshalb z. B. die Stellung eines Kommanditisten oder eines sog. stillen Gesellschafters (Schmidt 2002, § 62 I 1c).

4.2 Gesellschaft bürgerlichen Rechts (GbR oder BGB-Gesellschaft)

Kennzeichnend für die BGB-Gesellschaft – **Grundform der Personengesellschaft** – sind:
– der vertragliche Zusammenschluss
– die gemeinschaftliche Zweckverfolgung
– die Beliebigkeit jeder gesetzlich erlaubten Zweckverfolgung

Oft wird den gemeinschaftlich Handelnden gar nicht bewusst, dass sie wegen einer gemeinsamen Zweckverfolgung eine Gesellschaft errichtet haben. Die BGB-Gesellschaft kann nämlich ausdrücklich oder stillschweigend vereinbart werden. Nur wenn sich schon mehrere Personen vertraglich zur Förderung eines gemeinsamen Zwecks zusammenschließen, entsteht eine BGB-Gesellschaft. Das Bewusstsein, eine Gesellschaft gegründet zu haben, ist rechtlich nicht erforderlich.

Alles was die Gesellschaft durch ihre Tätigkeit jetzt oder später infolge der Verfolgung eines gemeinsamen Zwecks erwerben und erwirtschaften, wird gemeinschaftliches Vermögen der Gesellschafter.

4.2.1 Vertretung

Vertreten wird die Gesellschaft regelmäßig durch alle Gesellschafter (Prinzip der Gesamtvertretung) – § 714 i.V. m. § 709 BGB. Regelmäßig können also wirksame Erklärungen für die Gesellschaft nur abgegeben werden, wenn sämtliche Gesellschafter mitwirken. Vertraglich kann das abweichend geregelt werden. Es können sogar auch Dritte bevollmächtigt werden. Es ist allerdings nicht zulässig, alle Gesellschafter von der Vertretung auszuschließen und nur einen Dritten zu bevollmächtigen. Es muss immer gewährleistet sein, dass ein Gesellschafter die Gesellschaft vertreten kann (Prinzip der Selbstorganschaft).

4.2.2 Haftung

Dieses Recht korrespondiert mit der Haftungsseite, wonach alle Gesellschafter als Gesamtschuldner persönlich und unbeschränkt haften.

Die Gesellschaft bürgerlichen Rechts besitzt Rechtsfähigkeit, sobald sie durch Teilnahme am Rechtsverkehr eigene Rechte und Pflichten begründet. Das bedeutet, sie kann grundsätzlich selbst Gläubigerin und Schuldnerin sein. Die Gesellschaft selbst haftet für die Erfüllung vertraglicher und gesetzlicher Pflichten. Die Gesellschafter selbst wiederum haften grundsätzlich für alle Verbindlichkeiten der Gesellschaft. Die Gesellschafter haften aber grundsätzlich nur dann, wenn auch die Gesellschaft haften würde.

Wer sich für die Rechtsform der BGB-Gesellschaft entscheidet, muss also wissen, dass für Schulden der Gesellschaft neben der Gesellschaft er selbst unbeschränkt mit seinem gesamten Privatvermögen haftet.

Eine BGB-Gesellschaft, die von der rechtlich zulässigen Möglichkeit Gebrauch macht, einem Gesellschafter Alleinvertretungsbefugnis einzuräumen, nimmt damit in Kauf, dass dieser Geschäfte tätigt, für die alle anderen persönlich und unbeschränkt haften.

Die BGB-Gesellschaft ist erkennbar eine Gesellschaftsform mit signifikantem Haftungsrisiko.

4.3 Offene Handelsgesellschaft (OHG) – §§ 105 ff HGB

Die offene Handelsgesellschaft ist eine Gesellschaft, deren Zweck auf den Betrieb eines **Handelsgewerbes** unter gemeinschaftlicher Firma gerichtet ist und die keine Haftungsbeschränkung der Gesellschafter gegenüber den Gesellschaftsgläubigern kennt (§ 105 Abs. 1 HGB).

Vertragspartner der OHG können sowohl natürliche als auch juristische Personen sein.

4.3.1 Haftung und Vertretung

Das Haftungs- und Vertretungsmuster der offenen Handelsgesellschaft entspricht prinzipiell dem der Gesellschaft bürgerlichen Rechts. Der Unterschied liegt einmal darin, dass der Gesellschaftszweck einer OHG auf den Betrieb eines Handelsgewerbes unter gemeinschaftlicher Firma gerichtet ist (§ 105 HGB). Auch diese Rechtsform kennt grundsätzlich keine Haftungsbeschränkung der Gesellschafter gegenüber den Gesellschaftsgläubigern.

Alle Gesellschafter sind berechtigt und verpflichtet (§ 114 HGB) bei der offenen Gesellschaft die Geschäfte der Gesellschaft zu führen. Anders als bei der BGB-Gesellschaft gilt bei der offenen Handelsgesellschaft das Prinzip der Einzelgeschäftsführung (BGB-Gesellschaft: Prinzip der Gesamtvertretung).

Der Gesetzgeber hat der OHG die Fähigkeit verliehen, Träger von Rechten und Pflichten zu sein. Das bedeutet (Klunzinger 2006, 57):

- die OHG kann unter ihrer Firma Rechte erwerben und Verbindlichkeiten eingehen, insbesondere Eigentum und andere dingliche Rechte an Grundstücken erwerben (die OHG ist grundbuchfähig);
- die OHG kann vor Gericht klagen und verklagt werden;
- über das Vermögen der OHG kann selbständig das Insolvenzverfahren eröffnet werden;
- in das Vermögen der OHG kann gemäß § 124 Abs. 2 HGB die Zwangsvollstreckung mit einem gegen die Gesellschaft gerichteten vollstreckbaren Schuldtitel stattfinden;
- auf deliktisches Verhalten vertretungsberechtigter Gesellschafter sind die Organhaftungsregeln des § 31 BGB entsprechend anzuwenden (s. dazu unten 5.1 Verein).

Auch der Vertrag zur Gründung einer offenen Handelsgesellschaft bedarf – wie bei der BGB-Gesellschaft – keiner besonderen Form.

Die OHG muss beim Registergericht des Sitzes zur Eintragung in das Handelsregister angemeldet werden (§ 106 Abs. 1 HGB).

Die OHG ist sog. Gesamthandsgemeinschaft, d. h., das Gesellschaftsvermögen steht den Gesellschaftern zur gesamten Hand zu. Die Gesellschafter können also nicht einzeln, sondern nur gemeinsam über das Gesellschaftsvermögen verfügen.

4.3.2 Wettbewerbsverbot

Nach § 112 HGB unterliegen Gesellschafter von offenen Handelsgesellschaften Wettbewerbsverboten, d. h. der Gesellschafter darf ohne Einwilligung der anderen Gesellschafter

- weder in dem Handelszweige der Gesellschaft Geschäfte machen
- noch an einer anderen gleichartigen Handelsgesellschaft als persönlich haftender Gesellschafter teilnehmen.

Verletzt ein Gesellschafter das Wettbewerbsverbot, so besteht nach § 113 HGB die Möglichkeit

- dass die OHG den Gesellschafter auf Schadensersatz in Anspruch nimmt,
- dass die OHG statt des Gesellschafters in das Geschäft eintritt (sog. Eintrittsrecht).

Nach diesem Eintrittsrecht kann die Gesellschaft verlangen, dass der Gesellschafter die für eigene Rechnung gemachten Geschäfte als für Rechnung Gesellschaft eingegangen gelten lässt und die aus den Geschäften für fremde Rechnung bezogene Vergütung herausgibt bzw. den Anspruch auf die Vergütung abtritt.

4.4 Kommanditgesellschaft (KG) – §§ 161 ff HGB

4.4.1 Haftung

Eine Kommanditgesellschaft ist der Zusammenschluss Mehrerer zu einer Gesellschaft, deren Zweck auf den Betrieb eines Handelsgewerbes unter gemeinschaftlicher Firma gerichtet ist, wenn bei einem oder bei einigen der Gesellschafter (Kommanditisten) die Haftung gegenüber den Gesellschaftsgläubigern auf den Betrag einer bestimmten Vermögenseinlage beschränkt ist, während bei dem anderen Teil der Gesellschafter (Komplementäre) eine Beschränkung der Haftung nicht stattfindet (§ 161 Abs. 1 HGB).

4.4.2 Vertretung

Mit diesem Weniger an Haftung auf Seiten der Kommanditisten ist die für das Gesellschaftsrecht typische Konsequenz verbunden, dass auch weniger Mitbestimmungs- und Organisationsgewalt besteht.

Bei der KG ist nur der Komplementär regelmäßig zur Vertretung der Gesellschaft befugt. Der Kommanditist ist dazu nicht ermächtigt. Die Kommanditisten sind nach dem gesetzlichen Modell von der Führung der Geschäfte ausgeschlossen. Sie können einer Handlung der persönlich haftenden Gesellschafter regelmäßig nicht widersprechen. Nur unter bestimmten Voraussetzungen besteht ein Widerspruchsrecht. Darüber hinaus ist der Kommanditist auf seine gesetzlich vorgesehenen Kontrollrechte beschränkt.

Derjenige, der in eine bereits bestehende Personengesellschaft eintreten möchte, das Haftungsrisiko eines persönlich haftenden Gesellschafters allerdings scheut, kann seine Haftung auf einen bestimmten Betrag beschränken, indem er eine entsprechende Vereinbarung mit den übrigen Gesellschaftern trifft (§ 161 Abs. 1 HGB) und entsprechend eine Eintragung nur als Kommanditist (und nicht Komplementär) in das Handelsregister bewirkt (§ 176 HGB).

Zum besseren Verständnis sollte man dem gesetzgeberischen Begriff »Einlage« (§ 171 Abs. 1 HGB) besser bezeichnen als Haftsumme oder Haftbetrag (Schmidt 2002, § 54 I 2). Die Haftsumme oder der Haftbetrag ist der Geldbetrag, in dessen Höhe der Kommanditist im Außenverhältnis haftet. Entgegen steht die Pflichteinlage, auch Einlagepflicht genannt, das ist die vermögenswerte Leistung, zu der sich der Kommanditist gegenüber seinen Mitgesellschaftern – also im Innenverhältnis – verpflichtet.

Haftsumme und Pflichteinlage können ohne weiteres auseinander fallen, z. B. wenn der Kommanditist im Innenverhältnis ein Fahrzeug in die Gesellschaft einbringen soll, im Handelsregister allerdings nur eine bestimmte Haftungssumme eingetragen ist. In diesem Fall ist er den Gesellschaftern gegenüber verpflichtet, das Fahrzeug einzubringen und im Außenverhältnis bleibt es allerdings bei der im Handelsregister eingetragenen Haftsumme.

4.5 GmbH & Co KG

Die Kommanditgesellschaft spielt im Wirtschaftsleben eine bedeutende Rolle. Ihre Attraktivität liegt in der Kalkulierbarkeit des Beteiligungsrisikos als Kommanditist. In der Praxis findet man häufig die Mischform der sog. GmbH & Co. KG. Das ist eine Kommanditgesellschaft, bei der der persönlich haftende Gesellschafter eine GmbH, also eine Gesellschaft mit beschränkter Haftung, ist. Dieses Gesellschaftsmodell wird aus Gründen der Haftungsbeschränkung und aus steuerlichen Gründen gewählt.

4.6 Stille Gesellschaft

Bei der in der Praxis auftauchenden sog. stillen Gesellschaft, ebenfalls eine Form der Personengesellschaft, handelt es sich um eine reine Innengesellschaft. Regelmäßig geht die Einlage des stillen Gesellschafters in das Vermögen des tätigen Gesellschafters über. Bei der stillen Gesellschaft beteiligt sich typischerweise jemand an dem Handelsgewerbe, das ein Anderer betreibt, mit einer in dessen Vermögen übergehenden Einlage (§ 230 Abs. 1 HGB).

Gründungsmotive können sein z. B. kreditpolitische Motive (Stärkung und Aufstockung der Kapitalbasis) oder Gründe der Geheimhaltung von Unterbeteiligungen. In Betracht kommen auch steuerliche Motive (siehe dazu Klunzinger 2006, 132 ff).

4.7 Partnerschaftsgesellschaft

Das Recht dieser Gesellschaftsform ist geregelt im so genannten Partnerschaftsgesellschaftsgesetz (PartGG). Die Partnerschaft ist, soweit der Gesellschaftsvertrag keine abweichenden Regelungen enthält, hinsichtlich Geschäftsführung und Vertretung der OHG gleichgestellt (§§ 6 Abs. 3, 7 Abs. 3 PartGG). Ergänzend finden auf die Partnerschaftsgesellschaften die Vorschriften über die BGB-Gesellschaft Anwendung.

Die Besonderheit und der Reiz des Partnerschaftsgesetzes liegen darin, dass die Haftung für fehlerhafte Berufsausübung in einzelnen Auftragsverhältnissen beschränkt wird auf die Haftung der Gesellschaft und die Haftung des jeweils handelnden Partners. Die Partnerschaftsgesellschaft ist die Gesellschaftsform für Freiberufler (Hoffmann/Müller 2002).

5. Körperschaften
5.1 Verein

Der Verein ist der sog. Grundtyp der **juristischen Person**. Die gesetzlichen Regelungen zum Vereinsrecht finden sich in § 21f BGB.

Eine juristische Person ist die Zusammenfassung von Personen zu einer gemeinsamen rechtlichen Organisation. Sie ist ein vom Gesetzgeber entwickeltes künstliches Gebilde und hat die Fähigkeit, Träger eigener Rechte und Pflichten zu sein.

Die Verfassung eines rechtsfähigen Vereins ist die sog. Vereinssatzung (§ 25 HGB). Nach dem gesetzlichen Grundmuster muss der Verein einen Vorstand haben, der wiederum aus mehreren Personen bestehen muss. Dieser Vorstand vertritt den Verein gerichtlich und außergerichtlich; er hat die Stellung eines gesetzlichen Vertreters. Der Umfang seiner Vertretungsmacht kann im Einzelnen durch die Satzung mit Wirkung gegen Dritte beschränkt werden (§ 26 BGB). In der Praxis ist es üblich, dass Vereine, z. B. ihrem Geschäftsführer die Stellung eines sog. besonderen Vertreters zuweisen. Die Figur des besonderen Vertreters wird durch die Satzung bestimmt, wenn darin nämlich geregelt ist, dass neben dem Vorstand für gewisse Geschäfte einer oder mehrere besondere Vertreter zu bestellen sind.

Die Vertretungsmacht eines solchen Vertreters erstreckt sich im Zweifel auf alle Rechtsgeschäfte, die der ihm zugewiesene Geschäftskreis gewöhnlich mit sich bringt (§ 30 BGB).

Die zentrale Haftungsnorm für juristische Personen, nicht nur für den Verein, sondern auch für GmbH Aktiengesellschaft etc. ist der § 31 BGB.

Nach dieser Vorschrift **haftet** der Verein für den Schaden, den der Vorstand, ein Mitglied des Vorstandes oder ein anderer verfassungsmäßig berufener Vertreter einem Dritten zufügt; der Gläubigerzugriff ist beschränkt auf das Vereinsvermögen.

Art. 9 Abs. 1 GG gewährleistet das sog. Grundrecht der Vereinigungsfreiheit. Dieses Grundrecht umfasst das Individualrecht, Vereine und Gesellschaften zur Verfolgung gemeinsam erlaubter Zwecke zu bilden und ihnen beizutreten, aber auch die sog. negative Vereinigungsfreiheit, nämlich das Recht, privatrechtlichen Vereinigungen nach Belieben fernzubleiben. Weiterhin gewährleistet das Grundrecht den Zusammenschlüssen das Recht auf Entstehen, Betätigung und Fortbestand.

Haupttypus der rechtsfähigen Personenvereinigung ist der sog. **rechtsfähige Verein**. Daneben gibt es allerdings – weniger bedeutsam – nicht rechtsfähige Vereine (s. Idealverein § 54 BGB), die nicht ins Vereinsregister eingetragen werden und eine Art Vorstadium für eine noch zu gründende juristische Person bilden.

Bei den Vereinen unterscheidet man zwischen dem sog. wirtschaftlichen (eigennützigen) Verein, der Vermögensvorteile für sich und seine Mitglieder verfolgt und dem Ideal-Verein (häufig gemeinnützig). Das ist ein Verein, dessen Zweck nicht auf einen wirtschaftlichen Geschäftsbetrieb gerichtet ist, der vielmehr politische, religiöse, wohltätige, künstlerische, wissenschaftliche Zwecke verfolgt.

Der Verein wird im beim Amtsgericht geführten Vereinsregister eingetragen, er muss aus mindestens 7 Mitgliedern bestehen und die Satzung muss gewisse Inhalte aufführen (§ 56 – 59 BGB).

5.2 Aktiengesellschaft (AG)

Die Aktiengesellschaft ist ihrer Struktur nach vornehmlich Organisationsform für Großunternehmen. Ihre Eigner sind die Aktionäre. Vorstand, Aufsichtsrat und Hauptversammlung sind ihre Organe. Nicht alle Aktiengesellschaften sind börsennotiert. Börsennotiert sind nur die Aktiengesellschaften, deren Aktien zu einem Markt zugelassen sind, der von staatlich anerkannten Stellen geregelt und überwacht wird.

5.3 Gesellschaft mit beschränkter Haftung (GmbH)

Für kleinere und mittlere Unternehmen von wesentlich größerer Bedeutung ist naturgemäß die GmbH. Sie ist eine Handelsgesellschaft mit eigener Rechtspersönlichkeit, die zu jedem gesetzlich zulässigen Zweck errichtet werden kann und für deren Verbindlichkeiten den Gläubigern nur das Gesellschaftsvermögen haftet. Das Recht der GmbH ist geregelt im GmbH-Gesetz (GmbHG).

Gesellschaften mit beschränkter Haftung können zu jedem gesetzlich zulässigen Zweck errichtet werden gemäß § 1 GmbH-Gesetz. Gegenstand können auch caritative, wissenschaftliche, künstlerische, sportliche oder kulturelle Zwecke sein.

5.3.1 Grundzüge des GmbH-Rechts

Die eigentliche Gründung einer GmbH beginnt mit dem Abschluss des Gesellschaftsvertrages und endet mit der Eintragung der GmbH in das Handelsregister. Der Gründungsvorgang wird dokumentiert durch Abschluss eines Gesellschaftsvertrages **in notarieller Form** (§ 2 Abs. 1 Satz 1 GmbHG). Nach geltendem Recht muss das Stammkapital aufgebracht werden, dass mindestens 25.000,- EUR beträgt.

Da die Gesellschafter einer GmbH nicht persönlich haften, vielmehr den Gläubigern nur das Gesellschaftsvermögen zur Verfügung steht, kommt es entscheidend darauf an, dass die Gesellschafter tatsächlich das versprochene Haftkapital zur Verfügung stellen.

Nach geltendem Recht ist auch die Gründung einer **Einmann-GmbH** ausdrücklich zugelassen. Im wirtschaftlichen Ergebnis ist sie eine Einzelfirma mit beschränkter Haftung.

Die Gesellschaft ist bei dem Gericht, in dessen Bezirk sie ihren Wohnsitz hat, zur Eintragung in das Handelsregister anzumelden. Die Eintragung in das Handelsregister umfasst die Firma und den Sitz der Gesellschaft und den Gegenstand des Unternehmens, die Höhe des Stammkapitals, das Datum des Gesellschaftsvertrages sowie die Geschäftsführer und deren Vertretungsbefugnis.

5.3.2 Handelsregister/Gesellschaftsvertrag

Die Gesellschaft wird vom Registergericht gemäß § 9c GmbHG nicht zur Eintragung zugelassen, wenn der Gesellschaftsvertrag nicht gemäß § 3 Abs. 1 GmbH mindestens folgende Punkte enthält:

- Firma und Sitz der Gesellschaft

  Nach § 4 GmbHG muss die Firma z. B. den Rechtsform-Zusatz Gesellschaft mit beschränkter Haftung oder eine allgemeinverständliche Abkürzung dieser Bezeichnung enthalten.

  Gemäß § 4a GmbHG hat die Gesellschaft ihren Sitz an dem Ort, den der Gesellschaftsvertrag bestimmt. Dies soll gemäß § 4a Abs. 2 GmbHG der Ort sein, an dem die GmbH einen Betrieb hat oder an dem sich die Geschäftsleitung oder die Verwaltung befinden.

- Gegenstand des Unternehmens

  Der Tätigkeitsbereich der GmbH ist möglichst exakt und individuell wiederzugeben, allgemeine Umschreibungen wie »Betreiben von Geschäften aller Art« genügen nach herrschender Meinung nicht.

  Für die GmbH ist allerdings keine Gewinnerzielungsabsicht erforderlich. Gesellschaft mit beschränkter Haftung findet man deshalb auch vorzugsweise und zunehmend im sog. Non-Profit-Wirtschaft als gemeinnützige Gesellschaften mit beschränkter Haftung.

- Höhe des Stammkapitals

  mindestens 25.000,- EUR, Ausnahme: die haftungsbeschränkte Unternehmergesellschaft – siehe unten

- Übernahme der Stammeinlage

  Die Stammeinlage ist die von jedem Gesellschafter übernommene Verpflichtung zu einer Leistung an die GmbH, mit der das Stammkapital der Gesellschaft aufgebracht werden soll. Die Stammeinlage und der Geschäftsanteil stellen die Beteiligung des einzelnen Gesellschafters am Unternehmen dar.

- Sonderleistungen der Gesellschafter gemäß § 3 Abs. 2 GmbHG

  Sonderleistungen sind solche Leistungen der Gesellschaft, die über die Kapitaleinlage hinausgehen. Es kann sich dabei um eine Mehrleistung auf die Stammeinlage, die Verpflichtung zur Gewährung von Darlehen, aber auch um Wettbewerbsverbot oder Tätigkeitsverpflichtungen handeln.

- Zeitliche Beschränkung der Gesellschaft (§ 3 Abs. 2 GmbHG)

  Ist in der Satzung nichts anderes bestimmt, ist die Gesellschaft mit beschränkter Haftung grundsätzlich auf unbestimmte Zeit geschlossen.

Soll das Unternehmen dagegen auf eine bestimmte Zeit beschränkt sein, muss dies in den Gesellschaftsvertrag aufgenommen werden.

5.3.3 Geschäftsführung

Jede GmbH muss einen oder mehrere Geschäftsführer haben. Diese brauchen nicht Gesellschafter zu sein. Die Geschäftsführer sind die gesetzlichen Vertreter der GmbH. Ihre Bestellung erfolgt durch Gesellschaftsvertrag oder durch Beschluss der Gesellschafterversammlung; oder auch durch den Aufsichtsrat. Die Bestellung zum Geschäftsführer kann jederzeit widerrufen werden.

Zwischen der Gesellschaft und dem Geschäftsführer besteht ein Dienstvertrag. Der Geschäftsführer genießt keinen arbeitsrechtlichen Kündigungsschutz. Er sichert sich deshalb typischerweise dadurch ab, dass er einen Dienstvertrag mit großzügiger Kündigungsfrist oder aber für mehrere Jahre befristet abschließt oder sich sogar für den Fall der Beendigung des Dienstverhältnisses eine Abfindung vertraglich zusagen lässt.

5.3.4 Gesellschafter

Die Mitwirkungsrechte der Gesellschafter beschränken sich regelmäßig auf das Stimmrecht und das Recht der Teilnahme an den Gesellschafterversammlungen. Sie haben u. a. bestimmte Informationsrechte und die Pflicht zur Leistung der Einlage.

Geschäftsanteile an einer GmbH können veräußert und vererbt werden. Die Mitgliedschaft in der GmbH wird erworben entweder originär durch Übernahme der Stammeinlage oder durch späteren Erwerb eines Geschäftsanteils. Sie geht verloren durch Veräußerung des Geschäftsanteils oder z. B. durch sog. Einziehung. Die Voraussetzungen dafür sind regelmäßig und empfehlenswerterweise in der GmbH-Satzung geregelt. Darüber hinaus lässt die Rechtsprechung den Ausschluss von Gesellschaftern zu, sobald ein wichtiger Grund vorliegt.

6. Gesetz zur Modernisierung des GmbH-Rechts und zur Bekämpfung von Missbräuchen (MoMiG) – neue Rechtslage ab November 2008

Seit November 2008 gilt in Deutschland ein neues GmbH-Recht mit interessanten Neuerungen, aber auch sehr kritisch zu bewertenden neuen Möglichkeiten zur Gründung einer Gesellschaft mit beschränkter Haftung.

Nach dem Willen des Gesetzgebers dient die GmbH-Novelle der Erleichterung und Beschleunigung von Unternehmensgründungen.

6.1 Die haftungsbeschränkte Unternehmergesellschaft

Um den Bedürfnissen von Existenzgründern Rechnung zu tragen, gibt es zukünftig mit der haftungsbeschränkten Unternehmergesellschaft eine Art Einstiegsvariante der GmbH. Dabei handelt es sich nicht um eine neue Rechtsform, sondern um eine GmbH, die ohne bestimmtes Mindeststammkapital gegründet werden kann.

Ursprünglich war geplant, dass Mindeststammkapital der normalen GmbH von 25.000,- EUR auf 10.000,- EUR herabzusetzen. Davon hat der Gesetzgeber Abstand genommen. Es bleibt bei dem Stammkapital von mindestens 25.000,- EUR für die »normale« GmbH.

6.2 Gründungsformalitäten

Für unkomplizierte Standardgründungen – Bargründungen bei einer Anzahl von höchstens 3 Gesellschaftern – stellt der Gesetzgeber sog. Musterprotokolle als Anlage zum GmbH-Gesetz zur Verfügung. Die GmbH-Gründung soll einfacher werden, wenn Musterprotokolle verwendet werden. Die Vereinfachung soll in der Zusammenfassung von 3 Dokumenten (Gesellschaftsvertrag, Geschäftsführerbestellung und Gesellschaftsregister) bestehen. Bei der haftungsbeschränkten Unternehmergesellschaft mit geringem Stammkapital soll die Gründung unter Verwendung eines Musterprotokolls zu einer echten Kosteneinsparung führen.

Notarielle Beurkundung – verbilligt – bleibt allerdings auch bei Verwendung der sog. Musterprotokolle erforderlich.

6.3 Verkürzung der Eintragungszeiten beim Handelsregister

Bei Gesellschaften, deren Unternehmensgegenstand genehmigungspflichtig ist, soll nach neuem Recht das Eintragungsverfahren vollständig von der verwaltungsrechtlichen Genehmigung abgekoppelt werden. Bislang konnte eine solche Gesellschaft nur dann in das Handelsregister eingetragen werden, wenn bereits bei der Anmeldung zur Eintragung die erforderliche staatliche Genehmigungsunterlagen vorliegen (§ 8 Abs. 1 Nr. 6 GmbH-Gesetz). Künftig müssen GmbHs sowie Einzelkaufleute und Personenhandelsgesellschaften keine Genehmigungsurkunden mehr beim Registergericht einreichen.

Die Gründung von 1-Personen-GmbHs wird künftig dadurch erleichtert, dass auf die Stellung besonderer Sicherheitsleistungen verzichtet wird.

Die Prüfungspflichten des Handelsregistergerichts sind reduziert. Das Gericht muss bei der Gründungsprüfung nur dann die Vorlage von Einzahlungsbelegen oder sonstigen Nachweisen verlangen, wenn erhebliche Zweifel daran bestehen, ob das Kapital ordnungsgemäß aufgebracht worden ist. Bei Sacheinlagen wird die Werthaltigkeitskontrolle durch das

Registergericht auf die Frage beschränkt, ob eine »nicht unwesentliche« Überbewertung vorliegt. Nur bei entsprechenden Hinweisen kann damit künftig im Rahmen der Gründungsprüfung eine externe Begutachtung veranlasst werden. Die Verwendung der sog. Musterprotokolle soll das Verfahren ebenfalls beschleunigen, da es weniger Nachfragen der Registergerichte bewirken soll.

6.4 Gesellschafterliste
Orientiert am Vorbild des Aktienregisters gelten zukünftig nur diejenigen als Gesellschafter, die in der Gesellschafterliste eingetragen sind. Sinn der Vorschrift ist es, den Geschäftspartnern von GmbHs zu ermöglichen, lückenlos und einfach nachvollziehen zu können, wer hinter der Gesellschaft steht.

Die Struktur der Anteilseigner soll nach dem Willen des Gesetzgebers vor allen Dingen deshalb auch transparenter werden, damit sich Missbräuche, wie z. B. Geldwäsche, besser verhindern lassen.

Auch für den Erwerb von Gesellschaftsanteilen soll die Rechtssituation für den gutgläubigen Erwerber sicherer werden. Wer einen Geschäftsanteil erwirbt, soll darauf vertrauen können, dass die in der Gesellschafterliste verzeichnete Person auch wirklich Gesellschafter ist.

6.5 Eigenkapital-Ersatzrecht
Die sehr komplexe Materie des Eigenkapital-Ersatzrechts (§ 30ff GmbH-Gesetz) hat der Gesetzgeber vereinfacht und reguliert. Die bisher im Vordergrund stehende Unterscheidung zwischen »kapitalersetzenden« und »normalen« Gesellschafterdarlehen soll es künftig nicht mehr geben.

Nach dem Willen des Gesetzgebers soll die Fortführung und Sanierung von Unternehmen im Insolvenzfall erleichtert werden. Insbesondere kann ein Gesellschafter, der der Gesellschaft einen Gegenstand zur Nutzung überlassen hat, seinen Aussonderungsanspruch im Insolvenzverfahren für höchstens 1 Jahr nicht geltend machen, wenn die Nutzung für die Fortführung des Unternehmens von erheblicher Bedeutung ist. Dem Gesellschafter gebührt allerdings künftig ein finanzieller Ausgleich auf Basis der im letzten Jahr vor der Verfahrenseröffnung tatsächlich geleisteten Vergütung.

6.6 Bekämpfung von Missbräuchen
Zur Verbesserung der Rechtsverfolgung muss zukünftig in das Handelsregister eine inländische Gesellschaftsanschrift eingetragen werden. Dies gilt auch für Aktiengesellschaften, Einzelkaufleute, Personenhandelsgesellschaft sowie Zweigniederlassungen (auch von Auslandsgesellschaf-

ten). Ist unter der eingetragenen Anschrift eine Zustellung (auch durch Niederlegung) faktisch unmöglich, wird die Möglichkeit verbessert gegenüber juristischen Personen eine öffentliche Zustellung im Inland zu bewirken. Dies bringt eine ganz erhebliche Vereinfachung für die Gläubiger der GmbHs, die bisher mit den Kostenproblemen der Zustellung – insbesondere auch bei Auslandszustellung – zu kämpfen hatten.

6.7 Insolvenzantrag bei Führungslosigkeit

Im Falle der Führungslosigkeit sind Gesellschafter künftig verpflichtet, bei Zahlungsunfähigkeit und Überschuldung einen Insolvenzantrag zu stellen. Hat die Gesellschaft keinen Geschäftsführer mehr, muss jeder Gesellschafter an deren Stelle Insolvenzantrag stellen, es sei denn, der Gesellschafter hat vom Insolvenzgrund oder von der Führungslosigkeit keine Kenntnis.

Es soll vermieden werden, dass die Gesellschafter abtauchen, um einer »Insolvenzantragspflicht« zu umgehen.

6.8 Verschärfte Geschäftsführer-Haftung

Das Zahlungsverbot in § 64 GmbHG wird erweitert. Geschäftsführer werden mehr in die Pflicht genommen. Leisten sie Beihilfe zur Ausplünderung der Gesellschaft durch den Gesellschafter und wird dadurch die Zahlungsunfähigkeit der Gesellschaft herbeigeführt, sollen die Geschäftsführer haftungsrechtlich stärker in die Pflicht genommen werden.

6.9 Ausschlussgründe für Geschäftsführer

Ausschlussgründe für Geschäftsführer werden erweitert, um Verurteilungen wegen Insolvenzverschleppung, falscher Angaben und unrichtiger Darstellung sowie Verurteilung aufgrund allgemeiner Straftatbestände mit Unternehmensbezug.

Zum Geschäftsführer einer GmbH kann also nicht mehr bestellt werden, wer gegen zentrale Bestimmungen des Wirtschaftsstrafrechts verstoßen hat.

Gesellschafter, die vorsätzlich oder grob fahrlässig einer Person, die nicht Geschäftsführer sein kann, die Führung der Geschäfte überlassen, sind der Gesellschaft für Schäden, die diese Person der Gesellschaft zufügt, haftungsrechtlich verantwortlich.

6.10 Unternehmergesellschaft (haftungsbeschränkt) (UG)

Ohne Haftungskapital wird man künftig eine sog. Unternehmergesellschaft (haftungsbeschränkt) (UG) gründen können (Stammeinlage 1,- €).

Auf die Unternehmergesellschaft finden grundsätzlich die Vorschriften des GmbHG Anwendung.

Die Unternehmergesellschaft kann also unter Verwendung der Musterprotokolle aber auch mit einer individuellen Satzung durch einen oder mehrere Gesellschafter mit einem oder mehreren Geschäftsführern gegründet werden. Das Musterprotokoll bedarf in jedem Falle der notariellen Beurkundung.

Wichtige Zwischenanmerkung für die Praxis:

Es wird nicht möglich sein, dass bestehende GmbHs ihr Stammkapital herabsetzen, um eine Unternehmergesellschaft zu werden. Es soll auch ausgeschlossen sein, dass eine bestehende Gesellschaft in eine Unternehmergesellschaft umgewandelt wird. Allerdings kann umgekehrt eine Unternehmergesellschaft jederzeit in eine Gesellschaft anderer Rechtsform umgewandelt werden.

6.11 Rechtsformzusatz UG

Die UG, die ohne Einhaltung des gesetzlichen Mindeststammkapitals gegründet wird, muss ausdrücklich den Rechtsformzusatz »Unternehmergesellschaft (haftungsbeschränkt)« führen.

6.12 Gewinnrücklagen-Pflicht

Die Unternehmergesellschaft hat die Besonderheit, dass sie in ihrer Bilanz jährlich eine gesetzliche Gewinnrücklage zu bilden hat, in die jeweils ¼ des Jahresüberschusses einzustellen ist.

Der Gesetzgeber hat offenbar die Vorstellung, dass durch diese Form der Thesaurierung die Unternehmergesellschaften sukzessive zu einer höheren Eigenkapitalausstattung kommen. Nach den bisherigen Erfahrungen ist das nicht sehr realitätsnah. Für die Praxis darf man erwarten, dass durch die Gestaltung der Geschäftsführervergütung versucht werden wird, Gewinne und damit Thesaurierungspflichten zu vermeiden.

6.13 Neue »Player« am Markt

In der Praxis wird das große Problem auftauchen, dass plötzlich eine Vielzahl von Gesellschaften auftaucht, die keine Kapitalausstattung haben und dennoch mit beschränkter Haftung operieren. Sie sind in dieser Konfiguration schlicht nicht kreditwürdig.

Ob derartige Gesellschaften dauerhaft und in nennenswertem Umfang ins Wirtschaftsleben Eingang finden und auch bleiben, wird davon abhängen, wie die Marktteilnehmer derartige Gesellschaft behandeln.

Wie schon bei der GmbH werden nicht nur die Banken bei der Finanzierung solcher Unternehmen höchst kritisch vorgehen und die persönliche Verantwortung der Gesellschafter durch Bürgschaften und Sicherheiten einfordern. Lieferanten werden eine entsprechende Vorsicht walten lassen.

7. Genossenschaft

Eine in Deutschland ebenfalls sehr verbreitete Rechtsform ist die Genossenschaft. Die Genossenschaft ist eine Gesellschaft von nicht geschlossener Mitgliederzahl, welche die Förderung des Erwerbs oder der Wirtschaft ihrer Mitglieder mittels gemeinschaftlichen Geschäftsbetriebes bezweckt. Das Recht der Genossenschaft ist geregelt im sog. Genossenschaftsgesetz. Typisch für eine Genossenschaft ist die offene Mitgliederzahl und der gemeinschaftliche Geschäftsbetrieb. Im Bereich der Gemeinnützigkeit kennt man vor allen Dingen Bau- und Wohnungsgenossenschaft. Bei der Genossenschaft ist ein bestimmtes Grund- bzw. Stammkapital nicht vorgeschrieben.

Den Gläubigern der Genossenschaft haftet nur das Vermögen der Genossenschaft. Die Genossen selbst haften nicht. Die Gründung einer Genossenschaft erfolgt in drei Stufen:

– Feststellung des Genossenschaftsstatus durch eine Mindestzahl von Gründern
– Bestellung der Organe
– Eintragung in das Genossenschaftsregister

Organe der Genossenschaft sind der Vorstand, Aufsichtsrat und die General- bzw. Vertreterversammlung (Literaturhinweis dazu: Geschwandtner/Helios, Genossenschaftsrecht)

8. Europäische Wirtschaftliche Interessenvereinigung u. europäische Aktiengesellschaft

Als supranationale Gesellschaftsform ist heute die Europäische Wirtschaftliche Interessenvereinigung (EWIV). Sie ist eine Art oHG mit GmbH-Geschäftsführung. Sie kann nur zu dem Zweck gegründet werden, die wirtschaftliche Tätigkeit ihrer Mitglieder zu unterstützen. Sie hat nicht den Zweck, Gewinn für sich selbst zu erzielen. Der Mitgliederkreis einer EWIV muss grenzüberschreitend sein, d. h. mindestens 2 Gesellschafter müssen ihre Haupttätigkeit und ihre Hauptverwaltung in verschiedenen Staaten der EG haben.

Steuerrechtlich ist die EWIV eine oHG. Das Ergebnis ihrer Tätigkeit ist nur bei ihren Mitgliedern zu versteuern.

Als weitere supranationale Rechtsform gibt es heute die europäische Aktiengesellschaft (SE). Sie kann gegründet werden von Gründungsgesellschaften, die ihren Sitz in verschiedenen Mitgliedsstaaten der europäischen Union haben oder über eine Tochtergesellschaft oder eine Zweigniederlassung in einem anderen Mitgliedsstaat verfügen (Prinzip der Mehrstaatlichkeit) (Klunzinger 2006, 340 ff).

9. Britische »Private Limited Company (Ltd.)«

Es gibt einen gewissen Trend, auch in Deutschland z. B. eine britische Ltd. zu gründen. Gestützt wird diese Möglichkeit durch die Rechtssprechung des europäischen Gerichtshofes. Im Gegensatz zur GmbH-Gründung genügt zur Gründung einer Ltd. ein Gesellschaftsvertrag in einfacher Schriftform. Das Mindestkapital beträgt ca. 1,40 EUR (1 engl. Pfund). Organe der Ltd. sind der director und der secretary. Die Ltd. ist in jedem Falle allerdings in das englische Handelsregister einzutragen. Der vom director zu erstellende Jahresabschluss und der Geschäftsbericht müssen dem englischen Registergericht jährlich in englischer Sprache vorgelegt werden. Die Rechnungslegung hat nach englischen Bilanzregeln zu erfolgen.

Vielfach wird aus Gründen des geringen Mindestkapitals zur Ltd. gegriffen, ohne dass sich die Handelnden darüber im Klaren sind, was dies für rechtliche Konsequenzen hat (Klunzinger 2006, 348 ff)

10. Haftungsrisiken für Führungskräfte

10.1 ArbN

Für den Mitarbeiter eines jeden Unternehmens und für Führungskräfte, die noch den Arbeitnehmerstatus haben, gibt es für den Fall der Schadensverursachung zu Lasten des Arbeitgebers bzw. der Anstellungsgesellschaft im geltenden Arbeitsrecht bedeutsame Haftungsbeschränkungen. Nach dem derzeit geltenden Haftungsmodell unterscheidet man bei der Arbeitnehmerhaftung zwischen Haftung bei

– leichter Fahrlässigkeit,
– mittlerer Fahrlässigkeit sowie
– grober Fahrlässigkeit und Vorsatz.

Dieses arbeitsrechtliche Haftungsmodell ist wie folgt zu skizzieren:
– keine Haftung bei leichtester Fahrlässigkeit
– anteilige Haftung bei mittlerer Fahrlässigkeit
– regelmäßig volle Haftung bei grober Fahrlässigkeit und Vorsatz

Die Rechtsprechung trägt allerdings zusätzlich den Umständen des Einzelfalles Rechnung in dem im Streitfall eine Abwägung der Gesamtumstände zu erfolgen hat und nach Schadensfolgen sowie nach Billigkeit und Zumutbarkeitsgesichtspunkten entschieden ist. Dabei wird Rücksicht genommen auch auf finanzielle Belastbarkeit und den Grad des dem Arbeitnehmer zur Last fallenden Verschuldens. Weiter wird in die Prüfung einbezogen:
– die Gefahrgeneigtheit der Arbeit,
– die Höhe des Schadens,

- ein vom Arbeitgeber einkalkuliertes oder durch Versicherung abdeckbares Risiko,
- die Stellung des Arbeitnehmers im Betrieb;
- die Höhe des Arbeitsentgelts, in dem unter Umständen eine Risikoprämie enthalten sein kann.

Weiter sind zu berücksichtigen:
- die persönlichen Verhältnisse des Arbeitnehmers,
- Betriebszugehörigkeit,
- Lebensalter,
- Familienverhältnisse
- und bisheriges Verhalten (Schaub 2005, § 52)

10.2 Organhaftung

Organmitglieder in GmbH, Genossenschaften und Aktiengesellschaften sind Verwalter fremden Vermögens, das sie zu mehren haben. Daraus folgt die Pflicht, mit großer Sorgfalt mit dem anvertrauten Gut umzugehen. Es gehört zum System unserer Rechtsordnung, dass der rechtswidrig oder unredlich handelnde Verwalter den von ihm angerichteten Schaden auszugleichen hat. Rechtsphilosophisch wird Haftung als ein notwendiges Systemelement unserer Rechtsordnung angesehen und soll Staatsbürger zu verantwortungsvollem Verhalten anhalten. Auf das Gesellschaftsrecht heruntergebrochen bedeutet dies, das Haftung ein notwendiges Element guter und moderner verstandener Corporate Governance ist, mit dem Ziel, eine sorgfältige, getreue und wertorientierte Unternehmensführung zu erreichen.

10.2.1 Haftung bei Pflichtverletzungen

Für Organe (Vorstand, Geschäftsführer, Aufsichtsrat) gilt die Pflicht zur Wirtschaftlichkeit und zur Zweckmäßigkeit jeder Leitungsentscheidung. Es gibt Treue- und Verschwiegenheitspflichten zu beachten, wie bestimmte Handlungspflichten bei Krisen und Insolvenz des Unternehmens. Bei Pflichtverletzungen droht dem Organ eine Haftung nach innen (seitens die Gesellschaft) und evt. auch eine Haftung nach außen (Inanspruchnahme durch fremde Dritte).

Eine Innenhaftung kommt in Betracht, wenn der Geschäftsführer seine organisationsrechtlichen Pflichten verletzt oder wenn er im Verhältnis zur Gesellschaft eine unerlaubte Handlung begeht. Die für Arbeitnehmer entwickelte Haftungsprivilegierung gilt für Geschäftsführer regelmäßig nicht. Der Geschäftsführer kann vergleichbare Haftungsprivilegierungen wie Arbeitnehmer nur in Anspruch nehmen, wenn die Pflichtverletzung nicht im unmittelbaren Zusammenhang mit der Unternehmensleitung

steht, also nicht im Zusammenhang mit dem typischen Verantwortungsbereich des Geschäftsführers. Zentrale Vorschrift für die Haftung des Geschäftsführers ist § 43 GmbHG, wonach Geschäftsführer, welche ihre Ob-
liegenheit verletzen, der Gesellschaft solidarisch für den entstandenen
Schaden haften.

Pflichtverletzungen treten typischerweise auf im Bereich der Unternehmensleitung und im Bereich der sog. Loyalitätspflichten.

Maßstab für die Beurteilung, ob sorgfältig und gewissenhaft gehandelt
worden ist, ist immer ein Vergleichsunternehmen mit vergleichbarer Größe, Tätigkeit und wirtschaftlicher Lage.

10.2.2 Business-Judgement-Rule

Um dem Manager, Geschäftsführer, Vorstand einer GmbH, einer Aktiengesellschaft, eines Vereins, einer Genossenschaft den notwendigen unternehmerischen Spielraum zu lassen, der nicht justitiabel sein soll, gibt es
die sog. Business-Judgement-Rule. Demnach liegt eine Pflichtverletzung
nicht vor, wenn das Organ bei einer unternehmerischen Entscheidung
vernünftigerweise annehmen durfte, zum Wohle der Gesellschaft zu handeln. Das ordnungsgemäße Handeln ist dann gegeben, wenn die unternehmerische Entscheidung

– gutgläubig;

– ohne Sonderinteressen und fremde Einflüsse;

– zum Wohle der Gesellschaft;

– auf der Grundlage angemessener Informationen;

erfolgt.

10.2.3 Inanspruchnahme persönlichen Vertrauens

Ein besonderes Haftungsrisiko besteht insbesondere bei der Inanspruchnahme persönlichen Vertrauens. Ein Vertreter einer Gesellschaft, eines
Vereins, der in besonderem Maße eine auf seine Person bezogenes Vertrauen in Anspruch nimmt und dadurch den Vertragsverhandlungen oder
den Vertragsabschluss erheblich beeinflusst, gerät unter Umständen in
Eigenhaftung. Diese Haftungskonstellation ist gegeben, wenn der Geschäftspartner über das normale Verhandlungsvertrauen hinaus zusätzlich persönliche Gewähr für die Vollständigkeit und Richtigkeit seiner Erklärung und für die Durchführung des Vertrages bietet. Der klassische
Beispielfall ist der, dass ein Organvertreter im Rahmen einer Vertragsver-
handlung erklärt, dass er persönlich versichert und dafür einsteht, dass
seine Gesellschaft ihren Verpflichtungen nachkommt, nachdem der Vertragspartner Bedenken artikuliert hat. Wer auf diese Weise Bedenken der
Vertragspartner zerstreut, begibt sich in die Gefahr der persönlichen Inanspruchnahme.

Diesen von der Rechtsprechung stets verschärften Haftungsrisiken wird dadurch begegnet, dass für die Organmitglieder regelmäßig Vermögenschadenhaftpflicht-Versicherungen abgeschlossen werden (sog. D&O-Versicherung).

10.2.4 D & O-Versicherung

Die D&O-Versicherung gewährt Versicherungsschutz für den Fall, dass ein gegenwärtiges oder ehemaliges Mitglied des Aufsichtsrates des Vorstands oder der Geschäftsführer eine bei Ausübung seiner Tätigkeit begangene Pflichtverletzung aufgrund gesetzlicher Haftpflichtbestimmung privatrechtlichen Inhalts für einen Vermögensschaden Dritter in Anspruch genommen wird. War es Organ einer Gesellschaft, sei es hauptberuflich oder ehrenamtlich Verantwortung übernimmt, muss dringend darauf achten, dass eine angemessene Vermögensschadenhaftpflicht-Versicherung abgeschlossen ist (Krieger/Schneider 2007).

11. Zusammenfassung

Zusammenfassend lässt sich im Sinne einer Handlungsempfehlung folgendes festhalten:

Vor Gründung einer Gesellschaft ist maßgenau bezogen auf die finanzielle Situation, die Haftungsbereitschaft und die Gegebenheiten des operativen Geschäftes abzuchecken, welche Rechtsform die geeignete ist.

Wer sich in einer bestimmten Rechtsform bewegt, muss sich mit der Frage beschäftigen, was seine Pflichten und Kompetenzen und wo seine Grenzen sind.

Denn für den Handelnden in einer Gesellschaft, welcher Art auch immer, besteht die Gefahr der persönlichen Inanspruchnahme bei Schadensereignissen zu Lasten der Gesellschaft oder zu Lasten Dritter. Es ist für Verantwortungsträger sicherlich nicht unklug – das gilt ohne Einschränkung auch für Unternehmen im Gesundheits- und sozialen Sektor – in den Kategorien von Haftungsrisiken und Haftungsbeschränkungen zu denken und zu handeln.

Verwendete Literatur

Hesselmann/Tillmann/Müller-Thues – Handbuch der GmbH & Co. KG, 19. Auflage, Köln 2005

Hoffmann/Müller Beck'sches Handbuch der Personengesellschaften 2. Auflage 2002

Hübner u. a. in Zeitschrift für Wirtschaftsrecht (ZIP) Beilage zu Heft 23/2007

Krieger/Schneider – Handbuch Managerhaftung, Köln 2007

Klunzinger, Grundzüge des Gesellschaftsrechts 14. Auflage München 2006

Michalski – GmbH §§ 39 – 86 München 2007

Müller/Hense Beck'sches Handbuch der GmbH 3. Auflage München 2002

Ringleb/Kreemer/Lutter/v. Werder – Deutsche Corporate Government Kodex, 2. Auflage 2005

Schaub – Arbeitsrechtshandbuch, 11. Auflage 2005

Schmidt/Uhlenbruck – Die GmbH in Krise, Sanierung und Insolvenz, 3. Auflage Köln 2003

Schmitt – Organhaftung und D & O Versicherung, München 2007

Schmidt, Karsten, Gesellschaftsrecht, 4. Auflage 2002

Netzwerkarbeit als Hintergrund für Unternehmenskooperation

Ulrich Deller

1. Hoffnungen

Die Diskussion um Netzwerkarbeit ist von einer besonderen Euphorie gekennzeichnet. Schon 1972 stellte Barnes fest: »There seems to be no limit to the problems that can be tackled with the help of networks, and it is tempting to think that some new analytical panacea has been discovered.« Es gebe zwar eine zu Grunde liegende Idee: die Struktur sich kreuzender interpersonaler Verbindungen ist einer unspezifischen Art ursächlich verbunden mit den Handlungen dieser Personen und mit den sozialen Institutionen ihrer Gesellschaft. Aber das wäre lediglich eine grundlegende Idee, aber längst keine Theorie, schon gar keine deren Annahmen überprüft werden könnten (Barnes 1972, 1).

»Kooperations- und Vernetzungsstrategien sind geradezu zu Hoffnungsträgern ersten Ranges erhoben worden, von denen man sich praktisch die Synergien erwartet, die theoretisch von den Sozial- und Wirtschaftswissenschaften schon seit längerem thematisiert werden.« (Dahme/Wohlfahrt 2000, 11). Dabei mischen sich abstrakte theoretische Entwürfe, die grundlegende Modelle zur Beschreibung der Gesellschaft liefern, mit alltagstheoretischen Aussagen, die in die Lösung konkreter beruflicher Probleme Eingang gefunden haben. Hoffnungen, die mit dem Begriff Netzwerk konnotiert werden, und die diesen zum »Zaubertrick in vielen Berufssparten« werden ließen, lassen sich zugespitzt so formulieren: Durch Netzwerkarbeit kann (nicht nur gesellschaftliche) Entwicklung bewältigbar gemacht werden. Netzwerkarbeit beschreibt ebenso den Prozess der Globalisierung wie dadurch die die Globalisierung notwendig ergänzende Regionalisierung erfassbar wird. Aufgrund des allgemeinen Sparzwanges braucht es Systeme die die staatliche Vorsorge durch Selbsthilfesysteme ersetzen, z. B. durch Nachbarschaftshilfe. Je höher der Konkurrenzdruck umso eher das Bedürfnis durch Vernetzung stärker und leistungsfähiger zu werden. Damit der Einzelne im Prozess der Individualisierung nicht vereinsamt und aus allen Sicherungen der Gesellschaft heraus fällt, braucht es gegensteuernde Vernetzungen. Die größte Vernetzung aller Zeiten durch das Internet zeigt zugleich auch die Ambivalenz dieser Art von Vernetzung auf sowohl bezogen auf die Vereinsamung von

Menschen wie auch auf die mit der Computer-Technik verbundenen ökonomischen Folgen. Nicht nur wegen der Nichtabschätzbarkeit der unterschiedlichen Auswirkungen, sondern auch wegen des inflationären Gebrauchs des Begriffs, ist eine exakte Fassung nahezu unmöglich. »Need an explanation for social change? Attribute it to globalization.« (Wolf 2000, 97). Allen diesen Vorstellungen gemeinsam ist das zu Grunde liegende Bild, dass Verbindung nicht in Gestalt von Kegeln, Pyramiden, Kreisen o. ä. geometrischen Formen beschreibbar wird, sondern über das Netz, das seine Fäden an Knotenpunkten zusammenbindet, die aber selbst nicht die Funktion eines Zentrums, sondern lediglich die einer Verbindung von vielen haben, und die beliebig weitergedacht werden kann. Das Netz kann ebenso immer weiter geknüpft werden wie es auch als begrenzt gedacht und realisiert werden kann. Im Bild des Netzes selbst ist eher das endlose Weiterknüpfen angelegt.

2. Begriffsbestimmungen

Mit dieser eher am Alltag orientierten Auflistung sind auch schon die theoretischen und historischen Dimensionen des Begriffs Netzwerk aufgerissen. Zunächst zeigt sich die enge Verbindung zur Soziologie und zur Wirtschaftswissenschaft. Es geht um soziale und um ökonomische Phänomene. Wer von Netzwerk spricht kann damit sehr unterschiedliche Perspektiven verfolgen bzw. Phänomene in den Blick nehmen:
• Netzwerk als Beschreibung (der Veränderung) des Zusammenhalts in der Gesellschaft
• Netzwerk als Beschreibung (der Veränderung) des Staates (Policy-Networking)
• Netzwerk als (Unternehmens-)Strategie, die Transaktionskosten gering zu halten,
• Netzwerk als Beschreibung der Möglichkeiten, für den einzelnen soziale Unterstützung zu ermöglichen, herzustellen oder aufzuzeigen.
Mit allen Verständnissen ist die Frage verbunden, in wieweit die gewonnen Erkenntnisse eher analytischen Charakter haben, oder zugleich Hinweise darauf liefern, wie das jeweilige Netzwerk gesteuert werden kann. Weiter stellt sich die Frage, ob mit dem Begriff Netzwerk ein neuer eigener Theorie-Strang entsteht, oder ob es sich um eine Unterabteilung schon existenter Theoriesysteme handelt. Dabei ergeben sich unterschiedliche Zuordnungen. Bei Willke z. B. wird die Netzwerktheorie den Überlegungen zur Systemtheorie zugeordnet (Willke 1995, 135ff). Bei Endruweit wird die Netzwerktheorie als Teil der Organisationssoziologie verstanden,

weil er Netzwerke nicht als »Alternative zur Organisation«, sondern als eine Form der Organisation unter vielen betrachtet (Endruweit 2004, 27). Castells verbindet den Begriff Netzwerk zu allererst mit der für ihn dahinter stehenden technologischen Entwicklung. »Eine technologische Revolution, in deren Mittelpunkt die Informationstechnologien stehen, hat begonnen, die materielle Basis der Gesellschaft in zunehmendem Tempo umzuformen.« (Castells 2001, 1). Unter medizinischen Gesichtspunkten wird der Netzwerk-Begriff mit der Funktionsweise des Gehirns und so mit neuro-medizinischen Theorien verbunden. »Der Netzwerkbegriff ist eng gekoppelt an die Vorstellung einer eher integrierten, ganzheitlichen Arbeitsweise des Gehirns und damit an Termini wie ›Konnektionalismus‹ oder ›Gestalt‹. ...Einer der Ursprünge der Netzwerkvorstellung ist sicher sehr indirekt in der Anatomie des Nervensystems begründet«, und damit in der Tatsache, dass »unser Nervensystem aus Abermillionen von einzelnen Nervenzellen besteht und dass zwischen diesen noch weit mehr Verknüpfungen existieren...«(Markowitsch 1996, 9 f).

Als weitere mögliche Differenzierung oder Unklarheit kommt hinzu, dass das Konzept des Netzwerkes sowohl als eigene Theorie oder aber (nur?) als Analyseinstrument begriffen wird. Es wird auch die Ansicht vertreten, »dass das Konzept des Sozialen Netzwerkes keine Theorie sozialer Strukturen darstelle... Es verkörpert vielmehr eine Art Instrumentarium zur Analyse sozialer Strukturen oder allenfalls eine theoretische Orientierung.« (Röhrle 1994, 11).

Nimmt man diese unterschiedlichen Hoffnungen, Verständnisse und disziplinären Zuordnungen, dann ergibt sich ein ernsthaft verwirrendes Bild. Man kann nicht von klarer Theoriebildung ausgehen. Man muss stattdessen von einer enormen Belastung der Überlegungen durch die Bezugnahme auf sich ändernde gesellschaftliche Situationen, z. T. widersprüchliche Suchprozesse und angestrengte Versuche á jour zu sein, ausgehen. Zugleich gilt es, die Erklärungen für unterschiedliche Bereiche angemessen zu würdigen und, sofern möglich, zusammenzufassen. Vor diesem Hintergrund erweist sich eine Bezugnahme auf die historischen Überlegungen als ein erster Ausgangspunkt. Die Überlegungen zum geschichtlichen Hintergrund müssen dabei geteilt betrachtet werden, zum einen geht es um theoriegeschichtliche Aspekte, zum anderen geht es um die historische Entwicklung, die das Netzwerkkonzept und damit auch die Theoriebildung beeinflusst hat.

3. Die gesellschaftlichen Hintergründe

Bullinger/Nowack analysieren die Entwicklung des Netzwerkkonzeptes vor dem Hintergrund der Entwicklung der Vergesellschaftung des Individuums (Bullinger/Nowack 1998, 25f). Zunächst erklären sie den sozialen Wandel aus den Phänomenen Industrialisierung, Urbanisierung und Demokratisierung heraus. Die ersten beiden Phänomene haben große soziale Probleme zur Folge gehabt. Vor allem haben sie die Auflösung von sozialen Bindungen aufgrund der anonymer gestalteten Arbeits- und Lebensbedingungen bewirkt, auf die wieder mit dem Auf- und Ausbau des Sozialsystems geantwortet wurde. Der dritte Schritt der markierten gesellschaftlichen Entwicklung wird mit den Begriffen Europäisierung und Globalisierung überschrieben. »Der gesellschaftliche Wandel hat ... zu höchst komplexen sozialen und gesellschaftlichen Strukturen geführt.« (Bullinger/Nowack 1998, 38f). Es zeigt sich, dass Bullinger/Nowack sich auf eine gesellschaftliche Wirklichkeit beziehen, die die Konzepte der Sozialen Arbeit und der Leitbilder der Pflegeinstitutionen prägt. Der Wandel der letzten zwei Jahrhunderte ist von dieser Entwicklung bestimmt, er wird jedoch mit den neuen und vielleicht noch gar nicht richtig wahrgenommenen Phänomenen wenig verbunden. Vergleichbar der Industrialisierung, die das Entstehen des heutigen Sozialstaates zur notwendigen Folge hatte, ist die Ausbreitung der neuen Informationstechnologien. Beide Entwicklungen verbindet der Gedanke der Netzwerkbildung, insofern zum einen das Netzwerk als die angemessene Antwort auf die durch die Industrialisierung bewirkte Entstrukturalisierung der Gesellschaft begriffen wurde, und zum anderen (technische) Netzwerkbildung als Ausgangspunkt für die Analyse der gesellschaftlichen Situation heute genommen wird. Neu ist in dieser technisch begründeten Idee der Netzwerke die Verbindung zur Wissenschaft. »Die beiden Quellen des Netzes, das militärisch/wissenschaftliche Establishment und die Gegenkultur der Personalcomputer, hatten eine Gemeinsamkeit: die Beziehung zur Welt der Universität.« (Castells 2001, 403).

Differenziert und sehr materialreich beschreibt Manuel Castells den »Aufstieg der Netzwerkgesellschaft« in seiner Trilogie. In Band 1 »Das Informationszeitalter« (Castells 2001) beschreibt Castells das Entstehen der Netzwerkgesellschaft als Prozess des gesellschaftlichen Wandels in den Bereichen Wirtschaft, Unternehmen, Arbeit und Kultur. Seine Grundannahme ist dabei weniger soziologisch orientiert, sondern zunächst ökonomisch und gesellschaftspolitisch. Castells beschreibt die Gesellschaft als durch »Informationalismus« geprägt und meint damit die Tatsache, dass die Wissensgrundlage für die Informationstechnologie einerseits und die Technik zur Wissensproduktion selbst andererseits in einem

Kreislauf verhaftet sind, der sich nur noch auf sich selbst bezieht (Castells 2001, 18).[1] Die Macht dieses Paradigmas hält Castells für so stark, dass wir mit »dem Auftreten von neuen historischen Formen sozialer Interaktion, sozialer Kontrolle und sozialen Wandels zu rechnen haben.« (Castells 2001, 18). Die besondere Bedeutung gewinnt das Phänomen des Informationalismus durch die enge Verbindung zum »Prozess der kapitalistischen Neustrukturierung«, bei dem es um eine Vertiefung der Logik, Gewinne zu erzielen, geht, um Produktivitätssteigerung, um Globalisierung und um staatliche Unterstützung der jeweiligen Volkswirtschaften (Castells 2001, 20f). Dies führt, so zitiert Castells den französischen Autor Alain Tourain, dazu, dass das »Subjekt in seiner Persönlichkeit und seiner Kultur gegen die Logik der Apparate und der Märkte« verteidigt werden muss (Castells 2001, 23f). Harald Wolf kritisiert diese Ausführungen von Manuel Castells, sie würden zwar den Zusammenhang aufdecken, ihn aber zugleich verfestigen (Wolf 2000).[2]

Als erstes stellt Castells eine veränderte Wirtschaftsform fest, diese neue Form sei informationell, global und vernetzt. Informationell meint dabei, dass »die Produktivität und Konkurrenzfähigkeit von Einheiten und Akteuren in dieser Wirtschaft... grundlegend von ihrer Fähigkeit abhängig ist, auf effiziente Weise wissensbasierte Informationen hervorzubringen, zu verarbeiten und anzuwenden.« (Castells 2001, 83). »Global« spielt auf die weltweite Organisation der Kernfunktionen des Wirtschaftens an. Und »vernetzt« nennt Castells die neue Wirtschaftsform, »weil unter den neuen Bedingungen Produktivität durch ein globales Informations-Netzwerk zwischen Unternehmens-Netzwerken erzeugt wird, in dessen Rahmen sich auch die Konkurrenz abspielt (Castells 2001, 83). Zugleich kennzeichnet Castells die neue Wirtschaftsform dadurch, dass sie hohe Produktivität sichert, schnell technologische Innovation aufnimmt. Dies geht weil zum einen die Informationstechnologie-Branche als »Quelle neuer Technologien und von Management-Know-how für die gesamte Wirtschaft« fungieren (Castells 2001, 171). Zum anderen gelingt dies nach Castells, weil die »Finanzbranche als treibende Kraft beim Entstehen eines elektronisch verknüpften globalen Finanzmarktes, der ultimativen Quelle von Investition und Wertschöpfung für die gesamte Wirtschaft«, wirkt (Castells 2001, 171).

Bezogen auf die Unternehmen macht Castells ein »neues organisatorisches Paradigma« aus, das sich unabhängig von der Entstehung der Infor-

---

1   Er spricht von einem »ciculus virtuosus«(!), meint aber mit Sicherheit nicht den Anklang an das lateinische Wort für Tugendhaftigkeit, sondern meint »vitiosus« = fehlerhaft, krankhaft. Solche Fehler tauchen immer wieder auf und schmälern den Wert der umfangreichen Materialsammlung.

2   Wolf bezieht sich noch auf die englisch sprachigen Veröffentlichungen vor 2000.

mationstechnologien entwickelte, um flexible, schlanke und innovative Produktion zu ermöglichen (Castells 2001, 175). »Erstmals in der Geschichte ist die Grundeinheit der Wirtschaftsorganisation kein Subjekt, weder individuell (als Unternehmer oder Unternehmerfamilie), noch kollektiv (als kapitalistische Klasse, Konzern oder Staat). [Es (U.D.)] ist diese Einheit das Netzwerk, das aus unterschiedlichen Subjekten und Organisationen besteht und unablässig abgeändert wird in dem Prozess, durch den sich die Netzwerke an stützende Umgebungen und Marktstrukturen anpassen.« (Castells 2001, 226f). Damit würden nach Castells Vorgaben gemacht, wie generell Organisationen zu verstehen und zu analysieren sind. Während im Verständnis von sozialen Netzwerken der Aspekt in den Vordergrund tritt, dass die Anonymisierung gesellschaftlicher Beziehungen durch soziale Netzwerke und ihre Stärkung zumindest abgemildert werden können, wird in diesen Überlegungen sichtbar, dass Netzwerke ebenso für eine zunehmende Anonymisierung und Loslösung von Wirtschaftsprozessen von konkreten Personen stehen können.

In seiner Analyse der Bereiche Arbeit und Beschäftigung macht Castells Vorgehensweisen aus, die das veränderte Verhalten der Unternehmen gegenüber ihren Arbeitskräften kennzeichnen: Verkleinerung der Belegschaft, transnationale Teilaufträge, flexible Zulieferersysteme, Automatisierung und Verlagerung der Produktion sowie »Arbeitsplatzgarantie-gegen-Verzicht«-Strategien. Diese Veränderung der Beziehung zwischen Unternehmen und ihren Arbeitern hat nach Castells mindestens die gleiche Dimension wie die Industrialisierung im 19. Jahrhundert. »Was diese historische Neudefinition der Beziehung zwischen Kapital und Arbeit ermöglicht hat, war der Einsatz von leistungsfähigen Informationstechnologien und von Organisationsformen, die durch das neue technologische Medium begünstigt wurden. Die Fähigkeit, Arbeitskraft für spezifische Projekte und Aufgaben an einem beliebigen Ort zu einer beliebigen Zeit zusammenzuziehen oder zu verstreuen, schuf die Möglichkeit der Entstehung des virtuellen Unternehmens als einer funktionalen Einheit.« (Castells 2001, 318). Mit dieser Sichtweise greift Castells seine Vorstellung wieder auf, dass der Prozess der Einführung der Informationstechnologien sich selbst immer wieder neu anstößt. »Nie war die Arbeit für den Prozess der Wertschöpfung von zentralerer Bedeutung. Aber niemals waren auch die Arbeitskräfte – ohne Ansehen ihrer Qualifikation – gegenüber der Organisation so verwundbar, weil sie bloße Individuen geworden waren, die innerhalb eines flexiblen Netzwerkes vermietet wurden, dessen Ort dem Netzwerk selbst unbekannt war. ... Desaggregation der Arbeit, die das Tor öffnet für die Netzwerkgesellschaft.« (Castells 2001, 319). Wenn man es zugespitzt formulieren möchte – und es gilt, diese Feststellung im Weiteren zu überprüfen-, dann könnte es eine These Castells's sein, »dass es Netzwerke gibt, weil es Netzwerke gibt«. Diese Feststellung ist nicht so sehr deswegen problematisch, weil sie tautologisch ist, sondern weil sie auf subtile Weise andere Faktoren der Genese der Netzwerkgesellschaft ausschließt. Castells weist an anderer Stelle auf Max Weber hin, der eine mögliche Entwicklung der kapitalistischen Wirtschaftsordnung aufzeigt, die durch Sinnentleerung, Geist- und Herzlosigkeit gekennzeichnet ist (Castells 2001, 228).[3] Gerade der Hinweis auf Max Weber, den Castells selbst gibt, könnte die thesenhafte Zuspitzung bestätigen.

Der vierte Bereich, auf den bezogen Castells das Entstehen der Netzwerkgesellschaft untersucht, ist die Kultur. Castells geht von einem im Wesentlichen auf die neuen Medien begrenzten Verständnis von Kultur aus. U. a. unter Bezug auf japanische Autoren kommt Castells zu der Feststellung, dass die moderne Technik es ermöglicht und nach sich zieht, dass die Gesellschaft kulturell in einem immer größeren Maße segmentiert werde. Auf seine Art bestätigt Castells Untersuchungen von Gerhard Schulz, der in seinen Überlegungen zur »Erlebnisgesellschaft« die Segmentierung der kulturellen Milieus auf der Basis einer empirischen Untersuchung beschreibt (Schulze 1996, S. 169 ff). Nach Castells Überlegungen wird das Publikum aufgrund der durch die technischen Möglichkeiten immer stärkeren Differenzierung der medialen Angebote »immer stärker durch Ideologien, Wertvorstellungen, Geschmacksrichtungen und Lebensstile segmentiert...« (Castells 2001, S. 388). Dies bedeutet zweierlei. Zum einen ist die Möglichkeit, dass die Konsumenten mit unterschiedlichen Sichtweisen und Stilen konfrontiert werden, zunehmend geringer. Je spezifischer die Bedürfnisse bedient werden können, umso heftiger werden sie auch bestätigt. Zum anderen stehen die zunehmenden technischen Möglichkeiten auch für die zunehmende Segmentierung, weil das Medium komplett der zu vermittelnden und auf die Konsumenten zugeschnittenen Botschaft angepasst wird. So »können wir deshalb sagen, dass die Botschaft das Medium ist«. (Castells 2001, 388). Von einem Massenmedium, als das wir das Fernsehen und das Radio kennen, kann bei weitem nicht mehr ausgegangen werden. »Während die Medien heute tatsächlich global miteinander verknüpft zirkulieren, leben wir nicht in einem globalen Dorf, sondern in individuell zugeschnittenen Hütten, die global produziert und lokal verteil werden.« (Castells 2001, 390). Hier zeigt sich Vernetzung widersprüchlich. Während technisch Vernetzung in einem nie gekannten Maß realisierbar ist und realisiert wird, führt gerade diese Vernetzung zu einer immer stärkeren Aufteilung der kulturellen Bezüge, die letztlich nicht mehr personell und inhaltlich, sondern nur noch

---

3 Castells zitiert Max Webers Ausführungen zum Zusammenhang zwischen protestantischer Ethik und Kapitalismus.

technisch, strukturell miteinander verknüpft sind. Castells macht Auswirkungen der technischen Vernetzung auf das Miteinander der Menschen am Beispiel der Internetzugänge als Indikator für die Analyse der Kommunikationskultur deutlich. Er vermutet, dass die Unterschiede der Internetzugänge eine entscheidende Bedeutung für die Veränderung der »künftigen Muster der Kommunikation und Kultur auf der Welt haben«. (Castells 2001, 398). Wie bedeutsam diese Veränderung für die Gesundheits- und Sozialdienste werden können, lässt sich an der Diskussion ablesen, ob die Internetnutzung zu sozialer Isolation führe oder neue Formen von Vergesellschaftung generiere. Castells greift auf Untersuchungen von Wellman und Gulia zurück (Wellman/Gulia 1999), aus denen hervorgeht, dass die virtuelle Gemeinschafts- und Gruppenbildung im Internet der »realen«(?) Gemeinschafts- und Gruppenbildung in Face-to-Face-Kontakten nicht nach steht. Dennoch scheint sich der Trend zu bestätigen, dass das »elektronische Heim... zwei wesentliche Merkmale des neuen Lebensstils [generiert; U.D.]: seine ›Heimzentriertheit‹ und seinen Individualismus.« (Castells 2001, 422). Am Beispiel von Karaoke verdeutlicht Castells, wie die elektronischen Medien nicht völlig neue Kulturen schaffen, sondern Traditionen so okkupieren, dass sie integriert und den Regeln der »Medienmaschine« unterworfen werden. Letztlich lassen sich an der vernetzten medialen Welt drei Aussagen über die Auswirkungen dieser Vernetzung für das Leben in der Gesellschaft ablesen. 1. Die elektronische Vernetzung ermöglicht ein bisher ungeahntes Maß an Differenzierung und Segmentierung bei gleichzeitiger Schaffung virtueller Verbindung. 2. Bildung, Zeit, Geld, Klasse, Rasse, Geschlecht, Land etc. als Kriterien sozialer Schichtung haben entscheidenden Einfluss auf die mit Multimedia verbundenen Chancen; es bilden sich zwei grundlegend unterschiedliche Gruppen: »die Interagierenden und die Interagierten« (Castells 2001, 424). 3. Die multimediale Vernetzung bewirkt bei aller Differenzierung eine Vereinheitlichung der Codes. Sie führt letztlich »zur Integration aller Botschaften in ein gemeinsames kognitives Raster«(Castells 2001, 424). Das Neue im Nachdenken über Netzwerke ist dabei nicht die netzwerk-artige Verbindung in der Gesellschaft, sondern die Tatsache, dass »das neue informationstechnologische Paradigma ... die Basis dafür [schafft], dass die Form auf die gesamte gesellschaftliche Struktur ausgreift und sie durchdringt.« (Castells 2001, 527). Hieraus ergibt sich die Notwendigkeit, bei den nachfolgenden Überlegungen die in der Tat neuen Ergebnisse zur Netzwerkarbeit zu integrieren. Die Tatsache, dass die Informationstechnologie innerhalb kürzester Zeit wahre Quantensprünge an Veränderung durchgemacht und bewirkt hat, erweist sich theoretisch noch nicht ausreichend nachvollzogen.

Ulrich Deller

4. (Soziale) Netzwerke

Wie stark die o. g. Anforderungen an die Theoriebildung der Netzwerkarbeit zu richten ist, lässt sich an einer der neueren Veröffentlichungen zum Thema ablesen. Bommes und Tacke definieren Netzwerke vor dem Hintergrund von zu Grunde liegenden Handlungstheorien. »Handelnde beziehen sich ... in ihrem Handeln stets auf konkrete andere Handelnde und treten auf diese Weise immer schon in soziale Beziehungen, die ihr Handeln einbetten. Netzwerke bezeichnen die Struktur der Einbettung des Handelns in soziale Beziehungen und damit soziale Struktur schlechthin.« (Bommes/Tacke 2006, 39). Hier wird deutlich, wie wenig die Veränderungen aufgrund der neuen Informationstechnologien in die Überlegungen einbezogen und realisiert sind. Das gleiche trifft auch auf die Reaktion von Harald Wolf zu, der sich schon früh mit den Überlegungen von Manuel Castells auseinandergesetzt hat. Wolf geht wesentlich auf die ökonomische Perspektive ein. »Die innerwissenschaftliche Karriere des Netzwerkbegriffes ist nur richtig verständlich, wenn man sich die Prädominanz neoklassischer Ökonomie in den USA und die Anstrengungen der dortigen Soziologen vor Augen führt, dem Markt/Hierarchie-Dualismus jener Ökonomie etwas entgegenzusetzen. Netzwerk wurde zum catchword für die institutionelle Einbettung ökonomischer Aktivitäten.« (Wolf 2000, 95).

Von einem »sozialen Netzwerk« oder einer »Theorie Sozialer Netzwerke« zu sprechen, macht nur Sinn, wenn man damit die Unterscheidung zu anderen Formen oder Theorien z. B. technischen Netzwerken verbindet. Dies kennzeichnet die klassische theoretische Auseinandersetzung nicht, da sie den sich heute aktuell unabdingbar aufdrängenden Bezug zur Informationstechnologie gar nicht realisieren konnte.

Auch wenn es vielleicht vor dem Hintergrund dieser Ausführungen nicht möglich ist, hinter die Entwicklung der letzten 15 Jahre und damit hinter die elektronische Netzwerkbildung zurückzugehen, ist es nicht zuletzt aus historischen Gründen sinnvoll, genauer nach dem (theoretischen) Hintergrund von Netzwerkarbeit zu sehen, um die heutigen Diskussionsstränge zu verstehen. Es wird sich zeigen, dass die von Castells vertretene These der Okkupation der Beziehungen durch die elektronischen Netzwerke auf einer soziologischen Diskussion über die Bedeutung von Netzwerken aufsetzt. Die Bedeutung der historischen Dimension gilt umso mehr, als die zentrale These von Manuel Castells eine aus der Analyse der Auswirkungen elektronischer Netzwerke gewonnene Erkenntnis ist, die sich mit einer soziologischen Analyse einer der Hauptfiguren der Soziologie Georg Simmels deckt. Mit Schenk können wir davon ausgehen, dass die Verwendung des Konzeptes »soziales Netzwerk«

von einem gemeinsamen Grundverständnis ausgeht: »Die sozialen Netzwerke werden als Brückenkonzepte verstanden, die die Lücke zwischen strukturellen Rahmen und individuellem Handeln schließen können.« (Schenk 1984, 11). Schenk unterscheidet vier Hauptströmungen der Entwicklung: 1. Sozialanthropologie, 2. Formale Soziologie, 3. Mathematische Graphentheorie und Sozialwissenschaft, 4. Experimentelle Kommunikationsnetzwerkforschung.

In seinen Ausführungen zur Netzwerkanalyse zeigt Wellmann (1988), dass der Begriff Netzwerk zuerst in Forschungszusammenhängen verwendet wurde, die die Einbindung vom Migranten in soziale Bezüge ihrer neuen und ihrer alten Umgebung aufzeigte. Eine zweite Verwendung erfährt der Begriff in Untersuchungen über die sozialen Beziehungen in einem norwegischen Fischerdorf. Barnes (1954) verwendet den Begriff, um die nicht formalen Beziehungen und ihre Bedeutung für das Leben auf der Insel zu beschreiben. So wird der Begriff Netzwerk (Wellmann:»the network concept«) zunächst in der anthropologisch orientierten Strukturanalyse als zusätzliches neues Instrument verstanden, um Querverbindungen von Mitgliedern geschlossener Gruppen zu erfassen. Diese eher qualitativ angelegten Untersuchungen britischer Forscher werden durch die von Georg Simmel inspirierten Untersuchungen amerikanischer Forscher ergänzt.

Simmel untersucht die Frage, wie Gesellschaft entsteht, wie die Verbindung zwischen den einzelnen Individuen entstehen kann, die grundsätzlich getrennt sind. Simmel spricht von einem Netzwerk von Beziehungen, das so beginnend durch dyadische Verbindungen entsteht. Er geht davon aus, dass die Verflochtenheit der sozialen Elemente der Gesellschaft miteinander (»in das Sein und Tun jedes anderen«) zugleich Ursache und Ziel der Handlungen ist, je nachdem, ob das Gefüge aus der Perspektive des Einzelnen oder der Gesellschaft betrachtet wird (Simmel 1908, 31). Über diese Grundtatsache gesellschaftlicher Konstruktion hinaus spricht Simmel von Konfigurationen, wenn er die Tatsache beschreibt, dass ein Mensch unterschiedlichen Kreisen zugehört, die es ihm ermöglichen, unterschiedliche lokale, sachorientierte, emotional begründete etc. Mitgliedschaften gleichzeitig zu haben. »Die Vereinigung aus Vereinigungen stellt den Einzelnen ... in eine Mehrheit von Kreisen ... Die Gruppen, zu denen der Einzelne gehört, bilden gleichsam ein Koordinatensystem, derart, dass jede neu hinzukommende ihn genauer und unzweideutiger bestimmt.« (Simmel 1908, 312). Dabei macht Simmel einen für das Netzwerk-Konzept entscheidenden Unterschied zwischen Inhalt und Form der Vergesellschaftung. »In allen gesellschaftlichen Gruppen lassen sich nun trotz verschiedener Zwecke und Interessen dennoch dieselben Formen entdecken: Über- und Unterordnung, Arbeitsteilung, Par-

teienbildung, Zusammenschluss nach innen, Abschluss nach außen usw.«
(Schenk (1984), S. 13). Von besonderer Bedeutung war für die weiteren
Überlegungen, dass Simmel davon ausgeht, dass weniger die Inhalte der
sozialen Beziehungen als viel mehr ihre Form bestimmend ist. An dieser
Stelle wird deutlich, dass das Netzwerk-Konzept zunächst eng mit einer
bestimmten Art soziologischer Analyse verbunden ist.

Eine bei Simmel schon angelegte Hauptströmung verbindet zwei Elemente miteinander, die in der Soziometrie zusammenfinden: die mathematische Graphentheorie und sozialwissenschaftliche Gruppenforschung. Wer die Beziehungen in einer Gruppe und dann weiter zwischen
Gruppen erfassen möchte, braucht ein Instrument, das in der Lage ist eine
große Menge von Verbindungslinien und Knoten darzustellen. Es wird
deutlich, »dass die Verwendung von graphentheoretischen Konzepten besonders dort nahe liegt, wo es gilt, Strukturen von Systemen zu untersuchen.« (Schenk 1984, 18). Auf der Graphentheorie aufbauend haben
Lewin und Moreno ihre Forschungen entwickelt. Spätere Weiterentwicklungen haben die Graphentheorie stärker integriert.

Schenk unterscheidet als vierte Hauptströmung die »experimentelle
Kommunikationsnetzwerkforschung«. Sie ist vor allem von sozialpsychologischen und von organisationswissenschaftlichen Forschungen geleistet
worden, und hat besondere Bedeutung für die Kooperation in und zwischen Unternehmen gewonnen. Von besonderer Bedeutung sind z. B. Untersuchungen über die Mitgliedschaft in unterschiedlichen Aufsichtsräten
und die sich daraus ergeben Kommunikation gewesen.

In dieser Auflistung fehlen die sich aus der neuen Diskussion ergebenden Strömungen. Weyer macht im Wesentlichen drei Positionen aus. Zunächst rekurriert er auf »Interorganisationsnetzwerke«. Diese Überlegungen gehen auf Ausführungen von Powell zurück, der konstatiert, dass sich
zwischen den beiden Formen von gesellschaftlicher Strukturierung, Hierarchie und Markt, Netzwerk als neue dritte Form etabliert. Eine zweite
Position ist in der Beschreibung des veränderten Verhältnisses zwischen
Staat und Bürgern zu sehen. Und die dritte Position macht Weyer in der
immer populärer werden »Actor-Network-Theory« aus (Weyer 1997, 54f).

In allen diesen Richtungen hat eine Hoffnung und Chance des Netzwerk-Konzeptes zu seiner hohen Akzeptanz beigetragen: »A basic strength
of the whole network approach is that it permits simultaneously views of
the social system as a whole and of the parts that make up the system.«
(Wellmann 1988, 26). Dabei erweist sich ein Streit als grundlegend: derjenigen, die eher konkrete substantielle Daten erheben bezogen auf einzelne
Personen, mit denen, die nur nach den Strukturen schauen unabhängig
von Personen und ihren Handlungen. Wellmann beschreibt erstere als
verhaftet in einem ptolemäischen Weltbild, während die Strukturanalys-

ten die Welt sehen, wie sie sich einem außen stehenden Betrachter darstellt. Wer versuche die große Fülle der Daten über »egozentrische Netzwerke« zu erfassen, führe in analytische Verwirrung. Dennoch wertschätzt Wellmann diese Denkweise des Netzwerkkonzeptes, da sie Erkenntnisse zusammengetragen habe, dass auch angesichts der Massengesellschaft und ihrer bedeutenden Veränderungen weit verbreitete und bedeutende Verbindungen das Leben kennzeichnen und nicht Isolation und Entfremdung (Wellmann 1988, 27f). Wellmann positioniert sich in der Netzwerkdebatte als Strukturalist. Dies macht sich an folgenden Positionen fest:»1. Individuelle Handlungen werden im Kontext struktureller Restriktionen thematisiert. Kulturelle Werte, Normensozialisation und voluntaristisches Handeln besitzen in dieser Sichtweise eine untergeordnete Bedeutung.« Wellmann schließt vom Ganzen auf die Teile und nicht umgekehrt. 2. Normen ergeben sich aus strukturellen Verortungen. Erklärungen ergeben sich aus der Struktur der Aktionen und nicht aus der Gemeinsamkeit normativer Orientierungen 3. Soziale Strukturen beeinflussen die Beziehungen in Dyaden. Netzwerke gibt es nicht, weil Menschen zusammen sein wollen, sondern weil sie in Arbeitsgruppen, Verwandtschaft, Nachbarschaft etc. strukturelle Verbindungen haben. 3. Die Welt besteht aus Netzwerken und nicht aus Gruppen. Große Sozialsysteme lassen sich nicht durch die Beschreibung begrenzter Gruppen beschreiben. Nur so können komplexe Machtverhältnisse erfasst werden. Vor diesem Hintergrund beschreibt Wellman die Qualität der Verbindungen. Sie sind normalerweise asymmetrisch reziprok und unterscheiden sich nach Inhalt und Dichte. Sie verbinden sowohl direkt als auch indirekt. Die Strukturierung der sozialen Bezüge stellt nicht willkürliche Netzwerke, und so Grenzen und Querverbindungen her. Querverbindungen verbinden Mengen und Individuen. Asymmetrische Verbindungen und komplexe Netzwerke verteilen auf unterschiedliche Weise die knappen Ressourcen. Netzwerke strukturieren Kooperation und Wettbewerb zur Sicherung knapper Ressourcen (Wellmann 1988, 31ff).

Bedeutsam ist, dass, hier von Wellmann vorgeschlagen,»nicht mehr die ›Verteilung‹ irgendeines Attributes über die Einheiten, sondern die Gestalt der Sozialstruktur, wie sie aus den Beziehungsstrukturen zwischen Einheiten ersichtlich wird« (Trezzini 1998, 517) im Vordergrund stehen. Diese Perspektive wird in den Überlegungen zum Sozialen Netzwerk von Johannes Weyer z.T. heftig kritisiert. Dies kommt schon in der Definition des Sozialen Netzwerkes zum Tragen, das Weyer vorschlägt.»Ein soziales Netzwerk ist eine relativ dauerhafte, informelle, personengebundene, vertrauensvolle, reziproke, exklusive Interaktionsbeziehung heterogener, autonomer, strategiefähiger, aber independenter Akteure, die freiwillig kooperieren, um einen Surplus-Effekt zu erzielen, und daher ihre

Handlungsprogramme koppeln.« (Weyer 1997, 64). Trezzini kritisiert die Vereinseitigung von Struktur und Attribut. Im Rückgriff auf Niklas Luhmann (System gibt es nicht ohne Umwelt und Umwelt nicht ohne System) weist er darauf hin, dass Struktur sich durch die konkreten Interaktionen zwischen Individuen herstellt und umgekehrt die konkreten Beziehungen beeinflusst (Trezzini 1998, 520).

Für die weiteren Überlegungen gehen wir also davon aus, dass Netzwerke keine Entität an sich sind, sondern gerade eine Möglichkeit darstellen, das Handeln selbst und die ihm zu Grunde liegenden Strukturen und umgekehrt zu betrachten.

Bezogen auf die Theoriebildung gilt es nun noch den Beitrag von Norbert Elias nachzutragen. Auf seinen soziologischen Überlegungen zur gesellschaftlichen Kohäsion fußen viele Netzwerktheoretiker, sofern sie Netzwerke als Möglichkeit begreifen, die Lebenswelt zu beschreiben. »Um zu verstehen, worum es in der Soziologie geht, muss man... in der Lage sein, seiner selbst als eines Menschen unter anderen gewahr zu werden.« (Elias 1996, 12). Dabei unterscheidet Elias diese Reflexion dadurch, dass der Mensch sich normalerweise als Zentrum begreift, von dem in konzentrischen Kreisen die Bezugssysteme abgehen: Ich, Familie, Schule, Beruf, Staat, etc. und alles zusammen macht die Gesellschaft. Von diesem Denken abweichend erweist es sich als notwendig, den Menschen in netzwerkartigen Zusammenhängen zu begreifen, da man nur so der »immanenten Eigengesetzlichkeit dieser Zusammenhänge« gerecht werden kann«. (Elias 1996, 13). Dabei geht es Norbert Elias um die »weitere Erschließung der von Menschen gebildeten Netzwerke, der sozialen Figurationen«. (Elias 1996, 18f). Diese Figurationen sind dadurch gekennzeichnet, dass sie die Menschen interdependent so miteinander verbinden, dass diese Interdependenzen Zwänge ausüben. Sie tun dies anders als durch ungleich verteilte Chancen zur Teilhabe und Machtausübung; sie tun dies gleichsam natürlich als Grundvoraussetzung für die Vergesellschaftung des Menschen. Figurationen stellen so »eine eigene Ordnung dar, einen Typ von Phänomenen mit Strukturen, Zusammenhangsformen, Regelmäßigkeiten spezifischer Art, die nicht etwa außerhalb der Individuen existieren, sondern die sich eben gerade aus der ständigen Integrierung und aus der Verflechtung der Individuen ergeben.« (Elias 1996, 103). Dabei sind die Personen in den Figurationen ebenso real und konkret wie die Figurationen. Und dennoch warnt Elias davor, aus dieser Analyse den Anspruch der Steuerbarkeit abzuleiten. Aus einem Gefüge von 10 Spielern in einem Spiel ergeben sich im Extremfall schon 5110 mögliche Beziehungen aus einer multiplen Perspektive (Elias 1996, 107). »Im Zentrum der wechselnden Figurationen oder, anders ausgedrückt, des Figurationsprozesses steht ein fluktuierendes Spannungsgleichgewicht, das Hin und Her einer

Machtbalance, die sich bald mehr der einen, bald mehr der anderen Seite zuneigt. Fluktuierende Machtbalancen dieser Art gehören zu den Struktureigentümlichkeiten jedes Figurationsstromes.« (Elias 1996, 142f). Diese grundlegenden Überlegungen lassen sich sowohl auf die Analyse der Gesellschaft, wie auch auf die Analyse von Netzwerkverbindungen zwischen Unternehmen anwenden. Gerade indem dies bei letzteren geschieht, werden Unternehmensnetzwerke sowohl unter ökonomischen Perspektiven betrachtet wie auch unter den Aspekten der Machtbalance und des Spannungsgleichgewichtes.

5. Policy-Netzwerke

Im Zuge der Veränderung der Beziehungen zwischen dem Staat und »seinen« Bürgern erhalten Netzwerktheorien eine besondere Bedeutung. Charles Perrow markiert zur Beschreibung dieses Veränderungsprozesses drei wesentliche Entwicklungen. (Perrow 1996) Lohnabhängigkeit, Externalitäten und Fabrikbürokratie. Lohnabhängkeit führt über lange Jahre zur Abnahme von Selbständigkeit und Mobilität und führt zum Abbau existenter Systeme von Unterstützung und Sorge. Perrow analysiert diesen Prozess als einen des Aufsaugens gesellschaftlicher Funktionen in die betrieblichen Organisationen, ohne diese dort sicher zustellen. Mit Externalitäten beschreibt Perrow den Prozess der »Verschiebung der sozialen Kosten ... auf die Nichteigentümer«. Für Krankheit, Transport zur Arbeit, Umweltverschmutzung zahlen nicht die Unternehmen, sondern die Bürger individuell oder über Steuern. Das dritte Phänomen ist die »Fabrikbürokratie«. Perrow meint mit diesem Begriff die zentrale Kontrolle, Formalisierung, Standardisierung und Spezialisierung, die nur durch betriebsinterne Vertragsvergabe eingeschränkt wurde (Perrow 1996, 80ff). In diesen drei Phänomenen sieht Perrow beschrieben, wie »die wirtschaftlichen Organisationen und insbesondere die Fabriken weitgehend für die Absorption der Gesellschaft durch die Organisationen, die sich im 19. Jahrhundert vollzog, verantwortlich waren.« (Perrow 1996, 103). Vor diesem Hintergrund ist es folgerichtig von einem Verlust des Staates zu sprechen, davon auszugehen, dass die Gesellschaft immer weniger durch die staatlichen Organe hierarchisch gesteuert wird. »Längst gibt es keinen vernünftigen Zweifel mehr an der Beobachtung, dass nicht nur der engere Bereich der Politik, sonder die Gesellschaft insgesamt von Großorganisationen beherrscht wird, sodass der politische Prozess aus der strategischen Interaktion einer Vielzahl von öffentlichen und privaten Organisationen resultiert.« (Willke 1995, 25). Renate Mayntz kommt daher zu dem

Schluss, dass die Bedeutung der Organisationen in unserer Gesellschaft die »Fragmentierung der Macht [zeigt], die nur möglich ist, weil leistungsfähige Organisationen das Vakuum füllen« (Mayntz 1993, 41). Das die staatliche Steuerung kennzeichnende hierarchische Prinzip tritt zurück und erweist sich zunehmend als unwirksam. »Das Aufkommen von formalen Organisationen zerstört zunächst unstrukturierte Quasi-Gruppen ... und setzt an ihre Stelle formale Hierarchien...; letztlich aber zerstören die zunehmende Anzahl und die wachsende Größe von Organisationen die Hierarchien und ersetzen sie durch Netzwerke.« (Mayntz 1993, 44). Mayntz spricht Netzwerken eine eigene Handlungslogik zu, die sich in modernen Gesellschaften als überlegen erweist. Mit ihr können die Dysfunktionen von Hierarchie (Rigidität und mangelnde Flexibilität) und Markt (Marktversagen) ausgeglichen werden. Allgemein wird davon ausgegangen, dass es drei Mechanismen oder Formen der Steuerung bzw. Organisation in einer Gesellschaft gibt. Auf Walter Powell geht die Überlegung zurück, dass Markt und Hierarchie ergänzt werden durch eine neue Form der Koordination und Steuerung (Powell 1996). Alle drei Formen lassen sich folgendermaßen charakterisieren.

Typen (ökonomischer) Organisation und Steuerung[4]

	Markt	Hierarchie	Netzwerk
Form	Spontan, spezifisch	Geregelt, unspezifisch	Diskursiv
Zugang	Offen	Geregelt	Begrenzt, exklusiv
Zeithorizont	Kurzfristig	Langfristig	Mittelfristig
Normative Basis	Verträge; Eigentumsrechte	Arbeitsverhältnis	Komplementäre Stärken
Kommunikationswege	Preise	Routine	Beziehungen
Methoden der Konfliktbewältigung	Feilschen; Gerichtsverfahren	Administrativer Befehl und Kontrolle	Norm der Gegenseitigkeit, Fragen der Reputation
Grad der Flexibilität	Hoch	Niedrig	Mittel
Stärke der Verpflichtung zwischen den Parteien	Niedrig	Mittel bis hoch	Mittel bis hoch

---

4   Eigene Zusammenstellung auf der Basis von Powell (1996) und Weyer (2000)

	Markt	Hierarchie	Netzwerk
Atmosphäre oder Klima	Genauigkeit und / oder Misstrauen	Formal, bürokratisch	»open-ended«, gegenseitige Vorteile
Akteurspräferenzen oder Entscheidungen	Unabhängig	Abhängig	Interdependent
Mischformen	Wiederholte Transaktionen	Informelle Organisation	Statushierarchien
	Verträge als hierarchische Dokumente	Marktähnliche Eigenschaften: Profitzentren, Verrechnungspreise	Formale Regeln

Das Verhältnis zwischen staatlichen Organisationen und Bürgern ist angesichts dieser Charakterisierungen stark in Richtung netzwerkartige Kooperation verändert worden. Renate Mayntz spricht dieser Kooperation eine eigene Logik zu. »Da Policy-Netzwerke aus Akteuren mit unterschiedlichen, aber gegenseitig abhängigen Interessen bestehen ..., bieten sich zunächst Tausch und Aushandlung (bargaining) als Kandidaten für eine spezifische Netzwerklogik an – im Unterschied zur Marktlogik des Wettbewerbs und der Logik von Autorität und Gehorsam, die für Hierarchien typisch sind.« (Mayntz 1993, 45). Ähnliche Befunde ergeben sich nach Nielsen und Pedersen auch für die Wirtschaft. Verhandelte Entscheidungen haben demzufolge den Vorteil, dass sie durch die Wechselwirkung der Akteure zustande kommen, »wobei die betroffene staatliche Behörde auch nur eine von mehreren Beteiligten ist.« (Nielsen/Pedersen 1996, 365). Während neokorporatistische Theorien vordringlich die Beziehung zwischen Organisationen betrachten fokussieren Nielsen und Pedersen die »Koordination der Entscheidungsfindung« (Nielsen/Pedersen 1996, 375). Sie stellen fest, dass die Grenzen zwischen Staat und privater Organisation verschwimmen. »Ein Netzwerk, das sich aus staatlichen, halbstaatlichen und privaten Institutionen zusammensetzt, macht eine klare Unterscheidung zwischen öffentlichem und privatem Sektor unmöglich.« (Nielsen/Pedersen 1996, 376).

Es zeigt sich, dass diese Entwicklung auch das Verhältnis zwischen Staat und Wohlfahrtsverbänden kennzeichnet. Wohlfahrtsverbände sind stark durch verbandliche Strukturen gekennzeichnet. Daher sollen im Folgenden die Beziehungen zu staatlichen Organisationen unter dem Aspekt des Korporatismus beleuchtet werden. Besonders zu berücksichtigen bleibt dabei, dass Wohlfahrtsverbände eine Doppelfunktion haben. »Sie sind zugleich Betriebe und politische Organisation.« (Heinze 2000, 35).

Ulrich Deller

6. Korporatismus und Wohlfahrtsverbände

Streeck und Schmitter verstehen Verbände »als eigenständige Träger sozialer Ordnung« und stellen sie auf die gleiche Ebene wie Markt und Hierarchie (Streeck/Schmitter 1996, 126f). Sie gehen davon aus, dass »Interaktionen innerhalb und zwischen interdependenten komplexen Organisationen« die gesellschaftliche Steuerung ebenso bestimmen wie Markt und Hierarchie (Streeck/Schmitter 1996, 134). Um dies zu erreichen, müssen einige Gegebenheiten erfüllt sein: alle Beteiligten sind voneinander kontingent oder strategisch abhängig; Verbände können starken Einfluss auf die Befriedigung der Interessen anderer Gruppen haben; wirksames Monopol für die Vertretung der Interessen der Mitglieder; Unterordnung der Interessen der einzelnen Mitglieder unter die kollektiven Interessen; Entscheidungen fallen nach hoch komplizierten Formeln und sind oft informell, aber immer nicht-öffentlich (Streeck/Schmitter 1996, 135-141). Streeck und Schmitt sprechen von Verbänden als Organisationen, die private Interessenregierung sichern, weil sie »die kollektiven Eigeninteressen sozialer Gruppen zur Herstellung und Erhaltung einer allgemein akzeptablen sozialen Ordnung in Dienst stellen, und zwar auf der Grundlage von Annahmen über das Verhalten von Organisationen als Transformatoren von Individualinteressen.« (Streeck/Schmitter 1996, 144).

Heinze kommt vor diesem Hintergrund zu der Feststellung, dass die Wohlfahrtsverbände durch neokorporatistische Arrangements eine regelrecht privilegierte Stellung erhalten haben (Heinze 2000, 37). Diese Privilegien können aber in der Regel nur die wirklich großen Organisationen nutzen, da Budgetverwaltung und Kontraktregulierung eine Größenordnung verlangen, die durch die lokal organisierten kleinen Verbände nicht zu sichern sind. Dies stellt vor allem Organisationen wie die Ortsverbände des Deutschen Kinderschutzbundes und die im Deutschen Paritätischen Wohlfahrtsverband zusammengeschlossenen Verbände vor große Probleme. Ab einer bestimmten Größe haben die Verbände eine gute Ausgangsbasis, um direkt mit der Verwaltung die entsprechenden Budgets auszuhandeln. Dabei verbinden die staatlichen Behörden in der Vernetzung hierarchische mit Markt-Aspekten. Daraus entstehen vielfältige Probleme. Die staatlichen Behörden verändern ihr Handeln von der hierarchischen Kontrolle hin zur horizontalen Koordination und lassen dabei oft außer Acht, dass eine wirkliche Vertragsregulierung aufgrund der Stellung der Behörden als Aufsicht und Finanzgeber (Einkäufer) zugleich eine wirklich vertraglich orientierte Netzwerkorganisation unmöglich macht. Zudem zeigt sich, dass gerade für die nicht an Gewinnen orientierten NGO's die Möglichkeiten schwinden, am Wettbewerb teilzuhaben und zugleich politisch die Interessen der Bezugsgruppen zu repräsentieren.

Hintergrund dieser Entwicklung ist eine aus der veränderten Beziehung zwischen Staat und Bürger erwachsene Modernisierung der öffentlichen Verwaltung mit dem Ziel, »starre und inzwischen als dysfunktional beurteilte bürokratische Strukturen zu effizienten, wirksamen, wirtschaftlich handelnden und bürgerorientierten Dienstleistungseinrichtungen umzugestalten.« (Wohlfahrt 2000, 69). Hintergrund dieser Entwicklung ist parallel das Bemühen, die Kosten des Sozialstaates zu senken. Der verstärkte Aufbau solcher »Vermittlerstrukturen« ist nach Wohlfahrt vor allem dort zu verzeichnen, wo »durch die aktive Einbindung gesellschaftlicher Akteure zusätzlich Inputs geleistet werden können«. Er macht für solche Netzwerkverbindungen im Zuge der Verwaltungsmodernisierung folgende Aspekte aus: Integration privatwirtschaftlichen Managementwissens; Probleme sind nur kooperativ lösbar; nicht-kooperative Lösung sind extrem teuer; sie sollen das Subventionsdenken ersetzen (Wohlfahrt 2000, 74). Für die Verbände macht Wohlfahrt folgende Auswirkungen aus: Leistungen müssen an Effizienzkriterien orientiert werden. Der Staat bleibt Monopolist als Finanzgeber/Einkäufer. Qualitätssicherung, Transparenz und externe Kontrollmöglichkeiten werden realisiert. Angezielt ist eine Minderung des Staatlichen Kontroll- und Korrekturaufwandes (Wohlfahrt 2000, 79).

7. Zusammenfassung

Vernetzung und Netzwerke sind ein alltägliches Phänomen. Keine Unternehmung beginnt mit Netzwerkbildung bei Null, kein Manager entdeckt Netzwerkarbeit neu. Netzwerke strukturieren jedes Unternehmen, formale und informelle, soziale und technische. Schon wegen der Alltäglichkeit von Netzwerkbildung ist es daher sinnvoll, allen Heilsbringerbotschaften gegenüber skeptisch zu sein.

Neu an der aktuellen Netzwerkdebatte sind zwei Phänomene. Zum einen ist steht zunehmend im Vordergrund, dass Netzwerke um des Überlebens der Unternehmen willen eingegangen werden. Aber gerade hierzu fehlen ausreichend Zahlen, wie sich vernetzte oder gar fusionierte Unternehmungen entwickelt haben. Oft ist das geplante Netzwerk nicht der Vergrößerung oder Absicherung der unternehmerischen Produktivität geschuldet, sondern der Phantasie, Größe sei gleichzusetzen mit der Absicherung am Markt. Stattdessen kann es sinnvoll sein, in einer nicht vernetzten Nische zu bleiben. Die Steigerung oder Absicherung der unternehmerischen Produktivität ist das entscheidende Kriterium, mit dem Netzwerkbildung beurteilt werden kann. Zum anderen ergibt sich das Phänomen, dass Vernetzung zu wenig vor dem Hintergrund der Auswirkungen der technischen Vernetzung über die Informationstechnologie analysiert wird. Die von Castells beschriebenen Auswirkungen dieser Entwicklung verändern Unternehmen und damit Management in einer entscheidenden Weise. Für den Gesundheits- und Sozialsektor kommt hinzu, dass die Dienstleistung in einer auf Anonymität und Austauschbarkeit ausgerichteten Arbeits- und Unternehmensstruktur nicht oder nur unter extrem schwierigen Bedingungen erbracht werden kann. Dienstleistungen, die auf dem persönlichen Charakter der Dienstleistungsbeziehung aufbauend realisiert werden, stehen der Idee technischer Netzwerke entgegen und umgekehrt. Zudem schaffen sie über die kulturelle Segmentierung Vereinzelung. Das klassische soziologische Nachdenken über die »vernetzte« Gesellschaft bei Elias z. B. versteht das Netzwerk als Brücke zwischen dem Individuum und der (gesellschaftlichen) Struktur. Moreno und Lewin begriffen Netzwerke als eine Möglichkeit, Verbindungen darzustellen. In dem Moment jedoch, in dem diese Verbindungen über technische Netzwerke virtuelle sind, erweist sich der Hinweis von Norbert Elias auf die Eigengesetzlichkeit der Netzwerke als bedeutsame Erkenntnis für Managementhandeln in virtuell vernetzten Unternehmen. Das Unternehmen wird dann von den es kennzeichnenden Verbindungen her gedacht und zwar von den virtuellen. Der Manager tritt zurück. Dies geschieht umso deutlicher, je mehr Netzwerke als zu steuernde Gebilde beschrieben werden. Wenn schon 10 Netzwerkteilnehmer potentiell über 5.000 Beziehungskonstellation bedeuten, wird deutlich, dass von Steuerbarkeit nur in wirklich kleinen Einheiten gesprochen werden kann. Umgekehrt aber muss man mit Perrow annehmen, dass immer mehr gesellschaftliche Funktionen von gesellschaftlichen Netzwerken, von Unternehmen übernommen wurden und sie damit eine enorme gesellschaftliche Bedeutung gewonnen haben. Manager können dem sich hieraus ergebenden Dilemma nur entgehen, indem sie unternehmerische Netzwerke nicht für beliebig gestaltbar halten und sie zugleich bedeutsame gesellschaftliche Netzwerke begreifen.

Weiterführende Literatur

Soziale Netzwerke : Konzepte und Methoden der sozialwissenschaftlichen Netzwerkforschung. Hrsg. von Johannes Weyer, München [u. a.] : Oldenbourg 2000

Organisation und Netzwerk : institutionelle Steuerung in Wirtschaft und Politik. Patrick Kenis ... (Hg.), Frankfurt [u. a.], 1996

Verwendete Literatur

Barnes, J.A.: Class and Committees in a Norwegian Island Parish. In: Human Relations. Vol 7. (1954). S. 39 -58.

Barnes, J.A.: Social Networks. Module 26 – Addison-Wesley Module in Anthropology. o.O., 1972.

Bommes, Michael / Tacke, Veronika: Das Allgemeine und das Besondere des Netzwerkes. In: Qualitative Netzwerkanalyse. Konzepte, Methoden, Anwendungen. Hrsg. v. Bettina Hollstein u. Florian Straus. Wiesbaden 2006. S. 37- 62.

Bullinger, Hermann / Nowack, Jürgen: Soziale Netzwerkarbeit. Eine Einführung für soziale Berufe. Freiburg 1998.

Castells, Manuel: Das Informationszeitalter. Wirtschaft – Gesellschaft – Kultur. Teil 1 der Trilogie: Der Aufstieg der Netzwerkgesellschaft. Opladen 2001.

Dahme, Heinz-Jürgen / Wohlfahrt, Norbert: Zur politischen Inszenierung von Wettbewerb und Vernetzung im Sozial- und Gesundheitssektor – auf dem Weg zu einem neuen Ordnungsmix?In: Netzwerkökonomie im Wohlfahrtsstaat (2000), S. 9 – 26.

Elias, Norbert: Was ist Soziologie? 8. Aufl. Weinheim, München 1996.

Endruweit, Günter: Organisationssoziologie. 2. Aufl. Stuttgart 2004.

Heinze, Rolf G.: Inszenierter Korporatismus im sozialen Sektor. In.: Netzwerkökonomie im Wohlfahrtsstaat. Wettberwerb und Kooperation im Sozial- und Gesundheitssektor. Hrsg. v. Heinz-Jürgen Dahme und Norbert Wohlfahrt. Berlin 2000, S. 31 – 46.

Markowitsch, Hans J.: Der Netzwerkbegriff. In: Grundlagen der Neuropsychologie. Hrsg. v. Hans J. Markowitsch. Göttingen

Mayntz, Renate: Policy-Netzwerke und die Logik von Verhandlungssystemen. In: Politische Vierteljahresschrift. Sonderheft 24/1993. Policy-Analyse. Kritik und Neuorientierung Hrs.v. Adrienne Héritier., S. 39-56.

Netzwerkökonomie im Wohlfahrtsstaat – Wettbewerb und Kooperation im Gesundheits- und Sozialsektor. Hrsg.v. Dahme, Heinz-Jürgen / Wohlfahrt, Norbert, Berlin 2000

Nielsen, Klaus / Pedersen, Ove K.: Von der Mischwirtschaft zur Verhandlungsökonomie. In: Organisation und Netzwerk – nstitutionelle Steuerung in Wirtschaft und Politik. Hrsg. v. Patrick Kenis und Volker Schneider. Wien, 1996, S. 357 – 385.

Perrow, Charles: Eine Gesellschaft von Organisationen. In: Organisation und Netzwerk – nstitutionelle Steuerung in Wirtschaft und Politik. Hrsg. v. Patrick Kenis und Volker Schneider. Wien, 1996, S. 75-121. (zuerst: ders.: A Society of Organizations. (deutsch in: Journal für Sozialforschung 29(1), S. 3-19.

Powell, Walter W.: Weder Markt noch Hierarchie: Netzwerkartige Organisationsformen. In: Organisation und Netzwerk – Institutionelle Steuerung in Wirtschaft und Politik. Hrsg. v. Patrick Kenis und Volker Schneider. Wien, 1996, S. 213 – 271. (zuerst: ders.: Neither Market nor Hierachy: Network Forms of Organizations. In: Research in Organizational Behaviour Band 12: Greenwich 1990, S. 295-336.)

Röhrle, Bernd: Soziale Netzwerke und soziale Unterstützung. Weinheim, 1994.

Schenk, Michael: Soziale Netzwerke und Kommunikation. Tübingen, 1984.

Schulze, Gerhard.: Die Erelebnisgesellschaft – Kulrusoziologie der Gegenwart. (1. Aufl. 1992). 6. Aufl. 1996.

Simmel, Georg: Schriften zur Soziologie. Frankfurt/Main 1983.

Simmel, Georg: Soziologie – Untersuchungen über die Formen der Vergesellschaftung. München, 1908.

Soziale Netzwerke. Konzepte und Methoden der sozialwissenschaftlichen Netzwerkforschung. Hrsg. v. Johannes Weyer. München u. a. 2000

Streeck, Wolfgang / Schmitter, Philippe C.: Gemeinschaft, Markt, Staat – und Verbände? In.: Organisation und Netzwerk – Institutionelle Steuerung in Wirtschaft und Politik. Hrsg. v. Patrick Kenis und Volker Schneider. Wien, 1996, S. 123 – 164.

Trezzini, Bruno: Theoretische Aspekte der sozialwissenschaftlichen Netzwerkanalyse. In: Schweizerische Zeitschrift für Soziologie. 24. Jahrgagng (1998), S. 511-544.

Wellman, Barry / Gulia, Milena (1996): Netsurfers don't ride alone: virtual communities as communities. In: Networks in the Global Village. Ed. by Barry Wellman. Boulder, CO (Westview Press), S. 331-366

Wellman, Barry (1988): Structural analysis: from method and metaphor to theory and substance. In: Social Structures: a network approach. Ed. By Barry Wellmann and S.D. Berkowitz. Cambridge, S. 19-61.

Weyer, Johannes: Weder Ordnung noch Chaos. In: Ders. Technik, die Gesellschaft schafft. 1997, S. 53-99.

Willke, Helmut: Systemtheorie III: Steuerungstheorie. Stuttgart 1995.

Wohlfahrt, Norbert: Netzwerke als Instrument politisch administrativer Kontextssteuerung. In: Netzwerkökonomie im Wohlfahrtsstaat. Wettberwerb und Kooperation im Sozial- und Gesundheitssektor. Hrsg. v. Heinz-Jürgen Dahme und Norbert Wohlfahrt. Berlin 2000, S. 69 – 87.

Wolf, Harald. Das Netzwerk als Signatur der Epoche? In: Arbeit 9(2000)2, S. 95 – 104.

4. Teil
»Der ökonomische Kontext«

Von der Wertschöpfung des Sozialen – Kosten-Nutzen-Analysen sozialpolitischer Instrumente im Bereich volkswirtschaftlicher Denkweisen

Ralf Welter

I. Vorwort

Jedes Studium im weiten Feld der Sozial- und Gesundheitsdienstleistungen wird mit Informationen konfrontiert und von gesetzlichen Entscheidungen beeinflusst, welche nur mit einem profunden Grundverständnis in der Volks- und Betriebswirtschaftslehre einzuordnen sind. Gerade in einem Masterstudiengang wird dieses Wissen immer elementarer, da in den Leitungsebenen des Sozialmanagements immer weniger das ursprüngliche Studienfach die hohe Relevanz hat, sondern im Rahmen der Vernetzung die Analyse der Umweltbedingungen. Die stetigen Veränderungen in der Ausrichtung des Sozialstaats, die sich mit der Suche nach der höchstmöglichen Effizienz charakterisieren lassen, lassen es unumgänglich werden, ökonomisches Handeln sowohl in der Mikro- als auch in der Makroebene zu verstehen. Dieser Studiengang ist sich der Herausforderung bewusst, nicht nur durch die Studien in der Mikroökonomie (Betriebswirtschaftslehre) die Kompetenzen für das Sozialmanagement zu stärken, sondern auch den Fokus auf die Makroebene (Volkswirtschaftslehre) zu legen. Denn Führungskräfte müssen in der Diskussion mit freien oder öffentlichen Trägern dieses Vokabular beherrschen, um die Ausrichtung der Veränderungen bewerten zu können.

Die folgenden kurzen Ausführungen sollen an verschiedenen Themenbereichen den Einfluss der ökonomischen Theorie und Politik auf soziale Dienstleistungen darstellen, erläutern und den Blick für zukünftige Problembereiche öffnen.

1. Der Markt als Allokationsinstrument und die Suche nach dem optimalen Sozialstaat

Moderne Volkswirtschaften sind durch eine hohe Komplexität gekennzeichnet. Das Problem der Koordination der Handlungen von Millionen von Menschen kann entweder über den Marktmechanismus (Marktwirtschaft) oder aber über eine zentrale Planung (Zentralverwaltungswirtschaft) erfolgen. Eine bürokratisch gelenkte Wirtschaft setzt seitens der Planungsinstanz einen sehr hohen Grad an Informationen voraus. Die Planbehörden müssen darüber entscheiden, Was, Wie, Wo, Wann, von Wem und für Wen produziert werden soll. In der Theorie können Modellannahmen dazu führen, eine Planwirtschaft effizient arbeiten zu lassen, in der Realität aber würde die Planinstanz, nicht zuletzt wegen nicht lösbarer logistischer Probleme vor unüberwindbare Probleme gestellt. Die Erfahrung lehrt: Zentralverwaltungswirtschaften sind in der Realität kaum effizient. Da vielfach noch nicht einmal die Grundversorgung sichergestellt werden kann, sind sie auch nicht sozial. Demgegenüber handelt es sich beim Marktmechanismus um einen Koordinationsmechanismus, der keiner bürokratischen Befehle bedarf. Jedes Wirtschaftssubjekt erhält in der Marktwirtschaft seine Informationen über die Veränderung der Preissignale. Die Planungen und Handlungen werden diesen veränderten Marktsignalen laufend angepasst und dadurch schrittweise aufeinander abgestimmt. Das marktgesteuerte System hat daher eine im Vergleich zur Zentralverwaltungswirtschaft höhere Flexibilität und Problemverarbeitungskapazität. Wesentlich für die höhere Leistungsfähigkeit der marktwirtschaftlichen gegenüber der bürokratischen Koordination ist vor allem das wirksamere System der Leistungsanreize. Der Wettbewerb zwingt in der Marktwirtschaft die Wirtschaftssubjekte laufend nach neuen Problemlösungen zu suchen. Wettbewerb ist so gesehen ein Entdeckungsverfahren. Das Preissystem gibt die Signale für die Knappheit der Ressourcen und damit auch für die Richtung einer Erfolg versprechenden Suche nach technischen und organisatorischen Fortschritten. Zentralverwaltungswirtschaftliche Systeme bringen dagegen keine vergleichbare Vielfalt des technischen und organisatorischen Fortschritts hervor.

Voraussetzung für das Funktionieren dieser ökonomischen Logik, ist ein Mensch der dem Vorbild eines »Homo Oeconomicus« (H.O.) entspricht. Dieser allein rational handelnde Mensch widerspricht jedoch zu einem großen Teil dem Menschenbild, welche in den Sozialwissenschaften vertreten wird. (Rogall, Volkswirtschaftslehre 2006, S. 88ff.)

Diese Denkfigur wurde zum ersten Mal von John Stuart Mill 1844 beschrieben, der ein Bindeglied zwischen der Motivation des menschlichen Verhaltens und dem Funktionieren des ökonomischen Modells lieferte. Der Homo Oeconomicus ist als ein Individuum definiert, das, »dem Zwang seiner Natur gehorchend, einen größeren Anteil am Reichtum einem kleineren vorzieht« und darüber hinaus »die relative Wirksamkeit der Mittel, sich in den Besitz von Reichtum zu bringen, zu beurteilen weiß.« Das Prinzip der ökonomischen Rationalität wurde zu einem grundlegenden, konstituierenden – ebenso abstrakten, wie fiktiven – Verhaltensmodell innerhalb der Wirtschaftstheorie, das die Formulierung allgemeiner Gesetzmäßigkeiten oder Gesetze sowie eine weitgehende Mathematisierung theoretischer Aussagen ermöglichte. Ökonomik ist also präzise ausgedrückt die Wissenschaft von den individuell rationalen Wahlhandlungen der Menschen in einer Welt unbegrenzter Bedürfnisse und knapper Ressourcen.

Hinter dem Handlungsmodell des H.O. stehen bestimmte Grundannahmen oder Prinzipien, mit deren Hilfe menschliches Verhalten erklärt und vorhergesagt werden soll. Dazu zählen:

(1) Das Individualprinzip:

Es besagt, dass das Individuum selbstinteressiert handelt. Es verfolgt seine eigenen Ziele, die als gegeben hinzunehmen sind. Der H.O.: hat eine Nutzenfunktion oder Präferenzen. Mögliche Problemlösungen sind nur vor dem Hintergrund dieser gegebenen Präferenzen zu bewerten. Eine Bewertung der Präferenzen (des individuell bestimmten Nutzens) ist nicht möglich. Es ist nach dieser Logik also auch ökonomisch, wenn ein Dieb die beste Methode wählt, um schnell und spurlos Beute zu machen, wenn er nun mal dieses Ziel hat.

(2) Das Prinzip der Problemorientierung:

Das Entscheidungsmodell wird problembezogen gebildet. Man nimmt an, dass der H.O. die Präferenzen und Alternativen, die für ein Entscheidungsproblem relevant sind, vollständig und richtig abbilden kann, dass er also jedes Wahlproblem richtig modellieren kann.

(3) Das Prinzip der Trennung zwischen Präferenzen und Restriktionen:

Der H.O. sieht sich mit seinen gegebenen inneren Präferenzen einem externen Handlungsfeld gegenüber, welches seine Wahl beeinflusst (Restriktionen). Aus dem Zusammenspiel seiner Wünsche und den aktuellen Bedingungen wählt er die optimale Handlung. Beobachtet man nun eine Änderung in den Handlungen, dann wird diese einzig auf die Änderung der externen Restriktionen zurückgeführt, während die inneren Präferenzen als stabil gelten. Wenn jemand heute weniger Alkohol als früher trinkt, dann erklärt das der Ökonom durch eine Erhöhung der Alkoholpreise (Änderung der Restriktionen) und nicht durch ein gewachsenes Gesundheitsbewusstsein der Person (Änderung der Präferenzen). Wie Präferenzen entstehen, interessiert den Ökonomen in der Regel nicht.

(4) Das Rationalitätsprinzip:

Nach dem Rationalitätsprinzip muss das Individuum versuchen, die optimale nutzenmaximale Entscheidung zwischen alternativen Möglichkeiten zu treffen. Ändern sich die Bedingungen im Handlungsfeld, muss der H.O. darauf in vorhersehbarer Weise reagieren. Als rationaler Akteur wird er den Alkoholkonsum sofort reduzieren, wenn der Preis für Alkohol steigt. Die Ökonomik kann sein Verhalten weder erklären noch vorhersagen, wenn er sich »irrational« verhält und trotz Preiserhöhung aus Gewohnheit die gleiche Menge Alkohol weiter konsumiert oder sogar aus einem aktuellen Kummer heraus mehr trinkt als zuvor.

Zur Kennzeichnung des H.O. reicht im Prinzip aus, wenn er sich nach Kräften bemüht, rational zu handeln, auch wenn er nicht alle Alternativen und deren Folgen genau kennt.

Dabei sollte der H.O. vollständige lückenlose Informationen über die Handlungsalternativen, ihre Konsequenzen und Zustände besitzen. Er verfügt damit über vollständige Informationen und ist ein allwissender Akteur. Diese Annahme ist besonders aufgrund einer dynamischen, international verflochtenen und zunehmend komplexer werdenden Wirtschaftsgesellschaft unrealistisch, nicht zuletzt auch wegen der beschränkten Informationsaufnahme- und Informationsverarbeitungskapazität.

(5) Das Prinzip der Nicht-Einzelfall-Betrachtung:

Die sehr strikte Annahme rationalen Verhaltens wird auch dadurch aufgeweicht, dass ein solches Verhalten nicht von jedem Individuum in jeder Situation erwartet wird, sondern nur als tendenzielles Verhalten der meisten Akteure. Das rationale Verhalten muss allerdings deutlich dominant sein, wenn die Ökonomik ihre Erklärungs- und Prognosekraft für die Praxis nicht verlieren will.

(6) Das Prinzip des methodologischen Individualismus:

Alle Eigenschaften, die sozialen Systemen (Gruppen, Gesellschaften, Familien, Unternehmen usw.) zugesprochen werden, müssen aus den individuellen Eigenschaften und Verhaltensweisen der beteiligten Akteure erklärbar sein. Insbesondere dürfen nach dem methodologischen Individualismus nur den Individuen Intentionen und Ziele zugeschrieben werden. Es gibt also z. B. keine Ziele oder Strategien der Unternehmung, sondern nur individuelle Ziele und Strategien von Personen in Unternehmen. Wer sein Ziel durchsetzen will, muss mit den möglicherweise konträren Zielen anderer rechnen.

Welche Präferenzen Menschen normalerweise haben und wie die Menschen zu ihren Präferenzen kommen, wird ebenso aus dem Modell ausgeklammert wie die Fragen der Bewertung von Präferenzen und die Probleme der Informationsverarbeitung. Der völlige Verzicht auf die Klärung dieser Fragen führt allerdings dazu, dass das Verhaltensmodell leicht nichts sagend und tautologisch wird. Denn der H.O. ist nach bisher gesagten jemand, der seinen persönlichen Nutzen durch die optimale Auswahl von Mitteln maximiert. In dieser Allgemeinheit ist das Bild des Menschen völlig wertneutral, was den »Nutzen« betrifft. Ob der Mensch nun Reichtum, Glück, Macht, Gesundheit oder Moralität anstrebt, immer muss er die dazu am besten geeigneten Mittel wählen. Er kann scheinbar außerhalb der soziokulturellen Lebenswelt existieren und verfolgt nur sein Eigeninteresse: Liebe, Furcht, Vertrauen, Neid, Güte und Hilfsbereitschaft sind ihm unbekannt; ignoriert fremde Werte. Dies macht eine Diskussion innerhalb ökonomischer Theorien über Sozialpolitik i.w.S. schwierig. Die Nutzenfunktionen des H.O. müssen in der Weise erweitert werden, dass soziale Strukturen, ein gemeinsames Verfolgen von ökonomischen Zielen und nicht zuletzt der Nutzen des sozialen Friedens in die Nutzenkalküle aufgenommen. Ansätze hierzu existieren und gerade die Spieltheorie bietet hier weitergehende Analysen. (siehe weiter unten)

Eine Möglichkeit die sozialpolitischen Bedürfnisse einer Gesellschaft deutlich zu machen, bietet das Modell der Transformationskurve.

Dieses einfache Modell soll die Möglichkeiten einer Volkswirtschaft ausloten, die größtmögliche Menge an Gütern bei Knappheit der 3 Produktionsfaktoren Arbeit, Boden, Kapital zu erbringen. Produktionsfaktoren müssen verfügbar und kombinierbar sein, damit ein Produktionsprozeß in Gang kommen kann. Man unterscheidet zwischen originären (Arbeit und Boden) sowie dem derivativen Faktor (Kapital). In einem ersten einfachen Modell werden bei Vollauslastung der 3 Produktionsfaktoren in einer Volkswirtschaft zwei Güter bzw. zwei Gütergruppen (z. B. Konsum- und Produktionsgüter) hergestellt. In diesem Fall seien es Private Güter (Konsumgüter i.e.S.) auf der einen und Öffentliche Güter (z. B. »Sozial«-güter) auf der anderen Seite.

Auf den beiden Achsen der folgenden Grafik werden die Quantitäten an diesen Gütern abgetragen, die mit allen Produktionsfaktoren hergestellt werden können und der Verlauf der Produktionsmöglichkeiten von Privaten und öffentlichen Gütern ergibt sich aus dem Ansatz der Opportunitätskosten. Der Verzicht auf die Verfolgung anderer Alternativen wird im wirtschaftswissenschaftlichen Sprachgebrauch als Opportunitätskosten oder Alternativkosten der wirtschaftlichen Tätigkeit bezeichnet, für die sich ein Wirtschaftssubjekt bei seiner Auswahl von Handlungsalternativen entschieden hat. In welcher Höhe solche Opportunitätskosten (OK) anfallen, bemisst sich daher stets danach, in welchem Umfang das Wirtschaftssubjekt auf alternative Wirtschaftätigkeiten durch seine Entscheidung zugunsten der gewählten Alternative verzichten muss.

Dieses Opportunitätskostenkalkül ist für die volkswirtschaftliche Analyse der eigentlich entscheidende Ansatz; dagegen interessieren den Betriebswirtschaftler in der Regel eher Höhe und Entwicklung der direkten Kosten, insbesondere der Produktion und des Absatzes von Gütern und Dienstleistungen. Den volkswirtschaftlichen Analytiker interessieren jedoch mehr die Opportunitätskosten als indirekte Kosten, z. B. in einer

PKW-Produktion, ob mit dem vorhandenen Kostenaufwand alternativ andere Mobilien produziert werden könnten.

Das Konzept der OK und nicht etwa das der direkten Kosten macht unmittelbar deutlich, dass ökonomische Entscheidungen auch auf abgegrenzten Gebieten in einem immanenten Interdependenzzusammenhang mit allen verfügbaren alternativen Handlungsmöglichkeiten stehen und stets wieder neu gesucht und gefunden werden müssen, wenn an irgendeiner Stelle des gesamten Wirtschaftsprozesses eine Änderung eintritt. (siehe auch Rogall, Volkswirtschaftslehre 2006, S. 38ff. sowie Breyer, Buchholz, Ökonomie 2007, S. 57ff.)

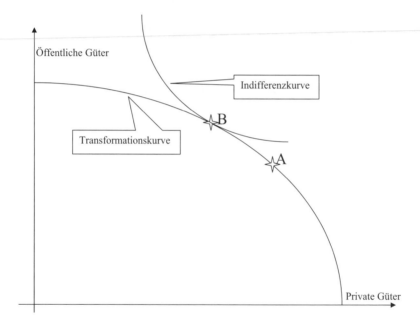

Abbildung 1: Transformationskurve

Der Punkt A der Transformationskurve stellt die Situation dar, wenn alleine die Ausbringung an privaten und öffentlichen Gütern durch die Suche nach der maximalen Quantität gekennzeichnet ist. Der Punkt B ergibt sich durch eine Anlegung der Indifferenzkurve, die sich durch die Bedürfnisabschätzung der Konsumenten für die beiden Güter ergibt. Damit ergäbe sich in einem ersten einfachen Modell, die optimale Ausstattung mit sozialen Gütern bzw. sozialpolitischen Instrumenten.

Viele Studien geben Hinweise auf die von der Gesellschaft gewünschte Position B. Hier dürfen auch die Überlegungen von Adolph Wagner nicht vergessen werden, der den Fortschritt der Zivilisation an dem Maß der Finanzierung öffentlicher Güter gemessen hat (Zinn, Arbeit, Konsum, Akkumulation, 1986, S. 133). Sozialpolitik schafft erst die Möglichkeiten für den Menschen neue Produktivitätsfortschritte und damit Wohlfahrtssteigerungen für den Menschen zu erreichen. Eine alleinige »Tonnenideologie« schmälert die Zukunftsfähigkeit.

Hier kumuliert sich auch das Hauptproblem des neoliberalen Denkstils. Der Neoliberalismus hat es nicht geschafft, mit sich selbst organisierenden Mikroprozessen die Probleme des Wohlfahrtsstaates zu lösen. Er hat vielmehr die Makroprobleme sich selbst überlassen. An der Armuts-, Gesundheits-, Rohstoff-, Kriegs- oder Umweltproblematik kann man ablesen, dass mikroprozessual orientierte Denkstile im Vertrauen auf ein hoffnungsvolles »laisser-faire« die Makroprobleme bis zur Nichtlösbarkeit anwachsen lassen. Der neoliberale Denkstil, welcher alleine auf den Markt setzt und die beiden anderen Möglichkeiten zur Verteilung der Wertschöpfung einer Volkswirtschaft, Redistribution und Reziprozität, außer acht lässt, entwickelt somit mit kleinen Lösungen große Probleme. (vgl. Butterwegge u. a. 2008, S. 129)

2. Einige Aspekte der Kosten-Nutzen-Analyse in der Sozialpolitik

2.1 Nutzenmaximierung der Menschen als Grundprinzip sozialen Handelns
Möchte die Ökonomik wirklich »nur« die Lehre von der Wirtschaft sein, ist sie zwangsläufig überlastet, wenn sie bloß auf ein formales Prinzip rekurriert: Unter der Hand gerät sie zur sozialen All-Wissenschaft. Wegen der großen Streuung des Rationalprinzips rückt das gesamte (halbwegs) bewusste Leben ins Schussfeld, das sich immer »irgendwie« als »Wahl zwischen Alternativen« oder als »Disposition über knappe Mittel zum Zwecke der Bedürfnisbefriedigung« interpretieren lässt. Die eigentliche Wirkungsstätte der Ökonomik bleibt dabei im Dunkeln: Paul »wirtschaftet« nicht, falls er Paula statt Pauline zur Betrachtung seiner Briefmarkensammlung einlädt. Und die Auserkorene denkt gleichfalls nicht (immer) in ökonomischen Kategorien, sofern sie ihr Einverständnis signalisiert. Man kommt um eine materielle Einfriedung des typisch Wirtschaftlichen nicht herum.

Symptomatisch für die fehlende Umgrenzung der Forschung sind folgende unten erwähnte »ökonomische Untersuchungen«.

Aber aufgrund der Verfeinerung der Wirtschaftstheorie und ihren Modellen, gibt es viele Ökonomen, welche in Modellen ökonomische Ansätze auf »nicht-ökonomische« Verhaltensweisen übertragen. Vorreiter in dieser Richtung ist der amerikanische Nobelpreisträger für Wirtschaftswissenschaften Gary Becker (1930) mit seinem Werk: »Ökonomische Erklärung menschlichen Verhaltens«.

Grundlage der Untersuchungen sind die Regeln, welche dem Homo Oeconomicus innewohnen (s. o.) Z. B. wird folgender Tatbestand der Fruchtbarkeit ökonomisch zu erklären versucht.

Voraussetzung: »Teilnehmende« Wirtschaftssubjekte zeigen nutzenmaximierendes Verhalten: $U_{Haushalt} = u (Z_{Mann}; Z_{Frau}; ... Z_i)$ → max.!.

[Z = Haushaltsproduktionsfunktionen; Z_i = z_i (Marktgüter; Zeit; Umweltvariable)]

Die Haushaltsproduktionsfunktionen werden durch die Opportunitätskosten bestimmt, indem der Haushalt Restriktionen unterliegt und somit unter Alternativen auszuwählen hat!

Annahmen:
- Kinder sind langlebige Güter, vornehmlich als langlebige Konsumgüter betrachtet,
- Familie hat vollkommene Kontrolle über die Zahl und zeitliche Aufeinanderfolge ihrer Geburten,
- Kinder dienen der psychischen Befriedigung oder sind Quelle eines psychischen Einkommens für die Eltern,
- Kinder können Produktionsgut sein, da sie monetäres Einkommen stiften können.
- Die Kosten der Kinder ergeben sich somit aus dem Gegenwartswert der erwarteten Ausgaben + geschätzter Wert der Dienstleistungen der Eltern ./. Gegenwartswert der erwarteten monetären Erträge + geschätzter Wert der Dienstleistungen der Kinder.

Ergebnisinterpretation

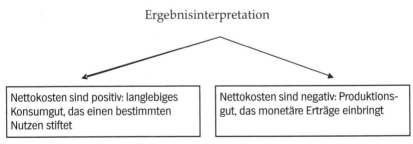

| Nettokosten sind positiv: langlebiges Konsumgut, das einen bestimmten Nutzen stiftet | Nettokosten sind negativ: Produktionsgut, das monetäre Erträge einbringt |

Überlegung i. d.R. gegeben, da ansonsten Kinderproduktion bis zur physischen Grenze!
- Die Fruchtbarkeit wird bestimmt durch Einkommen, Kosten der Kinder, Wissen, Ungewissheit und Präferenzen.

- Eine Erhöhung des Einkommens und ein Preisrückgang würden die Nachfrage nach Kindern erhöhen, wobei allerdings zwischen Quantität und Qualität der nachgefragten Kinder unterschieden werden muss.
- Die Qualität der Kinder hängt unmittelbar mit den für sie getätigten Ausgaben zusammen, d. h. mit steigendem Einkommen steigen die Ausgaben für Kinder.
- Mit steigendem Einkommen kann die Quantität sinken, da die Opportunitätskosten ansteigen.
- Jede Familie muss ihre eigenen Kinder produzieren, da Kinder nicht am Markt gekauft und verkauft werden können. Aus diesem Grund schafft jede entsprechende Unsicherheit in der Produktion von Kindern (etwa deren Geschlecht) eine entsprechende Unsicherheit im Konsum.

Weitere Beispiele sind die Theorie der Heirat, des Kirchenbesuchs oder der Geisteskrankheit als Wahlhandlungsproblem.

Diese Modelle produzieren die Gefahr, die Ökonomie zu einer sozialen All-Wissenschaft zu degradieren, mit der Gefahr einer zu großen Streuung des Rationalprinzips. Der Mensch wird in seiner Vielseitigkeit auf das »nicht-realitätsnahe« Modell des Homo Oeconomicus reduziert! Damit werden ebenso sozialpolitische Instrumente aus der Sicht der Anreize diskutiert.

Aktuelles Beispiel ist die Umsetzung des Workfare-Konzepts innerhalb der Gesetzgebung für die Grundsicherung für arbeitslose Erwerbsfähige. Der Arbeitslose gilt in der Theorie als anreizdeterminiertes Wesen, welcher nur über ein strenges Fordern einer neuen Arbeit zuzuführen ist. Der Wert, den der Mensch in der Arbeit für sein Menschsein sieht, wird negiert und die Arbeit nur als Job angesehen, welches der Einkommenssicherung dient. Die Sanktionsmechanismen sind insofern der Vorstellung geschuldet, dass ökonomisch rational handelnde Menschen bei Transferleistungen in eine Arbeitsverweigerung geraten. Freilich gibt es auch soziologische Studien, die belegen, dass Menschen viele Hürden überspringen um in der Arbeitswelt integriert zu werden und dies zum Teil zu Konditionen, welche nicht für eine ökonomische Rationalität sprechen. Die Zahl von 16 % Arbeitnehmer, die trotz einer 40 Std. Woche, nicht über die Regelsätze des SGB II kommen, sind hier ein beredtes Beispiel. (siehe auch Butterwegge, Krise und Zukunft, 2005, S. 238f.)

2.2 Die Ableitung der optimalen Sozialstaatsquote
Im Rahmen der Institutionenökonomie werden Wirtschaftsordnungen u. a. gesucht, welche in ihrer Effizienz optimal sind. Der Transaktionskostenansatz ist als Kern dieses Forschungsgebietes anzusehen. Im Kontext dieses Denkgebäudes geht es um die Gestaltung effizienter Koordinationsmechanismen für ökonomische Austauschbeziehungen. In der Reali-

tät lassen sich Alternativen zum Markt, z. B. Unternehmen, als Koordinierungsinstitution beobachten. Zur Wahl einer vom Markt abweichenden Organisationsform gibt die Neoklassik jedoch keine Antwort, Kosten im Zusammenhang mit der Koordination von Aktivitäten werden vernachlässigt. Bereits im Jahre 1937 stellte *Ronald H. Coase*, Nobelpreisträger von 1991, die These auf, dass Markt und Unternehmung alternative und in großen Teilen substitutive Formen der Koordination von wirtschaftlichen Aktivitäten sind. Er verwies auf die Tatsache, dass der Güteraustausch über den Markt Kosten verursacht, und stellte so die Frage der Koordination zu einer Entscheidungsvariablen. Als Entscheidungskriterium fungiert dabei die komparative Effizienz. Die mit der Art der Organisation variierenden Kosten sind das Beurteilungskriterium für Abwicklungsformen von Aufgaben. Als Gegenstand der Analyse wird eine Transaktion, verstanden als Übertragung von Verfügungsrechten (»Property-Rights«), zwischen zwei Parteien betrachtet. Grundprinzip ist dabei die Formulierung ökonomischer Fragestellungen als Vertragsprobleme. Dahinter steht die Auffassung, dass jede Transaktion direkt oder indirekt als Vertragsproblem formuliert und sinnvoll unter dem Aspekt der Transaktionskosteneinsparung untersucht werden kann. (Zur Relevanz der Institutionenökonomie in der Sozialpolitik siehe Schellschmidt, Ökonomische Institutionenanalyse, 1997)

Nimmt man einen vollkommenen Markt an, in dem die Kosten für die Transaktion keine Rolle spielen und die Eigentumsrechte eindeutig geregelt sind, kann es zu folgenden Vertragsverhandlungen über die Höhe der »Sozialbeiträge« kommen.

Mit Hilfe solcher neoklassischen Modelle werden Überlegungen von der Belastbarkeit der Beitragszahler angestellt, wobei keine Studie bisher Grenzen der Belastbarkeit quantifizieren konnte. Vielmehr sagen die Prognosen, dass die Menschen für die öffentlichen Güter im Bereich der sozialen Sicherheit einen größeren Teil ihres Budgets ausgeben würden, wenn die Zweckgebundenheit transparenter gemacht würde.

Wesentlich ist auf jeden Fall, dass die Regelung der Eigentumsverhältnisse = Property Rights unmittelbar auf die Grundstruktur der Einkommensverteilung ein(wirkt), wird doch dadurch festgelegt, welche Einkommensarten von den Privaten überhaupt realisiert werden können, in welchem Verhältnis die einzelnen Einkommensarten zueinander stehen und welche Möglichkeiten der Einkommensdifferenzierung und damit auch welches Maß an Ungleichheit in der Einkommensverteilung die Wirtschaftsordnung vor Korrektur durch eine staatliche Umverteilungspolitik grundsätzlich zulässt. So wird es im Extremfall (bei vollständiger Verstaatlichung des Bodens) keine privaten Grundrenten und (bei vollständiger Verstaatlichung der produzierten Produktionsmittel) kein privates Gewinneinkommen aus Unternehmertätigkeit und evtl. auch kein privates Einkommen aus Kapitalverzinsung geben.

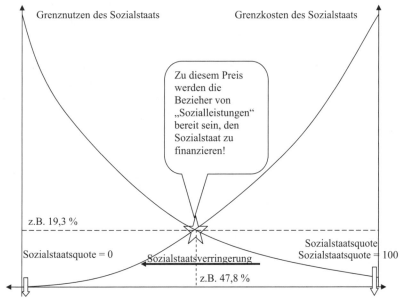

Abbildung 2: Ableitung der Höhe der »Sozialbeiträge« in einer Laisser-faire-Gesellschaft

Es sei darauf hingewiesen, dass die in der Volkswirtschaftslehre diskutierten Verteilungsprinzipien in reiner Form allenfalls im Modell, nicht aber in der Realität bestimmten Wirtschaftsordnungen zugewiesen werden könne. So entspricht das Leistungsprinzip – basierend auf leistungsabhängigen Einkommensunterschieden, wodurch die Produktionsfaktoren in die produktivsten Verwendungen gelenkt werden sollen – zwar dem eine Marktwirtschaft kennzeichnenden Verteilungsmechanismus, allerdings erzwingen soziale Gesichtspunkte eine Umverteilung des sich aus dem Marktprozess ergebenden Einkommens durch Berücksichtigung des Bedarfsprinzips. Als nächste Verteilungsregel ist das Egalitätsprinzip zu nennen. In der Interpretation als Anspruch auf Gleichbehandlung (z. B. gleicher Lohn für gleiche Leistung) bzw. auf Schaffung gleicher Startchancen (»Startgerechtigkeit«) gibt es in der Wissenschaft keinen Dissens. Dagegen findet die egalitäre Vorstellung einer generellen Gleichverteilung von Einkommen und Vermögen wegen der doch eher als »ungerecht« empfundenen Gleichbehandlung von Ungleichem kaum größere Zustimmung, wenngleich es an diesbezüglichen Rechtfertigungen durchaus nicht gemangelt hat.

Ein Maß für die Höhe der Umverteilung durch den Staat kann die Abgabenquote geben, d. h. der Anteil der Steuern und Sozialbeiträge, die von der Wertschöpfung der Volkswirtschaft einbehalten werden und nach bestimmten Normen, die Gerechtigkeitsprinzipien entsprechen, wieder verteilt werden.

Diese bisherigen Kosten-Nutzen-Überlegungen spielen bei der Suche nach Kooperationspartnern in den Sozialen Dienstleistungen eine entscheidende Rolle, da die Kooperationsbereitschaft nicht ein Akt des »Good Will«, sondern die Suche nach Win-Win-Situationen für beide Partner eine Rolle spielt. Marktergebnisse kommen nur dann zustande, wenn sowohl der Anbieter als auch der Nachfrager einen Nutzenvorteil aus der Transaktion ziehen. Im obigen Beispiel müssen die Beitragzahler für ihre sozialen Leistungen durchschnittlich 19,3 % zahlen, obwohl Sie bereit wären (siehe Grafik), für die ersten Risiken (da z. B. existenznotwendig) auch höhere Beiträge zu zahlen. Hingegen haben die Anbieter der sozialen Dienste eine positive Differenz, da die Kosten geringer sind als die Sozialbeitragszahlung. Spieltheoretische Überlegungen, helfen bei der konkreten Umsetzung.

2.3 Solidarisches (kooperatives) Handeln aus spieltheoretischer Sicht
In fast allen Bereichen der Wirtschaftswissenschaften spielt strategisches Verhalten von Wirtschaftssubjekten eine entscheidende Rolle. Die Spieltheorie als methodische Wissenschaft liefert das formale Instrumentarium zur Analyse rationaler strategischer Interaktion; sie stellt damit eine einheitliche Sprache zur Verfügung, derer sich die Ökonomen bedienen können. Grundsätzlich sind zwei Spielformen zu unterscheiden:

Kooperative Spieltheorie	Nichtkooperative Spieltheorie
untersucht denkbare Verhandlungslösungen unter der Annahme, dass bindende Verträge abgeschlossen werden	analysiert, welches Ergebnis sich einstellt, wenn alle Spieler individuell rational ihr Eigeninteresse verfolgen

Man bedient sich zweier unterschiedlicher Darstellungsweisen der Spielform:

extensive Form	strategische Form
Bildet detailliert die zeitliche Struktur des Spielablaufes anhand eines Spielbaumes ab, in dem die einzelnen Züge des Spiels als Entscheidungsknoten dargestellt werden.	Stellt die möglichen Ergebnisse des Spieles in Matrixform als Konsequenz aller denkbaren, den einzelnen Spielern verfügbaren Strategiekombinationen dar. Wird vorzugsweise benutzt!

Gemäß der Idee des Gefangenendilemmas werden Kooperationen nur die suboptimale Lösung ergeben, wenn sich die »Spieler« rein rational und individuell verhalten. Der Anreiz zur Ausnutzung des anderen ist aufgrund fehlender bindender Vereinbarungen, Normen oder ähnlichem signifikant und lässt freiwillige Kooperationen problematisch erscheinen. Dies erkennt man z. B. an den Kartellen in der Zementindustrie, die aufgrund fehlender »Solidarität« aufflogen und milliardenschwere Strafen nach sich zogen. Gerade deswegen legt die Spieltheorie großen Wert auf die Analyse von großen Gruppen. Denn hier zeigt sich die Unmöglichkeit einer optimalen Lösung aufgrund des »Trittbrettfahrer«-Problems. (Holler, Illing, Spieltheorie, 4. Aufl., 2000, insbes. S. 333-350) Hierzu ein Beispiel:

In einem Krankenhaus mit 1000 Mitarbeitern soll ein öffentliches Gut, das jedem Mitarbeiter einen Nutzenzuwachs (N) im Wert von 10 bringt, bereitgestellt werden. Die gesamten Kosten sind 5000 €; auf jedes Mitglied würden also bei gleichmäßiger Umlage 5 € an individuellen Kosten (K) entfallen. In diesem Fall soll es sich um eine Mückenbekämpfungsaktion handeln. Durch die Austrocknung eines Sumpfes in der Nähe des Schwimmbades für die Mitarbeiter durch Auffüllen mit Erde, kann der Mückenplage ein Ende gemacht werden. Ist der Sumpf trockengelegt und gibt es deshalb keine Mücken mehr, ist die Wohlfahrt jedes Mitarbeiters höher als vorher.

Das Problem entsteht nun dadurch, dass keines der Kollektivmitglieder von der Nutzung dieses Gutes ausgeschlossen ist. Also kann man nur auf freiwillige Beiträge der Mitglieder hoffen. Wird das Kollektivmitglied E zahlen?

Dazu die folgende Nutzen-Matrix des Kollektivmitglieds E:

| | Verhalten der anderen (A) | |
	zahlen freiwillig	zahlen nicht
Verhalten des E: zahlt freiwillig	10 − 5 = +5	0 − 5 = -5
Verhalten des E: zahlt nicht	10 − 0 = +10	0 − 0 = 0

Die Matrix stellt die verschiedenen möglichen Situationen des E, aus-gedrückt in der Differenz N − K dar, die sich daraus ergeben können, dass er zahlt oder nicht zahlt, und dass die übrigen zahlen oder nicht zahlen. Aus der Matrix sieht man sofort, dass es sich hier um eine »typische« Gefangenen-Dilemma-Situation handelt. Insbesondere ist die Reihenfolge der Wohlfahrtssituation des E: + 10 > + 5 > 0 > -5 wie die geforderte Ord-nung der Auszahlungen. Das Ergebnis seiner Überlegungen wird deshalb sein, dass er nicht freiwillig zahlt, denn er stellt sich damit bei jedem mög-lichen Verhalten der anderen besser, als wenn er zahlen würde. Angenom-men, alle übrigen zahlen, kommt es auf ihn nicht an; er kann als »Tritt-brettfahrer« in den Genuss des Gutes kommen. Angenommen, alle übrigen zahlen nicht, wäre sein Beitrag verloren.

Da sich alle Beteiligten vor die gleiche Entscheidungssituation gestellt sehen und bei rationalem Handeln auch alle gleich handeln, wird dieses öffentliche Gut nicht bereitgestellt. Somit wird von den Gesellschaftsmit-gliedern kein höheres Wohlfahrtsniveau erreicht (möglich wären 5000 € gewesen). Die Auflösung dieses Dilemmas liegt in der Konstruktion des Gemeinwesens.

Die Lösung kann man an einer Organisation erkennen, die auffällig gut ihre Mitglieder/Kooperationspartner »im Griff« haben: der Mafia. Durch die Festlegung von Normen (hier: Sippenhaftung) werden Anreize jenseits des eigentlichen Kooperationszwecks gesetzt. Für Kooperations-manager bedeutet dies, die einseitige Ausnutzung der ehemaligen beider-seitigen Win-Win-Situation zu verhindern. »Kooperations«-Verträge sind hier zu nennen, sonst besteht der Anreiz, dass der Kooperationspartner ausschert, wenn er einen Vorteil für sich sieht. Z. B. Apotheken, die mit einem Krankenhaus eine Kooperation eingehen, um ihren Bekanntheits-grad zu vergrößern und nach einer gewissen Zeit, wenn das Ziel für die Apotheke erreicht ist, die Begünstigungen für das Krankenhaus kappt.

3. Die neoliberale Doktrin und die Entwicklung des Sozialstaats

Das sog. neoliberale Gedankengut, welches alleine Marktergebnissen das Prädikat gibt, »gerecht« zu sein hat sich in den Medien festgesetzt. Denkfabriken wie die Mont Pélerin-Gesellschaft, die Bertelsmann-Stiftung und nicht zuletzt die Initiative Neue Soziale Marktwirtschaft haben es geschafft, dass im Rahmen der öffentlichen Güter nur noch über Kostenreduktionen, Staatsquotensenkung, Flexibilisierung des Arbeitsmarktes geredet wurde, obwohl es ebenso logische ökonomische Alternativ-Konzepte gibt, welche die soziale Verantwortung des Staates, wie es Ludwig Erhard und Alfred Müller-Armack gewollt haben, nicht reduzieren. Denn eine zunehmende soziale Differenzierung, die sich zur Zeit in einer zunehmenden Einkommensspaltung ausdrückt, kann Kosten durch die Auswirkungen eines sozialen Unfriedens erzeugen. Die Spannweite der Kostenverursachung liegt zwischen der Zunahme an Streiks, einem Anstieg der Gesundheitsausgaben bis zur Zunahme an Kriminalität. Verheerend ist aber zu beobachten, dass in solch einer Situation das Humankapital sinkt (gemessen an den erreichten Abschlüssen), welche die Zukunftsfähigkeit der Volkswirtschaft gefährdet. Die Kosteneinsparungen in der Produktion sind nur von kurzfristiger Dauer und taugen nicht, die hohen negativen externen Effekte mittel- und langfristig aufzufangen. Deshalb sind die skandinavischen Länder dazu übergegangen, über eine Umverteilungspolitik mit starken progressiven Steuertarifen, ein gesellschaftlich erwünschtes Ergebnis anzustreben, welche die Möglichkeit negativer externer Effekte durch sozialen Unfrieden minimiert. (siehe zu den Funktionen der Sozialpolitik: Bäcker et. al., Sozialpolitik und soziale Lage, 4. Aufl., 2008, S. 43ff.)

Das Argument, eine zunehmende Globalisierung, von der Deutschland als Exportweltmeister ganz massiv profitiert, müsste uns zwingen, in jedem Bereich marktradikales Handeln einzufordern, entbehrt jeglicher ökonomischer Logik. Die Furcht immer weniger wettbewerbsfähig zu sein soll die deutschen Arbeitnehmer dazu bringen, auf immer mehr Errungenschaften der Vergangenheit hinsichtlich Einkommen, Arbeitszeit und Arbeitsbedingungen zu verzichten, und sich mit international anerkannten Mindeststandards zufrieden zu geben. Dieses internationale »rat-race« ist mit dafür verantwortlich, dass insbesondere die Unternehmenseinkünfte immer geringer besteuert werden.

Gerade die zu hohe Besteuerung der Leistungsträger wird als Grund für zu geringes Wachstum und die Verlagerung von Arbeitsplätzen angesehen. In der Folge ist der Höchststeuersatz innerhalb von 6 Jahren von 53 auf 42 % abgesenkt worden und der Körperschaftsteuersatz ist auf dem historischen Tiefstand von 25 %. Daneben wurden massive Steuervermeidungen für Unternehmen in den Steuergesetzen umgesetzt, wie z. B. die Steuerfreistellung von Unternehmensveräußerungen.

Die Belastung von Unternehmens- und Vermögenseinkommen mit Ertragsteuern wurde von 1980 bis 1987 halbiert, nämlich von 33 % auf 17 %, und ist nach einem kurzen Anstieg auf 25 % zu Beginn der rot-grünen Regierungsperiode seit 2001 auf nunmehr 16 % abgesenkt worden. Auch in 2001 hatte Deutschland laut EU mit Abstand (nach Griechenland) die niedrigste Steuerbelastung.

Als Folge ist die Steuerquote (Steueraufkommen in % des Bruttoinlandsproduktes) auf 20 % und damit auf die vorletzte Stelle der OECD-Länder abgerutscht.

Die Ausschüttungen der Kapitalgesellschaften sind von 1995 bis 2002 annähernd verdoppelt worden. Wäre der ausschüttbare Gewinn mit dem nominellen Steuersatz von knapp 40 % besteuert gewesen, so könnten maximal die verbleibenden 60 % ausgeschüttet werden, also maximal das 1,5fache der Steuerzahlung. Schon bis 2000 betragen die jährlichen Ausschüttungen aber gut das 2fache der Steuerzahlungen, seit 2001 gar mehr als das 5fache. Diese Diskrepanz weist auf erhebliche Defizite bei der Steuererhebung hin.

Diese zwei Hebel (Senkung der Unternehmenssteuern und gesamte Senkung der Steuerquote sowie Umverteilung auf andere Steuern) führten und führen zu einer massiven steuerlichen Mehrbelastung der unteren und mittleren Einkommensschichten, zumal die Vermögensteuer 1996 aufgehoben und die Erbschaftsteuer in ihren Höchststeuersätzen gesenkt wurden.

Trotz dieser bzw. wegen dieser massiven Steuersenkungen sind die Wachstumschancen nicht gestiegen. Die Wachstumsraten stagnieren auf niedrigem Niveau und einer der Hauptgründe ist die sinkende Binnennachfrage, die durch die ungleicher werdende Besteuerung, wodurch die vertikale Gleichheit der Besteuerung verletzt wird, und den sinkenden Reallöhnen weiter zementiert wird. Deutschland liegt innerhalb der letzten 15 Jahre an letzter Stelle der Reallohnsteigerungen mit -0,4 %.

Die triviale Formel, dass steigende Gewinne zu steigenden Investitionen und damit zu mehr Beschäftigung führen können, ist noch nie durch eine empirische Studie nachgewiesen worden. Diese sog. »GIB-Formel« hat dazu geführt, dass Deutschland die niedrigste Nettoinvestitionsquote mit 3 % aller europäischen Länder hat. Da aber von der Dynamik der Selbststabilisierung der Konkurrenzwirtschaft ausgegangen wird, wird auf gesamtwirtschaftliche Steuerung zunehmend verzichtet. Der Zuwachs an Staatsausgaben wird zugunsten privatwirtschaftlicher Verwendung der volkswirtschaftlichen Ressourcen deutlich unterhalb des Wirtschaftswachstums gehalten.

Durch neuere Untersuchungen wird bestätigt, dass die einseitige Ausrichtung auf die GIB-Formel gegenteilige Effekte ausgelöst hat. Die zum Teil sehr hohen Gewinne, insbesondere bei Großunternehmen, sind für Investitionen im Bereich der Rationalisierung eingesetzt worden. D. h. es kam zu Arbeitsplatzabbau und auch zu weiterem überproportionalen Produktivitätsfortschritt. Durch die geringere Anzahl an Arbeitsplätzen verringerte sich naturgemäß auch die steuerliche Bemessungsgrundlage Arbeitseinkommen. Eine ausgleichende Besteuerung durch adäquate Besteuerung der zunehmenden Kapitaleinkommen hat nicht stattgefunden. Der Hauptgrund liegt in der mangelnden Harmonisierung der Kapital- und Unternehmensbesteuerung in der EU und innerhalb der OECD sowie der Austrocknung von Steueroasen.

Die Aufgaben des Staates sind historisch gewachsen und eng mit der Wirtschafts- und Gesellschaftsordnung verknüpft. Nach dem zweiten Weltkrieg waren alle Parteien von der Funktionsweise der kapitalistischen Ordnung enttäuscht. Man suchte nach alternativen wirtschaftlichen Ordnungsformen, nach einem dritten Weg zwischen »zügellosem Kapitalismus« und »autoritärem Sozialismus«. Für die Suche nach dem bestmöglichen Einsatz der Ressourcen ist eine freie Preisbildung ein sehr geeignetes Instrument. Eine freie Marktwirtschaft produziert diese effizienten Märkte; jedoch auch diese brauchen in bestimmten Elementen einen aktiven Staat. Nach Ansicht der Klassiker/Neoliberalen koordinieren die Märkte die einzelwirtschaftlichen Angebots- und Nachfragepläne über Preisvariationen so optimal, dass auch gesamtwirtschaftlich die bestmöglichen Ergebnisse erbracht werden (Idee der sich selbst regulierenden Märkte) = Allokationsprinzip. Man vertraut insbesondere darauf, dass die Unternehmer, welche durch geringstmögliche Besteuerung in die Lage gesetzt werden mehr Güter herzustellen, hierfür auch die Nachfrage finden würden: Say'sche Theorem: Jedes Angebot schafft sich seine Nachfrage!

In der Theorie ergibt sich bei optimal ausgestalteten Märkten eine Stabilität des marktwirtschaftlichen Systems (durch die sog. »unsichtbare Hand«) und in der Folge bestmögliche Ergebnisse. Wenn dem so ist, wird eine Wirtschaftspolitik von Seiten des Staates nur schaden; damit wird einem Nachtwächterstaat das Wort geredet und die Aufgabe des Staates auf die Setzung von Rahmenbedingungen begrenzt. Alleine öffentliche Güter, die ein Markt nicht privatisieren kann (z. B. innere und äußere Sicherheit, Justizwesen, Förderung von Grundlagenforschung, Schulbildung u. ä.) darf der Staat in seine Aufgaben hineinnehmen und zur Finanzierung dieser Güter Steuern erheben. Inwieweit Güter nicht zu privatisieren sind soll, nicht nur über die Marktfähigkeit entschieden werden, sondern auch über das Wollen der Gesellschaft.

Ein Konzept, welches alleine die bestmögliche Allokation in den Vordergrund stellt, verkennt die breiten Folgen eines Marktversagens in verschiedenen Bereichen. Die Versorgungssicherheit in der Gesundheit, Bildung, Infrastruktur und der Abdeckung von Einkommensverlusten bei Eintreten von Risiken wäre bei einer marktlichen Organisation nicht gegeben.

Deswegen tritt die Soziale Marktwirtschaft mit dem Konzept an, einen aktiv handelnden Staat in die Pflicht zu nehmen. In der Zukunft werden die Probleme durch Spaltungen im Arbeitsmarkt und Zunahme der Differenzierungen bei den Einkommen und Vermögen so intensiv werden, dass die Beachtung der Allokation einen geringeren Stellenwert bekommen wird.

Gerade der Arbeitsmarkt ist seit langem nicht mehr durch konjunkturelle Probleme geprägt, sondern von massiven strukturellen Ungleichgewichten. Diese Ungleichgewichte sind durch reine Marktstrategien nicht zu überwinden. Insofern ist hier von einem Marktversagen zu sprechen, da selbst sinkende Arbeitskosten durch sinkende Stundenlöhne in den letzten Jahren nicht zu einem Abbau der Arbeitslosigkeit geführt haben. Im Gegenteil, die natürliche Arbeitslosenquote, d. h. die Wachstumsrate, ab der der Beschäftigungsstand wieder steigt ist durch starke Produktivitätszuwächse auf 2,5 % angestiegen. Auch Stundenlöhne auf dem Niveau des Existenzminimums lösen dieses Problem nicht.

In einer Wirtschaftsordnung, die offen ist für neue Wege in der Einkommens- und Arbeitspolitik, wird eine Umverteilungspolitik notwendig, die über das bisherige Maß weit hinausgeht. D. h. die Notwendigkeit der Distribution, wie es Finanzwissenschaftler nennen, darf nicht zugunsten einseitiger Ausrichtung auf effiziente Märkte verspielt werden. In einer Volkswirtschaft ohne Vollbeschäftigungsaussichten, hat die Sozialpolitik die Aufgabe ein menschenwürdiges Leben sicherzustellen und damit auch das Humankapital, aus der unsere Wertschöpfung geschaffen wird.

Die Durchsetzung sozialer Gerechtigkeit knüpft unabhängig von ihrer inhaltlichen Ausgestaltung (z. B. Leistungsgerechtigkeit, Bedarfsgerechtigkeit) an die Verteilung fairer Startbedingungen im Wettbewerb um Einkommensmöglichkeiten (Konsumchancen) und an eine gerechte Verteilung der marktwirtschaftlichen Produktionsergebnisse (Umverteilung über ein Steuer- und Transfersystem) an. Durch eine gleichmäßigere Verteilung der Chancen für den Erwerb von Bildung, Einkommen und Vermögen sowie durch eine Verringerung unerwünschter, nicht leistungsbezogener Einkommens- und Vermögensunterschiede, soll soziale Gerechtigkeit verwirklicht werden.

Durch eine umverteilende Ausgestaltung des Steuer- und Transfersystems soll die ursprüngliche Verteilung des Einkommens, die sich alleine nach der Leistungsfähigkeit bemisst (Primärverteilung) in eine – als gerechter empfundene – Sekundärverteilung transformiert werden, welche zu weniger stark differenzierten Nettoeinkommen führt.

Abbildung 3: Kriterien der Gerechtigkeit

Abbildung 3 dient der Klarstellung welche Vorstellungen von Gerechtigkeit die Verteilungspolitik bestimmen sollen.

Das Sozialstaatsprinzip (Art. 20 GG: »Die Bundesrepublik Deutschland ist ein demokratischer und sozialer Rechtsstaat«) findet in den Umverteilungsaktivitäten seinen Ausdruck; mit diesen Aktivitäten wird ein Kompromiss zwischen dem Leistungsprinzip, das in der Primärverteilung der Einkommen zum Ausdruck kommt, und dem Bedarfsprinzip, das bei mangelnder bzw. fehlender Leistungsfähigkeit einen Anspruch auf Sozialtransfers begründet, angestrebt. Die steuerliche Relevanz des Distributionsprinzips wird sowohl in der Wahl der Steuererhebung als auch in der Ausprägung der Progression im Steuertarif deutlich.

Die Abhängigkeit der Führungskräfte in Sozial- und Gesundheitsdienstleistungen von der Tragfähigkeit eines »starken Staates« macht es zwingend notwendig, ideologische Begrifflichkeiten aufzunehmen und zu analysieren. Die Ablösung des Keynesianismus Ende der siebziger Jahre durch eine Angebotspolitik, spätestens seit 1982, führte zu einer Vorstellung von einem Sozialstaat, der getrost als Feigenblatt des Kapitalismus und nicht als unverzichtbarer Wirtschaftsfaktor für jedwede Ökonomie gesehen wurde. Die aktuelle Finanzmarkt- und Weltwirtschaftskrise, scheint eine neue Zeitenwende einzuläutern, die einer kritischen Hinterfragung von sozialpolitisch Verantwortlichen bedarf. Denn die massive Umverteilung hat erst zu der Liquidität geführt, welche dem Finanzmarkt eine solch hohe Bedeutung zumisst und die Privatisierung zahlreicher öffentlicher Güter machte Spekulationen in weiteren Felder möglich (siehe z. B. Cross-border-Leasing). Dies bedeutet eine hohe Gefährdung von sozialen Einrichtungen in kommunaler Trägerschaft. Auch hier sind Kooperationsmanager gefragt, um gemeinsame Ziele zu koordinieren und soziale Standards in der Öffentlichkeit zu thematisieren und einzufordern.

4. Die Entwicklung von Human- und Sozialkapital durch einen Sozialstaat

Der Ausdruck »Human-Kapital« suggeriert die Analogie zum Sachkapital und zum Finanzkapital. Der Betrachtungswinkel wird eng begrenzt auf den wirtschaftlichen Verwendungszweck, denn im kapitalistischen Wirtschaftssystem geht es um Kapitalverwertung. Das bedeutet, dass Human-Kapital eben als Kapital, nur als *ökonomische* Ressource, als notwendige Bedingung für wirtschaftliche Leistungsfähigkeit und Wirtschaftswachstum gesehen wird. Die vermittelten Bildungsinhalte setzen immer mehr auf die direkt wirtschaftlich verwertbaren Arbeitsqualifikationen an. Ein Bildungsideal im humboldtschen Sinne wird immer mehr zurückgedrängt, obwohl die zukünftigen Herausforderungen, wie dies auch der Club of Rome im Jahre 1998 in seiner Studie »Wie wir arbeiten werden« herausgearbeitet hat, ein Höchstmaß an Kreativität, Selbständigkeit und Motivation für lebenslanges Lernen voraussetzt.

Wenn und soweit vorwiegend nur die wachstumsorientierte, ökonomische Dimension der menschlichen Arbeit in den verschiedenen Politikbereichen wahrgenommen wird, wie das seit Beginn der lang anhaltenden Wachstumsschwäche, also seit den 1970er Jahren in steigendem Maße der Fall wurde, stehen Investitionen in Human-Kapital unter der Bedingung, dass sie sich rechnen; gemeint ist damit, dass sie für die marktbezogene Kapitalverwertung brauchbar sind. Bildungspolitik, Wissenschaftspolitik, generell die kulturpolitischen Orientierungen gerieten wegen der krisenbedingten Finanzprobleme mehr und mehr unter gewinnwirtschaftlichen Rechtfertigungszwang, und das heißt praktisch, dass privatwirtschaftliche Rentabilität zum Kriterium der »Nützlichkeit« jeweiliger

Bildungsausgaben avanciert. Diese »Verbetriebswirtschaftlichung« der Bildungspolitik ignoriert die Langfristigkeit, die auf die kommende Generation gerichtete Zukunftsverantwortung und den außerökonomischen Sinn des Bildungs- und Kulturniveaus der Gesellschaft.

Demgegenüber widmet sich der Kooperationsmanager hauptsächlich dem Sozialkapital, das seit Beginn der sechziger Jahre gebraucht wird. Mit dem Begriff wird die Vorstellung transportiert, das Soziale Kapital erbringt Renditen für das Gemeinwesen, welche dann für den neuen Aufbau eines »Sozialkapitalstocks« für neues Sozialkapital benutzt wird. Das Sozialkapital ist Grundvoraussetzung für die Bildung politischer Institutionen und für die nichtökonomischen, kulturellen Faktoren wirtschaftlichen Handelns. Sowie auf die von den politischen Institutionen selbst nicht erzeugbaren, sondern immer schon in Anspruch genommenen moralischen Ressourcen des Gemeinwesens bzw. der Bürgergesellschaft. Hier spielt Vertrauen eine konstitutive Rolle und hat damit enge Anknüpfungspunkte an das Kooperationsmanagement. Ein in sich gefestigter Sozialstaat, in der die Solidarität als Prinzip der Absicherung der sozialen Risiken dominant ist, lässt die Rahmenbedingungen zu, neues Sozialvertrauen bzw. Sozialkapital aufzubauen. Homo Oeconomici, die eher bindungslos um sich selbst kreisen, da sie nur ihrer Nutzenmaximierung folgen dürfen, passen hier nicht ins Bild. Ein freiwilliges Engagement in Vereinen und Verbänden wird nur durch dieses Sozialkapital möglich und wenn Ehrenamtliche in die Kooperation mit Hauptamtlichen gebracht werden sollen, muss ein Konsens des Vertrauens vorliegen.

5. »Wie wir arbeiten werden« und die Herausforderung an den Sozialstaat

Dieser Titel stammt von einer Studie des Club of Rome, in der die zukünftige Arbeitswelt abgebildet wird und in der grundlegende Reformen in der Sozialpolitik eingefordert werden.

Wirtschaftsordnungen haben in der Regel Entwicklungen durchgemacht, die zu einem Überwinden des bisherigen auf ein »besseres« Niveau geführt haben. Die Entwicklungen waren gepaart mit der Suche nach einer höheren Wohlfahrt für den Staat und die Menschen. Nach dem Überwinden des eher stationären Mittelalters begann mit der allmählichen Herausbildung von Berufen ab dem 13. Jh. und den ersten industriellen Entwicklungen ab dem 18. Jh. ein rasanter Produktivitätsanstieg, der die Absorption der Arbeitskräfte durch den Agrarsektor stoppte und allmählich die Beschäftigtenzahl im landwirtschaftlichen Bereich reduzierte; aufgefangen wurden die Arbeitslosen zunächst in den sich herausbildenden handwerklichen Berufen, die mit einer Zunahme an Selbstständigkeit einherging. Mit der Herausbildung eines gesellschaftlich gewollten und durch technische Erfindungen möglich gewordenen industriellen Sektors wurde die Arbeit in unselbstständigen Arbeitsverhältnissen fast die Regel. Aber gerade in diesem Bereich ließen die Produktivitätssteigerungen keine Wünsche offen und eine Arbeitslosigkeit in diesem Bereich wurde nur durch den Mehrkonsum der privaten Haushalte verhindert. Trotzdem wurde durch die zunehmende Rationalisierung der Produktionsfaktor Arbeit immer weniger benötigt und die Lösung wurde in einer Dienstleistungsgesellschaft gesehen, welche an den Produktivitätssteigerungen kaum beteiligt sein könne. (siehe hierzu Zinn, Karl Georg, Zukunftswissen, Hamburg 2002, S. 69)

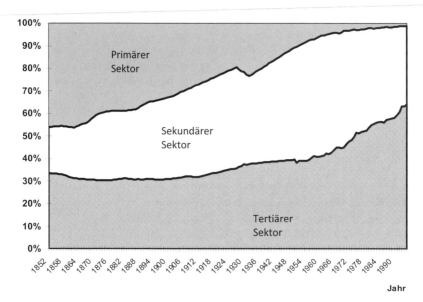

Jahr

Abbildung 4: Die Entwicklung des Bruttoinlandsproduktes nach Sektoren von 1852 bis 1996

Jean Fourastié hatte in seinem Buch von 1949 im sogenannten tertiären Sektor die große Hoffnung des 20. Jahrhunderts gesehen. Indes durch die Möglichkeiten der Hard- und Software gepaart mit neuen Managementmethoden (indirekte Steuerung) waren in den letzten 20 Jahren die Produktivitätsfortschritte im tertiären Bereich wesentlich höher als im industriellen Sektor. Erschwerend traten dort Sättigungstendenzen auf, die nur durch einen zunehmenden Export wettgemacht werden konnten. Die

Arbeitslosigkeit steigt stetig an und der Arbeitsmarktdruck führt zu unwürdigen Arbeitsverhältnissen. Lassen wir diesen Entwicklungen freien Lauf, besteht die realistische Gefahr zum Manchester-Kapitalismus des 19. Jh. mit Tagelöhnern und insbes. Arbeitsverhältnissen mit einer kaum existenzabsichernden Entlohnung zurückzukehren. (siehe auch Zinn, Wie Reichtum Armut schafft, Köln 2002, S. 84-86)

Auf der anderen Seite steigt die Wertschöpfung aber stetig an und das Bruttoinlandsprodukt je Kopf wird immer größer. Ein Partizipieren der Arbeitnehmer an dieser Wohlstandsmehrung ist seit der mangelnden Durchsetzbarkeit einer produktivitätsorientierten Entlohnung durch die Gewerkschaften nicht mehr gegeben. Es bleibt nur die Wahl andere Verteilungsmechanismen zu finden, die auf der einen Seite einen »gerechten Anteil der Arbeitnehmer« an ihrer Wertschöpfung realisieren und auf der anderen Seite ein Wachstumsmodell für den quartären Sektor, dem Informationssektor anbieten. Hier spielt, wie später noch ausgeführt wird, die Bildung eine zentrale Rolle, deren Verbesserung durch die Ausrichtung auf ein qualitatives Wachstum eingeleitet wird. Das Grundeinkommen setzt eine Verteilung der Wertschöpfung zugunsten der Haushalte um, die »nur« ihre Arbeitskraft anbieten können. Das Grundeinkommen ist aber nicht als armutsvermeidendes Instrument zu verstehen, sondern als Möglichkeit, die Arbeitnehmer mit alternativen Handlungschancen zu versehen, gemäß ihrer Fähigkeiten die Wertschöpfung unserer Gesellschaft zu erweitern.

Die nach Arbeitszeit strebenden Menschen müssen sich nicht mehr unwürdigen Vermittlungsprozeduren hingeben, sondern können gemäß ihren Fähigkeiten ihr Humankapital ausleben und die Wertschöpfung unserer Gesellschaft mehren. Aus der Naturrechtslehre abgeleitet ist eine Ordnung sozial gerecht, die es jedem Menschen ermöglicht, der gegebenen Bestimmung entsprechend zu leben. Die geistigen Väter der sozialen Marktwirtschaft greifen hierauf ganz eindeutig zurück. Unwidersprochen haben Ludwig Erhard, Alfred Müller-Armack, Walter Eucken, Wilhelm Röpke, Franz Böhm das Wachstum einer Gesellschaft nur dann als gesichert angesehen, wenn die »individuellen Kreativpotentiale der arbeitenden Menschen« herausgekitzelt werden.

Heute haben wir genau das Gegenteil. Alleine in der Begrifflichkeit, dass nicht mehr von Arbeitsplätzen, sondern von Jobs geredet wird, zeigt sich der Stellenwert der »Arbeit«, welche nur noch zur Einkommensbeschaffung angesehen wird. Der Gute-Arbeit-Index des DGB, welche vor einem Jahr die Güte der Arbeitsplätze abgefragt hat ergibt ein negatives Bild der deutschen Arbeitswelt. Nur noch knapp 20 % der Arbeitnehmer empfanden ihre Arbeit als gut. Die Einkommenshöhe spielte hier nicht die entscheidende Rolle unter den 18 Kriterien. Wir haben kein Erkenntnisproblem darüber, dass das »Humankapital« in Deutschland sinkt. Nicht nur der Staat, sondern auch die Unternehmen investieren zu wenig in Bildung. Unsere Zukunftsfähigkeit hängt aber nicht von den Lohnkosten ab, sondern von Mitarbeitern mit breiten Kompetenzen. Und gerade die Arbeitslosen und die stark von Arbeitslosigkeit Betroffenen, wie z. B. die Geringqualifizierten, müssen noch stärker in das Blickfeld rücken, damit die Armut an »Verwirklichungschancen« reduziert wird. Dieser Ansatz stammt von dem Nobelpreisträger Amartya Sen. Gemäß seinen Überlegungen, sind die Verwirklichungschancen als Wohlfahrtsmaßstab geeigneter als andere Größen, wie z. B. das BIP. Zur Zeit werden durch die Sozialpolitik zu fast 95 % ausschließlich sog. »Functionings« abgedeckt, wie z. B. durch ALG I, ALG II usw. Das Fördern nach dem Workfare-Konzept sollte aber genau in die Richtung der Verwirklichungschancen gehen. Amartya Sen hat die Naturrechtslehre mit neuen Begrifflichkeiten versehen. Schon Oswalt von Nell Breuning formulierte es so: »Beruht die menschliche Gesellschaft nur auf Nutzenerwägungen, so kann ich mich durch Nutzenverzicht von allen gesellschaftlichen Verpflichtungen freizeichnen. Nur dann, wenn es nicht bloß um Nützlichkeiten geht, auf die ich, wenn ich will, verzichten kann, ..., nur dann haben wir eine sittliche Bindung an die Gemeinschaft. Mit dem Nützlichkeitskalkül können wir die Menschen nicht sittlich binden, ..., für eine gesellschaftliche Organisation gibt es dann nur das Mittel des nackten äußeren Zwanges.« (Oswald von Nell-Breuning, Aktuelle Fragen der Gesellschaftspolitik, Köln 1970, S. 15)

Nicht nur unter dem Blickwinkel der herrschenden Vorstellungen von sozialer Gerechtigkeit und Gleichheit, sondern auch aus der Perspektive einer möglichst optimalen Nutzung des insgesamt verfügbaren gesellschaftlichen Humankapitals verdienen zwei strukturelle Arbeitsmarktprobleme verstärkte Beachtung:

Die Segmentierung des Markts der bezahlten Arbeit, also die durch ökonomische Regelhaftigkeiten, institutionelle Barrieren und individuelle Gewohnheiten verfestigte Abschottung von inner- und überbetrieblichen Teilarbeitsmärkten. Sie führt dazu, dass individuelle Übergänge zwischen »bad jobs« und good jobs« selbst dann erschwert sind, wenn sie mit Blick auf die Qualifizierungsfähigkeit und -bereitschaft der Erwerbspersonen nahe liegen, oder dass Übergänge zwischen Wirtschaftssektoren und Branchen selbst dann nur unzureichend stattfinden, wenn ein deutliches Gefälle bezüglich des Arbeitskräftebedarfs oder der Arbeitsbedingungen besteht.

Die Spaltung der Erwerbswilligen und -fähigen in eine Bevölkerungshälfte von dauerhaft oder zumindest fast kontinuierlich bezahlt-beschäftigten Personen und eine Bevölkerungshälfte von dauerhaft oder zumindest über lange Phasen unfreiwillig Erwerbslosen ist ein neues und sich beschleunigendes Phänomen. Von den letzteren ist wiederum ein Teil gemäß seinen Neigungen und Fähigen in der Bedarfs- und Haushaltswirtschaft beschäftigt, – jedoch ohne Bezahlung und mit einem vergleichsweise geringen Sozialstatus. Dauert diese Spaltung über mehrere Jahre hinweg an und sind bestimmte Personengruppen fortwährend oder immer wieder von Erwerbslosigkeit betroffen, so wird der Übergang oder Rückkehr ins Erwerbsleben selbst dann – und zwar aus psychosozialen Gründen – unwahrscheinlich, wenn die individuellen fachlichen Qualifikationen vorhanden sind.

Diese skizzierte Arbeitsmarktentwicklung birgt aus folgendem Grund in besonderem Maß die Gefahr sowohl einer verstärkten Segmentierung des Arbeitsmarktes als auch einer dauerhaften Spaltung der Gesellschaft: Es handelt sich (wie oben schon anhand der Produktivitätsentwicklung analysiert) um Innovationen seit Mitte der achtziger Jahre im Bereich Technik, aber vor allem auch der Arbeitsorganisation (Arbeitnehmer werden zu »Selbständigen« im Unternehmen durch indirekte Steuerung) und der Berufsqualifikation (in der immer mehr nur sehr spezialisiert ausgebildet wird). Wer innerhalb dieser Phasen den Übergang in die zukunftsträchtigen inner- und überbetrieblichen Arbeitsmarktsegmente nicht schafft, läuft Gefahr, über längere Zeit oder gar für immer aus dem Arbeitsmarkt ausgegrenzt zu werden oder in die bad jobs abgedrängt zu werden.

Auf diese Weise geht ein Teil des in der Bevölkerung vorhandenen Humankapitals entweder vollständig für die Erwerbswirtschaft verloren oder wird lediglich »unter Wert« genutzt. Das ist angesichts der zu erwartenden Engpässe bei bestimmten beruflichen Qualifikationen bedenklich, aber auf jeden Fall nicht wirtschaftlich.

Dies trifft Frauen in besonderem Maße, die kurze oder längere Zeit für die Kindererziehung aus dem Erwerbsleben aussteigen. Aufgrund der Schnelllebigkeit des Wissens zeigen statistische Untersuchungen, dass Frauen, die nach einem Jahr wieder in ihren Beruf einsteigen wollen, eine Abschreibung auf ihr Humankapital von 30 % zu erwarten haben, d. h. ihr neues Einkommen ist um 30 % abgesenkt worden. Dies ist auch in der Lebenseinkommensbetrachtung nicht mehr aufzuholen.

Außerdem entstehen gravierende psychosoziale Belastungen auf Seiten der unfreiwillig Erwerbslosen und der fortwährend vom Arbeitsplatzverlust Bedrohten sowie verschärfte soziale Konflikte zwischen abgesicherten Vollzeiterwerbstätigen und den dauerhaft oder wiederholt Erwerbslosen. Diese Konflikte sind deshalb besonders gravierend, weil sie in Verbindung mit der ungleichen Verteilung eines der traditionell wichtigsten Mittel der Bedarfsdeckung und Bedürfnisbefriedigung auftreten, nämlich der bezahlten Arbeit. Schließlich zeichnen sich langfristige psychosoziale und soziokulturelle Erosionseffekte ab. Sie entstehen dadurch, dass ein Teil der nachwachsenden Generationen in Familienhaushalten aufwächst, in denen ein oder beide Elternteile unfreiwillig entweder dauernd oder wiederholt von Erwerbslosigkeit betroffen sind. Das ist nicht nur mit ökonomischen Einschränkungen und pyscho-sozialer Deprivation verbunden, sondern verhindert oder erschwert auch eine Sozialisation des Nachwuchses, die jene Basisqualifikationen beinhaltet, die für die spätere Integration in das Ausbildungs- und Erwerbssystem wichtig sind.

Es gibt in der gespaltenen Gesellschaft neue und aktuelle Herausforderungen für die Kooperationsmanager: die Gestaltung einer Tätigkeitsgesellschaft, in der neben der Erwerbsarbeit auch Freizeit, Muße und andere Kulturbereiche in ein neues Verhältnis zueinander gebracht werden müssen.

Die Hauptakteure der Marktversorgung, d. h. die auf Gewinnoptimierung zielenden Unternehmen, die darin eingebundenen Betriebsparteien (Unternehmens-, Arbeitnehmerseite) und die mit ihnen kooperierenden Tarifparteien, sind von ihrer gesellschaftlichen Funktion und historisch gewachsenen Aufgabenstellung und Organisation her sehr einseitig auf die sozial-ökonomische Eigendynamik des Warentauschs (einschließlich der Ware »bezahlte Arbeitskraft«) ausgerichtet. Aus ihrer Perspektive ist die Bedarfs- und Haushaltswirtschaft lediglich in ihrer Eigenschaft als Sphäre für den Konsum der auf dem Markt produzierten Sachgüter und Dienstleistungen von Interesse; und die unbezahlte Arbeit wird lediglich als zumindest partiell unverzichtbares Hilfsmittel für die Umsetzung von Konsumgütern in die individuelle Bedürfnisbefriedigung gesehen. Angesichts dieser einseitigen Interessenausrichtung sind die Akteure der Marktversorgung nicht geeignet, um die Aufwertung und Funktionsanreicherung der unbezahlten Arbeit mit Nachdruck zu betreiben. Die volkswirtschaftlichen Akteure müssen in ihrem Wachstumsstreben, welche für den Bestand der Wertschöpfung notwendig sind, die notwendige qualitative Ausrichtung erkennen, die in der Ausschöpfung des immateriellen Humankapitals liegt, welches die Hauptressourcen unseres Wirtschaftens: die Bildung und die Institutionen, stärker herausbildet. Diese Neubesinnung auf eine »reichere« Gesellschaft, z. B. durch verbesserte Kindererziehung, Förderung von Bildungsauszeiten, Wohlfahrtsgewinne durch verbesserte soziale und kulturelle Kontakte u.ä. kann nur dann gelingen, wenn diese Wertschöpfungsbereiche, wie von maßgeblichen Nobelpreisträgern der Ökonomie seit langem gefordert, als gleichwertig anerkannt werden. Erwerbsarbeit, welche zum größten Teil nur auf quantitatives Wachstum ausgerichtet ist, muss durch den neuen Begriff der Tätigkeit im Sinne Hannah Arendts (Vita Activa, 1954), welcher umfassender alle Leistungen unserer Gesellschaft umfasst, abgelöst werden.

Folgende Abbildung zeigt die möglichen Folgen einer umfangreicheren und intensiveren Kinderbetreuung, die entweder durch die Eltern aufgrund einer Arbeitszeitverkürzung oder durch vermehrte Investitionen des Staates in die Kinderbetreuung eintreten könnte.

Die Umsetzung einer intensiveren Kinderbetreuung in Basel zeigte, dass für jeden investierten Euro 5 Euro in der Zukunft eingespart werden können.

Abbildung 5: Folgen einer umfangreichen und intensiveren Kinderbetreuung

6. Wirtschaftsordnung und Sozialpolitik

Deutschland hat sich in der Nachkriegszeit vehement für eine Wirtschaftsordnung eingesetzt, die auf der Grundlage von Überlegungen des Nestors der Sozialen Marktwirtschaft Walter Eucken 1939 in seinem Buch »Grundlagen der Nationalökonomie« theoretisch abgeleitet wurde. Politische Umsetzbarkeit erfuhr diese Idee aber durch einen Kreis von Ökonomen (die sog. Arbeitsgemeinschaft Erwin v. Beckerath), die in den Jahren 1942-1944 konkrete Konzepte erarbeitete, wie eine Nachkriegsordnung auszusehen habe. Diese Personen (neben Walter Eucken waren insbes. Adolf Lampe, Constantin v. Dietze, Gerhard Albrecht, Theodor Wessels und Erich Preiser für die Inhalte zuständig) hatten die Möglichkeit während der Anfangsjahre der Bundesrepublik das Erfolgsmodell »Soziale Marktwirtschaft« von Ludwig Erhard und seinem Staatssekretär Alfred Müller-Armack inhaltlich und politisch zu begleiten.

In all ihren Überlegungen wurde deutlich thematisiert, dass eine sich selbst überlassene Marktwirtschaft nicht den optimalen Erfolg für alle Bürger erbringen kann. Eucken entwickelt das Konzept der Wettbewerbsordnung, die Idee einer *Wirtschaftsverfassung des Wettbewerbs* aus den Erfahrungen mit dem Zeitalter des Laisser-Faire und der Wirtschaftspolitik der Experimente. Er schreibt: »Die unsichtbare Hand schafft nicht ohne weiteres Formen, in denen Einzelinteressen und Gesamtinteressen aufeinander abgestimmt werden. ... Den spontanen Kräften der Menschen zur Entfaltung zu verhelfen und zugleich dafür zu sorgen, daß sie nicht gegen das Gesamtinteresse wenden, ist das Ziel, auf das sich die Politik der Wettbewerbsordnung richtet. ... Sie ist der einzige Ordnungstyp, welcher die Kräfte des Egoismus bändigt.« (Eucken, Walter, Grundzüge der Wirtschaftspolitik, Tübingen 1952, S. 357/8) Dies entspricht auch einem Zivilisationsprozess, der über alle Kulturen hinweg greift. (siehe hierzu Zinn, in: Grasse et. al., Soziale Gerechtigkeit 2008, S. 249ff.)

Die Wirtschaftsverfassung des Wettbewerbs manifestiert Eucken in den konstituierenden und regulierenden Prinzipien zur Errichtung und Erhaltung der Wettbewerbsordnung.

Neben den inhärenten konstituierenden Prinzipien (graue Felder), die für den reibungslosen Ablauf einer Wettbewerbsordnung zuständig sind, müssen die Reibungsverluste, die sich z. B. in sozialpolitisch unerwünschten Spaltungstendenzen, Monopolisierungen u. a. ergeben durch 4 regulierende Prinzipien ergänzt werden. Zur Zeit wird aufgrund der Finanzmarktkrise stark über solche Regelungen geredet. Für die Nestoren der Sozialen Marktwirtschaft war die Regelsetzung mithilfe eines starken Sozialstaats keine Diskussion, da die Erfahrungen aus Laisser-faire-Wirtschaftsgesellschaften zeigten, dass Märkte nicht automatisch für eine Gesellschaft die besten Ergebnisse erbringt. Gerade durch den Aufbau starker Tarifparteien, einem Steuersystem, welches die Besteuerung nach der Leistungsfähigkeit durch einen progressiven Tarif sicherstellt und die Möglichkeit, Monopolisierungen durch eine starke Wettbewerbsverfassung zu vermeiden, haben die Wohlstandssteigerung möglich gemacht, die die ersten 50 Jahre Deutschlands bestimmt haben. (siehe hierzu auch Zinn, Sozialstaat in der Krise, Berlin 1999, S. 17ff.)

Der Zustand des Sozialen Ausgleichs von Alfred Müller-Armack wurde durch vielfältige sozialpolitische Instrumente erreicht und das Gemeinwesen sah eine Sozialstaatsquote von ca. 30 % als notwendige Voraussetzung für die Sicherung der ökonomischen Zukunftsfähigkeit. (siehe auch zur Effizienz der Sozialversicherung: Breyer, Buchholz, Ökonomie 2007, S. 93 ff.)

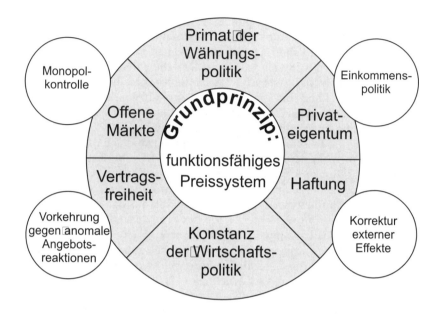

Abbildung 6: Die konstituierenden und regulierenden Prinzipien einer Sozialen Marktwirtschaft nach Walter Eucken

Es stimmt nachdenklich, dass die Akzeptanz der Wirtschaftsordnung immer weiter verloren geht. Im August 2000 hatten 46 % der Befragten eine Gute Meinung zur Sozialen Marktwirtschaft. 5 Jahre später nur noch 31 %. (Umfrage des Instituts der Demoskopie Allensbach). Zu starke Einschnitte in das Sozialsystem haben die Möglichkeiten untergraben, dass ein Gemeinwesen insgesamt an den Wohlstandssteigerungen partizipieren kann. Die Gruppe der »Abgehängten« wird immer größer und deren Demotivation und Dequalifizierung schadet den Möglichkeiten, die im ökonomischen System stecken. (Butterwegge et. al., Neoliberalismus 2008, S. 20)

II. Schlusswort

Dieser kurze Abriss zeigt einige Möglichkeiten für Führungskräfte in Sozial- und Gesundheitsdienstleistungen auf, mit Hilfe der volkswirtschaftlichen Theorie und Politik den Sozialstaat nicht nur unter Aspekten der Kostenreduktion zu denken. Ein Sozialstaat muss fester und umfangreicher Bestandteil einer Wirtschaftsordnung sein, die nicht stationär sein möchte. Götz Briefs erkannte schon 1930: »Sozialpolitik ohne Wirtschaftspolitik ist ebenso unmöglich wie Wirtschaftspolitik ohne Sozialpolitik.« Entwicklungen in den ökonomischen Gegebenheiten, wie wir sie zur Zeit auf dem Arbeitsmarkt durch zunehmende Flexibilisierung und Deregulierung erleben, können nur durch Transferleistungen abgesichert werden. Arbeitsmärkte, die aufgrund eines sinkenden Kontingents an Arbeitszeit nicht mehr alle Erwerbstätigen im sog. 1. Arbeitsmarkt integrieren können, müssen um einen zweiten Sektor, z. B. einen öffentlich geförderten Beschäftigungssektor erweitert werden. Die Beschäftigung ist auf Dauer wie im 1. Arbeitsmarkt angelegt, damit ein sozialer Bezug zum Arbeitsumfeld stattfindet und eine angemessene, längerfristig kalkulierbare Bezahlung möglich ist. Es sollen sinnstiftende Arbeitsmöglichkeiten geschaffen werden, keine »bad jobs«, damit für die Zielgruppe ein hoher Zufriedenheitsfaktor bei entsprechend adäquater Qualifikation und Sicherung des »Humankapitals« erreicht wird. Die Inhalte dieses Sektor sind lange bekannt: Soziale Dienstleistungen, die aufgrund mangelnder Gewinnerwartungen nicht angeboten werden, aber die Wohlfahrt unserer Gesellschaft steigern können. Schweden hat hier die Vorreiter-Rolle, da dort 62 % aller Arbeitnehmer schon im Non-Profit-Bereich arbeiten, in Deutschland lediglich 40 %. Die Arbeitslosenquote ist dementsprechend halb so hoch wie in Deutschland.

Auch die kurzen theoretischen Ausführungen zur grundsätzlichen Sichtweise eines Sozialstaats lassen den Kooperationsmanager in die Denkweise eines Ökonomen einsteigen. Die Nutzenmaximierung als oberste Option eines jeden Wirtschaftssubjekts beherrscht die Theorien. Das diese noch durch die »Charaktereigenschaften« des Homo Oeconomicus bedingt egozentrisch durchgeführt werden soll, ist in den allermeisten Theorien grundlegende Tatsache, auch wenn John Nash in seinen spieltheoretischen Untersuchungen in den sechziger Jahren die Vorteilhaftigkeit widerlegt hat und ein gemeinsames Miteinander der Wirtschaftssubjekte mit einer höheren Wertsteigerung versehen hat.

Eines muss aus ökonomischer Sicht bei der Ausgabe von Steuermitteln und Sozialbeiträgen beachtet werden: Wie ist die größte Produktivität erreichbar bzw. wie schaffe ich den größten Multiplikatoreffekt. Gerade zu diesem Thema hat im Jahr 2006 ein Bundeskongress Soziale Arbeit stattgefunden, welcher insbesondere die Sicherung des bürgerschaftlichen Engagements als hervorstechende Aufgabe definiert hat. Der Sozialstaat muss dieses Engagement als Ausdruck der Selbstbestimmung absichern und gerade in einer Gesellschaft, die durch die demographische Entwicklung der »Jungen Alten« angewiesen sein wird, muss die Arbeitsmarktpolitik heute die Kompetenzen nicht verkümmern lassen, die in der

Zukunft kaum mehr regenerierbar sein werden. Das Produktionspotenzial älterer Menschen ist nun verstärkt ins Rampenlicht gerückt; es darf aber nicht dazu führen, ehemals professionell betriebene Soziale Arbeit durch Ehrenamtlichkeit zu ersetzen.

Das Ziel von Sozialpolitik als Wertschöpfungsfaktor neben den 3 Produktionsfaktoren Arbeit, Boden und Kapital muss die soziale Teilhabe sichern, damit Spaltungstendenzen und in der Folge sozialer Unfrieden nicht Raum greift. Länder, die dies nicht beachtet haben, stehen in den Wohlfahrtsbedingungen und ebenfalls auch in den Wirtschaftsprognosen an den letzten Stellen.

Mehr als einhundertundfünfzig Jahre sind vergangen, seitdem Friedrich List in kritischer Gegenposition zu Adam Smith und der liberalistischen Schule der Nationalökonomie den Unterschied zwischen der ökonomischen »Theorie der Werte«, gemeint sind die Tauschwerte, und der ökonomischen »Theorie der produktiven Kräfte« darlegte und seinen Zeitgenossen vor Augen führte, wie eine reiche Volkswirtschaft verarmt, wenn sie ihre produktiven Kräfte verkommen lässt, und wie eine arme, gar ausgeplünderte und zerstörte Volkswirtschaft wieder Reichtum erwirbt, wenn sie ihre produktiven Kräfte mobilisiert. Lists Argumentation hat bis heute nichts an Aktualität verloren. Im Gegenteil: steht doch recht verstanden hinter der Innovationsrhetorik und den Schlagworten zum Wissen als neuem Rohstoff, zur Weiterbildung, zum lebenslangen Lernen und dergleichen mehr die Einsicht, wie eine Gesellschaft durch Pflege und Erweiterung ihrer produktiven Kräfte materiellen Wohlstand und Wohlergehen – und nur dadurch – auf Dauer bewahren und den nachkommenden Generationen vererben kann. Die Sache ist einfach, und doch erscheint sie den Meisten infolge der weit verbreiteten Irrtümer und Irrlehren des vom neoliberalistischen Denken bestimmten Zeitgeistes äußerst kompliziert und undurchschaubar.

Der aktivierende Sozialstaat braucht Kooperationsmanager, die durch ihre Fähigkeit zur Netzwerkbildung und einem Bewusstsein für die Kosten und Nutzen sozialpolitischen Handelns den immer bedeutsamer werdenden Sektor Sozial- und Gesundheitsdienstleistungen forcieren.

Weiterführende Literatur

Breyer, Friedrich; Buchholz, Wolfgang, Ökonomie des Sozialstaats, Heidelberg 2007
Mankiw, N. Gregory; Taylor, Mark P., Grundzüge der Volkswirtschaftslehre, 4. Aufl., Stuttgart 2008
Rogall, Holger, Volkswirtschaftslehre für Sozialwissenschaftler, Eine Einführung, Wiesbaden 2006

Verwendete Literatur

Bäcker, Gerhard; Bispinck, Reinhard; Hofemann, Klaus; Naegele, Gerhard, Sozialpolitik und soziale Lage in Deutschland, 4. Aufl., Wiesbaden 2007 (2 Bde)
Baumeister, Hella; Gransee, Ulrich; Zimmermann, Klaus-Dieter (Hrsg.), Die Hartz Reformen, Hamburg 2005
Bellebaum, Alfred; Braun, Hans; Groß, Elke (Hrsg.), Staat und Glück, Politische Dimensionen der Wohlfahrt, Wiesbaden 1998
Boeckh, Jürgen; Huster, Ernst-Ulrich; Benz, Benjamin, Sozialpolitik in Deutschland, Wiesbaden 2004
Böllert, Karin; Hansbauer, Peter; Hasenjürgen, Brigitte; Langenohl, Sabrina (Hrsg.), Die Produktivität des Sozialen – den sozialen Staat aktivieren, Wiesbaden 2006
Bofinger, Peter, Wir sind besser als wir glauben, München 2005
Butterwegge, Christoph, Krise und Zukunft des Sozialstaates, Wiesbaden 2005
Butterwegge, Christoph, Krise und Zukunft des Sozialstaates, 2. Aufl., Wiesbaden 2007
Butterwegge, Christoph; Lösch, Bettina; Ptak, Ralf, Kritik des Neoliberalismus, Wiesbaden 2007
Butterwegge, Christoph; Lösch, Bettina; Ptak, Ralf, (Hrsg.), Neoliberalismus, Analysen und Alternativen, Wiesbaden 2008
Eucken, Walter, Grundzüge der Wirtschaftspolitik, Tübingen 1952
Ganßmann, Heiner, Politische Ökonomie des Sozialstaats, Münster 2000
Gerhardt, Klaus-Uwe, Hartz Plus, Wiesbaden 2006
Gerntke, Axel; Rätz, Werner, Schäfer, Claus u.a, Einkommen zum Auskommen, Hamburg 2004
Giersch, Christoph, Zwischen sozialer Gerechtigkeit und ökonomischer Effizienz, Sozialethische Analyse der Chancen und Risiken von Niedriglohnstrategien in Deutschland, Münster 2003

Grasse, Alexander; Ludwig, Carmen; Dietz, Berthold (Hrsg.), Soziale Gerechtigkeit, Reformpolitik am Scheideweg, Wiesbaden 2008

Hanesch, Walter; Koch, Karl; Segbers, Franz u. a., Öffentliche Armut im Wohlstand, Soziale Dienste unter Sparzwang, Hamburg 2004

Held, Martin; Kubon-Gilke; Sturn, Richard (Hrsg.), Ökonomie und Religion, in: Normative und institutionelle Grundfragen der Ökonomik, Jahrbuch 6, Marburg 2007

Hickel, Rudolf, Kassensturz, Reinbek bei Hamburg 2006

Holler, Manfred J.; Illing, Gerhard, Einführung in die Spieltheorie, 4. Aufl., Berlin 2000

Huster, Ernst-Ulrich; Boeckh, Jürgen; Mogge-Grotjahn, Hildegard (Hrsg.), Handbuch Armut und Soziale Ausgrenzung, Wiesbaden 2008

Kersting, Wolfgang, Theorien der sozialen Gerechtigkeit, Stuttgart, Weimar, 2000

Kindler, Holger; Regelmann, Ada-Charlotte; Tullney, Marco (Hrsg.), Die Folgen der Agenda 2010, Hamburg 2004

Klautke, Roland; Oehrlein, Brigitte (Hrsg.), Prekarität, Neoliberalismus, Deregulierung, Hamburg 2007

Heinze, Rolf G.; Schmid, Josef; Strünck, Christoph, Vom Wohlfahrtsstaat zum Wettbewerbsstaat, Opladen 1999

Lampert, Heinz; Althammer, Jörg, Lehrbuch der Sozialpolitik, 8. Aufl., Berlin, Heidelberg, New York 2007

Mattfeldt, Harald; Oppolzer, Alfred; Reifner, Udo (Hrsg.), Ökonomie und Sozialstaat, Opladen 1998 (in memoriam Helmut Fangmann)

Memorandum 2008, Hrsg.: Arbeitsgruppe Alternative Wirtschaftspolitik, Neuverteilung von Einkommen, Arbeit und Macht, Köln 2008

Nell-Breuning, Oswald von, Aktuelle Fragen der Gesellschaftspolitik, Köln 1970

Opielka, Michael, Sozialpolitik, Grundlagen und vergleichende Perspektiven, Hamburg 2004

Rawls, John, Eine Theorie der Gerechtigkeit, Frankfurt am Main 1975 (versch. Auflagen)

Reidegeld, Eckart, Staatliche Sozialpolitik in Deutschland, 2. Aufl., Wiesbaden 2006 (2 Bde)

Sanders, Karin; Weth, Hans-Ulrich (Hrsg.), Armut und Teilhabe, Analysen und Impulse zum Diskurs um Armut und Gerechtigkeit, Wiesbaden 2008

Schellschmidt, Henner, Ökonomische Institutionenanalyse und Sozialpolitik, Marburg 1997

Schmid, Josef, Wohlfahrtsstaaten im Vergleich, 2. Aufl., Opladen 2002

Schmidt, Manfred G., Sozialpolitik in Deutschland, Historische Entwicklung und internationaler Vergleich, 2. Aufl., Opladen 1998

Schubert, Klaus; Hegelich, Simon; Bazant, Ursula (Hrsg.), Europäische Wohlfahrtssysteme, Ein Handbuch, Wiesbaden 2008

Struwe, Jochen, Wachstum durch Sozialpolitik, Wie Sozialpolitik Wachstum und Wohlfahrt fördert, Frankfurt am Main 1989

Vanderborght, Yannick, van Parijs, Philippe van, Ein Grundeinkommen für alle?, Frankfurt am Main 2005

Volkert, Jürgen (Hrsg.), Armut und Reichtum an Verwirklichungschancen, Amartya Sens Capability-Konzept, Wiesbaden 2005

Welter, Ralf, Solidarische Marktwirtschaft durch Grundeinkommen, Aachen 2003

Werner, Götz, Einkommen für alle, Köln 2007

Zinn, Karl Georg, Sozialstaat in der Krise, Berlin 1999

Zinn, Karl Georg, Wie Reichtum Armut schafft, Verschwendung, Arbeitslosigkeit und Mangel, Köln 2002

Zinn, Karl Georg, Arbeit, Konsum, Akkumulation, Hamburg 1986

Zinn, Karl Georg, Zukunftswissen, Hamburg 2002

Die besondere Komplexität multiprofessioneller Organisationen im Gesundheits- und Sozialwesen: Ursachen, Konsequenzen, Lösungsansätze

Peter Borges

1. Hintergrund und Zielsetzung

Mit ca. 82 Mrd. € bildet der Bereich »*Gesundheit und Soziales*« den mit Abstand größten Einzelplan des Bundeshaushaltes, der ein Gesamtvolumen von ca. 248 Mrd € hat. Damit wird jeder dritte Euro des Bundeshaushaltes für diesen Bereich verwendet. Nicht in dieser Rechnung berücksichtigt sind die Ausgaben der Gesetzlichen Krankenversicherung, da es sich hierbei um ein selbstfinanziertes und selbstverwaltetes solidarisches System handelt. Die GKV-Ausgaben für »Gesundheit« betragen jährlich ca. 140 Mrd. €. Hinzu kommen ca. 10 Mrd. € der Privaten Krankenversicherung. Rechnet man die Leistungen aller Ausgabenträger für die Bereiche »*Gesundheit und Soziales*« zusammen, so übersteigt dieser Betrag den gesamten Bundeshaushalt um ca. 15 Mrd. €.

Auch was die Beschäftigtenzahlen anbelangt, belegen das Gesundheitswesen und das Sozialwesen die Plätze eins und zwei in der Rangliste der größten Branchen.

Angesichts dieser Zahlen ist es unverständlich, dass die Erkenntnisse der Betriebswirtschaftslehre erst allmählich Einzug in diese bedeutenden Teile unserer Volkswirtschaft halten.

So wenig wie bislang die Bereiche »*Gesundheit und Soziales*« als Markt betrachtet und behandelt wurden, so wenig wurden die Einrichtungen im Gesundheits- und Sozialwesen unter betriebswirtschaftlichen Aspekten geführt. Dies fand auch in der Bezeichnung der Organe, des Finanzwesens etc. seinen Niederschlag. So ist bis heute von Verwaltungs- oder Einrichtungsleitern statt von Management die Rede. Anstelle von markt- und leistungsorientierten Finanz- und Liquiditätsplänen wurden (und werden) kamerale Ausgaben- und Einnahmenrechnungen ausgehend von den meist öffentlichen Zuweisungen erstellt.

Begründet wurde die Abstinenz betriebswirtschaftlicher Überlegungen bislang mit der *hohen gesellschaftlichen Aufgabe* der in diesen Bereichen tätigen Organisationen. Dies hat zur Folge, dass die Mehrzahl der im Gesundheits- und Sozialwesen Beschäftigten betriebswirtschaftliche Methoden und Verfahren als eher unrein oder sogar unmoralisch empfinden. Wirtschaftliches Denken und Handeln war und ist bis heute in den Curricula der in diesen Bereichen Tätigen nicht oder nur rudimentär vertreten. Die zunehmend bedrohlichere Finanzlage der öffentlichen Hand bzw. der Träger von Einrichtungen im Gesundheits- und Sozialwesen erzwingt jedoch ein Umdenken. Hierbei stellt sich jedoch die Frage, ob eine schablonenhafte Übertragung der Erkenntnisse der Betriebswirtschaftslehre möglich ist, oder ob spezielle Anpassungen an die besonderen Belange des Gesundheits- und Sozialwesens erforderlich sind.

Ziel dieses Beitrages ist es, die besondere Komplexität multiprofessioneller Organisationen im Gesundheits- und Sozialwesen näher zu beleuchten. Ausgehend von den Ursachen und Konsequenzen dieser Komplexität, sollen mögliche Lösungsansätze aufgezeigt werden.

2. Der Begriff des »Wirtschaftens« im Kontext des Sozial- und Gesundheitswesens

Entziehen sich die Bereiche Gesundheit und Soziales tatsächlich einer betriebswirtschaftlichen Betrachtung? Zur Klärung dieser Frage ist zunächst der Begriff des »Wirtschaftens« im Sinnkontext der Betriebswirtschaftslehre zu beleuchten.

Ausgangspunkt der betriebswirtschaftlichen Logik ist die Kaskade, dass jeder Mensch über *Bedürfnisse* verfügt, die er befriedigen will. Unzweifelhaft gibt es eine Vielzahl Bedürfnisse, die in den Bereichen Gesundheit und Soziales liegen.

Die Befriedigung dieser menschlichen Bedürfnisse erfolgt durch *Güter*. Sofern Güter nicht in unbegrenztem Maße vorhanden sind, also *knappe Güter* sind, besteht der Zwang zum Wirtschaften. Auch hier sind noch keine Ansatzpunkte für eine Negierung der Betriebswirtschaftslehre zu verzeichnen. Zwar erschien es in der Vergangenheit so, als wären die seitens der öffentlichen Hand und der übrigen Ausgabenträger für die Bereiche Gesundheit und Soziales bereitgestellten Finanzmittel unerschöpflich (bedarfsgerechte Finanzierung). Die öffentlichen Diskussionen um die Finanzmittelknappheit und die eingeleiteten Reformen, haben jedoch der breiten Öffentlichkeit gezeigt, wie begrenzt diese Mittel derzeit sind und angesichts der sozialen und demografischen Entwicklung in Deutschland zukünftig sein werden.

Für alle knappen Güter besteht der Zwang zum Wirtschaften. Dies bedeutet, dass rationale Entscheidungsprozesse notwendig werden, wie die begrenzten Mittel eingesetzt werden, um den maximalen Nutzen (die maximale Anzahl Güter) zu erzielen. Dieses *ökonomische Prinzip* kann in Form des *Maximalprinzips* (mit gegebenem Aufwand größtmöglichen Ertrag erzielen) oder des *Minimalprinzips* (einen gegebenen Ertrag mit geringstmöglichen Einsatz erzielen) realisiert werden.

Das ökonomische Prinzip ist dabei keinesfalls als Synonym für Gewinnmaximierung zu verstehen, sondern auf Unternehmen unterschiedlichster Zielsetzung anwendbar. So kann beispielsweise eine Sozialstation das Ziel haben, möglichst viele Menschen zu betreuen, obwohl hierfür nur begrenzte Mittel zur Verfügung stehen (Maximalprinzip).

Einschränkend ist jedoch anzumerken, dass die Betriebswirtschaftslehre die erforderlichen Entscheidungsprozesse lediglich unter den wirtschaftlich relevanten Aspekten beleuchtet. Sie fungiert also als Teilwissenschaft. Gerade im Sozial- und Gesundheitswesen sind jedoch die Beiträge weiterer Teilwissenschaften zu berücksichtigen: Medizin, Soziologie, Psychologie, Jura, Ethik etc..

Das Erfordernis, weitere Teilwissenschaften mit ggf. konträren Sichtweisen für eine problemadäquate Betrachtungsweise zu Rate zu ziehen wirkt zweifelsohne komplexitätssteigernd, kann jedoch keinesfalls zum Ausschluss einer dieser Teilwissenschaften führen. Auch sollte die derzeitige Finanzmittelknappheit nicht dazu führen, alle Entscheidungsprozesse dem Primat der Wirtschaftlichkeit unterzuordnen.

Nachdem die grundsätzliche Anwendbarkeit der Betriebswirtschaftslehre für die Bereiche Gesundheit und Soziales begründet ist, werden im folgenden die Ursachen und Folgen der Besonderheiten des Management von Einrichtungen in diesen Bereichen dargelegt.

3. Die Komplexität von Einrichtungen im Gesundheits- und Sozialwesen: Ursachen und Folgen

Wodurch wird die Komplexität von multiprofessionellen Organisationen im Gesundheits- und Sozialwesen hervorgerufen? Welche Konsequenzen erwachsen aus dieser Komplexität? Zweifelsohne befinden sich die Märkte für Gesundheits- und Sozialleistungen in einem tiefen Umbruch. Die derzeitigen Strukturen scheinen dabei nicht geeignet, diesen Wandel erfolgreich zu unterstützen. Daher ist es notwendig, die Ursachen für die vorhandene Komplexität zu identifizieren, zu strukturieren (= Komplexitätsreduktion) und damit Lösungsansätzen zugänglich zu machen.

3.1 Besonderheiten des Marktes

Ein funktionierender Markt impliziert, dass Angebot und Nachfrage über den Preismechanismus in Einklang gebracht werden. Dies ist weder im Gesundheits- noch im Sozialwesen der Fall. Vielmehr werden die Kapazitäten hoheitlich durch den Bund, die Länder oder andere Ausgabenträger festgelegt. Grundlage hierfür sind Verfahren der Bedarfsermittlung, auf die hier jedoch nicht näher eingegangen wird. In der Regel werden nicht nur die Kapazitäten wie bspw. Anzahl Krankenhäuser, sondern auch die Leistungsmengen festgelegt bzw. budgetiert.[1] Damit tragen diese Teilmärkte mehr Züge der Planwirtschaft, als marktwirtschaftliche Elemente.

Die vorab festgelegten Leistungen werden *vergütet*, d. h. die Preisfestlegung erfolgt von dritter Seite und ist nicht das Resultat des Marktmechanismus. Aufgrund der schweren Definierbarkeit und Messbarkeit insbesondere von Leistungen im Sozialbereich, wird oftmals nicht eine einzelne Leistung vergütet, sondern ein Finanzbetrag einer Einrichtung pauschal zugewiesen, für den dann ein Bündel an Leistungen erbracht werden soll.

Diese Mechanismen haben dazu geführt, dass aufgrund der dirigistischen Angebotsplanung nicht immer marktgerechte / nachfrageorientierte Angebote entstehen bzw. die Präferenzen der Nachfrager dem Management der einzelnen Einrichtung nicht hinreichend bekannt sind.

Bei Einschränkung der Finanzmittel bzw. Zuwendungen liegen dann zudem oftmals nicht ausreichend Informationen über die Kosten und den Nutzen einzelner Leistungen vor, so dass eine Anpassung der Leistungen in der Regel dem Rasenmäherprinzip folgt, anstatt unter rationalen und wirtschaftlichen Gesichtspunkten.

Hier zeigt sich, dass die besondere Marktfunktionsweise einerseits den unternehmerischen Druck von den Einrichtungen und dem Management nehmen sollte, in Zeiten knapper werdender Finanzmittel jedoch die erforderlichen Managementinformationen und -instrumente nicht verfügbar sind, um eine marktgerechte Leistungsanpassung vorzunehmen.

Hierdurch entsteht in solchen Situationen eine »komplexe«, weil ungewohnte Situation für das Einrichtungsmanagement.

---

1   Z. B. Anzahl Weiterbildungsmaßnahmen in einem Bezirk, Höhe der Sozialhilfe, Budgetierung der Sachleistungen etc.

3.2 Spezielle und komplexe Vergütungssysteme

In engem Zusammenhang mit der zuvor beschriebenen Funktionsweise der Märkte im Gesundheits- und Sozialwesen, stehen die speziellen und oftmals komplexen Vergütungs- bzw. Mittelzuweisungssysteme. Die staatliche bzw. hoheitliche Festlegung von Vergütungen und Tarifen verhindern weitgehend einen direkten Zusammenhang zwischen der erbrachten Leistung und dem dafür zu erzielenden Preis. Eine »bessere« Leistung führt in der Regel zu keinem besseren Preis. Hat bspw. eine Einrichtung eine vorab bestimmte Anzahl Personen zu betreuen, so erfolgt die Mittelzuweisung auf der Grundlage der Menge der zu betreuenden Personen. Die eigentliche Leistung ist dabei oftmals nur vage oder gar nicht beschrieben. Der gesetzlich verankerten Form einer *leistungsgerechten Vergütung* wird somit nicht entsprochen.

Erst in den letzten Jahren werden zunehmend Kriterien zur Erfolgsmessung der Leistungserbringung entwickelt und angewendet. Dies geschieht jedoch in der Regel und dem Gesichtspunkt des Qualitätsmanagements; eine direkte Kopplung der Ergebnisqualität an die zugewiesenen Finanzmittel ist bis heute die Ausnahme. Die Vielzahl der unterschiedlichen Berufsgruppen in Einrichtungen des Gesundheits- und Sozialwesens trägt maßgeblich dazu bei, dass keine einvernehmlichen Qualitäts- bzw. Vergütungskriterien definiert werden (können).

Eine weitere Besonderheit der Vergütungssysteme im Gesundheits- und Sozialbereich ist, die in der Mehrzahl der Fälle nicht vorhandene direkte Vertragsbeziehung zwischen dem Kunden und dem Anbieter bzw. Leistungserbringer. Dies bedeutet, dass der Kunde den Preis für die empfangene Leistung nicht entrichtet und daher oftmals unklare Vorstellungen über Art und Umfang der Leistungen bzw. deren Wert hat. Da die Vergütung durch Dritte übernommen wird, schmälert die Inanspruchnahme dieser Leistungen das persönliche Finanzbudget der Kunden (Patienten, Klienten) nicht. Aus ihrer Sicht beträgt der Preis Null. Damit ist es aus Verbrauchersicht rational, möglichst viele dieser Leistungen nachzufragen. Im Gesundheitswesen sind diese Effekte in Form der jährlichen Ausgabensteigerungen sehr deutlich nachzuvollziehen.

Für das Management von solchen Einrichtungen ist es sehr schwer festzulegen, welche Leistungen in welchen Mengen tatsächlich angeboten werden sollen. In den übrigen Bereichen der Wirtschaft erfolgt diese Steuerung über die Präferenzen und damit die Preisbereitschaft der Kunden. Diese Möglichkeit ist den Einrichtungen im Gesundheits- und Sozialwesen weitgehend genommen.

Komplexitätssteigernd für das Management wirkt zudem, dass das Zielsystem der einzelnen Einrichtung oftmals nicht eindeutig ist: Zwar stehen nicht-monetäre Ziele meistens im Zentrum, wirtschaftliche Aspekte gewinnen jedoch zunehmend an Bedeutung und sind unter Umständen sogar die Voraussetzung für ein dauerhaftes Fortbestehen der Einrichtung. Die diesen Zielen zugehörigen Aktionen sind jedoch oftmals konfliktär.

3.3 Differenzierte Ziele bzw. Zielsysteme

Die grundsätzliche Problematik möglicher Zielkonflikte wurde bereits kurz erwähnt, soll aber aufgrund der besonderen Bedeutung an dieser Stelle ausführlicher beleuchtet werden.

Im Gegensatz zu klassischen Unternehmen, sind erwerbswirtschhaftliche Ziele wie Gewinnmaximierung, Optimierung der Eigenkapitalrendite etc. bei Einrichtungen des Gesundheits- und Sozialwesens in der Regel nicht dominant. Sie werden allenfalls als Mittel zum Zweck verstanden, um die eigentlichen Ziele wie Bedarfsdeckung, bestmögliche Versorgung der Allgemeinheit u.s.w. realisieren zu können.

Die besondere Komplexität für das Management resultiert aus dem Sachverhalt, dass die verschiedenen Anspruchsgruppen von Einrichtungen im Gesundheits- und Sozialwesen (Stakeholder) jeweils unterschiedliche Ziele verfolgen. Dazu trägt wesentlich die bereits skizzierte Trennung der Finanz- und Leistungsströme bei. Zur Verdeutlichung dieser Zielkonflikte dienen die beispielhaft ausgewählten Anspruchsgruppen-Ziele für den Bereich »Krankenhaus«:

Anspruchs-gruppe	Hauptziel	Nebenziele
Land (Planungs-behörde)	Wohnortnahe Versorgung der Bevölkerung (viele Krankenhäuser)	Geringe Ausgaben für Investitionen im Krankenhausbereich (Zuwendungen)
Kranken-kassen	Begrenzung der Leistungsausgaben z. B. durch Schließung von Krankenhäusern, Personalabbau etc.	Hohe medizinische Qualität
Krankenhaus-träger	Hohes Krankenkassen-Budget	Hohe Zuwendungen des Landes für Investitionen
Mitarbeiter	Verbesserung des Personalschlüssels (mehr Mitarbeiter)	Hohe medizinische Qualität
Patienten	Hohe medizinische Qualität	Geringe Krankenkassenbeiträge
Bevölkerung	Viele Krankenhäuser mit vielen Fachabteilungen	Geringe Krankenkassenbeiträge und Steuern

Diese Problematik ist mühelos auf den gesamten Bereich des Sozialwesens übertragbar und verdeutlicht das Spannungsfeld, in dem sich die Einrichtungsleitungen bewegen.

Hinzu kommt, dass insbesondere bei politischen Einflussnahmen die öffentlich geäußerten Ziele nicht zwingend mit dem tatsächlichen Zielen und Handlungen übereinstimmen und zudem einer hohen Dynamik unterworfen sein können.

3.4 Immaterielle, stark individualisierte Produkte und Leistungserbringung

Eine Produktdefinition in den Bereichen des Gesundheits- und Sozialwesens ist in der Regel sehr schwierig, da es sich um immaterielle Produkte, d. h. beiderseitig personengebundene Dienstleistungen handelt. Dies bedeutet, dass die Dienstleistung von einer Person an oder für eine andere Person erbracht wird.

Aufgrund der Immaterialität erfolgt die Produktdefinition indirekt bzw. über Umwege:

Möglichkeiten der Produktdefinition für immaterielle Leistungen	
Beschreibung via ...	Beispiel
• Ziele	»Wiederherstellung von Arbeitsfähigkeit«, »Linderung der Schmerzen«
• Zeiteinheiten	»3 Supervisionseinheiten à 45 Minuten«, »14 Tage stationäre Rehabilitation«
• Aktivitäten	»Bestrahlung des Tumors«, »Gesprächstherapie«
• Kombination der o.g. Faktoren	»Wiederherstellung der Arbeitsfähigkeit durch Gesprächstherapien im Rahmen eines einwöchigen Aufenthaltes in einer Reha-Einrichtung«

Im Gegensatz zu physischen Produkten ist die Konkretisierung des »Produktes« trotz dieser Bemühungen relativ gering. Dies gilt um so mehr, als die erforderlichen Leistungen und Ressourcen nicht in Form eines Bauplanes mit Stücklisten wie in der Industrie vorliegen, sondern der tatsächlich erforderliche Ressourceneinsatz durch eine Vielzahl weiterer Faktoren individualisiert wird. Diese Individualität der Leistungserbringung erschwert ein »Wirtschaften«, d. h. planvollen Umgang mit knappen Ressourcen in ganz erheblichem Maße.

Die nachstehende Tabelle stellt die Einflussfaktoren auf die Individualität der Leistungserbringung im Gesundheits- und Sozialwesen zusammenfassend dar:

Einflussfaktoren auf die Individualität der Leistungserbringung	
Einflussfaktor	Erläuterung
• Diagnose	In Abhängigkeit der Schwere der Erkrankung müssen mehr oder weniger Leistungen erbracht werden. Eine schwere Psychose erfordert andere (mehr) Leistungen, als eine leichte Psychose.
• Versicherungsstatus	Die Leistungen der privaten Krankenversicherung unterscheiden sich zum Teil deutlich von den GKV-Leistungen.
• Kunden- / patientenindividuelle Faktoren	In Abhängigkeit von Alter, Geschlecht, sozialem Umfeld, Vorerkrankungen, etc. können sich die Leistungen unterscheiden.
• System- bzw. betriebsindividuelle Faktoren	Je nach Organisation bzw. »Philosophie« der erbringenden Einrichtung können für das gleiche Produkt bzw. die gleiche Leistung unterschiedliche Ressourcen eingesetzt werden. (»Wir machen das so ...«)
• Ausbildung / Fachgebiet des Behandelnden / Betreuenden	Unterschiedliche Ausbildungen / Studien bzw. unterschiedliche »Schulen« innerhalb der Fachgebiete führen zu unterschiedlichen Leistungsschemata. Beispiel: sprechende Medizin vs. Apparatemedizin

Die Folge dieser Individualität der Leistungserbringung ist, dass für gleiche oder ähnliche Leistungen unterschiedliche und unterschiedlich viele Ressourcen eingesetzt werden. Ein Wirtschaften, d. h. der effiziente Einsatz knapper Ressourcen ist für das Management angesichts dieser Komplexität stark erschwert.

3.5 Hohe Arbeitsteiligkeit und Beteiligung vieler Berufsgruppen

In vielen Bereichen des Gesundheits- und Sozialwesens erfolgt die Leistungserstellung in hoher Arbeitsteiligkeit. Ursache hierfür ist der ständige medizinische, therapeutische und technische Fortschritt, der eine zunehmende Verzweigung und Spezialisierung von Fachgebieten zur Folge hat. Diese Zunahme der Arbeitsteiligkeit ist zwar ein generelles Kennzeichen für hochentwickelte Branchen, dennoch wird vielfach durch organisatorische Maßnahmen gegengesteuert: den Vorteilen der Arbeitsteiligkeit stehen organisatorische Mehraufwände für Koordination gegenüber. Ab einem bestimmten Punkt, übersteigen die Kosten für die Koordination die Vorteile der Arbeitsteiligkeit. Ab diesem Punkt ist eine Rücknahme der Arbeitsteiligkeit bzw. deren Begrenzung sinnvoll. Im Bereich der Fertigungsindustrie ist dies durch Einführung von Gruppenarbeit und teilautonomen Fertigungszellen bereits erfolgt.

Diese Entwicklung steht den meisten Einrichtungen im Gesundheits- und Sozialwesen noch bevor, so dass derzeit in der Mehrzahl der Fälle von einer hohen Arbeitsteiligkeit und daraus resultierenden organisatorischen Komplexität auszugehen ist.

Erschwerend hinzu kommt, dass die Arbeitsteiligkeit im Gesundheits- und Sozialwesen oftmals mit einer Beteiligung verschiedener Berufsgruppen einhergeht, die aufgrund ihrer »beruflichen Sozialisierung« unterschiedliche Ziele verfolgen bzw. Überzeugungen haben.

In vielen Bereichen der Industrie erfolgt die Arbeitsteilung innerhalb homogener Gruppen wie bspw. einer Konstruktionsabteilung, in der überwiegend Ingenieure beschäftigt sind.

Sozialarbeiter, Pflegekräfte, Ärzte, Psychologen etc. sind jedoch Berufsgruppen, die aufgrund ihrer Ausbildung unterschiedliche Sichtweisen haben und zudem in der Regel eine sehr hohe emotionale Bindung zu ihrem Beruf aufweisen (»Berufung« statt »Beruf«).

Hierdurch wird eine implizite Koordination der Leistungserstellung bspw. aufgrund gemeinsamer Überzeugungen oder Sichtweisen erheblich erschwert.

Insbesondere die aus der Multiprofessionalität entstehenden Probleme (aber auch Vorteile) begründen die besondere Komplexität von Einrichtungen im Gesundheits- und Sozialwesen.

Ein noch näher zu beleuchtender Aspekt ist die aus der Multiprofessionalität entstehende Zieldivergenz.

3.6 Mangelnde Existenz/Akzeptanz übergeordneter Zielgrößen

Ziele dienen dazu Entscheidungen zu unterstützen, in dem sie Alternativen einschränken. Ziele wirken damit handlungsleitend und koordinierend.

In ›normalen‹ Betrieben stehen erwerbswirtschaftliche Zielsetzungen im Mittelpunkt. Dies sind im Wesentlichen Größen wie Gewinn- oder Renditemaximierung. Hinzu kommen Neben- oder Unterziele, die in Zweck-Mittel-Beziehung zum erwerbswirtschaftlichen Oberziel stehen, oder andere Facetten der unternehmerischen Zielsetzung ausdrücken. Eine derart eindeutige Motiv- bzw. Ziellage kann im Gesundheits- und Sozialbereich nicht unterstellt werden. Ausnahmen bilden allenfalls private Anbieter, die bislang nur einen geringen Marktanteil haben.

In der Regel stehen in Einrichtungen des Gesundheits- und Sozialwesens stattdessen gemeinwohlorientierte Ziele im Mittelpunkt. *Bestmögliche Versorgung, Bedarfsdeckung, wohnortnahe Versorgung, große Leistungsvielfalt* sind häufig anzutreffende Beispiele hierfür. Erwerbswirtschaftliche Ziele dienen lediglich als Mittel zur Erreichung dieser Ziele. Problematisch ist jedoch, dass gemeinwohlorientierte Ziele oftmals schwerer zu quantifizieren sind als erwerbswirtschaftliche Ziele. Die Quantifizierung und damit Konkretisierung dieser weichen Ziele erfolgt zunehmend erst in den letzten Jahren, meistens im Rahmen von Qualitätsüberlegungen bzw. strategischen Planungen. Die Quantifizierung erfolgt dabei in der Regel über Hilfsgrößen, die als Indikatoren für das eigentliche Ziel gelten. Hierbei treten oftmals Schwierigkeiten auf. Dennoch gilt der Satz von Norton und Kaplan, den Begründern des Balanced Scorecards Konzeptes: »*If you can't measure it, you can't manage it*«.

Dies trifft uneingeschränkt auf die Einrichtungen im Gesundheits- und Sozialwesen zu. Jedoch war dies in der Vergangenheit oftmals ohne Belang, da das Erfordernis zu wirtschaften nicht gegeben war.

Hinzu kommt, dass die Ausrichtung der Einrichtung auf lediglich implizite Ziele, den Sachverhalt überlagert hat, dass die verschiedenen Berufsgruppen aufgrund ihrer beruflichen Sozialisation oftmals unterschiedliche Vorstellungen über die konkrete Ausgestaltung der jeweiligen Zielgrößen haben. So ist es beispielsweise ein Unterschied, ob »die bestmögliche Behandlung des Patienten *nach dem aktuellen medizinischen Stand*« angestrebt wird, oder »die bestmögliche Behandlung des Patienten *unter Berücksichtigung von Kosten und Nutzen*«.

Zweifelsohne wird angesichts der zunehmend knapperen Finanzmittel die Bedeutung betriebswirtschaftlicher Aspekte von keiner Berufsgruppe mehr in Frage gestellt. Jedoch erfolgt die Leistungserstellung und damit Kostenverursachung im Gesundheits- und Sozialwesen in der Regel von Nicht-Betriebswirten, während kaufmännisch ausgebildete Kräfte über die Höhe der Finanzmittel bzw. Ressourcen entscheiden, ohne die Effizienz, Effektivität oder Notwendigkeit der Handlungen in den Fachbereichen bewerten zu können. So ist es für den Leiter einer Einrichtung nahezu unmöglich, eine betriebswirtschaftliche Bewertung verschiedener

Therapieformen vorzunehmen. Dennoch muss er derartige Entscheidungen direkt z. B. in Form von Einzelentscheidungen bzw. indirekt z. B. im Rahmen von Budgetgesprächen treffen.

4. Bewertung

Die vorgenannten Aspekte und Beispiele zeigen, dass ohne Zweifel von einer hohen organisatorischen Komplexität in Einrichtungen des Gesundheits- und Sozialwesens gesprochen werden kann.

Ist Management von Einrichtungen im Gesundheits- und Sozialwesen damit nicht möglich? Keinesfalls, es muss jedoch den Besonderheiten dieser Bereiche Rechnung getragen werden. Damit wird klar, dass die Betriebswirtschaft nur die Rolle einer Teilwissenschaft ausüben kann. Nur wenn die ethischen, politischen, medizinischen, soziologischen und rechtlichen Aspekte angemessen mit berücksichtigt werden, sind problemadäquate Managemententscheidungen zu erwarten. Damit lastet jedoch eine sehr hohe Verantwortung auf den handelnden Personen in verantwortlichen Bereichen. Auf diese Verantwortung und Problemkomplexität sind die heutigen Manager im Gesundheits- und Sozialwesen in der Regel nicht ausreichend vorbereitet.

5. Lösungsansätze und Ausblick

Trotz der hohen Komplexität der Leitungsaufgaben und der daraus resultierenden hohen Anforderungen an das Management von Einrichtungen im Gesundheits- und Sozialwesen, können Lösungsansätze für diese Problematik entwickelt und benannt werden.

Politische und gesellschaftliche Lösungsbeiträge

Die demografische Entwicklung, die zunehmenden Möglichkeiten der Medizin, die vorherrschenden Sozialstrukturen in Deutschland und weitere Faktoren führen zu einer kontinuierlichen Nachfragesteigerung nach Gesundheits- und Sozialleistungen. Diese Entwicklung ist den meisten Bürgern bekannt. Dem entgegen spricht die subjektive Haltung, keine höheren Beiträge in das Gesundheits- und Sozialwesen einbezahlen zu wollen und zu können.

Ökonomisch bedeutet dies, dass der Output erhöht wird, während der Input konstant bleiben soll, oder besser sogar geringer werden soll (Ökonomisches Prinzip). Abgesehen von vorhandenen Wirtschaftlichkeitsreserven bei der Leistungserstellung, wodurch der Transformationsprozess der Leistungserstellung optimiert werden kann, ist eine derartige Systementwicklung grundsätzlich nicht möglich.

Das klare Benennen dieses nachvollziehbaren Zusammenhangs ist eine wesentliche Aufgabe, die die Politik leisten kann und muss.

Damit einher geht die erforderliche gesellschaftliche Diskussion, welches Versorgungsniveau sich die Gesellschaft leisten kann und will. Dies bedeutet, dass eine Absenkung des Versorgungsniveaus zu konstanten oder sinkenden Kosten bzw. Beiträgen führt, gleichzeitig ist jedoch zu klären wer zukünftig von Leistungen ausgeschlossen werden soll, oder nur noch eingeschränkte Leistungen erhalten soll. Diese Frage kann keinesfalls rein ökonomisch gelöst werden, da ansonsten bspw. alte und kranke Menschen, die keinen ökonomisch quantifizierbaren Beitrag für das Gesamtsystem zukünftig leisten können, die ersten wären, die von Leistungskürzungen bzw. -ausschlüssen betroffen wären.

Andersherum kann der Beitrag der Ökonomie deutlich größer sein. Eine Abschätzung der Kosten, die eine Konstanthaltung bzw. kontinuierliche Ausweitung der Leistungsniveaus in den beiden Bereichen zur Folge hat, ist zumindest näherungsweise zu berechnen. Hieraus lässt sich auch der erforderliche Beitrag jedes Einzelnen ableiten.

Die noch offene gesellschaftliche und politische Aufgabe ist es, die erforderliche Leistungsniveaudiskussion zu führen.

Wissenschaftliche und managementbezogene Leistungsbeiträge

Konkreter und kurzfristig umsetzbarer sind die Lösungsbeiträge, die die Wissenschaft und das Management in den Einrichtungen des Gesundheits- und Sozialwesens leisten können.

Aufgabe der Wissenschaft, d. h. insbesondere der Hochschulen ist es, Studien- und Ausbildungsgänge zu entwickeln, die den besonderen Anforderungen, die an Einrichtungen im Gesundheits- und Sozialwesen gestellt werden, gerecht werden. Die Fokussierung auf eine einzelne Teilwissenschaft ist, wie bereits erwähnt, nicht ausreichend. Vielmehr müssen den Studierenden die relevanten Aspekte aller erforderlichen Teilwissenschaften vermittelt werden und insbesondere muss eine Synthese im Hinblick auf eine ganzheitliche Sichtweise erfolgen. Fachübergreifendes, praxisnahes und problembezogenes Lernen sind hierfür die wichtigsten Forderungen. Nicht zufällig haben in diesen Themenfeldern die Fachhochschulen einen deutlichen Entwicklungs- und Angebotsvorsprung gegenüber den Universitäten.

Die Lehrakzente sollten dabei an den praktischen Vorerfahrungen und vorhandenen Qualifikationen der Studierenden ausgerichtet sein. Dies bedeutet, dass eine unterschiedliche Gewichtung der einzelnen Fächer in dem Maße erfolgen muss, wie die Ausbildungsbedarfe der Studierenden sind. In der Regel sind die größten Defizite in den Bereichen Betriebswirtschaft, Managementkonzepte und Recht vorhanden. Erfolgreiche Studienangebote bzw. Curricula tragen diesen Anforderungen Rechnung.

Auf der Managementseite müssen die Verantwortlichen lernen, der besonderen Komplexität der Problemstellungen durch ganzheitliche Sichtweisen und Lösungsansätze gerecht zu werden. Derzeit ist oftmals zu beobachten, dass aufgrund wirtschaftlicher Engpässe in Verbindung mit neu erworbener Kompetenz im ökonomischen Bereich, das Pendel umschlägt, d. h. die Nicht-Beachtung wirtschaftlicher Aspekte in eine Total-Ökonomisierung umschlägt. Hier kann das Management durch eine fundierte strategische Planung und Entwicklung von Geschäftsplänen unter Berücksichtigung der Vereins- bzw. Unternehmensziele entgegenwirken.

Weiterführende Literatur

Axelrod, Die Evolution der Kooperation, Oldenbourg; Auflage: 6. Auflage (1. März 2005)

Bühner, Betriebswirtschaftliche Organisationslehre, Oldenbourg, 10., bearbeitete Auflage (Februar 2004)

Fleßa, Grundzüge der Krankenhausbetriebslehre, Oldenbourg (Mai 2007)

Schierenbeck, Grundzüge der Betriebswirtschaftslehre, Oldenbourg; 16. Auflage, vollständig überarbeitet und erweitert (Januar 2003)

Wöhe, Einführung in die Allgemeine Betriebswirtschaftslehre, Vahlen, 23., vollständig neu bearbeitete Auflage. (13. März 2008)

Peter Borges

Verwendete Literatur

Borges, P. u. Schmidt, R.: Die Balanced Scorecard als Steuerungsinstrument im Krankenhaus in BFuP 2/2002, S. 101-118

Borges, P.: Grundlagen betriebswirtscaftlichen Handelns, Vorlesungsskript, KFH Aachen, 2004

Bruckenberger, E.: Investitionsoffensive für Krankenhäuser?, Hannover 2002

Bruckenberger, E. et. al.: Selbststeuerung durch Transparenz – Krankenhausversorgung in Niedersachsen, Arbeitsunterlagen, Hannover, 2003

Deutsche Krankenhausgesellschaft e.V. : Zahlen / Daten / Fakten 2003, Düsseldorf 2003

DISTATIS: Kostennachweis der Krankenhäuser 2001, Reihe 6.3, Wiesbaden 2003

DISTATIS: Gesundheit – Ausgaben 1992 – 2000, Wiesbaden 2003

Eisenführ, F.: Einführung in die Betriebswirtschaftslehre, Stuttgart, 2000

GEBERA: Vorbereitendes Gutachten zur Erarbeitung des Landeskrankenhausplanes bis 2007 für das Ministerium für Arbeit, Soziales, Familie und Gesundheit des Landes Rheinland-Pfalz, Köln 2003

Hilbert, J. et. al.: Rahmenbedingungen und Herausforderungen der Gesundheitswirtschaft, Gelsenkirchen 2002

Kaplan, R. S. / Norton, D. P. : Balanced Scorecard, Stuttgart 1997

Kaplan, R. S. / Norton, D. P.: Die strategiefokussierte Organisation, Stuttgart 2001

Schubert, H.-J. (Hrsg.): Management von Gesundheits- und Sozialeinrichtungen, Neuwied, 2003

Stapf-Finè, H. et. al. : Die Krankenhausversorgung im internationalen Vergleich: Zahlen, Fakten, Trends, Düsseldorf 2003

Zwischen sozialem Auftrag und ökonomischen Rationalitäten – Grundfragen reflexiver Professionalität in sozialen Diensten

Nadia Kutscher

1. New Public Management – Die Ökonomisierung sozialer Dienste

In den 1990er Jahren fand innerhalb der Disziplin und der Profession Sozialer Arbeit ein breiter kritischer Diskurs über die sich im Kontext der Verwaltungsmodernisierung durchsetzenden **Neuen Steuerung**smechanismen statt. Ungefähr zehn Jahre später ist es um die damit verbundenen Grundfragen und Positionen relativ still geworden, nur einzelne Beiträge diskutieren weiterhin und anhand aktueller Analysen die Implikationen von Ökonomisierungstendenzen für Soziale Arbeit. Während also offensichtlich eine breite Debatte über das Für und Wider dieser manageriellen Entwicklungen im Feld der Sozialen Arbeit in den Hintergrund getreten ist, ist evident, dass sich Steuerungsmechanismen entsprechend dem new public management im breiten Maße durchgesetzt haben. Im Gesundheitsbereich (z. B. Pflege, Krankenhäuser) sowie in der kommunalen Jugendhilfe sind Controlling, Outputsteuerung, Leistungsmessung und insgesamt eine wirtschaftswissenschaftliche Semantik zumindest in den Verwaltungsbereichen Sozialer Arbeit etabliert. Inwiefern sie sich auch handlungsstrukturierend in den Erbringungskontexten Sozialer Arbeit auswirkt, wird im Folgenden näher betrachtet.

2. Wettbewerbsorientierung und Managerialismus in den Neuen Steuerungskonzepten

Mit dem Versprechen, Bürokratie und Hierarchien abzubauen, professionelles Handeln auf der Basis präziser Zielformulierungen und Aufgabenbeschreibungen effizienter zu koordinieren und Ergebniskontrolle anhand objektiver quantifizierbarer Parameter effektiver zu gestalten wurden in den 1990er Jahren marktförmige Prinzipien aus dem unternehmerischen Bereich auf öffentliche Verwaltungen, Bildungs-, Gesundheits-

und Sozialsysteme übertragen. Mit der Einführung managerieller Strukturprinzipien waren und sind hierbei verschiedene Aspekte verbunden, die sich auf unterschiedlichen Ebenen Sozialer Dienste auswirken (vgl. Dahme/Wohlfahrt 2006, 72ff):

- Durch die **Inszenierung von Wettbewerb** haben Ausschreibungsverfahren auf kommunaler Ebene Einzug gehalten mit dem Ziel, über die Vergabe von Leistungsaufträgen an kostengünstige Anbieter effiziente und wirtschaftlichkeitsorientierte Leistungserbringung zu realisieren.
- Das Effizienzstreben in diesem Zusammenhang führt konsequenterweise zu einer deutlichen **Kontroll- und Wirkungsorientierung** und einer damit verbundenen Zunahme der Bedeutung von Leistungsmessung und Standardisierungstendenzen.

Grundlage dieser Entwicklungen sind die Ausdifferenzierungen von Rollenzuweisungen im **purchaser-provider-split** (Trennung von Käufer und Erbringer der sozialen Leistung), in denen es eine Seite gibt, die die Leistungen finanziert (z. B. Kommune), eine, die die Leistung erbringt (öffentliche, gemeinnützige oder kommerzielle Anbieter) und eine, die die Leistung »konsumiert« (die AdressatInnen Sozialer Arbeit). Die Beziehung zwischen Auftraggebern und Auftragnehmern wird grundsätzlich durch Verträge geregelt, die definieren, welche Qualität, welchen Umfang und welches finanzielle Volumen die Leistung haben soll (vgl. Otto/Schnurr 2000, 5f; Struck 1997, 120). **Bei dieser kontraktualistischen Übereinkunft sind die AdressatInnen Sozialer Arbeit nicht beteiligt.** Die finanzierenden Institutionen entscheiden auf der Basis ökonomischer Effizienzkriterien, welche Leistungen sie durch welche externen Akteure erbringen lassen wollen und kontrollieren diese wiederum anhand von Leistungsindikatoren.

Verschiedene AutorInnen sprechen in diesem Zusammenhang von einer **Kommodifizierung sozialer Hilfen**, d. h. eine soziale Handlung wird in einen gegen Geld getauschten Dienst überführt (Nogala 1995, 251, zitiert nach Lindenberg 2000, 40). Die Leistungen Sozialer Arbeit werden zur Ware, die aus Kostengründen beliebig gestückelt (»taylorisiert«) und deren Qualität aus denselben Gründen flexibel angepasst und unter Effizienzgesichtspunkten überprüft werden kann (vgl. Otto/Schnurr 2000, 150f; Messmer 2003, 31). Eric van Santen gibt in diesem Zusammenhang allerdings zu bedenken, dass die Bestimmung von Effizienz (die angibt, mit welchem Aufwand ein Effekt erzielt wird) allerdings die Möglichkeit der Ermittlung von Effektivität voraussetzt und führt weiter aus, dass in der Jugendhilfe in der Regel schwer feststellbar sei, »ob angebotene Leistungen effektiv sind, da dies eine kontinuierliche Bestimmung der Ergebnisqualität erfordert, die bei sozialen Dienstleistungen nur bedingt zu leisten ist« (van Santen 1998, 42).

Verbunden mit der Effizienzorientierung im Kontext der Ökonomisierungsentwicklungen auf der Erbringerseite ist eine zunehmende Verlagerung von Risikoverantwortung und Individualisierung auf die Adressatinnen zu verzeichnen (vgl. Dollinger 2003, 80ff; Hensen 2006a, 25).

Die hier kurz beschriebenen Entwicklungen verdeutlichen einen grundlegenden Wandel der Rahmenbedingungen und des Selbstverständnisses Sozialer Arbeit, wie im Folgenden näher ausgeführt wird. Zunächst soll jedoch in einem kleinen Exkurs der politische Rahmen dieser Veränderungen auf der institutionellen und professionellen Handlungsebene betrachtet werden.

3. Sozialstaatliche Paradigmenwechsel und neo-soziale Programme

Die oben beschriebenen Veränderungen im Erbringungskontext sozialer Hilfen können als Ausdruck paradigmatischer Wandlungsprozesse im Sozialstaat analysiert werden. Der sozialstaatliche Gerechtigkeitsbegriff wandelt sich insofern, dass nun nicht mehr **Teilhabegerechtigkeit** das Ziel ist, sondern **Leistungsgerechtigkeit** durch Investitionen in »Humankapital« und »employability« (Beschäftigungsfähigkeit) der Bürgerinnen hergestellt werden soll (vgl. Butterwegge 2006, 14f.; Dahme/Wohlfahrt 2006, 71). Ziel sozialstaatlicher Intervention ist **workfare statt welfare**, d. h. die Beschäftigung Erwerbsloser und nicht prinzipielle soziale Sicherung für alle Bürgerinnen (vgl. Hensen 2006a, 37). Das Prinzip dieses Sozialleistungsverständnisses ist, wer sich nicht entsprechend den Regeln verhält und Leistungsbereitschaft gemäß den Produktivitätserfordernissen zeigt, verliert den Anspruch auf staatliche Hilfe. Während die Realisierbarkeit des Ziels der Arbeit für alle vor dem Hintergrund längerfristiger Entwicklungen weg von einer Vollerwerbsgesellschaft in Frage gestellt werden kann, erfolgt gleichzeitig eine Privatisierung von Daseinsvorsorge (vgl. Butterwegge 2006, 15; Hensen 2006a, 25; Dollinger 2003, 94ff). Das bedeutet, dass die Verantwortung für die Bewältigung sozialer Risiken individualisiert und auf die einzelnen Subjekte (d. h. die AdressatInnen Sozialer Arbeit) übertragen wird – unabhängig von unterschiedlichen Ressourcenausstattungen und strukturellen Ungleichheiten. Diese grundlegenden Umdeutungen bisheriger Prinzipien von Wohlfahrtsstaatlichkeit basieren auf der These, dass der Wirtschaftsstandort Deutschland durch Globalisierungsentwicklungen unter Druck geraten ist und nur um den Preis strukturell verursachter sozialer Ungleichheiten eine Chance auf wirt-

schaftliches Wachstum besteht, das dann wiederum allen Bevölkerungs-
schichten zugute komme (vgl. Butterwegge 2006, 15).

Gleichzeitig erfolgt jedoch auch eine moralische Umdeutung gesellschaftlich anerkannter Werte: Ausgehend von einem wirtschaftlichen Uti-
litarismus, der alles Handeln an seiner wirtschaftlichen Nützlichkeit
misst, erfolgt eine **Werteverschiebung** in der Sozialen Arbeit, indem dieser
utilitaristischen Haltung ethische Qualitäten zugeschrieben werden (vgl.
Lindenberg 2000, 41). Auf diese Weise, so Lindenberg, setzt sich ein leis-
tungsorientierter Mittelklasse-Habitus durch, der implizit dazu führt, dass
nicht mehr jeder an gesellschaftlichen Chancen partizipiert, sondern nur
diejenigen, die diese habituelle Orientierung teilen und leben (können).
Diejenigen, die nicht daran beteiligt sind, werden als – aus »freier Entscheidung« – »Entbehrliche« (Lindenberg 2000, 43) gesellschaftlich exklu-
diert. Innerhalb dieser Gemengelage agiert Soziale Arbeit (ebenfalls unter
der ökonomischen Herausforderungen) und steht somit vor grundlegenden Anfragen an ihr Selbstverständnis.

Beispiele hierfür sind die Einführung des Arbeitslosengeldes II
(»Hartz IV«), das ebenso auf der Idee des lebensführungsverantwort-
lichen, rational handelnden Subjekts beruht wie diverse **Aktivierungsstra-
tegien** im Kontext von Sozialraumansätzen (vgl. exemplarisch zu Alg II:
Spindler 2008; zu Sozialraum: Kessl/Reutlinger/Maurer/Frey 2005). In
diesen beiden exemplarischen Programmen wird mit der Rhetorik einer
individuellen freien Entscheidung und ohne Berücksichtigung strukturell
ungleicher Chancen die Erwartung formuliert – und unter Zwang durchgesetzt – dass das Subjekt als rational handelnder Akteur selbst verantwortlich ist für seine individuelle Lage und diese durch eigene Anstren-
gung verbessern kann und soll. Bezieherinnen von Arbeitslosengeld II
haben nur ein Anrecht auf die Unterstützung durch den Staat sofern sie
nachweisen, dass sie kontinuierlich einem Arbeitsmarkt zur Verfügung
stehen und sich aktiv darum bemühen, wieder in Arbeit zu kommen (auch
wenn keine verfügbaren Arbeitsplätze vorhanden sind). In diesem Zusammenhang wird die Forderung nach Aktivität zu Disziplinierung. Die Aktivierung der Bewohnerinnen von Stadtteilen kann ebenfalls in diesem
Zusammenhang analysiert werden als Versuch, auf einem territorial begrenzten Gebiet Eigenkräfte, »Ressourcen« zu mobilisieren, die vielfach
aufgrund sozialstruktureller, also außerhalb des Stadtviertels verursachter
Probleme (z. B. Arbeitslosigkeit) nicht vorhanden oder nur bestimmten
Gruppen zugänglich sind. Auch hier wird die Rede von der Aktivierung
der Adressatinnen – neben manchen positiven Ansätzen, die die Anerkennung und Realisierung der Interessen der Bewohnerinnen von Stadtvier-
teln beinhalten – zur teilweise zynischen »Regierungsweise« im Sinne Fou-
caults (vgl. Foucault 1996, 118f, Kessl 2002, 1123f).

Deutlich wird somit, dass ein Sozialstaatskonsens, der Soziale Arbeit als »Gewährleistung sozialer Sicherheit mit methodischen Mitteln« (Lindenberg 2000, 35) versteht und vor diesem Hintergrund ein sozialintegratives Gesellschaftsmuster zur Grundlage hat, in dem alle Anspruch auf Hilfeleistungen haben, nicht mehr gilt: **Anspruch auf soziale Hilfe haben nur noch diejenigen, die etwas leisten.** Dies hat weitreichende Konsequenzen für Soziale Arbeit und stellt Fragen nach dem professionellen Selbstverständnis angesichts dieser sozialstaatlichen Wandlungsprozesse.

4. Herausforderungen für professionelle Handlungskontexte

Vor dem Hintergrund der oben dargestellten Aspekte managerieller Programmatiken in der Sozialen Arbeit in Verbindung mit den aktuellen sozialstaatlichen Wandlungsprozessen wird deutlich, dass dies erhebliche Herausforderungen für die Positionierung der Professionsperspektive bedeutet. Stefan Schnurr prognostizierte in den ersten Jahren der Implementierung neuer Steuerungsmodelle, dass, je weniger es gelinge, »den fachlichen Deutungs- und Handlungslogiken gegenüber fachfremden Deutungs- und Handlungslogiken [...] Gewicht und Geltung zu verleihen,« es umso wahrscheinlicher werde, dass »spezifisch sozialarbeiterische/ sozialpädagogische Gesichtspunkte und Prämissen durch ökonomische Rationalitätsformen überlagert werden« (Schnurr 1998, 380). Dies scheint – wie oben gezeigt wurde – in verschiedener Hinsicht eingetreten zu sein.

Im Folgenden soll näher betrachtet werden, welche Dimensionen professioneller Handlungskontexte ein Auseinandersetzungsfeld zwischen sozialen und ökonomischen Logiken darstellen und welche Fragen sich für eine professionelle Positionierung in diesen Zusammenhängen jeweils stellen.

4.1 Dienstleistung – ein »ideologiefreies« Konzept von Professionalität?

Seit der Dienstleistungsdebatte in der Sozialen Arbeit in den 1990er Jahren ist eine breite Ausdifferenzierung des Dienstleistungsbegriffs zu beobachten. Während einerseits die Wendung vom expertokratischen Verhältnis (kritisch hierzu vgl. Olk 1986) hin zu einem stärker gleichberechtigten, von Aushandlungsprozessen gekennzeichneten Verhältnis zwischen Professionellen und Adressatinnen als Fortschritt in der Entwicklung der Professionsdebatte gewertet wurde (vgl. Olk/Otto 2003, Schaarschuch 1996 und 2003), stellte dieselbe Figur gleichzeitig ein Einfallstor für ökonomische Modelle – über den Aspekt der gestärkten Nachfrageseite der »KundInnen« – dar. Diese Gleichzeitigkeit und die Offenheit der Grundprinzipien des Dienstleistungsbegriffs für beide normativen Ausrichtungen (Stärkung der Teilhabe auf AdressatInnenseite und marktwirtschaftliche Produkt- und Zielgruppendefinition) führt zu eine hohen Anschlussfähigkeit an neoliberale bzw. »neo-soziale« (Kessl/Otto 2003, Kessl 2005) Programmatiken.

Deutliche Kritik erfährt die Annahme, ökonomische Rationalitäten seien im Feld Sozialer Arbeit zu realisieren. So wird angemerkt, dass das Feld sozialer Dienste nur bedingt marktförmig organisierbar sei, da beispielsweise die AdressatInnen nicht mit ausreichender Marktmacht (z. B. Geld, Wahlfreiheit, Freiwilligkeit) ausgestattet (vgl. Schaarschuch 2003, 158ff; Böllert 2003, 106) und auch das Verhältnis zwischen Auftraggebern/ Financiers, Leistungserbringern und AdressatInnen komplexer sei und nicht einfach durch Kunden-Anbieter-Beziehungen erfasst werden könne (vgl. Merchel 1996, 149). Trotzdem wurden im Kontext der zunehmenden Dienstleistungsorientierung gerade Neue Steuerungsmodelle als Möglichkeit des Bürokratieabbaus und der verstärkten Kundenorientierung implementiert.

Während weiter unten der Kundenbegriff näher diskutiert wird, wird an dieser Stelle noch ein Blick auf die Veränderungen in Bezug auf die Rolle der Professionellen in manageriell gesteuerten Dienstleistungszusammenhängen geworfen. In Zusammenhang mit manageralistischen Modellen gewinnt die Qualitätsüberprüfung als Mittel der Leistungskontrolle durch die finanzierende Seite an Bedeutung (vgl. Beckmann et al. 2007a, 79ff). Um dies möglichst optimal zu implementieren, werden vielfach **Qualitätsvereinbarungen** getroffen, die auf technischer wie auf ideologischer Ebene zu Steuerungsprozessen führen. In technischer Hinsicht geht es dabei um die Formalisierung von Prozessen, die beispielsweise Controlling, Benchmarking und die Analyse von Input-Output-Prozessen umfassen. Auf einer ideologischen Ebene wird angezielt, das Personal einer Institution an die Organisation zu binden, so dass es eine »corporate identity« entwickelt, als Mittel hierfür dient **Total Quality Management** (TQM). Zur vertieften Auseinandersetzung mit dem Steuerungsmittel TQM sei an dieser Stelle auf einschlägige Literatur verwiesen (Ahire et al. 1996, Berman 1995, Black/Porter 1996, Bröckling 2000, Beckmann et al. 2007b). Ein Aspekt, der für Professionelle in Organisationen weitgehende Implikationen in sich birgt, soll jedoch an dieser Stelle benannt werden: das Ziel der kontinuierlichen Organisationsoptimierung im TQM durch Techniken des »Selbstmanagement«. Im TQM geht es darum, die eigene

Produktivität permanent zu verbessern und damit zu einem Mitglied der »Effizienzgemeinschaft« in der eigenen Institution zu werden (vgl. Bröckling 2000). In diesem Zusammenhang definiert sich Professionalität über die Orientierung an organisational vorgegebenen Effizienzmechanismen und nicht an eigenen, am gesellschaftlichen und adressatInnenbezogenen Auftrag ausgerichteten Logiken.

An diese Form der Effizienzorientierung hoch anschlussfähig sind wiederum aktuelle Aktivierungspolitiken, die in einer Pervertierung der Stärkung der »autonomen« Nachfrageseite die Verantwortung für strukturelle Risiken auf die AdressatInnen als Individuen verlagern. Helga Spindler verdeutlicht, wie sich dies im Kontext der Umsetzung Neuer Steuerung zeigt: im Benchmarking werden Produkte und Kosten »vertauscht«, d. h. in Benchmarking-Prozessen im Bereich der Sozialhilfeleistungen werde faktisch »nicht die Leistung des Amtes [bzw. der Agentur – Anm. der Verfasserin], sondern die Fähigkeit der Hilfebezieher, mit weniger Geld über die Runden zu kommen und zu wirtschaften« gebenchmarkt. Das Produkt Hilfeleistung wird so auf reine Ausgabenpositionen reduziert und als Kosten des Unternehmens betrachtet (vgl. Spindler 1999).

Wie deutlich wird, zeigt sich also ein durchaus unterschiedliches Verständnis von Dienstleistung und AdressatInnenorientierung, das wiederum grundlegende Fragen an das Selbstverständnis Professioneller aufwirft und zeigt, dass Dienstleistungsorientierung an sich noch nicht bedeutet, dass die Interessen der AdressatInnen im Vordergrund stehen.

4.2 Wer sind die AdressatInnen? Implikationen des Kundenbegriffs

Im Zuge der neuen Dienstleistungsorientierung und insbesondere ihrer ökonomischen Ausprägung hält seit den 1990er Jahren ein »neuer« AdressatInnenbegriff Einzug in verschiedenen Feldern der Sozialen Arbeit: der vom Kunden bzw. der Kundin (Werner Nüßle weist darauf hin, dass die Ursprünge dieser Debatte in den 1970er/1980er Jahren liegen – vgl. Nüßle 2000, 831; zur NutzerInnenforschung vgl. Schaarschuch 1996 sowie Oelerich/Schaarschuch 2005). Verbunden mit dieser Bezeichnung der KlientInnen wird vielfach eine andere Qualität der Dienstleistung thematisiert: ein Kunde steuert die Dienstleistung, der Anbieter muss sich an der Nachfrage und den Wünschen und Bedürfnissen des Kunden orientieren (vgl. Croft/Beresford 1990; Seim 2000, 156).

An diesem Konstrukt zeigen sich verschiedene kritische Aspekte, die den »**Kundenbegriff**« hinterfragen lassen. Im Feld sozialer Hilfen finden sich zwei »Kunden« – zum einen die AdressatInnen der Hilfe, zum anderen die öffentlichen Leistungsgewährenden und -finanzier (z. B. Jugendamt) – und es besteht kein juristisches Verhältnis zwischen den AdressatInnen und den Leistungserbringern (vgl. Nüßle, 832ff. sowie zu der Problematik des »Kaufens« sozialer Dienstleistungen durch »Konsumenten« siehe Clarke/Newman 2006, 7). Inwiefern vor diesem Hintergrund die AdressatInnen als steuernde KundInnen betrachtet werden können, ist mehr als fraglich. Nüßle schlägt hier eine Differenzierung in verschiedene **AdressatInnenbegriffe** entsprechend ihrer jeweiligen Ausstattung mit »Konsumentensouveränität« bzw. Kontrollmacht im Erbringungsverhältnis der Dienstleistung vor: Kunde/Konsument, Teilnehmer, Nutzer, freiwilliger Klient und unfreiwilliger Klient (vgl. Nüßle 2000, 837f).

Neben dem Problem der »Multireferentialität« (Nüßle 2000, 834) im Dienstleistungsdreieck bleibt jedoch eine grundlegende Schwierigkeit, die sich auch in den genannten AdressatInnenbegriffen mit abbildet: Professionelle im Feld der Sozialen Arbeit bewegen sich mit dem »**doppelten Mandat**« (vgl. Böhnisch/Lösch 1973) kontinuierlich zwischen einem Hilfe- und einem Kontrollauftrag. In vielen Bereichen werden AdressatInnen Sozialer Arbeit zu o.g. unfreiwilligen KlientInnen – in einem breiten Kontinuum, das nicht erst dort beginnt, wo ein offizieller Kontrollauftrag formuliert und realisiert wird und häufig mit Zwangsinterventionen verbunden ist (siehe auch die Sanktionsmechanismen bei Arbeitslosengeld II). Spätestens in diesem Zusammenhang kann die Rede vom steuernden Kunden als zynischer Euphemismus betrachtet werden (vgl. Olk 1986, 171ff.).

Vor dem Hintergrund dieser ungleichen Ausstattung von KlientInnen und Professionellen bzw. leistungsfinanzierenden Institutionen mit Macht spricht Nüßle von einer **Transformation von Bedürftigkeit in Bedarf,** d. h. die subjektiven Bedürfnisse der AdressatInnen werden von den mit ihnen befassten Institutionen und Professionellen in finanzierbare und als angemessen erachtete Bedarfe umformuliert (vgl. Nüßle 2000, 841ff). Michael Lipsky zeigt diesen Prozess der Anpassung zwischen (auch selbst gesetzten professionellen) Ansprüchen und den Grenzen der Institution in seiner Analyse der »street-level bureaucrats« in verschiedenen Dimensionen auf und benennt dies als strukturelles Problem von öffentlichen Dienstleistungen (vgl. Lipsky 1980). Allerdings gewinnt dies vor dem Hintergrund der in Abschnitt 3 und 4.1 beschriebenen sozialstaatlichen Veränderungen an zunehmender Brisanz. So spricht Johannes Schnurr von einer Schwächung der Rechtsstellung der Betroffenen durch die Finanzierung von Leistungen im Bereich Hilfen zur Erziehung über sozialraumbezogene Trägerbudgets: Die Betroffenen können ihre Rechte nicht mehr beim eigentlich zuständigen öffentlichen Träger einklagen, da durch die Verlagerung der Zuständigkeiten der freie Träger faktisch über Berechtigung und Umfang der Hilfe entscheidet (Schnurr 2006, 131).

Neben diesen institutionsseitigen Begrenzungen der Vorstellung vom Kunden Sozialer Arbeit liegen jedoch auch auf Seiten der AdressatInnen unterschiedliche Hürden für planbare Hilfe entsprechend ökonomisch mess- und steuerbaren Prozessen: Aufgrund der schwierigen Lebenssituationen vieler KlientInnen, d. h. großenteils sozialstrukturellen Problemen und Beeinträchtigungen, aber auch aufgrund ihres lebensweltlich begründeten »Eigen-Sinns« (Albert 2006, 76), der nicht unbedingt immer rationalen Abwägungen entspricht (was im Übrigen auch bei Personen, die keine KlientInnen Sozialer Arbeit sind, häufig der Fall ist, dort in der Regel jedoch weniger sanktioniert wird) sind »Kosteneffizienz, Struktur und materielle Zielerreichung« (Albert 2006, 76) nicht ohne weiteres implementierbar. Oder anders formuliert: sie sind nicht für alle Hilfebedürftigen realisierbar.

Darüber hinaus kann die Frage gestellt werden, was passieren würde, wenn es sich tatsächlich um eine reine Nachfragesteuerung handeln würde, in der alle »KundInnen« die freie Wahl und das Recht auf Äußerung ihrer Bedürfnisse und Wünsche hätten. John Clarke und Janet Newman zeigen am Beispiel der Sozialpolitik in Großbritannien die Widersprüche zwischen der Wahlfreiheit der DienstleistungskonsumentInnen und der ungleichen Verteilung von Ressourcen: KlientInnen, die zwar weniger bedürftig, aber stärker durchsetzungsfähig sind, sind in diesem Kontext im Vorteil. Das heißt, da hier keine Steuerung über Geld durch die AdressatInnen erfolgt, werden andere Machtmittel relevant – nach Clarke/Newman kulturelles und soziales Kapital (vgl. Clarke/Newman 2006, 7ff). Gleiche Wahlfreiheit bedeutet also auch hier keineswegs Gerechtigkeit in der Durchsetzungsfähigkeit von Interessen aller Adressatinnen und zeigt einen weiteren Aspekt der Grenzen der Übertragbarkeit des Kunden- und Marktbegriffs auf Soziale Arbeit, sofern sie sich als Anwältin der Benachteiligten versteht.

4.3 Deprofessionalisierung als Folge?

Wie schon in Abschnitt 4.1 erwähnt haben die neue Logiken der ökonomisch orientierten Dienstleistungserbringung auch Konsequenzen für das professionelle Selbstverständnis, die Entscheidungsspielräume sowie die Handlungsfreiheit der Professionellen. Die Arbeit der Fachkräfte in den sozialen und pflegerischen Tätigkeitsfeldern wird zunehmend normiert und, wie Heinz-Jürgen Dahme und Norbert Wohlfahrt feststellen, einem »Mikromanagement« unterworfen, so dass dies zu einer »Veränderung der Interaktionslogik bzw. Professionslogik führt« (Dahme/Wohlfahrt 2006, 71). In diesem Zusammenhang stellt der neue Sozialstaat grundlegend sowohl die »wissenschaftlich-fachliche Expertise der in den sozialen Diensten tätigen Fachkräfte« als auch die Werteorientierung der Träger sozialer Dienste in Frage, um ökonomische Kriterien als grundlegend verbindlich an- und durchzusetzen. Allerdings, so stellt Matthias Nauerth fest, sind hier die sozialen Dienste häufig durchaus in einer aktiven Rolle an der »Selbstveränderung« beteiligt (Nauerth 2003, 18f). Heinz Messmer registriert als positive Veränderung in diesem Zusammenhang ein sich durchsetzendes Leistungsbewusstsein der Leistungserbringer und eine Zunahme der fachlichen Selbstreflexion (vgl. Messmer 2003, 30). Allerdings stellt er gleichzeitig fest, dass sich ein Dilemma zwischen dem erhöhten Qualitäts- und dem bestehenden Kostendruck abzeichnet und die Professionellen sich der Anforderung gegenüber sehen, diese Widersprüche zu kompensieren (vgl. Messmer 2003, 31ff). Während also die Finanzierungsfragen zunehmend hohe Bedeutung erhalten engen sich die Ermessens- und Entscheidungsspielräume der Professionellen immer weiter ein – und die Frage nach fachlicher Qualität wird faktisch sekundär.

Martin Albert benennt verschiedene Auswirkungen der Einführung von Ökonomisierungskonzepten auf der Ebene der beruflichen Organisation, der beruflichen Praxis und der Methodik Sozialer Arbeit, die als Konflikte zwischen »ethischen bzw. klientInnenorientierten« einerseits und ökonomisch-materiellen bzw. systemkonformen/unkritischen Haltungen andererseits sowie ebenfalls Einschränkungen der professionellen Spielräume zusammengefasst werden können (Albert 2006, 92ff). Ein Beispiel hierfür sind Prozesse der **Wirkungsorientierung** und -steuerung sowie der Trend zur **evidenzbasierten Praxis** (vgl. Otto 2007). Hilfeleistungen werden auf der Basis von quantitativem Output bewertet, **Risikofaktorenmodelle** dienen als Grundlage für die Interventionsbemessung – und differenzierte Entscheidungsprozesse angesichts von Einzelfällen auf der Basis professioneller Einschätzung verlieren zunehmend aufgrund einer unterstellten Nicht-Objektivität und Nichtmessbarkeit an Anerkennung. Diese mit der Standardisierung von professionellen Entscheidungsprozessen (in den USA gibt es mittlerweile Manuale, in denen nachzuschlagen ist, bei welcher Kombination von Risikofaktoren welche Intervention zu erfolgen hat – vgl. exemplarisch Roberts/Yeager 2004) verbundenen Entwicklungen bergen in sich die Problematik, dass in der Hoffnung auf eine Verobjektivierung der prinzipiell unsicheren Handlungs- und Bewertungszusammenhänge im Feld Sozialer Arbeit immer weniger unabhängig von statistischen Wahrscheinlichkeiten und angesichts von Personen im Einzelfall gehandelt und entschieden wird bzw. »evidenzbasierte« Entscheidungen als zuverlässiger erachtet werden. In der Konsequenz bedeutet dies, dass der Unsicherheitsfaktor Fachkraft »neutralisiert« wird durch externe standardisierte Prozeduren. Hans-Uwe Otto und Stefan Schnurr bezeichnen diese Tendenzen ausdrücklich als **Deprofessionalisierung** (vgl. Otto/Schnurr 2000, 16).

Bevor nun der Frage nachgegangen wird, welche Optionen für Professionelle in Sozialen Diensten angesichts dieser Entwicklungen verfügbar sind, soll noch ein Blick auf die Implikationen der manageriellen Steuerung für Kooperationskontexte geworfen werden.

4.4 Implikationen für Kooperationszusammenhänge

Verschiedene AutorInnen sind sich einig: die oben beschrieben sozialstaatlichen und organisationellen Veränderungen führen zu einer abnehmenden Bedeutung wertorientierter Wohlfahrtsorganisationen. Die **Wohlfahrtsverbände** haben zum einen aufgrund ihrer historischen Entwicklung und zum anderen aufgrund ihrer organisationsförmigen Verfasstheit als Träger unterschiedliche Funktionen: sie treten, wie Michael Lindenberg zeigt, als Sozialanwälte, als Mitgliedsverbände, als Sozialleistungsträger und als Weltanschauungsgemeinschaften auf (vgl. Lindenberg 2000, 23). Das bedeutet, ihre historisch bedingte Wertorientierung (zumeist als Anwalt der Benachteiligten) gerät mit ökonomischen Erfordernissen in Konflikt. Gleichzeitig erfolgt durch gesetzliche Neuordnungen ein Bedeutungsverlust eben dieser wertorientierten Träger: der Sozialstaat setzt gemeinnützige/freie, öffentliche und privatwirtschaftliche Träger gleich, so dass die im Subsidiaritätsprinzip festgeschriebene Trennung von Staat und Privat nicht mehr eindeutig gilt und darüber hinaus sowohl eine Steuerung durch den Staat erfolgt als auch erweiterte Spielräume für kommerzielle Akteure vorhanden sind (vgl. Lindenberg 2000, 44). Dies wiederum erhöht den Konkurrenzdruck für die Wohlfahrtsverbände und hat voraussichtlich weitreichende Konsequenzen für die partnerschaftliche Zusammenarbeit der Träger (vgl. Hensen 2006b, 168 und 180f sowie Dahme/Wohlfahrt 2006, 69). Dahme/Wohlfahrt sprechen mit Kessl/Otto von der Auskoppelung der Wohlfahrtsverbände aus der Mitgestalterfunktion im Sozialstaat und prognostizieren den freien Wohlfahrtsträgern die Notwendigkeit, sich angesichts der grundlegenden Veränderungen neu und zwischen »staatlicher Pflichtleistung, kommerziellem Angebot und freiwilliger Sozialer Arbeit« zu positionieren (Manderscheidt 1995, zitiert nach Dahme/Wohlfahrt 2006, 85). Ob dies gelingt ohne in harte Konkurrenzkämpfe mit anderen Trägern zu geraten und ohne sich dem Spiel der ökonomischen Erfordernisse weitgehend anzupassen, bleibt allerdings fraglich – und erst recht, inwiefern die AdressatInnen Sozialer Dienste und nicht nur die Finanzierungsträger von solchen Konkurrenzen faktisch profitieren.

Heinz Messmer berichtet angesichts der Ergebnisse seiner empirischen Untersuchung von einer Zunahme der Zusammenarbeit der freien Träger mit den Kostenträgern, die aufgrund der kontraktualistischen Verfasstheit der Kooperationsstrukturen nachvollziehbar ist, jedoch nicht unbedingt eine qualitative Verbesserung bedeutet. Vielmehr zeigt sich ein deutlich unterschiedliches Bild, das sowohl Verbesserungen als auch Verschlechterungen in den Kooperationsbeziehungen beinhaltet und offensichtlich sowohl von dem jeweiligen finanziellen Potential der Kostenträger als auch vom individuellen Engagement der Fachkräfte abhängig ist (vgl. Messmer 2003, 33f). In den Aushandlungsprozessen im Rahmen von Hilfeplangesprächen stellt Messmer eine Steigerung der inhaltlichen Ansprüche und Transparenz fest sowie eine Zunahme des Interesses an der Qualität von Leistungen aber auch erhöhte Kontrollansprüche auf Seiten der Kostenträger. Dabei werde häufiger im Sinne der Kostenersparnis und entgegen sozialpädagogischem Ermessen entschieden.

Die hier beschriebenen Entwicklungen zeigen wie sehr sich innerhalb der Handlungs- und Deutungskontexte Sozialer Arbeit das Konzept ökonomischer Priorisierung durchgesetzt hat und Kooperationsverhältnisse zwischen unterschiedlichen Organisationen und Professionen beeinflusst. Doch angesichts ihrer Verpflichtung gegenüber den AdressatInnen als Auftrag Sozialer Arbeit stellt sich die Frage, wie sich eine soziale Logik in diesem Feld positionieren und somit gegenüber dem normativen Konzept von Ökonomisierung ein normatives Konzept Sozialer Arbeit aus professioneller Perspektive formulieren und aufrechterhalten bzw. durchsetzen lässt.

5. Ein Ausblick: Reflexive Professionalität und normative Positionierung

Im Feld Sozialer Dienste setzt sich zunehmend managerielle Steuerung und eine damit verbundene ökonomische Effizienzorientierung und die Individualisierung von sozialen Risiken durch. Diese Entwicklungen sind verbunden mit gleichzeitigen paradigmatischen Veränderungen im Sozialstaatsverständnis, die als Kern nicht mehr soziale Sicherung für alle entsprechend ihren Bedürfnissen sondern einen Anspruch nur für entsprechend »Leistungsbereite« anerkennen und soziale Ungleichheit als »unvermeidliche« Bedingung für wirtschaftliches Wachstum erachten. Beispiele hierfür sind Programme wie das Arbeitslosengeld II sowie Konzepte von territorialer Sozialraumorientierung und Aktivierung von Bürgerinnen.

Es handelt sich bei diesen Verlagerungen im sozialen Gefüge nicht um rein pragmatische Umsteuerungen, sondern diese sind – wie oben angedeutet – eng verknüpft mit neuen normativen Prioritätensetzungen: ökonomische Effizienz und Kostenersparnis werden faktisch als höhere Werte erachtet als die Ermöglichung von Mündigkeit und Autonomie sowie die Realisierung einer eigenen Vorstellung vom guten Leben für die Adressatinnen Sozialer Arbeit. Soziale Dienste und Professionelle im Feld der Sozialen Arbeit stehen hier vor der Frage, ob sie Teil dieser Entwicklungen sein oder ob sie eine eigene Logik und Normativität gegenüber den Interessen und Erwartungen von Institutionen sowie ökonomischen Erfordernissen entgegensetzen können und wollen.

Wie können also Gegenentwürfe sozialer Professionalität aussehen, die in der prinzipiellen Unsicherheitssituation der Praxis Sozialer Arbeit Orientierung geben und trotzdem die Adressatinnenperspektive im Blick behalten, um bei der Wiederherstellung der Autonomie der Lebenspraxis (vgl. Schnurr 2005, 23) zu unterstützen?

Hans-Uwe Otto und Bernd Dewe beschreiben als Kernelement einer »modernen **demokratischen Professionalität**« eine »demokratische Rationalität« im Gegensatz zu »bloß wirtschaftlicher oder verabsolutierter kognitiver Rationalität« (Otto/Dewe 2005, 1417ff.). Damit ist gemeint, die professionelle Praxis immer wieder an die Rechte und Interessen der KlientInnen rückzubinden und als Ziel die politische Partizipation der AdressatInnen zu verfolgen. Dies wird möglich, wenn das **Professionswissen** als »eigenständiger Bereich« (Otto/Dewe 2005, 1419) betrachtet wird, der zwischen einem situativ-pragmatischen Handeln und wissenschaftlichem Wissen liegt und erst in der Verbindung von Fallrekonstruktion und wissenschaftlicher Reflexion eine jeweils dem Einzelfall angemessene Problembearbeitung mit dem Ziel der Herstellung der Autonomie der Lebenspraxis ermöglicht. Diese Form reflexiver Professionalität ermöglicht ein Heraustreten aus dem unmittelbaren Handlungskontext, der von institutionellen Erfordernissen und ökonomischen Zwängen geprägt ist, indem die praktische Situation vor dem Hintergrund normativer und wissenschaftlicher Erkenntnisse überprüft und auf ihre Angemessenheit gegenüber dem adressatInnenbezogenen Auftrag Sozialer Arbeit hinterfragt wird. In der Praxis tritt dieses Reflexionsmoment allzu oft angesichts institutioneller Logiken in den Hintergrund und führt dazu, dass das Handeln im beruflichen Alltag sich häufig eher an Organisationsinteressen und weniger an der Ermöglichung eines guten und selbstbestimmten Lebens für die Adressatinnen ausrichtet.

Sofern sich die Perspektive Sozialer Arbeit nicht nur auf den einzelnen Handlungszusammenhang richtet, sondern die Bedingungen, innerhalb derer sich das professionelle Handeln ereignet, in den Blick nimmt, entkommt eine reflektierte Professionalität nicht der Erkenntnis, dass sie selbst eine »Instanz des Politischen« (Winkler 1995, 183) ist. Angesichts dessen wird es möglich, professionelles Handeln als ein Moment politischer Realität zu verstehen und zu reflektieren und beispielsweise auch eine fraglose Realisierung von Handlungskonzepten kritisch vor dem Hintergrund der Subjektivierung von Risiko und Verantwortung zu hinterfragen (vgl. Bröckling 2004, 55ff).

Angesichts des Spannungsfeldes von ökonomischen Aspekten und sozialem Auftrag Sozialer Dienste steht eine **reflektierte Professionalität** – auch im Kontext institutioneller und multiprofessioneller Kooperationsverhältnisse – vor der kontinuierlichen Herausforderung, sich ihrer Verortung immer wieder neu zu vergewissern. Die Erkenntnis, dass Handeln in konkreten Kontext sich nicht unabhängig von sozialpolitischen Formationen realisiert, stellt jedem und jeder im Feld der Sozialen Arbeit Tätigen die Frage, inwiefern er oder sie zu dem neuen Konglomerat einer Rhetorik von »Autonomie« und »Eigenverantwortung« einerseits und einem kontrollierenden »Regieren« und »Aktivieren« im privaten Bereich beiträgt. Wenn reflexive Professionalität bedeutet, dies immer wieder zu thematisieren – in der Selbstreflexion, in kollegialen, institutionellen und in Kooperationsbeziehungen –, kann Soziale Arbeit zwischen Gesellschaft, Institutionen und AdressatInnen eine kritische gesellschaftliche Instanz sein.

Weiterführende Literatur

Bröckling, Ulrich/Krasmann, Susanne/Lemke, Thomas (Hrsg.), Glossar der Gegenwart. Frankfurt am Main 2004.

Bröckling, Ulrich/Krasmann, Susanne/Lemke, Thomas (Hrsg.), Governementalität der Gegenwart. Frankfurt 2000.

Hensen, Gregor (Hrsg.), Markt und Wettbewerb in der Jugendhilfe. Ökonomisierung im Kontext von Zukunftsorientierung und fachlicher Notwendigkeit. Weinheim, München 2006.

Lindenberg, Michael, Kommerzielles Denken und Soziale Arbeit. In: Lindenberg, Michael (Hrsg.), Von der Sorge zur Härte. Kritische Beiträge zur Ökonomisierung Sozialer Arbeit. Bielefeld 2000, 33-53.

Otto, Hans-Uwe, Zum aktuellen Diskurs um Ergebnisse und Wirkungen im Feld der Sozialpädagogik und Sozialarbeit – Literaturvergleich nationaler und internationaler Diskussion. Expertise im Auftrag der Arbeitsgemeinschaft für Kinder- und Jugendhilfe – AGJ. Berlin 2007.

Otto, Hans-Uwe/Schnurr, Stefan (Hrsg.), Privatisierung und Wettbewerb in der Jugendhilfe. Marktorientierte Modernisierungsstrategien in internationaler Perspektive. Neuwied, Kriftel 2000.
Schaarschuch, Andreas, Die Privilegierung des Nutzers. Zur theoretischen Begründung sozialer Dienstleistung. In: Olk, Thomas/Otto, Hans-Uwe (Hrsg.), Soziale Arbeit als Dienstleistung. Grundlegungen, Entwürfe und Modelle. Neuwied, Kriftel 2003, 150-169.
Widersprüche 23, Heft 90 (2003), Thema: Noch auf Kurs? – Zehn Jahre ›Neue Steuerung‹ in der Jugendhilfe.

Verwendete Literatur

Ahire, Sanjay L./Waller, Matthew A./Golhar, Damodar Y., Quality management in TQM versus non-TQM firms: Am empirical investigation, International Journal of Quality and Reliablity Management, Heft 8 (1996), 8-27.
Albert, Martin, Soziale Arbeit im Wandel. Professionelle Identität zwischen Ökonomisierung und ethischer Verantwortung. Hamburg 2006.
Beckmann, Christof/Otto, Hans-Uwe/Schaarschuch, Andreas/Schrödter, Mark, Quality Management and Formalization in Social Service Organizations – A Survey on Home-Based Family Intervention Services, Social Work and Society, Heft 1 (2007a), 78-93.
Beckmann, Christof/Otto, Hans-Uwe/Schaarschuch, Andreas/Schrödter, Mark, Qualitätsmanagement und Professionalisierung in der Sozialen Arbeit. Ergebnisse einer Studie zu organisationalen Bedingungen ermächtigender Formalisierung, Zeitschrift für Sozialreform (in Erscheinen – 2007b).
Berman, Evan M., Implementing TQM in state welfare agencies, Administration in Social Work, Heft 1 (1995), 55-72.
Black, Simon A./Porter, Lesley J., Identification of the critical factors of TQM, Decision Sciences, Heft 1 (1996), 1-21.
Böhnisch, L:/Lösch, H. (1973): Das Handlungsverständnis des Sozialarbeiters und seine institutionelle Determination. In: Otto, H.-U./Schneider, S. (Hrsg.): Gesellschaftliche Perspektiven der Sozialarbeit. Neuwied, S. 21ff.
Böllert, K. (2003): Soziale Arbeit zwischen kommunitaristischer Vereinnahmung und den Herausforderungen der Dienstleistungsgesellschaft. In: Olk, Thomas/Otto, Hans-Uwe (Hrsg.): Soziale Arbeit als Dienstleistung. Grundlegungen, Entwürfe und Modelle. München/Unterschleißheim. S. 90-114.

Bröckling, Ulrich, Totale Mobilmachung. Menschenführung im Qualitäts- und Selbstmanagement. In: Bröckling, Ulrich/Krasmann, Susanne/ Lemke, Thomas (Hrsg.), Governementalität der Gegenwart. Frankfurt am Main 2000, 131-167.

Bröckling, Ulrich, Empowerment. In: Bröckling, Ulrich/Krasmann, Susanne/Lemke, Thomas (Hrsg.), Glossar der Gegenwart. Frankfurt am Main 2004, 55-62.

Butterwegge, Christoph, Die neoliberale Kritik am Wohlfahrtsstaat und der Legitimationsverlust des Sozialen. In: Hensen, Gregor, Markt und Wettbewerb in der Jugendhilfe. Ökonomisierung im Kontext von Zukunftsorientierung und fachlicher Notwendigkeit. Weinheim, München 2006, 11-24.

Clarke, John/Newman, Janet, The People's Choice? Citizens, consumers and public services. Cambridge 2006. URL: http://www.open.ac.uk/socialsciences/includes/__cms/download.php?file=df1jyijmrehknygtba.pdf&name=peoples_choice_pdf.pdf (28.09.07)

Clarke, John/Newman, Janet, Creating Citizen-Consumers: Changing Relationships and Identifications. (o.J.) URL: http://www.open.ac.uk/socialsciences/creating-citizen-consumers/main-findings.php (28.09.07)

Croft, S./Beresford, Peter, Listening to the voice of the consumer: A new model for social services research, Convergence 23 (1990), Heft 4, 62-70.

Dahme, Heinz-Jürgen/Wohlfahrt, Norbert, Soziale Dienste auf dem Weg in die Sozialwirtschaft. Auswirkungen der »Neuen Steuerung« auf die freien Träger und Konsequenzen für die Soziale Arbeit: Widersprüche 23, Heft 90 (2003), 41-56.

Dahme, Heinz-Jürgen/Wohlfahrt, Norbert, Strömungen und Risiken der Verwaltungsmodernisierung in der Jugendhilfe. In: Hensen, Georg (Hrsg.), Markt und Wettbewerb in der Jugendhilfe. Ökonomisierung im Kontext von Zukunftsorientierung und fachlicher Notwendigkeit. Weinheim, München 2006, 61-76.

Dollinger, Bernd, Die Anthropologisierung sozialer Risiken im Programm der Sozialen Arbeit: Widersprüche 23, Heft 90 (2003), 77-104.

Foucault, Michel, Der Mensch ist ein Erfahrungstier. Gespräch mit Ducio Trombadori, Frankfurt/Main 1996.

Hensen, Gregor (Hrsg.), Markt und Wettbewerb in der Jugendhilfe. Ökonomisierung im Kontext von Zukunftsorientierung und fachlicher Notwendigkeit. Weinheim, München 2006.

Hensen, Gregor, Markt und Wettbewerb als neue Ordnungsprinzipien. Jugendhilfe zwischen Angebots- und Nachfragesteuerung. In: Hensen, Gregor (Hrsg.), Markt und Wettbewerb in der Jugendhilfe. Ökonomisierung im Kontext von Zukunftsorientierung und fachlicher Notwendigkeit. Weinheim, München 2006a, 25-41.

Hensen, Gregor, Rekonstruktion der Ökonomisierung zwischen subjektbezogenen Strategien und gesellschaftlichen Herausforderungen. In: Hensen, Gregor (Hrsg.), Markt und Wettbewerb in der Jugendhilfe. Ökonomisierung im Kontext von Zukunftsorientierung und fachlicher Notwendigkeit. Weinheim, München 2006b, 158-185.

Kessl, Fabian/Otto, Hans-Uwe, Pedagogic Professionalism Defi(l)es the Knowledge Economy? Some Preliminary Notes: Policy Futures in Education, Volume 4 (2006), Number 3, 256-264.

Kessl, Fabian, Der Gebrauch der eigenen Kräfte: eine Gouvernementalität Sozialer Arbeit, Weinheim und München 2005.

Kessl, Fabian/Reutlinger, Christian/Maurer, Susanne/Frey, Olaf (Hrsg.), Handbuch Sozialraum. Wiesbaden 2005.

Kessl, Fabian/Otto, Hans-Uwe, Aktivierende Soziale Arbeit. Anmerkungen zur neosozialen Programmierung Sozialer Arbeit. In: Dahme, H.-J./Otto, H.-U./Wohlfahrt, N./Trube, A. (Hrsg.): Soziale Arbeit für den aktivierenden Staat, Opladen 2003, 57-73.

Kessl, Fabian, Ökonomisierung. In: Schröer, Wolfgang/Struck, Norbert/Wolff, Mechthild: Handbuch Kinder- und Jugendhilfe. Weinheim, München 2002, 1113-1128.

Lindenberg, Michael (Hrsg.), Von der Sorge zur Härte. Kritische Beiträge zur Ökonomisierung Sozialer Arbeit. Bielefeld 2000.

Lindenberg, Michael, Kommerzielles Denken und Soziale Arbeit. In: Lindenberg, Michael (Hrsg.), Von der Sorge zur Härte. Kritische Beiträge zur Ökonomisierung Sozialer Arbeit. Bielefeld 2000, 33-53.

Lipsky, Michael, Street-Level Bureaucracy. Dilemmas of the individual in public services. New York 1980.

Merchel, Joachim, Fachliche Anforderungen an die Jugendhilfe versus Ökonomisierung der Verwaltung? »Neue Steuerung« im Kontext des Kinder- und Jugendhilfegesetzes. In: Merchel, Joachim/Schrapper, Christian (Hrsg.), Neue Steuerung. Tendenzen der Organisationsentwicklung in der Sozialverwaltung. Münster 1996, 145-167.

Messmer, Heinz, Kostensteuerung oder fachliche Indikation – Heimerziehung im Spannungsfeld divergierender Rationalitäten: Widersprüche 23, Heft 90 (2003), 25-40.

Nauerth, Matthias, Neue Steuerungen in der Praxis: Von Nutzenkalkül und Fremdbestimmung der Sozialen Arbeit, Widersprüche 23, Heft 90 (2003), 9-23.

Nüßle, Werner, Qualität für wen? Zur Angemessenheit des Kundenbegriffs in der Sozialen Arbeit, Zeitschrift für Pädagogik 46 (2000), Heft 6, 831-850.

Oelerich,Gertrud/Schaarschuch, Andreas (Hrsg.), Soziale Dienstleistungen aus Nutzersicht. Zum Gebrauchswert Sozialer Arbeit. München 2005.

Olk, Thomas/Otto, Hans-Uwe (Hrsg.), Soziale Arbeit als Dienstleistung. Grundlegungen, Entwürfe und Modelle. Neuwied, Kriftel 2003.

Olk, Thomas, Abschied vom Experten. Sozialarbeit auf dem Weg zu einer alternativen Professionalität. Weinheim, München 1986.

Otto, Hans-Uwe, Zum aktuellen Diskurs um Ergebnisse und Wirkungen im Feld der Sozialpädagogik und Sozialarbeit – Literaturvergleich nationaler und internationaler Diskussion. Expertise im Auftrag der Arbeitsgemeinschaft für Kinder- und Jugendhilfe – AGJ. Berlin 2007.

Otto, Hans-Uwe/Dewe, Bernd, Profession. In: Otto, Hans-Uwe/Thiersch, Hans (Hrsg.), Handbuch Sozialarbeit/Sozialpädagogik. München, Basel 2005, 1399-1423.

Otto, Hans-Uwe/Schnurr, Stefan (Hrsg.), Privatisierung und Wettbewerb in der Jugendhilfe. Marktorientierte Modernisierungsstrategien in internationaler Perspektive. Neuwied, Kriftel 2000.

Otto, Hans-Uwe/Schnurr, Stefan, »Playing the market game?« – Zur Kritik markt- und wettbewerbsorientierter Strategien einer Modernisierung der Jugendhilfe in internationaler Perspektive. In: Otto, Hans-Uwe/Schnurr, Stefan (Hrsg.), Privatisierung und Wettbewerb in der Jugendhilfe. Marktorientierte Modernisierungsstrategien in internationaler Perspektive. Neuwied, Kriftel 2000, 3-20.

Petersen, Kerstin, Neuorientierung im Jugendamt. Dienstleistungshandeln als professionelles Konzept Sozialer Arbeit. Neuwied, Kriftel 1999.

Pothmann, Jens, Interkommunale Vergleiche – Eine Simulation von Markt und Wettbewerb. In: Hensen, Georg (Hrsg.), Markt und Wettbewerb in der Jugendhilfe. Ökonomisierung im Kontext von Zukunftsorientierung und fachlicher Notwendigkeit. Weinheim, München 2006, 111-126.

Roberts, Albert R./Yeager, Kenneth R., Evidence-Based Practice Manual: Research and Outcome Measures in Health and Human Services. New York 2004.

Schaarschuch, Andreas, Dienst-Leistung und Soziale Arbeit. Theoretische Überlegungen zur Rekonstruktion Sozialer Arbeit als Dienstleistung, Widersprüche, Heft 59 (1996), 87-97.

Schaarschuch, Andreas, Die Privilegierung des Nutzers. Zur theoretischen Begründung sozialer Dienstleistung. In: Olk, Thomas/Otto, Hans-Uwe (Hrsg.), Soziale Arbeit als Dienstleistung. Grundlegungen, Entwürfe und Modelle. Neuwied, Kriftel 2003, 150-169.

Schnurr, Johannes, Sozialraumbudgets. Verlust öffentlicher Gewährleistungsverantwortung durch sozialraumorientierte Finanzkonzepte? In:

Hensen, Gregor (Hrsg.), Markt und Wettbewerb in der Jugendhilfe. Ökonomisierung im Kontext von Zukunftsorientierung und fachlicher Notwendigkeit. Weinheim, München 2006, 127-136.

Schnurr, Stefan, Evidenz ohne Reflexivität? – Zur Debatte um Evidenzbasierte Praxis in der Sozialen Arbeit, Zeitschrift Forschung und Wissenschaft Soziale Arbeit, Heft 2 (2005), 19-30.

Schnurr, Stefan, Jugendamtsakteure im Steuerungsdiskurs, Neue Praxis, Heft 4 (1998), 362-382.

Seim, Sissel, Marktförmige Steuerungsmodelle und Nutzerpartizipation – Zwischen Anspruch und Wirklichkeit. In: Otto, Hans-Uwe/Schnurr, Stefan, Privatisierung und Wettbewerb in der Jugendhilfe. Marktorientierte Modernisierungsstrategien in internationaler Perspektive. Neuwied, Kriftel 2000, 155-173.

Spindler, Helga, Umbau des deutschen Sozialstaats durch neue Steuerungselemente und Hartz IV: Archiv für Wissenschaft und Praxis der sozialen Arbeit, Heft 1 (2005), 50-62.

Spindler, Helga, Benchmarking – Wettbewerb unter den Kommunen. »Neue Steuerung« in der kommunalen Sozialhilfeverwaltung und die Folgen für die Hilfeempfänger. Vortragsmanuskript 1999. URL: http://www.edit.uni-essen.de/spindler/Benchmarking%203.pdf (28.09.07)

Spindler, Helga, Fordern und Fördern – Zur Eingliederung arbeitssuchender Arbeitsloser in den Arbeitsmarkt. In: Archiv für Wissenschaft und Praxis Sozialer Arbeit 2008, Heft 1, S. 70-80.

Struck, Norbert, Jugendhilfe als Dienstleistung? In: Jahrbuch der Sozialen Arbeit 1997. Münster 1996, 112-129.

van Santen, Eric, »Output« und »outcome« der Implementierung Neuer Steuerung: Neue Praxis, Heft 1 (1998), 36-49.

Winkler, Michael, Die Gesellschaft der Moderne und ihre Sozialpädagogik. In: Thiersch, Hans/Grundwald, Klaus (Hrsg.): Zeitdiagnose Soziale Arbeit. Weinheim, München 1995, 10-26.

Caritasorganisationen im Sog des Wandels. Führungsverantwortung für eine Kultur multiprofessioneller Kooperation

Rainer Krockauer

Einleitung

Führungskräfte in Caritasorganisationen[1] erleben in ihrem Arbeitsalltag immer wieder die Spannung, Effizienz und Effektivität in einem immer schwierigeren wirtschaftlichen und sozialpolitischen Umfeld sichern und dabei zugleich auch (den eigenen) ethischen Ansprüchen und denen eines kirchlichen Trägers Genüge leisten zu müssen. Es sind die Mitarbeiter, Adressaten bzw. Klienten und Verantwortliche in Kirche und Gesellschaft, die Rechenschaft über das Profil einer Caritasorganisation erwarten. Dies gilt umso mehr, als der wahrnehmbare Sog struktureller Veränderungsprozesse in der Gesellschaft herausfordert, den dynamischen Umbruch gerade auch von einer werteorientierten Identität her zu gestalten.[2]

Die Bewältigung der Spannung zwischen ökonomischer Rationalität und ethischen Ansprüchen durch Caritas-Akteure weist dabei über den Ort der freien und weltanschaulich gebundenen Träger hinaus und gewinnt exemplarischen Charakter für viele Akteure und Einrichtungen von Sozial- und Gesundheitsdiensten. Denn ein nicht unbedeutender Aspekt gegenwärtigen Veränderungsmanagements wird die Frage, wie Führungskräfte den Organisationswandel durch den bewussten Rückgriff auf ethische Traditionen und Wertebezüge gestalten können.[3]

---

1 Die folgenden Überlegungen fokussieren sich auf Unternehmen der Caritas, die zu zentralen Akteuren caritativen Handelns der Kirche in Deutschland geworden sind. Viele der aktuellen caritaswissenschaftlichen Fragen entzünden sich an ihrer unternehmerischen Organisationsstruktur, vor allem, was die Vermittlung von Ökonomie und Theologie betrifft, vgl. Fischer 2007.

2 Neuere Untersuchungen fordern eine Modernisierung der wertebezogenen Dimension der Wohlfahrtsverbände (vgl. Dahme u. a. 2005) ein, vor allem um eine »einseitige ›Modernisierung‹ der ökonomischen Funktionen der Träger und Einrichtungen« (ebd., 92) zu bewältigen. Es bleibt die Frage, wie die eigene Unternehmensidentiät weiterentwickelt werden kann und eine wertebezogene Professionalisierung gelingt.

3 Diesen Aspekt einer Verknüpfung von Veränderungsmanagement und (theologischer) Ethik betont Schmidt 2008, 17. Die Begriffe »Veränderung«, »Wandel« und »Change« werden im Folgenden synonym verwendet, ebenso »Veränderungsmanagement« und »Change-Management«.

Der folgende Beitrag wird von einer dreifachen Management-Perspektive geleitet und dadurch auf das Handeln von Führungskräften bezogen.[4] Er stellt dieses zunächst (a) in den Horizont aktueller Veränderungsprozesse und tangiert damit den Fragehorizont des sogenannten Change-Managements (vgl. Bachert/Vahs, 2007). Den Schwerpunkt legt er dann (b) auf die Skizzierung theologischer Bezugspunkte des Führungshandelns in Caritasunternehmen im Blick auf deren Organisationsentwicklung (vgl. Grunwald, 2005). Fokussiert wird dieses zuletzt (c), indem es unter die Perspektive der multiprofessionellen Kooperation gestellt und am Innovationsfall der Sterbebegleitung in Organisationen konkretisiert wird.

a. Die aktuellen Umbrüche und Veränderungsprozesse im deutschen Sozialstaat lassen sich am Beispiel der verbandlichen Caritas durchbuchstabieren. Facetten eines markanten Einschnitts werden dabei erkennbar: Traditionsreiche Ordensgemeinschaften können ihre Einrichtungen nicht mehr weiterführen, Fusionen und die Auflösung von Organisationseinheiten verunsichern die Mitarbeiter und gefährden die Identität. Veränderungsmanagement wird zur Pflicht für alle, allerdings nicht nur, um das Überleben zu sichern, sondern auch, um dabei das tradierte Ethos wahrzunehmen und in die Zukunft weiter zu tragen.

b. Bei diesem Anschluss an die eigene Tradition und weltanschauliche Identität ist die Theologie (insbesondere als theologische Ethik und Pastoraltheologie) unverzichtbar. Rezepte oder Patentlösungen kann diese nicht zur Verfügung stellen, vielmehr bietet sie sich als Gesprächspartnerin zur Reflexion von Themen an, die Führungskräfte beschäftigen. Gemeinsam mit diesen sucht sie nach Lösungen, die die christliche Botschaft sowohl als Hintergrundgewissheit bzw. Tiefendimension sozialprofessionellen Handelns[5] wie auch als expliziten Profilpunkt moderner Caritasunternehmen erkennbar werden lassen. Eine Theologie im Kontext der Caritasunternehmen versucht so die Logik betriebswirtschaftlicher Rationalität mit den provokanten Potentialen der christlichen Botschaft zu verbinden.

---

4   Obwohl das Verständnis von Führung in den sozial- und wirtschaftswissenschaftlichen Disziplinen sehr unterschiedlich ist, betont der Begriff »Führender/Führungskraft« durchgängig stärker (als der Begriff »Manager«) den Steuerungsprozess des Handelns von Geführten mit dem Zweck, bestimmte Ziele zu erreichen (vgl. etwa Neuberger 2002, 49). Der Beitrag bezieht Führungshandeln auf das Ziel, ethische Entwicklungsprozesse zu steuern.

5   Viele christlich und kirchlich vermittelten Ideen und Wertvorstellungen (z. B. Solidarität oder Subsidiarität) sind heute aus dem Raum des explizit Christlichen ausgewandert und zu regulativen Ideen des wohlfahrtsstaatlichen Lebens geworden. Nicht nur vor dem Hintergrund einer neo- und interreligiösen Situation bedarf es einer neuen expliziten Thematisierung dieser impliziten Ideen und Wertvorstellungen im Raum einer säkularen und pluralen Gesellschaft.

c. Der Bedarf an multiprofessioneller Kooperation in Sozial- und Gesundheitsdiensten ist dabei unbestreitbar. Allerdings ergeben sich aus der Notwendigkeit zur Kooperation nicht unbedingt Kooperationsprozesse. Ein komplexes Umfeld, das Abstimmungsprozesse erschwert, Überschneidungen von Aufgabengebieten, unterschiedliche Logiken und Terminologien und auftretende korporative Strukturen schaffen Hindernisse, auch und gerade in der Verständigung über die eigenen und gemeinsamen weltanschaulichen und ethischen Bezugspunkte. Aber erst durch die Kooperation der diversen Professionen eröffnet sich der Sinn für eine alle verbindende Unternehmensphilosophie in einer gemeinsam verantworteten Unternehmenskultur. Eine ethisch begründete Kooperationskultur wird so zu einem wichtigen Faktor in der Bewältigung von Veränderungsprozessen.

Aus dieser inhaltlichen Zielsetzung ergibt sich folgender Aufbau des Beitrags: Die aktuellen Veränderungsprozesse werden in Kap. 1 von drei Ausgangspunkten her erschlossen: vom spürbaren Wandel im Verhältnis von Caritasorganisationen und Kirche, von der offensichtlichen Veränderung im Verhältnis von Caritas und Sozialstaat und schließlich von der bleibenden Verpflichtung, sich bei diesen Wandlungsprozessen auch und gerade am eigenen christlichen und kirchlichen Selbstverständnis und den damit verbundenen theologischen Optionen zu orientieren.

Die Organisationsentwicklung der Caritas wird dann in Kap. 2 mit drei theologischen Aspekten korrespondiert: zunächst die Suche nach dem christlichen Profil mit der Frage nach der *Corporate Identity* von Caritas, dann das Bemühen, dem kirchlichen Sendungsauftrag gerecht zu werden, mit der Sensibilität, eine *Corporate Mission* im Auge zu behalten, und schließlich der Sinn für eine christlich inspirierte Unternehmenskultur mit dem Verständnis für eine ureigene *Corporate Culture*.

Abschließend wird in Kap. 3 der Beitrag eines kooperativen Managements für eine Kooperationskultur erörtert. Diese Frage wird am Innovationsfall menschenwürdigen Sterbens in sozialen Organisationen exemplifiziert. Führungskräfte, die Verantwortung für eine multiprofessionelle Kooperation übernehmen, fördern eine Kultur des Sterbens und der Sterbebegleitung, die wiederum die eigene Organisationskultur nachhaltig beeinflussen wird.

1. Aktuelle Veränderungsprozesse in Caritasorganisationen

1.1 Wehklage oder Zukunftsoptimismus?

»It's time to change!« Dieser Slogan aus dem amerikanischen Wahlkampf des Jahres 2008 verspricht einen verheißungsvollen Neuanfang. Auf die großen Wohlfahrtsverbände bezogen bedeutet der Aufruf zur mutigen Veränderung immer auch, Abschied von jahrzehntelang vertrauten Organisationsformen nehmen und den längst eingeleiteten Wandel als Übergang in eine neue Ära bewusst gestalten zu müssen. Der nachwuchsbedingte Rückzug der ehemals zahlreichen Ordensfrauen und -männer aus dem Alltag der Caritasarbeit ist dabei in vielerlei Hinsicht ein augenfälliges Symptom für die Zuspitzung aktueller Veränderungsprozesse in der Caritas. Er geschieht mit der selben Dynamik, mit der sich das sogenannte katholische Milieu aus dem Raum der verbandlichen Caritas zurückgezogen hat, das über viele Jahrzehnte traditioneller Nährboden im Denken und Handeln von Caritasakteuren und -organisationen gewesen ist (vgl. Henkelmann, 2007).

Wenn Ordenseinrichtungen auf- und übergeben werden müssen, geht nicht nur offensichtlich eine bestimmte Ära in der Trägerschaft kirchlicher Einrichtungen zu Ende. Es handelte und handelt sich für die daran Beteiligten um einen teilweise schmerzvollen Übergang, der das Bewusstsein für eine gewachsene historische Tradition und zugleich die Verantwortlichkeit für das Proprium eines spirituellen Profils generieren kann. Aus betriebswirtschaftlicher und organisationstheoretischer Sicht geht es um einen Trägerwechsel, es geht um neue Rechtskonstruktionen und schließlich dabei auch um die wirtschaftliche und strukturelle Absicherung der damit verbundenen Prozesse. Der Vorgang ist aus dieser Sicht mehr als normal und geschieht gerade im Wirtschaftsleben tagtäglich.[6] In weltanschaulich gebundenen Organisationen bleibt jedoch immer ein »Change-Rest« zu bewältigen, der mitberücksichtigt werden muss. Denn nachdem die Ordensleute ihre Räumlichkeiten verlassen haben und nachdem für deren Nachfolger neu renoviert und umgebaut wurde, stößt man auf Hinterlassenschaften, nicht nur in Form von Kreuzen, Aufzeichnungen und Symbolen, sondern auch in Form von Erwartungen und Gewohnheiten, die anzeigen, dass der Alltag über Jahrzehnte mit einem Proprium

---

6 Die durchschnittliche Lebensdauer eines Wirtschaftsunternehmens beträgt heute rund 40 Jahre, mit einem rasanten Sinken der Überlebensdauer. Das zeigt den enormen »Change Consulting« – Bedarf im Raum der Gesellschaft.

verstrickt war, das als tradiertes Gut wahrgenommen und in die Zukunft überführt werden muss.

Es wird bei den aktuellen Veränderungsprozessen insbesondere auf die (Geistes-)Haltung der Personen ankommen, die nicht nur für die wirtschaftliche, sondern auch für die spirituelle Transformation Führung übernehmen, und die in der Lage sind, dabei vor allem ihre Mitarbeiter zu inspirieren und bei diesen Kreativität und Zukunftsoptimismus zu wecken. Wehklagen (im Blick auf die Vergangenheit) oder Zukunftsglaube (im Blick auf die vor einem liegenden Möglichkeiten) – was gewinnt die Oberhand? Klar ist dabei auch: Die Veränderungsprozesse im Wohlfahrtsstaat betreffen die Caritasorganisationen nicht allein, auch sind sie von denen in der verfassten Kirche, in Gemeinden und anderen Sozialverbänden nicht zu trennen. Nicht nur die Hoch-Zeit der Volkskirche der 50er bis 70er Jahre, sondern auch die wohlfahrtsstaatlich privilegierte Situation der Caritas in der zweiten Hälfte des 20. Jh. haben Maßstäbe gesetzt – von den Kirchenbesucherzahlen bis zur selbstverständlichen Präsenz in sozialstaatlichen Strukturen – und erzeugen für die darin Aufgewachsenen den Problemdruck, Abschied von nachhaltig wirkenden Hinterlassenschaften nehmen und zugleich diese neu gestalten zu müssen.

Organisationstheoretisch betrachtet wiederholt sich hier oft eine mancherorts bekannte Entwicklung: Eine Organisation erlebt Schwierigkeiten in ihrem Umfeld. So mancher Verantwortlicher ist überzeugt: »Wir sind Opfer unserer Umwelt, die sich in einem dramatischen Wandel befindet!« Der Außendruck steigt, die Verlusterfahrung wird bewusst oder unbewusst an die Mitglieder der Organisation weitergegeben. Viele haben das Gefühl, den Entwicklungen hinterher zu laufen. Zuweilen fehlt die Zukunftsperspektive, versperrt vom Rückblick auf die scheinbar rosige Vergangenheit (vgl. dazu Becker/Langosch, 1995, 11f).[7] Wer sich gegenwärtig in den kirchlichen Organisationen oder im sich nachhaltig umstrukturierenden Sozial- und Gesundheitswesen aufmerksam umsieht, kann etwas von der damit verbundenen »Problemtrance« (Schmidt 1993, 119ff) erfahren. Trotz hoch motivierter Mitarbeiter und einer immer noch großartigen Organisationslandschaft, gerade im kirchlichen Bereich, ist das Klima hin und wieder müde und resigniert. Außenstehende spüren, dass hier Organisationen mit gravierenden Problemen beim Übergang in eine neue Epoche beschäftigt sind.

---

7   Viele der nachfolgenden Gedanken zu Theorie und Praxis von Organisationsentwicklung (in der Kirche) sind meinem bzw. unserem Buch entnommen: Krockauer/ Schuster, 2007.

1.2 Veränderung eines erfolgreichen Arrangements zwischen Wohlfahrtsstaat und Kirche

Die aktuellen Veränderungsprozesse spielen sich – sozialgeschichtlich gesehen – vor dem Hintergrund eines außergewöhnlichen hohen Grads an Institutionalisierung von kirchlichen Organisationen in Deutschland gerade im Sozialbereich ab, im innereuropäischen Vergleich eine bemerkenswerte Sondersituation. Das hängt mit jenem erfolgreichen Arrangement zwischen Staat und Kirche zusammen, das die Caritas im 19. und 20. Jahrhundert in Deutschland errungen hat (Fix 2005, 165). Man erinnert sich: Im strukturellen Konflikt zwischen Staat und Kirche war es der katholischen Kirche im 19. Jahrhundert sukzessiv gelungen, ein starkes Netzwerk von intermediären Organisationen mit einem breiten Spektrum von Zielgruppen sozialer Dienste wie einer breiten Anzahl von Organisationstypen zu etablieren (vgl. Fix 2005, 27. 173ff). Je größer mit der Zeit dann der Spielraum und die gesellschaftliche Mitverantwortung wurde, die der Staat den Kirchen zuwies, desto höher wurde auch der Anteil hauptberuflicher Mitarbeiter und die Zahl der Organisationen.

Dahinter stand das Interesse, verkörpert in den Personen Lorenz Werthmanns und noch mehr Franz Hitzes[8], die religiösen Wurzeln caritativen Engagements nach innen in die Kirche, aber zugleich die Interessen der katholischen Kirche nach außen in die Gesellschaft hinein schlagkräftig zu vertreten. Damit verknüpfte sich früh die »Ablehnung eines staatsmonopolistischen Sozialpolitikverständnisses zu Gunsten eines dezentralen, föderalen, ja subsidiären und intermediären ›Gemeinwohlpluralismus‹ (unter kirchlicher Beteiligung).« (Ebertz 2001, 22). Auf diesem Wege war es der verbandlichen Caritas (gemeinsam mit anderen in der Freien Wohlfahrtspflege) sukzessiv gelungen, duale Strukturen zu erkämpfen, Privilegien zu sichern, ja Monopole in bestimmten Arbeitsbereichen auszubauen und das System der Wohlfahrtspflege über das Subsidiaritätsprinzip mit zu konturieren, das das »System der Wohlfahrtspflege in Deutschland bis in unsere Tage kennzeichnet, nämlich die gesetzliche Bestands- und Eigenständigkeitsgarantie der Freien Wohlfahrtspflege bei gleichzeitiger Förderungsverpflichtung und Gesamtverantwortung durch den Staat.« (Fix 2005, 49).

Dieses Arrangement ist zweifelsohne ins Wanken geraten und die Caritas mehr und mehr in ein »ökonomistisches Fahrwasser« hineingezogen worden (vgl. Buestrich/Wohlfahrt 2008). Dieses bestimmt die Untertöne in den Veränderungsprozessen genauso mit, wie der schleichende Verlust

---

8   Nach M.N. Ebertz ist dieser als »die Schlüsselfigur des sozialen, politischen und eben auch karitativen Katholizismus« zu betrachten (Ebertz 2001, 22).

der kirchlichen Herkunftsbindung. Sozialmarktliche Optionen zeigen längst einen Richtungswechsel an und haben zur Folge, dass sich viele Teile der verbandlichen Caritas heute auf dem Weg zu marktfähigen Sozialunternehmen befinden. Allerdings gilt: »Wenngleich Einrichtungen der Caritas und Diakonie also zu Recht als ökonomische Unternehmen bezeichnet werden, muss allerdings zugleich immer hinzugefügt werden: Es sind aber auch kirchliche Unternehmen.« Weil diese »sowohl den Marktbedingungen gerecht werden müssen als auch ihren kirchlichen Auftrag zu erfüllen haben, lautet die entscheidende Frage, wie denn beide Anliegen, die Theologie und die Ökonomie, das theologische Wollen und das ökonomische Sollen, zusammengebracht werden können.« (Fischer 2007, 55).

Wenn also die aktuellen Veränderungsprozesse mit einem einschneidenden Paradigmenwechsel verbunden sind, dann bezieht sich dieser nicht mehr auf die mancherorts vollständig abgeschlossene Erosion des katholischen Herkunftmilieus von Caritasorganisationen, sondern vielmehr auf einen einsetzenden Erosionsprozess sozialstaatlicher Einbindung und ein Hineingeworfensein in einen neuen Sozial- und Dienstleistungsmarkt in Deutschland und in Europa. Für die Caritas (wie andere freigemeinnützigen Träger sozialer Dienste) »zeichnet sich eine rasante Fahrt in eine immer ungewissere Zukunft ab, und die Planungsrisiken für Träger wie für Beschäftigte werden ... noch deutlich zunehmen. Freie Träger verlieren auf dem Weg in die Sozialwirtschaft ihre ursprüngliche Identität und tragen dabei ein erhöhtes wirtschaftliches Risiko...« (Buestrich/Wohlfahrt 2008, 24). Der Problemdruck, als Organisation eines großen Wohlfahrtsverbands dabei mehr und mehr an Einfluss in der Gesellschaft zu verlieren, wirkt mindestens genauso nachhaltig, wie die Verunsicherung, als quasi-staatliche Organisation mit einer kirchlichen Legitimationsnotwendigkeit umgehen zu müssen.

Fest steht: Die Umstände, unter denen sich Wandlungsprozesse abspielen, sind komplexer und unübersichtlicher geworden. Offensichtlich ist zum einen die Notwendigkeit einer Selbstvergewisserung, einer nachholenden »Modernisierung der wertebezogenen Dimension der Verbände.« (Dahme u. a. 2005, 92f). Einsichtig ist damit auch, dass die aktuellen Wandlungsprozesse auch den Rückgriff auf eine theologisch gedeutete Identität nötig machen, wollte man nicht der Gefahr einer liberalistischen Anpassung an jegliche von außen gesetzte Bedingungen erliegen.

1.3 Theologische Deutung in Veränderungsprozessen

Nahezu alle sozialen Unternehmen preisen gegenwärtig in ihren Leitbildern »corporate values« an, um die eigene Unternehmensphilosophie und Moral am Markt sichtbar werden zu lassen. Die Benennung von Eckpunkten der eigenen Unternehmensethik wird dann daran zu messen sein, ob und wie diese auch zur Richtschnur des Handelns von Personen und Organisationen werden. Zentrale Eckpunkte der Corporate Values von Caritasorganisationen entstammen dem Evangelium und der mit ihm verbundenen Jesus-Überlieferung. »Wenn kirchliche Caritas heute großräumig unter den Druck des Marktes gerät, darf dies nicht nur Anlass sein, darüber nachzudenken, wie die Einrichtungen (im Sinne der Wettbewerbsfähigkeit) überleben können« so der Caritastheologe R. Zerfaß. Er fordert: »Vielmehr fordert uns die Situation der Bedrängnis zunächst einmal dazu heraus, das Evangelium selber der neuen Soziallogik auszusetzen, auch wenn dies eine Menge Missverständnisse, Pannen und Fehler kosten sollte.« (Zerfaß 1996, 20). Zerfaß setzt voraus, dass die Botschaft Jesu eine hilfreiche Orientierung, aber auch unverzichtbare Irritation für das Handeln von Führungskräften in der Caritas ist und bleibt. Ihr geht es um alles andere als Bestandssicherung, schon gar nicht um Rechtfertigung von Status-quo-Situationen. Die ersten Worte des Evangeliums lauten vielmehr frei übersetzt: It's time to change. Kehrt um (Wandelt euch) und glaubt an die Zugkraft des Evangeliums und den von ihm inspirierten Mut zum Wandel.

Natürlich hatte der Wandercharismatiker Jesus vor 2000 Jahren nicht Millionen an Anlagevermögen und eine Vielzahl an diakonischen Einrichtungen und Mitarbeitern zu steuern und zu verwalten, aber dessen Grundimpuls, seine Art, die Welt und das Leben zu deuten, bleibt gerade für Wandlungsprozesse heute brandaktuell: Nach vorne ist der Blick zu richten, im Wissen um eine bleibende Herkunft, auf das Noch-Nicht, die leitende Vision, in der Sprache des Evangeliums, auf das noch ausstehende Reich Gottes. Dieser Ausblick kann die notwendigen Grundkenntnisse der Betriebswirtschaft und Organisationsentwicklung nicht ersetzen. Aber es wird Aufgabe von Führungskräften in der Caritas bleiben und werden, betriebswirtschaftliches und organisationsentwicklerisches Know-how mit christlichem Gedankengut und kirchlicher Tradition zu verknüpfen und sich von diesem bzw. dieser ermächtigen zu lassen, mit Abschied und Wandel kreativ und visionär umzugehen.

Die Theologie als eine Wissenschaft, die christliches Gedankengut und kirchliche Tradition in die soziale Praxis zu übersetzen versucht, scheint dabei – in den Augen von Führungskräften – den dynamischen Organisationsentwickungsprozessen eher hinterherzuhinken. Dieses Anschlussproblem hängt auch mit einem inhaltlichen Grund zusammen. Denn der Schwerpunkt der vom II. Vatikanischen Konzil inspirierten Theologie und kirchlichen Praxis lag auf der Wahrnehmung des einzelnen Menschen. Die Subjektwerdung der Einzelnen in Kirche und Gesellschaft sollte gefördert werden. Die Tatsache, dass die Kirche (v.a. in Deutschland), vor allem in der zweiten Hälfte des 20. Jahrhunderts mehr und mehr zu einem komplizierten sozialen System mit komplexen Strukturen wurde, blieb lange Zeit und bleibt bis heute sehr oft unberücksichtigt. Es war und ist bis heute eine zum Teil schmerzvolle Einsicht der Theologie, den Gedanken der Organisation und Organisationsentwicklung zu wenig im Blick zu haben (vgl. Gärtner 1996). Schmerzvoll ist dieses Wahrnehmungsdefizit auch, weil natürlich der Aufbruch des II. Vatikanums einen enormen Veränderungswillen (von Kirche und Gesellschaft) mit sich gebracht hat. Allerdings mit der manchmal fatalen Haltung und Überzeugung, »die Reform ... sei vor allem eine aufklärerische Reform der Personen, ihrer Lebenshaltungen und Bewusstseinszustände.« (Heller 2003, 39f).

Diese Auffassung hat sich als gefährlich und gefährdend herausgestellt. Denn komplexe Organisationen »lassen sich nicht durch Bewusstseinsbildung und Gefühlsdifferenzierung entwickeln.« (Heller 2003, 39f). Es bedurfte und bedarf aus praktisch-theologischer Sicht der mühevollen Beschäftigung mit system- und organisationstheoretischen Einsichten, um einzusehen, dass der Wandel von Personen noch keinen Wandel von Organisationen nach sich zieht und dass die Veränderbarkeit der Welt durch die besseren Motive und Handlungen individueller Subjekte ein Trugschluss ist, der bei so manchem Theologen und Caritasakteuren dazu führte, resignativ die Veränderungshoffnung (nicht nur von Kirche) sein zu lassen (vgl. Fuchs 2000).

2. Theologische Bezugspunkte in der Organisationsentwicklung der Caritas

2.1 Corporate Identity: Orientierung an einem christlichen Profil

»Um ein diakonisches Unternehmen menschen- und sachgerecht zu führen, sind zwei Dinge unerlässlich: Es bedarf erstens einer theologischen Orientierung, und es braucht zweitens einen soliden ökonomischen Sachverstand. Beide Dinge sind konstitutiv.« (Fischer 2007, 57). Eine Unterordnung der einen Disziplin und Perspektive unter die andere ist folglich weder hilfreich noch der Sache angemessen.[9] Die entscheidende Frage dürfte wohl eher die sein, ob es gelingt, beide miteinander zu verbinden und beide Perspektiven in ein Gesamtkonzept von Führung und Leitung zu integrieren. Die Verknüpfung von ökonomischem Sollen und theologischem Wollen betrifft damit einen mühevollen und sensiblen Balanceakt zwischen Caritasarbeit und Orientierung am Evangelium bzw. zwischen Organisationsstruktur und Sendungsauftrag. Es ergeben sich dabei notwendige Spannungsbögen, denn unterschiedliche Logiken treffen aufeinander. Wirtschaftlichkeit und der biblische Satz »Die Letzten werden die Ersten sein« (Mt 19,30) bilden beispielsweise eine natürliche und offensichtliche Spannung. Aber das Aufeinanderprallen von ökonomischen Notwendigkeiten und ethischen Herausforderungen oder etwa von Dienstleistungsansprüchen und prophetischem Gewissen eröffnen eben auch produktive Chancen, die nicht in der Zerreißprobe enden müssen.

Verändernde Entwicklungsprozesse von Personen und Organisationen im Balanceakt zwischen Ökonomie und Barmherzigkeit werden tagtäglich in vielen Entscheidungssituationen des Alltags getestet. Führungskräfte »haben beispielsweise die Fragen zu beantworten, wie viel Personal sie für die Versorgung der anvertrauten Menschen noch einsetzen können, welche Leistungen sie nicht mehr erbringen können oder wie sie die Unternehmensprozesse möglichst effizient gestalten, ohne dass sich daraus Qualitätseinbußen ergeben.« (Fischer 2007, 58). Die Orientierung an einem durchs Evangelium und die Jesus-Überlieferung geschärften Profil ergibt sich auf der Mikro-Ebene (der einzelner Mitarbeiter), betrifft z. B. die Verknüpfung von Spiritualität und Professionalität und fragt nach der sozialprofessionelles Handeln profilierenden Kraft einer christlichen Spiritualität. Sie ergibt sich auf der Meso-Ebene (der einzelner Einrichtungen), betrifft z. B. die spannungsreiche Verknüpfung von Dienstleistung und prophetischer Anwaltschaft und fragt nach der die Dienstleistung profilierenden Kraft einer biblischen Option für die Armen. Sie ergibt sich auch auf der Makro-Ebene (der einer Trägergesellschaft), betrifft z. B. die schon mehrfach angesprochene Verknüpfung wettbewerbsorientierten Marktverhalten mit einem kirchlichen Profil und fragt nach der ökonomisches Handeln profilierenden Kraft einer konfessionellen Tradition.

Das Evangelium Jesu als Eckpfeiler eines christlichen Profils vermag Personen und Organisationen maßgeblich zu prägen und in ihrer Entwicklung mit zu steuern. Nehmen wir beispielsweise die christliche Botschaft von der leibhaftigen Auferstehung der Toten, vom Sieg des Lebens über

---

9   Auch gilt: »Ideologische Gardinenpredigten helfen genauso wenig weiter wie die Ausblendung der Gottesfrage.« (Gärtner 2008, 43)

den Tod, eine Grundüberzeugung christlicher Tradition und zugleich eine tief verankerte Überzeugung, die als Resonanzboden in allen Caritasorganisationen mitschwingt. Denn das Evangelium eines (Weiter-)Lebens (mit den) der Toten ist ein unumstößlicher Eckpunkt jeder christlichen Unternehmensethik. Was bedeutet das für den konkreten Umgang, z. B. mit den Toten? »Ich kenne ein Krankenhaus, dort kamen die Toten in einen Raum mit Kühlboxen, der nicht gerade würdig war. Die Pflegenden, welche die Toten dorthin brachten, hatten nicht einmal mehr das Licht angemacht und im Dunkeln ihre Arbeit verrichtet. Der Weg in den Keller war heruntergekommen. Irgendwann kam der Verwaltungsdirektor – ein nachdenklicher Mann – dort hinunter. Und er hat das mit eigenen Augen gesehen und er schämte sich.« (Gärtner 2008, 46) Es begann, wie H. Gärtner berichtet, ein persönlicher Wandlungsprozess, allerdings mit organisationalen Konsequenzen. »Aus der Abstellkammer wurde einige Zeit später ein würdevoller Totenraum. ... Nicht für die Angehörigen, nein für die Toten. Dass sie dort in Würde aufgebahrt sind. Solange sie noch in der Klinik sind. Dieses Projekt war ein ziemlicher Eingriff. ... Dem Haus waren es die Toten wert.« (Gärtner 2008, 46).

Gärtner exemplifiziert über dieses Fallbeispiel die für die Orientierung an einem christlichen Profil relevante Frage »Wie kommt das Evangelium in die Organisation?« Er fordert: Das Evangelium der Auferstehung von den Toten vermag die persönliche Hoffnung und eine damit verbundene Haltung von Leitungskräften und Mitarbeitern zu prägen, aber es muss auch Auswirkungen auf Ablaufprozesse, geregelte Verhaltensweisen und organisatorische Strukturen (wie z. B. Abschiedsräume) besitzen, damit sich der Wandel vom Tod zum Leben nicht nur im Kopf bzw. im Herzen vollzieht, sondern auch ablesbar wird an der Gestaltung von Räumen oder der Strukturierung von Zeit. Der Entwicklungsprozess des Ernstnehmens des Evangeliums in Köpfen und Organisationsstrukturen, in Tat und Wort, vor allem aber im konkreten Lebenszeugnis, heißt in der Theologie Evangelisierung.[10] Evangelisierung benennt einen gemeinsamen Auftrag in einer kirchlichen Organisation, von Haupt- und Ehrenamtlichen, von Führungskräften und Mitarbeitern, von Priestern und Laien, die eine verbindende Identität aller Beteiligten ermöglichen. In die Sprache der Organisationsentwicklung hinein vermittelt, hieße das: Die Evangelisierung ist die »Corporate Identity« der gesamten Kirche und ihrer Teilorganisationen, wie z. B. der Caritas. Daran sind alle Mitglieder beteiligt. Es genügt nicht, wenn sich dafür nur ein Teil oder die Leitung zuständig fühlt. Denn

---

10 »Evangelisieren besagt ..., die Frohbotschaft in alle Bereiche der Menschheit zu tragen und sie durch deren Einfluß von innen her umzuwandeln und die Menschheit selbst zu erneuern.«(Apostolisches Schreiben 1975, Nr. 18)

der gemeinsame Sinnraum entsteht erst, wenn die verbindende Identität stärker ist als unterschiedliche Positionen oder Funktionen.

2.2 Corporate Mission: Sensibilität für einen kirchlichen Auftrag

In aktuellen Veränderungsprozessen von Caritasorganisationen theologisch zu deuten und dabei konkret den Sinnhorizont des Evangeliums und der Jesus-Überlieferung ins Gespräch zu bringen, kann vier weit reichende Handlungsperspektiven eröffnen. Die Orientierung an diesem christlichen Profil verweist auf die spirituelle Identität der Caritasorganisation, auf ihre Corporate Identity. Zugleich stecken die Ideen und Wertvorstellungen des Evangeliums auch den Horizont für ihre Vision ab, ihre Corporate Vision. Sie leiten ferner den im Evangelium begründeten kirchlichen Sendungsauftrag, ihre Corporate Mission und konstituieren schließlich die eigene Unternehmenskultur – ihre Corporate Culture.[11] Was die ethisch begründete Vision betrifft, lässt sich von den Theoretikern der Organisationsentwicklung lernen: Eine gemeinsame Vision orientiert und motiviert das Handeln – auch wenn die Vision niemals vollständig erreicht wird. Sie ist eine wirksame Kraft, weil sie das Bedürfnis stillt, zusammen an einem wichtigen Projekt zu arbeiten. Menschen in einer Organisation, die eine gemeinsame Vision teilen, verändern nicht nur ihre Beziehung untereinander, sondern auch zur Organisation: Ihre Identifikation wächst (vgl. Senge 1999, 251f). Eine Organisation ohne eine orientierende und leitende Vision läuft Gefahr, dass strategische Einzelplanungen der Lösung aktueller Probleme verhaftet bleiben und keine zukunftsweisenden Perspektiven eröffnen, dass die Mitglieder vor allem Eigeninteressen verfolgen und sich gerade in Krisen- und Übergangszeiten auf ihre »Inseln« zurückziehen (vgl. Senge 1999, 257).

Bis in die Gegenwart hinein leben gerade die Caritasorganisationen und ihre Führungspersönlichkeiten aus der tradierten Vision, ein Vortrupp des Evangeliums in einer wohlfahrtsstaatlich verfassten Gesellschaft und damit auch eine »Avantgarde der Gesamtkirche« (Zerfaß 1996, 13) zu sein und zu werden. Dieses visionäre Selbstbewusstsein hängt an der historisch gewachsenen Überzeugung, dass Caritasorganisationen eine nicht zu unterschätzende intermediäre Bedeutung gewonnen haben, auch und gerade für eine Vermittlung des Evangeliums und seiner Werte in die säkulare Welt hinein – und das gerade, weil sie über Mechanismen

---

11   In der Sprache der Organisationsentwicklung heißt das: Die Bereiche Vision, Mission und Kultur beantworten als »Firmencredo« gemeinsam die Frage, woran die Mitglieder eines Unternehmens glauben. (Vgl. Senge 1999, 273f.)

verfügt, die in der Lage sind, die Funktionsweise einer ausdifferenzierten Dienstleistungsgesellschaft nachzuvollziehen und damit im öffentlichen Diskurs wie im politischen Lobbying wirksam zur Geltung zu bringen. Es ist gerade ihre spezifische, theologisch artikulierte Motivation, ein wirkmächtiges praktisches Zeichen für die »caritas« und für die Einheit von Gottes- und Nächstenliebe sein zu wollen, die in einer ökonomisierten und säkularisierten Gesellschaft die andere, aber wichtige Wirklichkeit Gottes im Dienst am Menschen zu Gehör bringt.

Auch was die mit der Vision korrespondierende Mission betrifft, lässt sich von den Theoretikern der Organisationsentwicklung lernen: Der Begriff »Mission« bezieht sich auf den »Auftrag« und beantwortet die Frage, worin der Sinn und Zweck einer Organisation besteht. Die Vergegenwärtigung des Auftrags ist für Organisationen überlebensnotwendig. Denn diese Erinnerung bewahrt die Organisation davor, sich »schwindlig spielen zu lassen« von den Erwartungen und Interessen (ihrer Kunden und Geschäftspartner), von den unbegrenzten Möglichkeiten (was man noch alles tun könnte) und von der Konkurrenz auf dem Markt (die bekanntlich niemals schläft).

Für kirchliche Organisationen ist »Mission« damit ein doppelsinniger Begriff: organisationstheoretisch ist der Begriff unverzichtbar, theologisch besteht der Auftrag der kirchlichen Organisation, also ihre Mission, in der Evangelisierung.[12] Das Ziel ihres Wirkens ist das Reich Gottes (das nicht mit der kirchlichen Organisation identisch ist) im Raum der Welt und Gesellschaft. Und im Engagement für dieses Reich inmitten der Welt geht es um die Rettung der menschlichen Person und den rechten Aufbau der menschlichen Gesellschaft, gerade im Blick auf die Armen und Bedrängten aller Art, auch und gerade im institutionellen Zeugnis der Liebe. Die Sensibilität für diesen kirchlichen Auftrag kann Caritasorganisationen vor der Gefahr des Institutionalismus bewahren, der die Selbsterhaltung der Organisation um jeden Preis in den Mittelpunkt stellt. Denn wenn ein zentraler Eckpunkt der eigenen Unternehmensethik den Mut zum Wandel um des entschiedenen Dienstes an den Menschen, besonders den Armen, willen thematisiert, dann vermag dieser theologische Bezugspunkt entscheidende Entwicklungen und Prozesse um dieser Mission willen aktiv zu befördern statt sie zu behindern oder auszubremsen.

---

12 »Evangelisieren ist in der Tat die Gnade und eigentliche Berufung der Kirche, ihre tiefste Identität.«(Apostolisches Schreiben 1975, Nr. 14)

2.3 Corporate Culture: Sinn für eine ethisch begründete Organisationskultur

Theologisch motivierte Entwicklungsprozesse sind mühselig, wie die Erfahrungen von Caritasorganisationen belegen, und auf Jahre hin angelegt. Wichtig scheint dabei eine möglichst einflussreiche Koalition von Menschen zu sein, die tatsächlich die Gestaltung und Erneuerung der Organisationskultur im Licht des Evangeliums wollen, und die fähig sind, die angestrebte Kultur anschaulich zu beschreiben und die Einsicht für die aktive Beteiligung aller Betroffenen, für Kommunikation und Kooperation und für gemeinsame Lernprozesse zu wecken.[13] Peter Senge empfiehlt, was die Identifikation mit der Identität, der Vision und dem Auftrag eines Unternehmens betrifft, differenzierte Sensibilität, gerade im Blick auf die Mitarbeiter und ihr Engagement für eine gemeinsame Organisationskultur. Ist er doch davon überzeugt, »daß man – im Endeffekt – *nichts tun kann, um einen anderen Menschen zur Teilnehmerschaft und zum Engagement zu bewegen.*« (Senge 1999, 273 (Cursivschrift im Original)). Zwischen Einwilligung und Teilnehmerschaft bzw. Engagement liegen Welten. In vielen Organisationen gibt es relativ wenige aktive Teilnehmer und noch weniger wirklich engagierte Mitglieder. Die meisten Mitglieder befinden sich im Zustand der »Einwilligung«: Sie sind zwar mit den Zielen und der Vision ihres Unternehmens einverstanden und machen mit. Aber sie zeichnen sich nicht durch echte Teilnehmerschaft aus, weil sie sich nicht wirklich engagieren.

Auch die Orientierung an einem christlichen Profil und kirchlichen Auftrag ist – gespiegelt im organisationstheoretischen Wissen – ein komplexes und freies Kommunikationsgeschehen. Zweifelsohne ist der erste Schritt die »Selbst-Evangelisierung« der Führungskräfte. Denn in jedem System kann ja unmittelbar lediglich die eigene Position – individuell und als Organisation – kreativ verändert werden. Diesem theologischen und ethischen Selbstreflexionsprozess ist bewusst Raum zu geben. Es gilt hier, Kräfte auf das qualitative interne Wachstum zu konzentrieren. Ein

---

13 Vgl. die zahlreichen Prozesse, in denen sich diakonische Einrichtungen auf langwierige Veränderungen ihrer Organisationskultur eingelassen haben, indem sie sich dabei vom Geist und den Werten des Evangeliums haben leiten lassen. »Ob unsere Einrichtungen von den Bewohnern, von Angehörigen, von den Mitarbeitern und von der (nicht)kirchlichen Öffentlichkeit als ›Unternehmen mit christlicher Orientierung‹ gesehen, erlebt und erfahren werden, hängt nicht nur und zuerst von der Etablierung des Fachbereichs Seelsorge ab ... sondern davon, ob die in der Einrichtung und im Gesamtunternehmen Handelnden sich in ihrem Handeln am Evangelium Gottes orientieren bzw. ihr Handeln am Vorbild-Handeln Jesu Christi ausrichten und sich in ihren Entscheidungen von seinen Worten und Werken bestimmen lassen.« (Handbuch für die Seelsorge 2005, 6)

weiterer Schritt wird sein, Mitarbeiter zur Teilnehmerschaft bzw. zur Einwilligung zu bewegen.[14] Damit diese an der Profil- und Auftragsorientierung teilnehmen und vom Resonanzraum des Evangeliums angesteckt werden, bedarf es des letzten Bezugspunktes, der sich auf den Mut zu einer Gestaltung einer christlich inspirierten Organisationskultur bezieht. Denn diese schafft einen bedeutsamen Resonanzraum für das Evangelium und die Jesus-Überlieferung.

Auch hier gilt: Es braucht eine Hand voll Leute, die zur aktiven Teilnehmerschaft an der Gestaltung dieser Organisationskultur entschlossen sind und die sich selbst als Träger seiner impliziten und expliziten Werte sehen. Der intensive Lernweg von Einzelnen ist eine notwendige Grundlage für die »lernende Organisation Caritas« und eine wichtige Basis, um vor Ort die »Corporate Culture« und darin die Normen und Werte des Evangeliums zu entwickeln. Es ist bekannt, dass in der Entwicklung einer ausgeprägten und stimmigen Organisationskultur ein wesentlicher Faktor für den Erfolg eines Unternehmens liegt (vgl. Doppler/Lauterburg 2002, 451f). Dies dürfte auch für den »Erfolg« der Evangelisierung gelten. Zugleich treffen wir hier auf den schwierigsten Bereich, nämlich die Kultur in den Caritasorganisationen zu gestalten und zu verändern. Unter Kultur versteht man in einer Organisation »die Gesamtheit der geschriebenen und ungeschriebenen Traditionen, Gesetze und Werte, die das Denken, Fühlen und Handeln der Organisationsmitglieder beeinflussen.« (Doppler/Lauterburg 2002, 90). Diese tief verankerten, oft unbewussten Grundwerte bilden gemeinsam den verbindenden Charakter einer Organisation. Sie prägen das ganz alltägliche Leben in ihr. Sie stützen konkrete Verhaltensweisen und helfen bei täglichen Entscheidungen. Sie beantworten innerhalb der Organisation die Frage, wie man bei der Verwirklichung der »Corporate Vision« in Übereinstimmung mit der »Corporate Mission«, also auftragsgemäß, handeln kann (vgl. Senge 1999, 273f).

3. Führungsverantwortung für eine Kooperationskultur

Soziale Organisationen im Sozial- und Gesundheitswesen unterliegen gegenwärtig, wie in Kap. 1 exemplarisch am Beispiel der Caritasorganisationen aufgezeigt wurde, weit reichenden Veränderungsprozessen und ver-

---

14 Was Peter M. Senge den Managern ins Stammbuch schreibt, gilt auch hier: »*Machen Sie Ihre eigene Teilnehmerschaft deutlich.*« – »*Seien Sie ehrlich.*« – »*Lassen Sie die andere Person frei wählen.*« Sowohl der eigene Bezug zum Evangelium und der Jesus-Überlieferung als auch der Respekt für die Position des anderen Menschen sind im Kommunikationsprozess der Evangelisierung gefragt: vgl. Senge 1999, 272 (Kursivschrift im Original)

suchen diesen durch die Entwicklung einer Corporate Identity zu begegnen, aus der heraus sie ihre Vision, Mission und Kultur (vgl. Kap. 2) gestalten. Die Vergewisserung der eigenen Unternehmensidentität dient dabei einem einheitlichen Erscheinungsbild und klaren Profil nach außen und zugleich einer Erkennbarkeit nach innen. Die Entwicklung dieser Identität ist zwar vor allem Aufgabe der Leitung, aber kann nicht ohne oder gegen die Mitarbeitenden vorangetrieben werden. Denn »Veränderungen brauchen das Zueinander, die Kooperation und Kommunikation von Leitung und MitarbeiterInnen.« (Heller/ Schmidt 2008, 233).

Auch im Falle der Orientierung am Evangelium sind Kommunikation und Kooperation entscheidende Voraussetzungen, damit der Sinn für die christliche Botschaft und ihre kirchliche Tradition wachsen kann. Aus diesem Grunde sind auch die entsprechenden Strukturen nötig, die echte Mitwirkungsmöglichkeiten eröffnen und einen gemeinsamen Lernprozess ermöglichen. »Kommunikation« und »Kooperation« sind also Schlüsselbegriffe für einen gelingenden Entwicklungsprozess, der Kräfte und Synergien für die Bewältigung von Veränderungsprozessen freisetzt (vgl. Doppler/Lauterburg 2002, 231). Einen diesbezüglichen Innovationsfall bildet beispielsweise die Sterbebegleitung in Organisation. An diesem exemplarischen Brennpunkt entzündet sich auch der Sinn für die Unternehmensidentität einer christlichen Organisation.

3.1 Ein Innovationsfall kooperativen Handelns in sozialen Organisationen: »Menschenwürdig sterben«

Schritt für Schritt hat in den letzten beiden Jahrzehnten vor allem die Hospizbewegung bedrückende wie befreiende Erfahrungen an der Grenze des Lebens ins gesellschaftliche Bewusstsein zurückgeholt und dadurch eine neue Aufmerksamkeit für die tabuisierte und marginalisierte Erfahrung des Sterbens und der Sterbebegleitung ermöglicht. Allerdings: Einer höheren Sensibilität für das Thema Sterben und Tod (z. B. im Bildungs- und Veröffentlichungsbereich) steht immer noch gleichzeitig ein immenses Distanzierungs-, ja Entsorgungsverhalten entgegen. Ungleichzeitige Entwicklungsprozesse stehen unvermittelt nebeneinander. Besondere Brisanz erhält diese Uneindeutigkeit vor dem Hintergrund, dass statistisch gesehen mehr als drei Viertel aller Todesfälle ältere Menschen über 65 Jahren betreffen, und dass ihnen ein z.T. langer Sterbeprozess verbunden mit hohen Pflege- und Behandlungskosten vorausgeht.[15]

Sterben findet damit heute vor einem ambivalenten Hintergrund statt. Neben einem rasanten medizinischen Fortschritt und völlig neuen Möglichkeiten, das Leben bis ins hohe Alter medizinisch-therapeutisch zu gestalten, findet sich auch (sicherlich eher unterschwellig) die damit verbundene Frage, wer dieses z.T. lange Sterben – vor dem Hintergrund der demographischen Entwicklung und des Wandels in den Familienstrukturen und Lebensformen – bezahlen soll und ob die Betroffenen selbst eigentlich bis zum Schluss an diesen hohen Investitionen, d. h. an der Lebensverlängerung um jeden Preis, interessiert sind. Skandalöse Einzelfälle der Tötung von Pflegebedürftigen durch Pflegekräfte haben das Bewusstsein zu Tage gefördert, dass die Sterbebegleitung in Organisationen vor dem Hintergrund der personalen Überlastung Einzelner intensiviert werden müsse, und dass ein ethisches Bewusstsein für das Recht auf ein menschenwürdiges Sterben zu fördern sei.

In Organisationen des Gesundheitswesens, z. B. Krankenhäusern, in denen bekanntermaßen heute die überwiegende Zahl der Menschen sterben, verschärft sich die Ausgangslage, denn diese sind »in ihren Arbeitsprozessen und der Steuerung alltäglicher Arbeitsabläufe nicht auf das Sterben vorbereitet ... , obwohl es paradoxerweise tagtäglich geschieht. ... Sterben ist, um es pointiert zu sagen, in den Krankenhäusern nicht organisiert. Obwohl es eine der Routinen des Arbeitsalltags ist, lassen sich wenig routinierte interprofessionelle Handlungen und prozeßsteuernde Abstimmungen zwischen den Berufen bzw. den Systemen beobachten.« (Heller 1996, 214). Da aber im Sterben der einzelne Mensch in seiner soziopsychosomatischen und spirituellen Ganzheit in den Blick kommt, kann dem nicht mit der Moral einzelner spezialisierter Professionen begegnet werden. Vielmehr ist als ein erster Schritt einer organisationalen Entwicklung eine interprofessionelle Kooperation zugunsten Sterbender und ihrer Angehörigen zu organisieren.

Denn ein menschenwürdiges Sterben in Organisationen ist nicht allein eine Frage der (inter)personalen Sterbebegleitung, sondern es ist im gleichen Maße eine Frage der Organisationsentwicklung, der Organisiertheit von Interdisziplinarität und multiprofessioneller Kooperation – letztendlich um der Sterbenden und ihrer Angehörigen willen. Gerade die mit Interprofessionalität verbundenenen Verständigungsprozesse zwischen unterschiedlichen Berufsgruppen eröffnen die Basis für die Zusammenarbeit zwischen verschiedenen Berufsgruppen. Sicherlich: Die Verständigung »zwischen Pflege und Medizin, zwischen Physiotherapie, Psychologie, Sozialarbeit oder Seelsorge ist aufwändig, ungewohnt und neu.« (Heimerl 2008, 37). Doch eine interprofessionelle Kooperation stellt oft

---

15 Dies hängt mit einem Wandel im Krankheitspanorama, verbunden mit einem »Übergang von den infektiösen zu den chronisch-degenerativen Erkrankungen« zusammen, die einen ganz neuen Versorgungsbedarf entstehen lassen, vgl. Heller 1996, 216. Vgl. auch Heimerl 2008, 11f.

überraschende Vernetzungen her. Dadurch »entstehen neue Denkweisen, neue Einsichten und neue Lösungswege für alle Beteiligten.« (Heimerl 2008, 37). Angemessene Kommunikations- und Kooperationsformen werden so zu einer Zukunftsfrage aller Organisationen im Sozial- und Gesundheitswesen. Gerade vor dem Hintergrund einer wachsenden Zahl von chronisch-degenerativen Erkrankungen (z. B. der etwa 800.000 Alzheimer-Patienten) werden Hospize und Palliativstationen nicht die einzige Antwort darstellen können.

3.2 Einsatz für eine Organisationskultur der Sterbebegleitung

Eine ausgebildete Unternehmenskultur besitzt eine stark verhaltensprägende Wirkung. Ein gemeinsamer Sinnhorizont in Werten, Normen, Einstellungen und Haltungen kann Organisationsmitglieder motivieren, ihnen Orientierungs- und Identifikationsmöglichkeit bieten und die Interpretation von unvorhergesehenen Situationen erleichtern. Sie manifestiert »sich in der Art und Weise, wie Probleme wahrgenommen und Konflikte gelöst werden, sowie in Sprache, Ritualen, Symbolen und Umgangsformen.« (Fischer 2007, 78f). Caritasorganisationen verfügen in der Regel über solch ausgebildete Unternehmenskulturen, die in einem längeren Sozialisationsprozesse entstanden sind und über Generationen hinweg die Einstellungen und Erfahrungen der Mitarbeiter geprägt haben. Ihre Wurzeln gehen auf religiös-anthropologische Überzeugungen zurück, die auch und gerade eine Kultur des Sterbens und eine Praxis der Sterbebegleitung begründen. Ziel wird sein, diese in Entwicklungsprozessen in ihren Fundamenten abzusichern und weiter zu entwickeln, so dass von allen Beteiligten, Sterben und Tod und der Umgang mit Sterbenden und Verstorbenen als Teil des organisationalen Lebens identifiziert werden kann. Dafür sind nicht nur Orte und Prozesse nötig, an denen und durch die sich alle Beteiligten (Leitungskräfte, Mitarbeiter, Patienten, Angehörige etc.) mit dem Thema auseinandersetzen können, sondern auch eine damit korrespondierende interne und externe Vernetzung der daran Beteiligten. Es ist und wird Aufgabe von Führungskräften sein, Verantwortung für die Aufrechterhaltung und Neugestaltung einer ganz bestimmten tradierten Organisationskultur und ihre Alltagsvollzüge, Symbolwirklichkeit oder praktizierte Raum- und Zeitstruktur zu übernehmen (vgl. Heimerl 2008, 58f). Führungsverantwortung ist auch deswegen gefragt, weil das christliche Verständnis von Sterben und Tod bzw. von Sterbebegleitung, wie empirische Untersuchungen belegen, deutlich an Plausibilität verloren hat. Zugleich hat die ambivalente Situation von Sterbenden in unserer Gesellschaft ein erhöhtes Interesse an der Botschaft der Religionen und damit auch der christlichen Botschaft und ihrer Tradition generiert, so dass vermehrt Anfragen von Mitarbeitern, Patienten bzw. Klienten nach glaubwürdigen Antworten in Tat und Wort gestellt werden (vgl. Krockauer 2000).

In vielen sozialen Einrichtungen findet sich zwar der theoretische Anspruch, oft genug im Leitbild begründet, ein menschliches und menschenwürdiges (womöglich auch christlich inspiriertes) Sterben zu ermöglichen. Faktisch hängt aber die Menschlichkeit des Sterbens zumeist nur vom individuellen und fachlichen Engagement einzelner Mitarbeiter und Leitungskräfte ab. Besonders in Organisations- und Ablaufprozessen von Krankenhäusern oder Altenpflegeheimen können, wie sich gezeigt hat, menschliche Bedingungen des Sterbens nur langsam entwickelt werden und bedürfen eines langen Atems. Die Förderung der Zusammenarbeit und Vernetzung der Professionen dürfte in der nahen Zukunft zu einem aussagekräftigen Abbild und Motor einer Solidarkultur nicht nur im Gesundheitswesens werden. Zu lernen ist diesbezüglich von den Impulsen der Hospizbewegung. Denn in deren Einrichtungen »geht es nicht mehr um medizinische Maximaltherapie, sondern um Lebensqualität im Sinne einer umfassenden palliativen Versorgung ... Diese interdisziplinäre Betreuung wird durch ein Team gewährleistet, das unterschiedliche fachliche Zugänge zum Sterben und zu den Sterbenden aufeinander abzustimmen versucht.« (Heller 1996, 226).

Eine theologische Ethik vermag dabei wichtige Impulse für eine Kultur des Sterbens und der Sterbebegleitung in Organisationen zu vermitteln, die diese begründet, intensiviert und erweitert (vgl. Berkel 1997, 131f). Sie vermittelt Werte, Normen und Haltungen, die den Entscheidungen und Handlungen zugrunde liegen und liefert damit ein Begründungsfundament. Sie intensiviert die Unternehmenskultur, in dem sie eine tragende persönliche Überzeugung im Angesicht des Todes und zugleich eine über den Tod hinausreichende Perspektive vermittelt. Sie erweitert die Unternehmenskultur. Denn sie »vernetzt ökonomisches und ethisches Denken, Menschen und Strukturen, Werte und Ergebnisse, Anspruchsgruppen und Unternehmensziele.« (Berkel 1997, 132). Es ist den Führungskräften übertragen, für diese theoretisch bekundete ethische Grundlage einer Organisation Verantwortung zu übernehmen und entsprechende ethische Entwicklungsprozesse (z. B. in Ablauforganisation oder Fort- und Weiterbildung) einzuleiten.

Natürlich setzt dies auch ein erweitertes Verständnis von Führung voraus, das neben der wirtschaftlichen und personalpolitischen Steuerung bewusst auch Verantwortung für die (im Falle der Caritasorganisationen theologisch begründete) Humanisierung von Organisationen übernimmt. Der erklärte Wille von Verantwortlichen, so P. Senge, zeige sich auch und vor allem darin, dass sie sich dem »persönlichen Wachstum von Mitarbeitern«(Senge 1999, 176) verpflichtet fühlen. Um Kommunikation und Kooperation um der Sterbenden und ihrer Angehörigen willen aktiv zu fördern, wäre demnach nach Senge zunächst – von Seiten der Leitungskräfte – die (auch moralische) Entwicklung der Mitarbeiter zu fördern. Menschen, die sich »in einem umfassenderen und tieferen Sinn für ihre Arbeit verantwortlich« (Senge 1999, 176) fühlen, werden so auch – so ist zu vermuten – die Humanisierung einer Unternehmenskultur, z. B. eine Kultur der Sterbebegleitung, aktiv fördern (wollen). Das bedeutet ein Umdenken in der Führungsphilosophie. Das Arbeitsverhältnis wird mehr als Bündnis als Vertragsverhältnis gesehen. Eine »Bündnisbeziehung beruht auf dem gemeinsamen Engagement für Ideen, Probleme, Wertvorstellungen, Ziele und Managementprozesse ... Bündnisbeziehungen spiegeln Einheit, Anmut und Würde. Sie bringen den heiligen Charakter von Beziehungen zum Ausdruck.« (Max de Pree, zit. nach Senge 1999, 178).

3.3 Verantwortung für eine Kultur multiprofessioneller Kooperation

Der Beitrag ging von der Diagnose eines erweiterten Bedarfes an multiprofessioneller Kooperation auf allen Handlungsebenen von Organisationen des Sozial- und Gesundheitswesens aus. Er versuchte anzudeuten, dass nicht nur deren wirtschaftlicher Erfolg von einer gelungenen Kooperation besonders der unterschiedlichen Professionen abhängig ist, sondern dass auch die innerbetriebliche Arbeitsatmosphäre und auch das zielgerichtete Engagement für die einen anvertrauten Klienten oder Patienten in einer angemessenen Kooperationskultur ankert. Der Bedarf an multiprofessioneller Kooperation ergibt sich so nur vordergründig aus Gründen der wirtschaftlichen Effizienzsteigerung, sondern auch aus unternehmensethischen Gründen. An vielen Beispielen ließe sich diese These erhärten. Gerade das Beispiel der Sterbebegleitung in Organisationen kann die Herausforderung exemplifiziert werden, die sich nicht als Spezialaufgabe eines sich abgrenzenden Berufsstandes eignet. »Sie liegt vielmehr im Schnittbereich sowohl verschiedener Professionen als auch ehrenamtlicher und professioneller Hilfe. ... Erfahrungsaustausch und Zusammenarbeit helfen, Kommunikationsbarrieren und Konkurrenzdenken zu überwinden und eine pluralistische, vernetzte Angebotsstruktur zu etablieren.« (Mennemann 2005, 1841).

Leitend ist dabei die Vision eines Managements multiprofessioneller Kooperation, das sich auch als Dienst an einer fast heiligen Verantwortung für das eigene Umfeld (vgl. Senge 1999, 172) versteht. Drei Thesen bekräftigen abschließend die damit verbundene Führungsverantwortung.

1. Ein Kooperationmanager ist eine Person in einer Leitungsposition, die führt: Leiten und Führen »sind offenbar deutlich voneinander unterschiedene Handlungen, wennschon sie in der Praxis miteinander verflochten sein können, und gelegentlich nur zwei Aspekte ein und derselben Handlung sind.« (Lay 1985, 307f). Um aber als Autoritätsperson anerkannt zu werden, muss die Kluft zwischen eingesetzter Leitung und beabsichtigter und anerkannter Führung überbrückt werden.

2. Ein Kooperationsmanager ist eine Person in einer Führungssituation, die ermächtigt: Eine Führungsperson ist ein »facilitator«, eine, die etwas fördert, unterstützt, vor allem die Entwicklung ihrer Gruppenmitglieder – im Sinne einer auch ethischen Ermächtigung. Führen heißt hier, die Entwicklung eines individualen und organisationalen Ethos zu ermöglichen.

3. Ein Kooperationsmanager ist eine Person, die in einer Leitungsposition und in Führungssituationen Wertmaßstäbe vertritt. Denn Führungskompetenz umfasst notwendigerweise auch ethische Kompetenz. In alle zu treffenden Entscheidungen und Handlungen fließen auch ethische Reflexion und Begründung mit ein (vgl. Berkel/Herzog 1997, 37). »Dies setzt freilich Menschen voraus, die aufgewacht sind. ... Nicht die Organisation macht Menschen tugendhaft, sondern Menschen, die um die für ihre Institution relevanten Werte wissen und sich um sie bekümmern› stimulieren andere und über sie die Organisation, diese Werte wahr- und in ihr Handeln aufzunehmen.« (Berkel 1998, 134).

Weiterführende Literatur

Berkel Karl/ Herzog Rainer, Unternehmenskultur und Ethik, Heidelberg 1997 (Arbeitshefte Führungspsychologie Bd. 27).

Doppler Klaus/ Lauterburg Christoph, Change Management. Den Unternehmenswandel gestalten, Frankfurt/New York 2002.

Gärtner Heribert W., Wie kommt das Evangelium in die Organisation? Warum Kontaminierungsstrategien scheitern müssen, in: Schuster Norbert, Kursbuch Management und Theologie. Führen und Leiten als spirituelle und theologische Kompetenz, hrsg. von Schmidt Thomas, Freiburg i.Br. 2008, 41-58.

Heller Andreas/ Krobath Thomas, OrganisationsEthik. Organisationsentwicklung in Kirchen, Caritas und Diakonie, Freiburg i. Br. 2003.

Krockauer Rainer/ Körber Manfred (Hg.), Glaubenszeugnisse in Sozialer Arbeit und Diakonie. Impulse für Kirche und Gesellschaft, Münster 2008.

Krockauer Rainer/ Bohlen Stephanie/ Lehner Markus (Hrsg.), Theologie und Soziale Arbeit. Handbuch für Studium, Weiterbildung und Beruf, München 2006.

Senge Peter M., Die fünfte Disziplin. Kunst und Praxis der lernenden Organisation, Stuttgart 7. Aufl. 1999.

Verwendete Literatur

Apostolisches Schreiben Papst Pauls VI. über die Evangelisierung in der Welt von heute, hrsg. vom Sekretariat der Deutschen Bischofskonferenz, Bonn 1975.

Bachert Robert/ Vahs Dietmar, Changemanagement in Nonprofitorganisationen, Stuttgart 2007.

Becker Horst/Ingo Langosch, Produktivität und Menschlichkeit. Organisationsentwicklung und ihre Anwendung in der Praxis, Stuttgart 1995.

Berkel Karl, Führungsethik: Organisationspsychologische Perspektiven, in: Blickle Gerhard (Hrsg.), Ethik in Organisationen. Konzepte – Befunde – Praxisbeispiele, Göttingen 1998, 117-136.

Berkel Karl/ Herzog Rainer, Unternehmenskultur und Ethik, Heidelberg 1997 (Arbeitshefte Führungspsychologie Bd. 27).

Buestrich Michael/ Wohlfahrt Norbert, Die Ökonomisierung der Sozialen Arbeit, in: Aus Politik und Zeitgeschichte (2008) 12-13, 17-24.

Dahme Heinz-Jürgen/ Kühnlein Gertrud/ Wohlfahrt Norbert, Zwischen Wettbewerb und Subsidiarität. Wohlfahrtsverbände unterwegs in die Sozialwirtschaft, Berlin 2005.

Doppler Klaus/ Lauterburg Christoph, Change Management. Den Unternehmenswandel gestalten, Frankfurt/New York 2002.

Ebertz Michael N., Entstehungsbedingungen der ›Sozialkirche‹ im deutschen Kapitalismus, in: Gabriel Karl (Hrsg.), Herausforderungen kirchlicher Wohlfahrtsverbände. Perspektiven im Spannungsfeld von Wertbindung, Ökonomie und Politik, Berlin 2001.

Ethik in Sozialarbeit und Pflege, Interview mit Hans Thiersch, in: Alice-Magazin (2002) 1, 20-23.

Fischer Michael, Theologie und Ökonomie in Unternehmen der Caritas und Diakonie, in: Dienberg Thomas/ Fasel Gregor/ Ders. (Hg.), Spiritualität & Management, Münster 2007, 53-93.

Fix Birgit/ Fix Elisabeth, Kirche und Wohlfahrtsstaat. Soziale Arbeit kirchlicher Wohlfahrtsorganisationen im westeuropäischen Vergleich, Freiburg i.Br. 2005.

Fuchs Ottmar, »Es ändert sich ja doch nichts...!« Zum systemtheoretischen Nachholbedarf einer subjektempfindlichen Praktischen Theologie, in: Pastoraltheologische Informationen 20 (2000) 1, 90–111.

Gabriel Karl (Hrsg.), Herausforderungen kirchlicher Wohlfahrtsverbände. Perspektiven im Spannungsfeld von Wertbindung, Ökonomie und Politik, Berlin 2001.

Gärtner Heribert W., Die kirchliche Wirklichkeit ist organisational. Plädoyer für eine praktisch-theologische Institutions- und Organisationskunde, in: Schuster Norbert/ Moser Ulrich (Hrsg.), Kirche als Beruf. Neue Wege jenseits falscher Erwartungen, Mainz 1996, 11–30.

Gärtner Heribert W., Wie kommt das Evangelium in die Organisation? Warum Kontaminierungsstrategien scheitern müssen, in: Schuster Norbert, Kursbuch Management und Theologie. Führen und Leiten als spirituelle und theologische Kompetenz, hrsg. von Schmidt Thomas, Freiburg i.Br. 2008, 41-58.

Grunwald Klaus, Organisationsentwicklung/ -beratung, in: Otto Hans-Uwe/ Thiersch Hans (Hg.), Handbuch Sozialarbeit Sozialpädagogik, München-Basel 2005, 1312-1329

Handbuch für die Seelsorge, hrsg. von der Franziska Schervier Altenhilfe GmbH, unveröff. Manuskript Aachen 2005.

Heimerl Katharina, Orte zum Leben – Orte zum Sterben. Palliative Care in Organisationen umsetzen, Freiburg i.Br. 2008.

Heller Andreas/ Schmidt Thomas, »Und das Wort ist Organisation geworden«. Kirche entwickelt sich durch Organisationen, in: Schuster Norbert, Kursbuch Management und Theologie. Führen und Leiten als spirituelle und theologische Kompetenz, hrsg. von Schmidt Thomas, Freiburg i.Br. 2008, 229-240

Heller Andreas, Sterben in Organisationen. Menschenwürdig sterben als Herausforderung der Organisationsentwicklung, in: Gesundheitsförderung und public health, hrsg. von Ralph Grossmann, Wien 1996, 214-229.

Heller Andreas/ Krobath Thomas, Kirchen verstehen und Organisationen gestalten, in: Diess. (Hrsg.), OrganisationsEthik. Organisationsentwicklung in Kirchen, Caritas und Diakonie, Freiburg i. Br. 2003, 14-43.

Heller Andreas/ Krobath Thomas, OrganisationsEthik. Organisationsentwicklung in Kirchen, Caritas und Diakonie, Freiburg i. Br. 2003.

Hemel Ulrich, Wirtschaftlichen und ethischen Mehrwert schaffen. Führen mit Werten und Zielen, in: Meier Uto/ Sill Bernhard (Hg.), Zwischen Gewissen und Gewinn. Werteorientierte Personalführung und Organisationsentwicklung, Regensburg 2005, 144-156.

Henkelmann Andreas, »Der Dienst am Nächsten in Gefahr«? Transformationsprozess im Selbstverständnis der Caritas während der fünfziger

Jahre, in: Jähnichen Traugott/ Friedrich Norbert/ Witte-Karp André (Hg.), Auf dem Weg in »dynamische Zeiten«. Transformationen der sozialen Arbeit der Konfessionen im Übergang von den 1950er zu den 1960er Jahren, Berlin 2007, 127-171.

Kotter John P., Acht Kardinalfehler bei Veränderungsprozessen, in: Harvard Business manager (1995) 3, 21–28.

Becker-Kolle Christel/ Kraus Georg/ Fischer Thomas, Handbuch Change-Management, Berlin 2004.

Krockauer Rainer, Ausgangspunkte einer Angewandten Theologie, in: Rektorenkonferenz Kirchlicher Fachhochschulen (Hrsg.), Entdeckungen. Theologie und Ethik in Studium und Praxis der Sozialen Arbeit, Opladen & Farmington Hills 2008, 37-58.

Krockauer Rainer, Caritas: Task Force der Kirche in der Zivilgesellschaft, in: Bucher Rainer/ Krockauer Rainer (Hg.), Pastoral und Politik. Erkundungen eines unausweichlichen Auftrags, Münster 2006, 270-289.

Krockauer Rainer, Im Experiment einer neuen Inkulturation des Evangeliums. Herausforderungen für das Volk Gottes in der Caritas, in: Theologische Quartalschrift 185 (2005) 3, 214–232.

Krockauer Rainer/ Körber Manfred (Hg.), Glaubenszeugnisse in Sozialer Arbeit und Diakonie. Impulse für Kirche und Gesellschaft, Münster 2008.

Krockauer Rainer/ Schuster Max-Josef, Menschen auf der Schwelle. Neue Perspektiven für die alten Pfarrgemeinde, Ostfildern 2007.

Krockauer Rainer/ Bohlen Stephanie/ Lehner Markus (Hrsg.), Theologie und Soziale Arbeit. Handbuch für Studium, Weiterbildung und Beruf, München 2006.

Krockauer Rainer, Ernstfall Sterbebegleitung. Seelsorge an der Grenze des Lebens, in: Anzeiger für die Seelsorge (2000) 11, 15-19.

Lay Rupert, Ethik des Führens, München 1985.

Mennemann Hugo, Sterbebegleitung, in: Handbuch Sozialarbeit Sozialpädagogik, hrsg. von Hans-Uwe Otto und Hans Thiersch, München-Basel 3. Aufl. 2005, 1834-1841

Neuberger Oswald., Führen und führen lassen: Ansätze, Ergebnisse und Kritik der Führungsforschung, Stuttgart 7. Aufl. 2002.

Saunders Cicely, Brücke in eine andere Welt. Was hinter der Hospizidee steht, hrsg. von Hörl Christoph, Freiburg i.Br. 1999.

Schmidt Gunther, Tranceprozesse in Organisationen, in: Gerken Gerd/ Kapellner Rudolf (Hrsg.), Wie der Geist überlegen wird, Paderborn 1993, 119-134.

Schmidt Thomas, Unterscheidungen. Wozu das Kursbuch einladen kann, in: Schuster Norbert, Management und Theologie. Führen und Leiten als spirituelle und theologische Kompetenz, hrsg. von Thomas Schmidt, Freiburg i.Br. 2008, 9-20.

Schuster Norbert, Management und Theologie. Führen und Leiten als spirituelle und theologische Kompetenz, hrsg. von Thomas Schmidt, Freiburg i.Br. 2008

Senge Peter M., Die fünfte Disziplin. Kunst und Praxis der lernenden Organisation, Stuttgart 7. Aufl. 1999

Senge Peter M./ Art Kleiner/ Bryan Smith/ Roberts Charlotte/ Ross Richard, Das Fieldbook zur Fünften Disziplin, Stuttgart 1996.

Zerfaß Rolf, Caritas unter dem Druck des Marktes – eine Chance zur Inkulturation des Evangeliums in unsere Gesellschaft? In: Öhlschläger Rainer/ Brühl Hans-Martin (Hrsg.), Unternehmen Barmherzigkeit. Identität und Wandel sozialer Dienstleistung. Rahmenbedingungen – Perspektiven – Beispiele, Baden-Baden 1996, 9-24.

II. Stichwortverzeichnis

III. Autorenverzeichnis

Name	Titel	Tätigkeiten/Arbeitgeber
Baur, Jörg	Prof. Dr. phil.	Professur für Klinische Psychologie und Supervision; Dipl. Psych., Dipl. Soz. Päd., Psych. Psychotherapeut, Lehrsupervisor [DGSv], Familientherapeut, Traumatherapeut (PITT)
Borges, Peter	Prof. Dr.	Geschäftsführer GEBERA – Gesellschaft für betriebswirtschaftliche Beratung mbH
Brust, Dirk	Dr.	Rechtsanwälte Daniel, Hagelskamp & Kollegen Fachanwalt für Arbeitsrecht
Delheid, Johannes	Dr.	Rechtsanwälte Delheid, Soiron & Hammer Fachanwalt für Arbeitsrecht
Deller, Ulrich	Prof. Dr. phil.	Prorektor KatHO NRW
Fränkel, Patrick	Dr. med., MA	GEBERA – Gesellschaft für betriebswirtschaftliche Beratung mbH
Gärtner, Heribert W.	Prof. Dr.	Professor für Management und Organisationspsychologie im Fachbereich Gesundheitswesen der KatHO NRW, Köln; Honorarprofessor für Pflegesystemforschung an der pflegewissenschaftlichen Fakultät der Philosophisch-Theologischen Hochschule Vallendar
Jungbauer, Johannes	Prof. Dr. phil. habil.	Diplom-Psychologe; Supervisor (BDP)
Krockauer, Rainer	Prof. Dr.	Professor für Theologie, insbes. Anthropologie, Ethik und Soziallehre in den Studiengängen des Fachbereichs Sozialwesen der KatHO NRW, Abt. Aachen; Leiter des postgradualen Masterstudiengangs »Kooperationsmanagement«

Kooperationsmanagement

Kutscher, Nadia	Prof. Dr. phil.	Professorin für Soziale Arbeit an der KatHO NRW, Abteilung Aachen
Schirra-Weirich, Liane	Prof. Dr. phil.	Professorin für das Lehrgebiet Soziologie an der KatHO NRW, Abteilung Aachen
Welter, Ralf	Dipl.-Kfm.	Dozent für Volkswirtschaftslehre an der KatHO NRW, Abt. Aachen, Bankakademie, Versicherungsakademie; Ehrenamtlich tätig in der Diözesanleitung der Katholischen Arbeitnehmerbewegung Aachen

Schriften der KatHo NW

Bisher erschienen und in Planung:

Ausführliche Informationen unter
www.budrich-verlag.de

Schriften der KatHo NW

Bisher erschienen und in Planung:

Band 6
Manuel Schroeder, Werner Schönig (Hrsg.): Objekt Eigelstein. Sozialfotografische Betrachtung eines Kölner Stadtteils. 2008.
ISBN 978-3-938094-76-1

Band 5
Wolfgang M. Heffels, Dorothea Streffer, Bernd Häusler (Hrsg.): Macht Bildung kompetent? Handeln aus Kompetenz – pädagogische Perspektiven. 2007. ISBN 978-3-938094-77-8

Band 5
Wolfgang M. Heffels, Dorothea Streffer, Bernd Häusler (Hrsg.): Macht Bildung kompetent? Handeln aus Kompetenz – pädagogische Perspektiven. 2007. ISBN 978-3-938094-77-8

Band 4
Mirjam Faust: Aktuelle theoretische Ansätze in der deutschen Heilpädagogik. Eine Einführung. 2007. ISBN 978-3-938094-78-5

Band 3
Friedhelm Eller, Armin G. Wildfeuer (Hrsg.): Problemfelder kindlicher Entwicklung. Beiträge aus der Sicht unterschiedlicher Disziplinen 2007. ISBN 978-3-938094-79-2

Band 2
Heinz Theisen: Die Grenzen Europas. Die Europäische Union zwischen Erweiterung und Überdehnung. 2006. ISBN 978-3-938094-80-8

Band 1
Brigitte Hasenjürgen, Christiane Rohleder (Hrsg.): Geschlecht im sozialen Kontext. Perspektiven für die soziale Arbeit. 2005.
ISBN 978-3-938094-81-5

Ausführliche Informationen unter
www.budrich-verlag.de

FachZeitschriften im Verlag Barbara Budrich

BIOS
Zeitschrift für Biographieforschung, Oral History
und Lebensverlaufsanalysen

BIOS erscheint halbjährlich mit einem Jahresumfang von rund 320 Seiten.
BIOS ist seit 1987 *die* wissenschaftliche Zeitschrift für Biographieforschung,
Oral History Studien und – seit 2001 – auch für Lebensverlaufsanalysen. In ihr
arbeiten über Disziplin- und Landesgrenzen hinweg Fachleute u.a. aus der
Soziologie, der Geschichtswissenschaft, der Pädagogik, der Volkskunde, der
Germanistik.

dms – der moderne staat
Zeitschrift für Public Policy, Recht und Management

dms erscheint halbjährlich mit insgesamt rd. 480 Seiten.
Die neue Zeitschrift ist interdisziplinär angelegt und beschäftigt sich mit dem
seit drei Jahrzehnten international zu beobachtenden massiven Wandel der
Erfüllung öffentlicher Aufgaben nach Inhalt, Struktur und Organisation, Prozessen und Ergebnissen. Dieser Wandel fordert alle Fachwissenschaften heraus, bei Erhaltung der jeweiligen disziplinären Kompetenz nach integrierbaren
Untersuchungen und Erklärungen zu suchen.

Diskurs Kindheits- und Jugendforschung

„Diskurs Kindheits- und Jugendforschung" widmet sich dem Gegenstandsfeld
der Kindheits- und Jugendforschung unter der integrativen Fragestellung von
Entwicklung und Lebenslauf; er arbeitet fächerübergreifend und international
mit deutschen und internationalen AutorInnen aus den einschlägigen Disziplinen wie z.B. der Psychologie, Soziologie, Erziehungswissenschaft, der Ethno-
logie, Verhaltensforschung, Psychiatrie und der Neurobiologie.

Weitere Informationen unter www.budrich-verlag.de

FachZeitschriften im Verlag Barbara Budrich

Erziehungswissenschaft
Mitteilungsblatt der Deutschen Gesellschaft für Erziehungswissenschaft

Erziehungswissenschaft ist das offizielle Mitteilungsblatt der Deutschen Gesellschaft für Erziehungswissenschaft. Die Zeitschrift trägt den Informationsaustausch innerhalb der Gesellschaft und fördert die Diskussion über die Entwicklung des Faches.

femina politica
Zeitschrift für feministische Politik-Wissenschaft

femina politica ist die einzige Zeitschrift für feministische Politik-Wissenschaft im deutschsprachigen Raum. Sie wendet sich an politisch und politikwissenschaftlich Arbeitende, die den Gender-Aspekt bei ihrer Arbeit berücksichtigen. *femina politica* analysiert und kommentiert tagespolitische und politikwissenschaftliche Themen aus feministischer Perspektive, berichtet über Forschungsergebnisse, Projekte, Tagungen und einschlägige Neuerscheinungen.

Gender
Zeitschrift für Geschlecht, Kultur, Gesellschaft

Gender ist eine neue Zeitschrift, die sich der Frauen- und Geschlechterforschung aus interdisziplinärer sozial- und kulturwissenschaftlicher Perspektive nähert. Forschung, Theorie und Praxis finden hier ein prominentes Forum.

Gesellschaft. Wirtschaft. Politik (GWP)
Sozialwissenschaften für politische Bildung

GWP ist die älteste Fachzeitschrift in der Bundesrepublik für Studium und Praxis des sozialwissenschaftlichen Unterrichts. Als sozialwissenschaftliches Magazin ist sie der Aktualität wie dem Grundsätzlichen verpflichtet, der sorgfältigen Fundierung wie der lebendig wechselnden Stilistik.
GWP finden Sie im Interent unter www.gwp-pb.de

Weitere Informationen unter www.budrich-verlag.de

FachZeitschriften im Verlag Barbara Budrich

Spirale der Zeit – Spiral of Time
Frauengeschichte sichtbar machen –
Making Women's History visible

Die zweisprachige Zeitschrift erzählt anschaulich unsere Geschichte von ihren Anfängen bis zu unserer Gegenwart neu. Mit dieser umfassenderen Sicht begegnet die Zeitschrift der bildungspolitischen Herausforderung an eine geschlechtergerechte Vermittlung von Geschichte in Schulen und öffentlichen Einrichtungen als Voraussetzung für eine geschlechterdemokratische Politik. Die Spirale der Zeit – Spiral of Time erscheint zweimal jährlich, je Heft 64 Seiten (A4) mit vielen farbigen Abbildungen, deutsch und englisch.

ZQF – Zeitschrift für Qualitative Forschung
(zuvor: ZBBS – Zeitschrift für qualitative Bildungs-, Beratungs- und Sozialforschung)

Die ZBBS erscheint halbjährlich. Das Team der HerausgeberInnen setzt sich aus den Vorstandsmitgliedern des Magdeburger Zentrums für Bildungs-, Beratungs- und Sozialforschung zusammen und gewährleistet durch diese Konstellation die Repräsentanz der wichtigsten an der qualitativen Forschung beteiligten Fachdisziplinen.

Zeitschrift für Familienforschung
Journal for Family Research
Beträge zu Haushalt, Verwandtschaft und Lebenslauf

Die Zeitschrift für Familienforschung erscheint dreimal jährlich.
Die Zeitschrift für Familienforschung fördert interdisziplinäre Kommunikation und Diskussion. Dies geschieht durch die Veröffentlichung von Beiträgen zur Familien- und Haushaltsforschung aus den Fachdisziplinen: Familiensoziologie, Familiendemographie, Familienpsychologie, Familienpolitik, Haushaltswissenschaft, historische Familienforschung sowie aus Nachbargebieten.

Weitere Informationen unter www.budrich-verlag.de

Soziale Arbeit – eine Auswahl